国家社会科学基金教育学重点课题
"教育领域风险点特征与防范机制研究"（AFA190009）
研究成果

教育风险治理通论

倪娟 ◎ 著

中国社会科学出版社

图书在版编目（CIP）数据

教育风险治理通论 / 倪娟著 . —北京：中国社会科学出版社，2021.12
ISBN 978 - 7 - 5203 - 9445 - 1

Ⅰ.①教⋯　Ⅱ.①倪⋯　Ⅲ.①教育工作—风险管理—研究—中国　Ⅳ.①G52

中国版本图书馆 CIP 数据核字（2021）第 267017 号

出 版 人	赵剑英	
责任编辑	孙　萍	
责任校对	周　昊	
责任印制	王　超	

出　　版	中国社会科学出版社	
社　　址	北京鼓楼西大街甲 158 号	
邮　　编	100720	
网　　址	http://www.csspw.cn	
发 行 部	010 - 84083685	
门 市 部	010 - 84029450	
经　　销	新华书店及其他书店	

印　　刷	北京明恒达印务有限公司	
装　　订	廊坊市广阳区广增装订厂	
版　　次	2021 年 12 月第 1 版	
印　　次	2021 年 12 月第 1 次印刷	

开　　本	710×1000　1/16	
印　　张	26	
字　　数	413 千字	
定　　价	139.00 元	

凡购买中国社会科学出版社图书，如有质量问题请与本社营销中心联系调换
电话：010 - 84083683
版权所有　侵权必究

序 一

成长的可能性

倪娟博士奋力完成的学术著作《教育风险治理通论》是一项非常有价值的科研成果。据我个人了解，这也是教育学术领域中不多见的，能够对教育风险进行系统探讨，并且兼具理论与实践的创新性力作。该书以风险理论与中国的实际为基础，描述和分析了教育风险的生成、演化、类型与特征，以及教育风险形成的阶段性，建立了包括逻辑、原则、要素分析以及主体与过程等一体化的治理体系。同时，通过案例对教育风险的各种治理模式进行了深入细致的解剖，进而提出了教育重点风险的防化对策，等等。实事求是地说，该书对教育风险的分析与思考，在教育理论界是领先的，而且具有很强的引领性，是一本具有很强的理论价值与现实意义的教育论著。

这本书的内容是非常丰富的，涉及的领域也是多方面的，能够为人们认识与治理教育风险给予许多直接的指导与帮助。其中，让我特别有体会的是，该书的思考与探索十分深刻地揭示与阐述了一个非常基本的教育思想，即成长的可能性，并且从教育风险的角度，非常详尽地阐释了成长的可能性作为教育学的基本概念所具有的丰富内涵，包括这种成长的可能性在现代社会中的发展变化与新的特征。我甚至认为，这种对成长的可能性及其风险的分析研究甚至在一定程度上填补了以往教育学理论的某些空白。由此也使得该书获得了十分深厚的教育理论的基础与现实根基。

人的成长本身是一种可能性，是一个不断地从可能性走向现实性的过程。而教育也可以认为是一门关于可能性的学问。我在从事青少年与学生研究时，曾经查找各种文献，并且扪心自问，或者是请教其他同人："年轻"的含义究竟是什么？或者说，"青年人"意味着什么？在经过反复思考以后，我初步认识到，与成年人比较，青年或者"年轻"，实际上就意味着一种"可能性"的存在。相对而言，成年人则更多的是一种现实性的存在，已经没有太多的可能性了。从教育学的角度说，青少年的这种所谓"年轻"，正是"成长"的内涵，是他们生命的本质性意义。当然，这也是教育学的特点与价值。教育学就是要研究这种可能性，挖掘这种可能性中包含的各种意蕴与取向，分析这种可能性变化的各种途径与趋向。而教育的实践则是要通过教育教学活动，引导这种可能性的变化及其向合理的现实性的转化。

显然，这种成长的可能性正是青少年的优势所在。尽管他们眼下的确什么也不是，或者说，还没有真正地走上社会，成为一个具体的社会角色；但毋庸置疑的是，他们在将来则什么都可能是，他们可能会成为一名科学家，成为一个工程师，或者是一个企业家、教师、管理者，等等；当然，他们也有可能成为其他某种人，甚至是坏人。他们具有非常广阔的发展前景与各种各样的机会与选项，他们可以有绚丽多彩的梦想，能够在理想的天空中驰骋欢腾；他们拥有与生俱来的"生命资本"，进而能够不断地品尝生命的"滋味"；……我们可不能小看了他们。他们将在不久的将来，登上时代的舞台，成为社会的中坚。世界虽然也是我们的，但归根结底是他们青少年的。

当然，这种成长的可能性也是青少年的困惑与"软肋"所在。这些成长的可能性本身所显示出来的斑驳陆离，常常会迷离青少年的眼睛，以至于让他们产生困惑。这些成长的可能性本身所具有的各种外在的诱惑与相互的比较，也往往会让青少年感到无所适从，不知所措，以至于使他们左右不是，难以取舍。在青少年成长的抉择中，他们可能会遇到某些高人、贵人与好人，以至于成长得非常幸福与快乐，并且一帆风顺地将人生的帆船驶向成功的彼岸；他们也可能平平淡淡，无所作为，庸庸碌碌地了此一生；他们还可能步履蹒跚，一路上磕磕碰碰，跌跌撞撞，甚至是走上歧途，等等。坦率地说，这种成长的可能性对于涉世未深，甚至多少有些懵懂与稚嫩的青少年来说，真的是一种挺大的挑战与"麻烦"。据说，有些年轻人在面临如此选择的纠结与困惑时，甚至以掷骰子的方式决定自己的命运。不难发现，在初中生选择自己的高中教育类型，即是选择普通高中，还是职业高中时，这种传统意义上教育分流的风险已经成了横亘在青少年面前的一个越来越纠结的难题。尽管学制的改革仍然可以为他们的发展提供重新选择的机会，但这种分流的机会成本毕竟是不可忽视的，甚至是难以逆转的。又比如，在大学生的学科与专业选择中，21 世纪科学的发展与高等教育的改革已经为他们提供了越来越多的选项和可能性，但这种选择对他们而言，仍然是一个非常艰难甚至是痛苦的抉择。这些都既是他们的机会，也是他们的困惑。毕竟这样的选择多多少少都会影响他们的人生。诸如此类的选择，都是青少年成长的可能性，也都是他们成长中的风险。

更有甚者，这种青少年成长的可能性还是一个不断发展变化的历史范畴。如果说，在生产力与社会发展水平非常落后的传统社会，青少年成长的可能性非常有限，甚至自己的前途命运是受某种既定的方式决定，那么在现代社会，青少年成长的可能性则会随着社会的发展与进步而变得越来越丰富与多样化。我们甚至可以认为，对于青少年而言，社会的发展与进步就意味着他们的人生有了更多的选项与机会。因为，人类文明的发展与进步已经赋予了人们更多的自主权，社会的民主也让青少年有更多自己决定自己命运的权利。由此，青少年成长的可能性越来越多了，人生的前景越来越开阔了。记得 20 世纪 60 年代后期，当我到农村插队劳动时，村子里青年人的人生发展几乎没有什么可能性，他们的未来只能是子承父业，面朝土地背朝天，与土疙瘩打一辈子交道，在牛屁股后面走完人生的岁月。而现在，随着国家的改革开放，特别是农村社会的进步与开放，他们已经是走南闯北，各显神通。有的成了老师，有的在发达地区打工，有的开起了小商店，还有的成了管理者，等等。同样，随着社会的发展进步，青少年成长的纠结与困惑也越来越大了，成长中的茫然也越来越迷离了。我记得，在有些非常流行的歌曲中曾经还这样唱道，"谁能告诉我，是对还是错？"以至于要"用青春赌明天"；他们一方面陶醉于自己成长的自主权，另一方面又不知道如何真正运用自己的权利。在某种灯红酒绿的环境中，他们往往分不清东南西北。更有甚者，在信息技术发展的虚拟空间里，青少年往往将自己分化成为各种各样不同的"分人"。他们可以在现实生活中扮演一定的角色，呈现出某种形象。而在虚拟空间中，或者在网络世界里，他们则扮演着另一种角色，成为某种所谓的"键盘侠"。这种形象的分离常常使青少年难以分清，究竟现实中的"我"是真实的"我"，还是虚拟空间或网络中的"我"是真正的"我"。以至于导致了一种人格的分裂。在这些众多的"分人"中，究竟有没有一个统一的自我，已经成了青少年认识自己的一个莫大的问题。这种现象已经不是某种虚构的情节，而是客观的现实。

这种成长的可能性就是教育的风险，甚至是前所未有的一种教育风险，是一种内在的成长的风险。如果用教育学的术语来说，则是所谓青少年成长中形成自我认同与社会认同的风险。因为，教育最主要的目的与任务，既是帮助青少年学生认识社会与责任，认识外部环境与他人，更重要的是帮助与引导他们认识自己，帮助与引导他们回答"我是谁"的人生追问。如果教育不能很好地对现代社会中这些现象做出合理的解释与回应，为青少年成长的可能性提供有价值的明确的引导，则真的是教育最大的风险。

现代社会青少年成长的可能性及其风险，是新时期教育深化改革与发展所面临的挑战，也是对教育工作者的一种新的挑战。尽管教育的风险过去一直存在，但它在21世纪则已经具有了新的内涵与形态。与其说这种成长的可能性及其风险是青少年成长过程中的纠结与困惑，不如说它也是对教育工作者的一种为难与挑战。实事求是地说，我们对青少年成长的可能性及其风险的认识是不够的，我们的办法也是不多的，我们的治理机制是有缺陷的。在某种情况下，我们甚至有一点点黔驴技穷的尴尬。因为，我们一方面要充分尊重青少年成长的自主权与自由，相信和鼓励他们去闯，去尝试，而不能成为他们的"保姆"，充当青少年的"上帝"；另一方面，我们又必须给予合理与得体的引导与帮助，能够在关键时刻"扶一把、送一程"。而且这种引导与帮助还要让他们感到很舒服，没有强迫感与不得不的压力，而且能够在同伴面前不丢面子。一方面，我们要为青少年提供与展示发展的广阔前景与诸多发展的选项和机会，引导他们认识与了解成长的道路有多少，追求的方向在哪里；另一方面，我们还必须鼓励他们自己去选择，去分辨什么是适合他们自己的可能性，什么是正确的方向，进而形成合理的社会认同与自我认同，以及自我发展的能力。一方面，我们必须对他们成长中的错误与不当进行批评与纠正，包括必要的处分与惩罚，这是教育应该承担与履行的职责与权利；另一方面，这种批评与惩罚能够成为激励青少年成长的动力与机会，而不会使他们产生自卑与自暴自弃的消极心理，等等。这些，都是教育的风险，是教育改革发展面临的挑战。

必须强调的是，由于教育的普及，以及现代文凭社会的发展，教育风险对教育，乃至于对整个社会的影响是越来越大了。君不见，与过去相比较，虽然现在的教育发展程度与水平都是有目共睹的，但如今社会对教育的批评声却常常不绝于耳，甚至越来越尖锐。人们比以往任何时候都关注教育，教育与人们之间的利益关联越来越紧密，而教育公平已经成为整个社会公平的标志。所以，教育的风险已经超越了教育与学校的空间，而逐渐成了一个社会的风险，成了每一个人，每一个家庭的风险。实事求是地说，信息社会的发展已经使知识的规模与形态发生了巨大的变化。一方面，社会中的各种新知识如汗牛充栋，不一而足，甚至使人目不暇接、眼花缭乱，而且知识的更新速度也越来越快；另一方面，知识的形态也发生了非常大的变化，各种新的知识形态不断出现，特别是知识的数字化形态，已经要求人们学会以不同的方式进行学习。能否在浩如烟海的信息与五花八门的知识形态中，有针对性地选择自己，或者是自己的孩子所需要的知识与信息，实在是一种颇大的难题与风险。而对于教师而言，其胜任的资格已经不仅是会教学生，而且能够在众多的信息与知识中进行选择，知道教什么才是有价值的。要是选的不恰当，其后果常常是事倍功半，甚至是南辕北辙。这岂不是教育的风险吗！

其实，从另一个角度看，这种教育风险也可能是儿童与青少年成长的一个契机与机遇。成长的可能性中当然包含了坎坷与跌倒，也肯定有挫折与沮丧，甚至是失败。从成长的规律来说，风险是儿童与青少年成长过程中必然的现象。"不经风雨，哪能见彩虹"，关键是如何能够通过教育与引导，将成长的可能性中所包含的这些风险转化为他们成长的动力与契机。所谓"穷人的孩子早当家"，指的就是他们经过各种艰难困苦的磨砺以后，更能够体会人生的意义，也更懂得如何珍惜自己的生活，具有更强的奋斗精神。所以，将风险转化成为他们成长的机遇，这也恰恰是教育的责任与价值，是教师的伟大与成就。

实事求是地说，我们现有的教育体制仍然缺乏对这些教育风险的有效的治理措施。我们的教育理论对教育风险仍然缺乏深入系统的研究与分析。翻开大学教育学科与专业的教科书与教材，我们很少能够看到关于教育风险的论述与分析；在各种各样的教育研讨会与论坛上，也很少看到关于教育风险的研究报告与分析，在各种相关的政策文件中，对这种教育风险的防治措施与办法也常常付之阙如。更令人担忧的是，尽管存在各种各样的教育风险，可有些人却往往是熟视无睹，麻木不仁。殊不知，随着教育的收益越来越大，教育的普及程度越来越广泛，教育的风险也越来越高。如果说，教育风险是儿童与青少年成长的可能性本身的应有之义。但现代社会的发展已经使这种教育风险的复杂性与破坏性达到了一种新的程度。这真的是一个令人沮丧的现象，但更是需要我们警醒的事情。

非常幸运的是，我们现在有了《教育风险治理通论》一书，作为教育风险的专业性研究成果以及相关实践经验的总结，它可以告诉我们教育风险的理论，指导我们如何去识别教育领域的各种风险，分析这些风险形成发展的规律与特点，以及若干防治教育风险的办法和措施，包括不同层次、不同类型教育在应对风险时的具体策略，等等。根据我对作者的了解，她们对中国的基础教育有着十分深入系统的认识与研究，对近年来教育中社会与基层的问题有着非常清晰的把握。更重要的是，她们对教育有着一种崇高的责任感，对儿童与青少年学生有着一种科学的爱心。或许她们的研究成果还有进一步丰富拓展的空间，或许她们的研究可能具有更多地域的特点，等等。但我更愿意肯定的是，她们关于教育风险的研究成果是这个领域中少有的佳作。同时，我更想说的是，对中国教育发展的这种思考与分析角度，对于不确定性社会中的教育发展来说，是尤为必要的。随着社会的发展，儿童与青少年成长的可能性已经是越来越丰富，也越来越多元化，成长的风险也越来越大。如果我们能够从风险的角度去思考与规划教育的改革发展，能够在教育理论的指导下未雨绸缪地"预见"，而不是突如其来地"遇见"各种可能出现的教育风险，更加全面地考虑儿童与青少年成长的可能性，更有针对性地直视教育面临的挑战与风险，并且有效地控制风险，积极主动地将各种教育风险转化为儿童与青少年成长的契机与资源。由此，我们的教育就更能够稳定顺利的发展，儿童与青少年成长的可能性中将充满积极向上的内涵。

谢维和
2021 年 7 月 7 日

序 二

为教育风险研究鼓与呼

当我拿到倪娟研究员的《教育风险治理通论》书稿时，感到由衷的高兴。其原因不仅在于我的两个学生参加了她主持的国家社科基金教育学重点课题"教育领域风险点特征与防范机制研究"工作，而且觉得这本书是国内首部完整系统地研究教育风险及其治理的力作，可谓填补了一项研究空白。

人类的历史就是一部防范与化解风险的历史。"大禹治水"是人类成功化解自然风险的经典，诸葛亮的"空城计"是化解战争风险的范例。随着人类前进的步伐加快，所面临的风险也越来越多、越来越大、越来越复杂。如果说以往高风险仅是一种非常态的话，那么当今世界面临着高度的不确定性，高风险已成为一种常态。在这种背景下，德国的贝克、英国的吉登斯等人开创的风险社会理论无疑极具解释力，提供了观察问题的宏观框架。其后的印尼海啸、美国"9·11事件"、日本核泄漏等，这些给人类带来巨大损失的灾害灾难验证了风险社会理论，时刻提醒人们要防范风险，化解危机。

然而仅有宏观理论是不够的。此外，先是美国的克兰特利等人聚焦灾害救援和应急处突，建立灾害社会科学，实质性地结束了只有理工科专家才研究灾害的历史；后有欧洲的罗森塔尔等人将应急管理向后延伸，建立了危机管理理论，开创了以政府为主导，包含舆情应对、调查、问责、改进等一系列环节在内的后续危机治理；再后我们中国人又将应急管理的端口前移，提出了"灾害链"（国家地震局团队）和"风险—灾害—危机演化连续统"（南京大学团队），强调预防为主，注重前期的风险治理。这三个都属于中观理论，它们出现的先后顺序体现了理论与实践的统一、逻辑与历史的一致。实际上，各国的应急管理实践都是先重视事发时的应急处突，然后关注事后的危机管理，最后走上重在事前预防为主。

为了真正发挥理论对应急管理实践的指导作用，还得在宏观和中观理论的基础上，进一步构建微观层面的理论框架。理论越宏观，解释力越广泛；理论越微观，则在具体应对领域越管用。构建微观的理论框架，可以有多种途径：或着重关注风险如何暴发为灾害（突发事件）、灾害（突发事件）又如何演化为危机的过程细节，围绕危险源、脆弱性、韧性等核心概念进行理论建模；或聚焦于某一类突发事件的应对，分别建立防灾减灾、安全生产、传染病防治、社会稳定维护以及防范新兴风险、系统性风险等有针对性的理论模型；或结合各领域、各地区、各部门的实际，具体情况具体分析式地建模，我们面前的《教育风险治理通论》就是其中的一个范例。

教育作为一种特殊的社会实践活动领域，也必然成为社会风险丛林中一个极其重要而独特的风险场。教育风险日趋增多，愈加复杂，甚至影响到国家安全。江苏省教育科学研究院倪娟研究员对此加以研究，《教育风险治理通论》适时而生，是系统研究教育风险的开篇力作。

党的十八大之后，中央提出"总体国家安全观"，涵盖了政治安全、经济安全、文化安全、社会安全、科技安全、信息安全、生态安全、资源安全、基础设施安全、网络安全等十余种安全威胁。教育是党之大计，国之大计，教育安全与国家政治、经济、社会、文化、科技、信息、资源、网络安全都密切相关。但是，教育领域风险意识不强，教育风险治理的理论研究也很少关注，尚处在起步阶段，研究难度很大。倪娟研究员于2014年率先开始关注科学风险认知与决策能力教育研究，于2019年起研究"教育领域风险点特征与防范机制研究"，两年来，她努力组建了包括南京大学等多所高校的专家团队，广泛调研，与各级行政领导探讨研究方向，请领导、专家、学者开展学术研讨活动近20次。两年的高速高效研究推进，倪娟研究员及其团队取得了丰硕的成果。更难能可贵的是，倪娟研究员在踏踏实实研究的基础上凝结出力作《教育风险治理通论》。同时，组织相关学术研讨活动十多场，在全国性校园安全学术会议上多次作主旨报告，给全国中小学校长作讲座十多次，她在短时间内迅速推动了教育领域对教育风险理论研究成果的转化应用。

教育风险研究作为教育学科研究的新兴方向，正在得到前所未有的关注……

教育风险虽不像自然风险那样凶猛，不像战争风险那样血腥，但千里之堤溃于蚁穴。教育是关系国计民生的大事，教育风险如不能及时防范化解，轻则影响一个年轻人的成长和一个家庭的幸福，重则影响国家的政治安全。近年来，基础教育升学竞争过于激烈，学区房频现天价，校外培训机构膨胀，师生心理健康问题严重，校园高坠事件频发，高等教育质量堪忧，职业教育认同度不高……这一切都说明，对教育风险及其防范化解的研究十分必要。倪娟研究员的研究宏微并重，点面结合；系统创新，整体建构。站位于中国经济、政治、社会改革发展的现实背景，契合中国教育改革深水期与发展转型期的独特性，突破传统的教育理论框架和单一的分析视角，着力中国教育风险的现实背景，以一种跨学科视野，从学理层面整体厘清当前中国教育风险的内涵、类型、特征与成因，系统分析了教育领域风险的识别、评估、研判、防范与治理要素，对我国教育领域风险点特征及防范机制进行了全面、系统和综合的基础理论研究。从教育领域风险宏观整体到微观教育风险点防范，写就了《教育风险治理通论》，展现了关于这一主题的系统性研究。

风险与人类的活动并存，有教育就有风险。教育风险很多是由相关人员的非理性决策和行动导致的，建议在教育行政部门做出决策、校长们付诸行动之前，品读《教育风险治理通论》，了解教育风险的起因，熟悉常见的教育风险点的突出问题与内在矛盾，掌握教育风险治理与防范的策略，使我们的教育巨轮乘风破浪，顺利达到成功的彼岸。

童　星
2021 年 9 月 18 日

序 三

教育的"风控"之道

德国著名社会学家乌尔里希·贝克将现代社会称为"风险社会"。贝克眼中的"风险社会"渗透着他对现代社会到来的种种忧虑。现代社会是以城市社会为特征的。而城市相对于传统的乡村，其将社会诸多领域合成为一个日益勾连、环环嵌套的复杂性系统，也被称为"城市复杂性网络"。在复杂性城市系统中，任何一个子系统出现问题，往往会酿成重大风险，进而导致重大财产和生命损失。

事实上，现代社会是风险社会这一观点不断得到验证。刚刚过去的7月，我们尚未走出去年暴发的席卷全球的新冠肺炎疫情，却又遭遇到随之而来的郑州重大水灾和南京疫情相继暴发。这一切无不印证着乌尔里希·贝克40年前提出的"风险社会"命题。在我们一边享受着城市带来的繁华便利之时，一边也深感城市社会繁华背后的不确定性。

我研究社会学已经接近40年。以往的研究中，我更多关注中国走向现代化过程中"人"和"城市"的诸多变化。"人的现代化"很大程度上取决于教育的现代化。从近几年全球发生的种种灾难看，"现代化"的内容应该注入风险控制。去年全球疫情暴发，已经让我们对风险控制有了切肤之痛。失去风险控制的发展，一切都可能"归零"。我们可不愿意因为我们的疏忽，而被迫选择"大不了，从头再来"。

前几天接到江苏省教育科学研究院倪娟研究员的新作《教育风险治理通论》文稿，读后深感其作适时而著，切中了现代社会潜伏的种种软肋。教育是塑造人灵魂的。在风险社会已经到来的今天，教育风险必定孕育着后续的社会风险，是我国迈向现代化的"阿喀琉斯之踵"。7月24日，中共中央办公厅和国务院办公厅制发了《关于进一步减轻义务教育阶段学生作业负担和校外培训负担的意见》。这说明，沉重的课内外负担正成为影响人与社会发展的重要风险。

当前，我国经济总量已经跃居全球第二。2021年7月1日，习近平总书记庄严宣布，我国已经完成了第一个百年目标——实现了全面小康，历史性地解决了绝对贫困问题，正意气风发地向全面建成社会主义现代化强国第二个百年目标迈进。这一过程绝非坦途。"船到中流浪更急、人到半山路更陡"。只有控制、防范和化解迈向现代化行程中的重大风险，才能实现中华民族伟大复兴这一宏伟目标。教育是现代化的重要内容。没有教育安全，没有教育风险的系统治理，这一目标是不可能实现的。

因此，毫不夸张地说，教育风险控制是中国教育走向现代化的重要标志。"十年树木，百年树人"，建设教育风险治理体系无疑是构建国家治理体系的重要一环。然而，迄今为止，较为完整、系统研究教育风险的著作极为罕见。从这点上讲，倪娟的著作填补了这一空白。

习近平总书记在党的十九大报告中指出，坚决打好防范化解重大风险、精准脱贫、污染防治三大攻坚战，防范化解重大风险为三大攻坚战之首。近年来，我国教育领域危机事件呈上升态势，防范化解教育重大风险无疑是未来很长一段时期教育工作面临的重大挑战。"工欲善其事，必先利其器"，全面开展教育风险及其防范机制的研究尤为重要。当前，教育领域风险理论研究尚处在起步阶段。原因当然是多方面的，其中最大的原因是研究难度很大，需要研究人员有深厚的学理功底和敢于第一个"吃螃蟹"的勇气。

倪娟研究员于2014年率先关注科学风险认知与决策能力教育研究。2019年她申报了国家社会科学基金教育学重点招标课题"教育领域风险点特征与防范机制研究"。两年来，她努力组建了包括南京大学、山东大学、华中师范大学、东北师范大学等多所高校专家在内的研究团队，深入多个省市进行调研，获取大量第一手资料，仅召开学术研讨活动就近20次。这项研究扎实推进，回报也是丰硕的。围绕本研究，倪娟团队论文已公开发表近50篇研究成果，受高度关注，被《新华文摘》《教育学文摘》《教育文摘》周报、新华网、中国教育新闻网转载，资政建言获国家级领导肯定性批示、省部级领导批示多项。更难能可贵的是，倪娟研究员在这一研究基础上凝结出力作《教育风险治理通论》。同时，在全国性校园安全学术会议上多次作主旨报告，给全国中小学校长作讲座十多次，组织相关推进活动十多场，她在短时间内迅速推动了教育领域对教育风险理论研究成果的转化应用，研究成果也受到中央教育领导小组办公室（教育部秘书局）领导的关注，受邀参与相关文件研制等工作。正是她的努力，教育风险研究日益得到前所未有的关注。

风险与人类始终并存，有教育就有风险。航海家不会因为海洋有风险就不出海，也不因没有航海图、指南针，盲目出海，任由风险变成危机。《教育风险治理通论》无疑为航行在教育海洋中人们绘制了一份"航海图"。它指导教育工作者如何去规避风险，更多地增加收益。

"知识的岛屿越大，未知的海岸线越长"。教育风险治理研究才刚刚起步，我希望倪娟能够继续专注研究，产出更多的成果。也衷心祝愿教育风险治理这一领域更多地开花结果，引导中国教育这艘巨轮乘风破浪，顺利抵达成功的彼岸。

叶南客
2021 年 8 月 10 日

目 录

绪论 从"遇见"到"预见":教育风险的"中国之治" ……… (1)

第一章 概念界定与研究综述 …………………………………… (8)
  第一节 核心概念内涵 …………………………………………… (8)
    一 风险概念溯源 ……………………………………………… (8)
    二 社会风险概述 …………………………………………… (11)
    三 教育风险内涵 …………………………………………… (13)
  第二节 治理研究综述 …………………………………………… (17)
    一 国外风险治理 …………………………………………… (17)
    二 国内风险治理 …………………………………………… (19)
  第三节 教育政策表达 …………………………………………… (22)
    一 国外政策中的"教育危机" ……………………………… (22)
    二 国内文件中的"校园安全" ……………………………… (27)
    三 政策表达中的"教育风险" ……………………………… (29)

第二章 教育风险的理论架构 …………………………………… (34)
  第一节 宏观层面的理论基础 …………………………………… (34)
    一 从现代性批判到"反思性的现代性"理论 ……………… (35)
    二 从制度性风险到自反性现代化风险理论 ……………… (47)
  第二节 中观层面的理论参照 …………………………………… (58)
    一 教育风险演化连续统 …………………………………… (58)
    二 教育风险与教育危机 …………………………………… (61)
  第三节 微观层面的理论建构 …………………………………… (63)

一　教育安全 ………………………………………………… (63)
　　二　教育危险源 …………………………………………… (68)
　　三　教育脆弱性 …………………………………………… (73)
　　四　教育韧性 ……………………………………………… (76)

第三章　教育风险特征与分类 …………………………………… (81)
第一节　教育风险的特征 ……………………………………… (82)
　　一　教育风险的客观性 …………………………………… (82)
　　二　教育风险的普遍性 …………………………………… (83)
　　三　教育风险的不确定性 ………………………………… (85)
　　四　教育风险的偶然性 …………………………………… (87)
　　五　教育风险的可变性 …………………………………… (88)
　　六　教育风险的关联性 …………………………………… (90)
　　七　教育风险的特殊性 …………………………………… (92)
第二节　教育风险的分类 ……………………………………… (97)
　　一　教育危机案例分析与教育领域风险点分类 ………… (97)
　　二　系统内部的"原发型"教育风险要素分析 ………… (104)

第四章　教育风险生成与演化 …………………………………… (113)
第一节　教育风险的生成 ……………………………………… (113)
　　一　原发型教育风险的生成 ……………………………… (114)
　　二　诱发型教育风险的生成 ……………………………… (119)
　　三　关联型教育风险的生成 ……………………………… (123)
第二节　教育风险的演化 ……………………………………… (128)
　　一　教育风险演化的理论基础 …………………………… (128)
　　二　教育风险演化的不同阶段 …………………………… (132)
第三节　例析教育风险生成与演化机理 ……………………… (144)
　　一　基础教育风险的生成与演化研究 …………………… (144)
　　二　"校闹"危机的生成与演化机理 …………………… (152)

第五章 教育领域重要风险点例析 ……………………………… (166)

第一节 国家安全视域下的教育领域重要风险点 …………… (167)
一 基础教育目标制导的主要问题及其防化 ……………… (167)
二 教育功利性取向的道德侵蚀风险及化解 ……………… (174)
三 当代大学生宗教信仰存在的风险及对策 ……………… (181)
四 优秀传统文化进校园的风险与应对策略 ……………… (185)
五 大学生学习投入不足的教育风险及化解 ……………… (189)
六 青少年科学兴趣下降的教育风险及防范 ……………… (192)
七 疫情新常态下全球教育质量风险及防范 ……………… (200)

第二节 社会稳定视域下的教育领域重要风险点 …………… (205)
一 "公民同招"政策实施风险及化解防范 ……………… (206)
二 多校划片招生政策存在的风险及其防范 ……………… (212)

第三节 公共安全视域下的教育领域重要风险点 …………… (222)
一 中小学心理健康安全危机及其化解对策 ……………… (222)
二 中小学校园欺凌风险的成因及应对策略 ……………… (226)

第四节 综合影响视域下的教育领域重要风险点 …………… (231)
一 高校评聘制度对于青年教师发展的风险 ……………… (231)
二 大学毕业生就业风险及其防范化解措施 ……………… (245)
三 职教政策试点的问题解析及其改革建议 ……………… (250)
四 随迁子女家庭教育质量问题及提升策略 ……………… (257)

第六章 教育风险的治理模式 …………………………………… (263)

第一节 教育风险治理模式分类与适用范围 ………………… (263)
一 模式分类 ………………………………………………… (264)
二 适用范围 ………………………………………………… (266)

第二节 非首发性教育风险治理的嫁接模式 ………………… (272)
一 模式详述 ………………………………………………… (272)
二 案例解读 ………………………………………………… (275)
三 保障策略 ………………………………………………… (281)

第三节 内生性教育风险治理的靶向模式 …………………… (283)
一 模式详述 ………………………………………………… (284)

  二　案例解读 …………………………………………… (287)
  三　保障策略 …………………………………………… (290)
 第四节　外源性教育风险治理的溯源模式 ………………… (292)
  一　模式详述 …………………………………………… (292)
  二　案例解读 …………………………………………… (295)
  三　保障策略 …………………………………………… (300)
 第五节　复杂性教育风险治理的融合模式 ………………… (302)
  一　模式详述 …………………………………………… (302)
  二　案例解读 …………………………………………… (305)
  三　保障策略 …………………………………………… (311)

第七章　教育风险的治理体系 …………………………………… (314)
 第一节　教育风险的治理理念 ……………………………… (314)
  一　教育风险治理的基本逻辑 ………………………… (314)
  二　教育风险治理的基本原则 ………………………… (316)
  三　教育风险治理的基本要素 ………………………… (325)
 第二节　教育风险的治理主体 ……………………………… (338)
  一　教育行政部门 ……………………………………… (338)
  二　各级各类学校 ……………………………………… (341)
  三　家庭 ………………………………………………… (343)
  四　社会 ………………………………………………… (345)
 第三节　教育风险的治理过程 ……………………………… (348)
  一　教育风险的信息收集 ……………………………… (349)
  二　教育风险的来源识别 ……………………………… (350)
  三　教育风险的评估研判 ……………………………… (352)
  四　教育风险的过程应对 ……………………………… (356)
 第四节　教育风险的治理机制 ……………………………… (359)
  一　教育风险预警机制 ………………………………… (360)
  二　教育风险决策机制 ………………………………… (362)
  三　风险防控协同机制 ………………………………… (363)
  四　风险防控责任机制 ………………………………… (366)

第五节 教育风险的防化策略 (368)
  一 规避风险 (368)
  二 预防风险 (369)
  三 自留风险 (370)
  四 转移风险 (371)

第八章 治理能力困境与突破 (373)
  一 教育风险防范：提升治理能力的当务之急 (374)
  二 风险治理困境：过程性遮蔽与结构性混乱 (377)
  三 治理能力突破：教育风险行动路径与策略 (381)

后记 育见未来：为中国教育风险研究探路 (386)

绪　论

从"遇见"到"预见：教育风险的"中国之治"

党的十九大提出防范化解重大风险、精准脱贫、污染防治三大攻坚战，并将防范化解重大风险作为三大攻坚战之首，作为当前各项工作的重中之重。中华人民共和国成立70余年来，对于经济社会的持续健康发展，我国教育作出了基础性、先导性、全局性贡献。教育是民生，更是国计，快速的社会变迁、城市化、工业化进程在有效推动教育现代化的同时，也增加了教育系统的脆弱性，加剧了教育结构平衡性的破坏，导致教育领域矛盾冲突丛生、风险类型繁杂。随着风险社会的到来，教育领域也同样存在着重大风险，包括危及国家安全、影响社会稳定、威胁公共安全等各种类型，也有多重影响的重大风险存在。其中，既有教育传统性风险，又有教育现代性风险，显示出各类教育风险多重交叉叠加的复杂性。教育发展与社会转型的不协调是教育风险丛生、危机频发的关键。为落实习近平总书记总体国家安全观，迫切需要建立健全教育风险治理体系，切实提升教育重大风险评估意识与能力，加强重大风险的识别、研判与防范的配套机制建设，促进教育改革与发展的健康安全运行。

教育风险是指教育领域带来的负面偏差发生的可能性及其影响。当前教育发展的环境越来越复杂、利益诉求越来越多元，更加公平基础上的高质量发展压力越来越大，实现科学发展的任务越来越艰巨，区域性群体性突发事件层出不穷，重大教育危机事件也不断出现，教育重大风险的不确定性大，复杂性高。社会快速转型期的教育问题，有许多是深层次的历史问题，有些根本上就是社会问题，利益关系错综复杂，改革难度极大；有些是改革发展中出现的新问题，变化趋势与规律尚不确定，改革发展思路还不明晰。尤其对于关系错综复杂、任务面广量大、利益牵扯繁多的教育领域综合改革来说，重大教育风险防范已刻不容缓。然而，我国教育风险防范所需的基础数据库尚不完备，防范风险的系统机制还未建立，风险治理存在以下几个方面的突出问题。

一是"重应急，轻预防"。习近平总书记要求我们确立重大风险防范化解的底线思维，建立重大风险防控机制。当前，教育风险治理出现结构性失衡，教育风险"预防为主"的观念在相关制度与技术设计层面仍缺乏足够关注，风险防控机制仍然停留在省市一般文件通知和学术研讨阶段，缺乏细化落实。

二是预案绩效偏低。从风险管理到应急处置，都是教育重大风险防范的预案编制过程，包括预案制定、执行、反馈、评估、修改等。目前校园公共安全是政府部门及学校关注较多的教育风险领域，部分学校有一些局部的校园安全预案编制，但对于影响国家安全、社会稳定的教育重大风险，缺乏科学的整体关注，防范意识及能力欠缺，教育风险基础数据平台缺乏整合，风险防范信息不充分，缺少过程性的动态管理。预案编制不够精细，缺少对风险承受体脆弱性的精准研判。比如，缺少与当地社会心理因素、地域特点等结合的多样化评估标准，以及对地方教育风险防范能力的准确把握。政府缺少对相关培训的支持，相应的风险防范预演不足。这些都制约着现有教育风险预案管理的绩效。

三是研判机制不全。对危险源的识别、评估，对教育风险中相关群体行为的预测与分析，对当地教育应急能力的确认等，都是风险分析研判的基础与决策来源。跨部门综合评估、研判以及预案机制是全面分析各项教育风险信息的前提条件。教育风险评估机制不健全、评估主体单一、评估内容缺乏完整性、评估标准与方法不恰当、评估结论公开与监督不够、评估依据不足、提出的防范措施缺乏针对性，导致评估缺乏实效、评估作用被弱化，从而难以使评估有效地服务于风险防范。急需构建一套符合国情的教育重大风险脆弱性评估体系，其中包含对当地危机文化、群体脆弱性的识别，以及当地经济社会发展状况与应急管理能力等指标的评估体系，优化教育风险研判机制。

四是治理机制薄弱。当前教育风险防范仍然停留在管理主体单一化、单向化阶段，缺少多主体、开放性、系统性的多元共治机制。风险识别不够精细，风险评估不够精确，风险研判不够精准，导致教育重大决策风险防范不够有效。决策风险防范的程序、标准及规范建设滞后，决策风险治理的保障机制没有建立，区域教育风险防范能力不足，影响教育重大风险的综合治理。教育决策风险治理表现为被动应对、简单处置，头痛医头、脚痛医脚的现象仍很普遍，不能抵达病根、解决根本。

五是问责纠错阻滞。决策前缺少专家介入的保障机制，决策中缺少公开论证机制，决策后缺乏相应的政策实施效果问责机制。导致政策实施结果缺少评估，难以判断重大教育政策是否得当、专家介入是否得力。问责机制几乎是无章可循，当然也有些是有章不循的。这两年有些地方教育行政部门出台了相应的问责制度。例如，2018年某省某市出台了《某市教育局重大行政决策终身责任追究制度及责任倒查制度（征求意见稿）》，但在具体查处内容设计上主要针对"由于故意或者过失，不执行或者不真实执行决策，不办理或拖延办理决定决议的事项，不办理或拖延交办的工作，以致影响工作进程或工作效率，导致人民利益造成损害，给社会造成不良影响和后果的行为"，进行内部监督和终身责任追究的制度并没有对决策本身实施效果进行监督追责，无以提高决策质量、防范决策风险，且没有配套的容错机制。追责机制、纠错容错机制的阻滞，既会导致乱作为，也会造成不作为。决策运行前后无章可循、有章不循，或决策中简化走样、不规范、随意性大，决策程序机制不全导致的对风险识别不周、执行不力等，制约着教育重大决策风险的有效防范，且影响着政策实施效果。

我们把教育决策相关的承受风险者称为风险承受体。通常，当风险演变为危机时，风险承受体的利益会直接或间接地受损。风险承受体可以是个体，也可以是组织，当然也可能是整个区域、整个社会。承受体不仅是风险承受，也常常会转化成风险因子。风险承受体根据各自对教育风险的感知产生一定的反应，这种反应也具有一定的破坏性，促使风险叠加，具备了转为危机的基础。经验表明，个体事件可能对信息和风险传播构成巨大挑战，它能产生广泛持续的恐慌、恐惧及严重的脆弱性。由个体到小部分群体，再导致整个利益阶层，会严重影响社会稳定。这就意味着风险承受体特性及其反应程度决定着风险因素能否累积，以至能否引发危机。我们把个体、组织和社会的敏感性、易损性、暴露性等内容称作风险承受体的"脆弱性"。优质资源的不充分及其配置的不均衡是教育风险的外壳，它既有教育系统内因，也有社会外因，配置的不均衡主要与教育决策系统惰性有关。根据教育风险承受体的"脆弱性"，教育重大风险防范要重点关注三类关键人群。

一是"关键多数"——对教育期望过高、关注过度的中产阶级群体。改革开放40多年，他们对教育的获得感、安全感低于经济社会发展带来的获得感、安全感。随着相对参照系生活水平的不断提升，对教育的不满逐渐增加，这就是所谓的中产阶级群体焦虑。他们既是个体也代表着整个群体，代表着一类人群、一个阶层，顾及不周易导致整个群体对政府的信任危机，出现塔西佗陷阱、邻避效应等。近年来，随着教育利益群体的多元及其对自身利益的觉醒，群体的非理性与对抗性也随之加剧，对立冲撞剧烈化、群体抗争过激化，引发了教育风险的常态化。在我国当前的众多教育事件中，考试方案、招生入学、学区调整等涉及教育公平的教育政策或改革方案是他们最为敏感的。这也成为教育领域重要频发的风险点，高关注、高利害，影响面极广，特别要顾及民众对风险的可接受性。同样，提高公众理性精神与社会信任是教育风险防范的重要社会基础。

二是"关键少数"——影响教育改革发展全局的教育决策者。当前，因教育行政人员风险评估意识与风险识别能力总体不强，加上科学、有效的决策风险防范化解机制缺失，制约了教育重大决策的科学性与实施的有效性。教育决策主体本身也是教育重大决策风险的承受体，他们具有较强的"脆弱性"，即高度的易暴露性与敏感性。因为他们的决策行为涉及各方利益，社会舆论随时会对他们进行监督拷问，因此政策出台者也是高风险人群，防范决策风险不仅利民更利己。教育重大决策风险主要囿于当前教育决策环境，源自相关政府、行政机关、学校等的决策方式，基本上都由政府精英和体制内的专家来论证可行性，较少征求公众意见，这种封闭性决策方式虽然高效，但埋下了许多隐患。重大决策若体现政府的政绩诉求而缺乏民意基础，必然脱离实际，不仅影响实施成效，而且容易招致公众反对。闭门决策也容易造成风险治理的配套措施不到位、安全防护等级不够高、风险感知信任不充分。但是，短期内这种决策环境与决策方式转变的难度较大,教育重大决策的不良孕育环境将会长期存在。教育决策者决定着公共资源与公共利益的分配,稍有不慎,都会被公众认定为失职,导致公信力损失,进而影响到自身的合法性基础。他们对于各种冲突及不稳定因子都非常敏感。我们调研的政府部门分管教育的领导及教育主管部门负责人也迫切希望有教育重大决策防范机制的保障,以减轻决策风险带来的压力,他们对有法可依、有章可循、有责可究、有错可容的风险防控体系充满期待。

三是"关键支持"——高水平的教育决策咨询服务的专业人才。这方面人才的欠缺已严重制约着我国教育风险治理水平。党的十八大明确指出"坚持科学决策、民主决策、依法决策,健全决策机制和程序,发挥思想库的作用"。我国各地教育领域能够对教育重大决策"出招""解惑""指路"的支持机构整体不足,各地教育决策咨询普遍缺乏"大团队、大项目、大成果、大平台"。在我国,承担教育政策咨询职能的组织中,既有党政机关政策研究机构与各级教科研院所,也有民办教育研究机构与各类教育社团组织等。教育重大决策咨询任务重、要求高,专家要既有理论功力,又要有实践阅历,还要有一定的行政经历。2011年11月11日下午,刘延东在出席中国教育科学院成立大会时指出,教育科研机构要着眼教育改革发展重大理论和现实问题,加强宏观政策和战略研究,发挥思想库、智囊团作用。在建设新型教育智库的战略布局中,教育科研体系的主体力量,即各级教育行政部门下属的教科研机构,应当迅速提高其编制职数,调整其职能地位,承担起支持教育科学决策这一至关重要的作用。2016年12月1日陈宝生曾在全国教科研工作会议上指出,教科院所教育政策研究团队力量弱、成果应用转化低、内部治理能力差、管理体制机制不完善等问题十分突出。在加强教育风险防范现状下,各级教育科研机构转型为教育智库显得迫切而且必要,它已直接影响到风险防范的可能性及有效性。

2019年1月21日,习近平总书记在省部级主要领导干部坚持底线思维着力防范化解重大风险专题研讨班开班式上发表重要讲话。要完善风险防控机制,建立健全风险研判机制、决策风险评估机制、风险防控协同机制、风险防控责任机制,主动加强协调配合,坚持一级抓一级、层层抓落实。增强忧患意识、防范风险挑战应当成为教育领域的一门必修课，加强研究反思与修正教育改革转型的轨迹，提高教育重大决策风险识别能力，建立健全风险识别研判机制、多方协同防控与系统预警机制，提升整体防范能力。以快速、有效的预警响应，及时抑制和化解潜在危险的积聚集合、加重升级，使潜在风险不成为现实危机，规避可能产生的直接后果和次生、衍生后果，化被动应急为主动安全。从"遇见风险"到"预见风险"，图之于未萌，防患于未然。教育风险的"中国之治"，即要形成教育风险治理的中国方案，要求重视加强以风险沟通为核心的风险识别、评估、研判，以及决策配套机制的建立健全，使得风险防范真正成为教育现代化治理的必要环节与重要基础。

　　教育风险的演化发展一般经历多个阶段。按生命周期理论与能量释放理论，其演化过程通常经历七个阶段：潜伏期、萌芽期、爆发期、扩散期、波动期、缓解期与平复期。潜伏阶段是矛盾孕育和滋生的时期。教育风险往往具有一定的隐藏性，很难在萌芽阶段引起人们的广泛关注，并受到社会的重视。在教育风险积聚（形成）爆发阶段一般呈现出很多教育问题，由于教育预警体系不健全，风险识别研判经验不足，对政府及教育行政部门形成重大考验。因此，对教育领域问题的敏锐捕捉、全面分析、问题发现与综合施策等能力是关键。这就急需增大教育专业决策咨询力量，没有足够的专业人员进行相应问题的调查研究与及时跟进对策研究，不仅制约科学决策水平，影响到决策实施成效，也难以提升应急处突能力。许多教育重大问题在外部环境变量的作用下就会引发社会矛盾，教育风险随之扩散，这一过程也是教育矛盾激化的过程。由于教育风险本身的复杂性特征，其在更大的空间内具有扩大和分散效应。教育风险积聚到一定程度容易与各种社会环境因素耦合在一起，在更广泛的社会空间和社会系统里蔓延和扩散。教育风险的消退通常与事件的处理速度和社会关注度的减少成正比，如果教育风险得到相关主体的及时关注，对风险纠纷、教育矛盾开展快速的解决和问责机制，同时伴随着社会舆情关注度的减少，教育风险就可能得到适时的化解。

　　综上所述，以阻断风险链为核心建立教育决策重大风险防范机制刻不容缓。风险因素、孕育环境、承受体相互关联，断开风险链的核心就是要改变风险的孕育环境，降低决策风险承受体的脆弱性。在决策前阻断初始风险之链,在决策中阻断并发串发之链,在决策后以问责纠错作为风险防范的最后关卡。

无论是源自教育系统内行为主体制造的"原发型"风险,还是由教育系统外因素引发的"诱发型"风险,抑或与其他自然因素、社会因素密切相关的"关联型"教育风险治理,都要坚持以底线思维、系统思维、战略思维、历史思维、创新思维、法治思维、辩证思维为原则,就不同风险治理主体(教育行政部门、各级各类学校、家庭、社会),以"嫁接模式""靶向模式""溯源模式""融合模式"等不同模式区别对待,采取规避风险、预防风险、自留风险或转移风险等多种防范化解策略来达到综合治理成效。

第一章

概念界定与研究综述

现代科学技术促进了生产力的巨大发展，也为人类社会带来了各种风险，如 1954 年世界上第一座核电站的建成，核能源可能带来的风险引起了人们的广泛关注，关于风险的研究由此开始。到 20 世纪 70 年代末之后，为了保护社会民众免于自然灾害和工业化带来的事故危害，国外关于风险的研究开始呈爆炸式增长，研究领域跨越了自然科学、人文学科以及社会学科等各个领域。

第一节 核心概念内涵

这个时代，风险无处不在，已然成为社会发展的关键特征。教育作为一种特殊的社会实践活动领域，也必然成为社会风险丛林中一个极其重要而独特的风险场域。界定教育风险概念内涵，需要放在风险、社会风险等概念的发展演变脉络中分析研究。

一 风险概念溯源

人类社会的发展过程中始终伴随着各种各样的"风险"，可以说人类文明的进步离不开人们对各种风险的认知与斗争。如在远古时代，以打鱼捕捞为生的渔民们，每次出海之前为了保证安全，都要进行各种祈求祷告活动，其表达的主要意思就是希望得到上天神灵的眷顾，保佑自己出海捕鱼的过程中都是风平浪静、一帆风顺，从而能够安全回航。在长期的捕捞生产过程中，渔民们时刻体会到海上风暴、海底地震引发的海啸等灾害会给他们带来无法预测、无法确定的重大危险。正是在长期海上打鱼生活中，渔民们发现"风"往往会带来"险"，因此就有了"风险"一词的出现。①

许多学者通过其他角度对"风险"一词来源进行探讨：风险（Risk）一词是英文语系的外来语，语言学家认为它来自阿拉伯语，也有学者提出该词来源于西班牙语或拉丁语，获得较为广泛认同的说法是"风险"一词来源于意大利语中的"RISQUE"。风险概念大约于17世纪通过法语和意大利语进入英语世界。风险由最早在空间意义上的限制拓展到时间维度，风险所包含的"理性的不确定性"也逐渐凸显出来。在早期生活运用中，风险被认为是客观存在的危险，具体表现为自然界中发生的各种危机事件，包括地震、暴风雪等，或者是航海遇到礁石、海啸等危害事件。19世纪之后，风险概念逐渐与人类的决策和行为后果之间建立了更为紧密的联系，其使用也从早期的航海贸易行业和保险业逐渐扩展到各行各业之中。在随后的发展中，这一术语所包含的"可怕的力量"这一含义开始弱化，逐渐与人们的决定和行动后果联系起来，譬如人们使用风险计算对银行投资借贷的未来后果进行预估。

目前，对于什么是风险，存在着多种不同的定义。威尔逊于1987年在 science 杂志发表著名的有关风险论述的文章，他将风险的实质定义为人们"对不确定性的一种期望值"。1991年，联合国赈灾组织对风险定义做了较为完整的界定："在特定区域范围和给定时间范围内，由某种自然灾害而导致的，对人们生命财产和经济活动损失的期望值。"2007年国际标准组织（ISO）技术管理局将风险定义为"某一对象的不确定性影响"（Effect of Uncertainty on Objectives）。

大多数学者认为，风险常用于表示不确定性，风险和不确定性这两个术语在使用上可相互替代。风险尤其与难以预料的损害相关，故人们通常将风险定义为"损害的不确定性"。如在世界上享誉极高的伦敦特许保险学会在其资格考试用书（教材）中就将风险定义为："对大多数人来说，风险意味着在特定情况下某种结果发生的不确定性，即某件事情发生，其结果并不是有利于我们的，也不

---

① 王健康：《教学风险管理研究》，博士学位论文，湖南师范大学，2012年，第21页。

是我们所期望的。"①

因此，现代意义上的"风险"一词，已经远远超出了原来狭义的"遭遇危险"，而是指"遭遇损害或损失的机会或危险"。通过不断的演变，风险一词越来越被具有了概念化特征。随着人类活动复杂性和深度的逐渐加深，"风险"一词在哲学、经济学、社会学、统计学乃至文化艺术等领域，都被赋予了更为广泛和深刻的含义，与人类决策和行为的后果关系也越来越密切。"风险"一词也成为人们生活中频繁出现的词汇之一。

在英语中风险（risk）解释为发生伤害、毁损、损失的可能性。汉语词典中对风险的释义是"可能发生的危险"或"遭受损失、伤害、不利或毁灭的可能性"。《辞海》对风险一词做了比较全面的界定：风险就是"人们在生产建设和日常生活中遭遇能导致人身伤害、财产损失及其他经济损失的自然灾害、意外事故和其他不测事件的可能性"。"风险"（risk）通常可以理解为一种危险（danger）和灾难（disaster）发生的可能性，风险与危险、灾难相关联，但它本身并不是危险或灾难。总体上讲有两种定义：一种定义认为"风险"表现为"不确定性"，由它产生的结果可能带来获利、损失或是无损失也无获利，这属于广义的定义。另一种定义强调风险表现为"损失的不确定性"，认为风险的结果只可能表现出损失或是无损失也无获利，而没有从风险中获利的可能性，这属于狭义的定义。

根据风险损失的性质可以划分为纯粹风险（pure risk）和投机风险（speculative risk）。前者的结果只会带来损失，譬如事故、伤亡、自然事故等；后者包含损失和获利双重可能性。根据风险影响的范围分为系统风险和非系统风险；根据风险存在时间长短分为暂时性风险和永久性风险；根据风险承担的主体分为个人风险、企业事业风险、国家风险；根据诱发风险的原因可以分为市场风险、信用风险、操作风险和流动性风险等。

现代社会可以说无处不存在风险，在政治、经济、社会等许多领域

---

① 风险管理师职业资格认证管理会员会：《风险管理师职业资格认证培训基础教程》，经济管理出版社2006年版，第369页。

风险一词已频繁出现。通常人们对风险含义的理解各不相同。总体来说可以概括为以下三个倾向：风险是未来结果的不确定性；风险是不利事件发生的概率或可能性；风险是未来结果与预期的偏离。宏观来看，人们对风险的界定有一点是比较明确的，即这是一个指向未来的可能性范畴，不是一个事实性范畴的概念。随着人类社会发展，尤其是在社会的现代社会进程中，人们开始认为凭借科学和理性能够有效地控制各种风险，从而出现了"人定胜天"等口号。自20世纪以来，世界范围内一系列灾难事件及其引发的社会关注，例如，日益严重的环境污染及其引发的生态运动，苏联切尔诺贝利核电站泄漏事故及其引发的核恐惧，英国疯牛病事件及其引发的对食品安全的怀疑，促使人们深刻而全面地反思现代社会的风险。风险已成为当代社会的一种文化现象。也许实际风险没有显著增加，但感知风险增加了。越来越多的人关注和传播各种风险，越来越多的人认为，真正的风险也在增加。[1]综上，风险可能是一种社会"想象"，一种人们建构的现实。我们对风险的感知、感受和行动在很大程度上取决于我们对风险后果的主观想象。只要人们主观上相信风险存在，风险就是真实有效的。[2] 可以说，风险是人类社会的必然伴侣，无论是过去还是未来，风险和风险意识都不是现代特有的现象。

二 社会风险概述

1986年，风险社会的概念在德国社会学家乌尔里希·贝克的《风险社会》一书中得到明确定义，德国社会学家乌尔里希·贝克最先用风险社会来概括现代社会的特征，将安全问题从各个领域上升到了整个社会的高度，同时开启了社会学、哲学等诸多领域对社会安全问题的研究热潮。实际上，风险社会理论和社会发展是与安全问题相伴而生的。社会发展理论的变革是与社会安全问题的凸显以及人的认识能力的不断提

---

[1] Doug las M & Wildavsky A, *Risk and Culture*, Berkeley: University of California Press, 1983, p. 266.

[2] ［德］乌尔里希·贝克：《再谈风险社会：理论、政治与研究计划》，赵延东等译，北京出版社2005年版，第28页。

高分不开的。贝克认为，现在科技的进步已经产生了威胁我们生活各个方面安全的风险。他将后工业社会解释为风险社会，现代风险研究是现代性反思的重要组成部分。他认为，虽然人类社会存在风险，但现代社会与以往的风险问题有着本质的不同：首先，现代风险具有更明显的感性和不可预测性，它们不再是通过感官可以直接感知的表面风险，难以估计、完整、科学地掌握各种风险危害发生的时间和危害程度；其次，现代风险日益呈现出全球化趋势，如环境污染、气候变暖问题是不分国界、不分种族、不分人群的，它们不仅反映在国内，更有可能迅速向世界蔓延，成为全球性问题；最后，现代风险既有客观的，也有主观的。

近年来，许多国内外学者从社会学等研究视角对风险社会产生的背景、历史成因、概念和内涵、基本认识等展开较为深入的研究。进入工业社会以来，人类对于诸如生态破坏、环境污染及具体的核泄漏、生化武器、公共卫生事件以及现代高新技术的盲目发展可能带来的危害总是防不胜防，促使人们不得不进行深刻的反思和探讨。一是以贝克和吉登斯为代表的制度之维，强调制度性风险对社会安全的影响。二是以玛丽·道格拉斯、威尔德韦斯和斯科特·拉什为代表的文化之维，他们的理论依存于非制度性的和反制度性的社会状态中。三是以沃特·阿赫特贝格为代表的政治之维，他指出协商民主政治才是社会运行的适宜模式。四是以莱恩·威尔金森和马克·海恩斯·丹尼尔为代表的心理之维，他们试图从心理学的角度来设计逃避风险的新全球战略。随着对现代社会的批判，西方的许多学者都对社会的状态做了深刻的分析，如贝尔对"后工业社会"的分析、鲍德里亚对"消费社会"的分析、吉登斯对"现代性后果"的分析、贝克对"风险社会"的分析、哈耶克对"自由秩序"的分析等。

我国学者对社会风险开始关注也同样与社会安全的研究联系在一起的，主要是从最近 20 年开始的。目前我国学术界对社会风险的研究主要沿袭西方的传统和理论范式。而且主要集中在转型期社会安全面临的主要具体问题，包括如何应对和处理威胁或风险事件、如何提高组织管理能力、如何构建针对各种弱势群体的保障和救助体系，如何从法律角度探讨社会安全的立法和司法问题等方面。目前，除了受全球风险的影响，我国正处在社会转型的特殊发展阶段，各种社会矛盾日益突出，又逢人均 GDP 突破 1000 美元之后的危机多发期。杨永伟、夏玉珍认为现代社会的高度风险性是当今学术界关注的焦点。风险社会理论以现代性发展为切入点，将社会风险嵌入风险社会中进行分析，认为风险社会的生成源于自反性现代化。在风险社会中，现实建构主义的风险认知视角使得风险社会理论沿着制度主义与文化主义两条路径对风险社会的出路进行深入探讨，具有积极的学术价值和现实意义。①

综合以上风险社会概念内涵的演变，可以概括，狭义的社会风险是与生态领域的风险、政治领域的风险、经济领域的风险等相区分的一种风险，专指社会领域的风险；广义的社会风险是指由生态、经济、政治等社会各个领域中的不确定性因素对社会整体良性运行和协调发展造成损害性影响的一种可能性关系状态。

三 教育风险内涵

随着风险社会的到来，政治领域风险、经济领域风险、社会领域风险等因为其导致危害的可能性与严重性已引起高度关注，相比而言，对教育领域风险及其防范的理论与实践研究都显得十分薄弱。何谓教育风险？这既在实践中缺乏标准，也在学理上缺乏研究。

社会风险日益加剧，教育领域也日益频发。屡屡发生的学生自杀事件，长期广泛的"失学""失管""失控""失教"等问题引发青少年犯罪率上升，历史上并不罕见的大规模教学改革失败教训，网络世界的快速发展，在使教育大受裨益的同时也使其面临空前的、深不可测的风险，所有这些都雄辩地表明教育风险——教育结果的不确定性（特别是长期以来人们关注较少的"损害学生的不确定性"）问题已经成为教育工作者不得不正视并亟须研究及妥善应对的问题。教育事关国家、社会与民族未来，加上近年来，教育领域一些重大风险引发的危机已产生许多严重后果，有些直接危害到国家、社会与公共安全。"教育不牢，地动山摇"，不关注教育风险的社会风险研究也不是真正意义上的研究，因为终身教育时代，人人与教育相关，社会已然成为教育社会。加强对

---

① 杨永伟、夏玉珍：《风险社会的理论阐释——兼论风险治理》，《学习与探索》2016 年第 5 期。

教育风险的系统研究，既要借鉴社会风险研究的已有成果，又要善于研究鉴别教育自身的特殊性，分析其固有特点。研究教育风险要从相关概念界定出发。

在教育领域，"教育"的定义多种多样，不同的人有不同的看法。一般来说，人们从两个不同的角度来定义教育，一个是社会的角度，另一个是个人的角度。[①] 社会的角度主要包括广义、狭义和更狭义三个方面来论述：(1) 广义的教育是增进学习者的知识和技能、发展学生的智力和体力、影响个体的思想和品德的活动都属于教育，教育可以分为家庭教育、学校教育和社会教育三种，在这三种教育中学校教育占据主导性地位，因为学校教育更加专门有效，而家庭教育和社会教育具有随意性和不确定性。学校在儿童身心发展中的作用主要表现为三方面，学校工作的指导思想对学生发展的影响；学校的教育质量的高低会直接影响学生的发展程度；学校与社会、家庭的联系程度如何也会直接影响学生的发展。家庭教育具有先导性、感染性、权威性、针对性、终身性和个别性，是学校教育的基础和补充，家庭教育配合学校教育的方式有互访、家长会、开办家长学校、家长委员会、家长沙龙等。(2) 狭义的教育指学校中发生的教育，学校教育是教育者有目的、有计划、有组织地按照一定社会要求，对受教育身心两方面施加影响的过程。(3) 更狭义的，有时指思想教育活动。这种不同层面的定义方式，突出了社会多重因素对个体发展起到的规范、限制和影响等作用，它把"教育"看成整个社会运行系统中一个子系统，即教育承担着一定的社会功能。

当我们从个体的角度来定义"教育"时，往往可以将"教育"看作个体学习知识获得身心发展的过程。例如，朗特里（D. Rowntree）对"教育"的定义是："个体学习知识、获得技能和正确价值观念的过程。"[②] 在这里所指的学习内容必须应该是值得学习者付出精力和时间获得的知识。

成功的教育能促进学生的身心健康发展，失败或者失误的教育则会危害和阻碍学生的身心发展，即对学生的身心发展造成损害。前一种教

---

① 十二所高校：《教育学基础》，教育科学出版社2003年版，第4页。
② 赵宝恒等：《英汉教育词典》，教育科学出版社1992年版，第121页。

育是我们所追求的,而后一种教育所受关注的程度却远不及前者。造成后一种情况的称为教育风险,即指教育实践以及改革过程中,由社会、政治等各个领域及教育系统内部各种不确定性因素对教育整体良性运行和协调发展造成损害性影响的一种可能性关系状态。教育风险指对教育发展及个体成长所带来的负面影响的可能性。指通过教育政策、理论和教育实践去改变、改造人和世界过程中带来的可能性的不良关系状态。[①] 教育领域风险错综复杂,本书通常不包括自然风险,主要涉及各种类型的有一定程度预防与化解可能的人为性的教育风险,即主要针对教育领域可预测的不确定性。

不同领域对风险有不同的工作定义,有的着眼于结果,有的着眼于可能性。归纳起来可分为以下几种类型(表1-1)。

表1-1　　　　　　　　　常用的风险定义

定义类别	代表者	主要内容
不确定性	美国学者哈代(Hardy) 英国项目管理联合会(UK Association for Project Management)	当某一个事件发生可能会引发不可预料结果时,则可以认为这一事件是风险性事件。 英国项目管理联合会认为,风险是一个具有不确定性的结果事件或者一系列不可预料结果的环境,一旦负面结果成为现实,将影响正在进行的项目目标实现
变动说	美国学者威廉姆斯(Williams)和海因茨(Heinz)	风险是指在一定条件下事件结果的可变化性,风险理论又可分为振幅理论和预期实际变化理论。前者认为,当事物的未来结果是不固定的或可能发生改变时,就存在着风险。后者认为,当实际结果与预期结果不一致时,就存在风险,这种风险理论的来源主要是对金融领域风险的研究的结果
不确定性和利害关系	美国项目管理联合会(US Association for Project Management)	风险由两部分组成:利害关系和不确定性

---

① 倪娟:《教育风险:整体安全视域下的教育研究新视角》,《上海教育科研》2019年第5期。

续表

定义类别	代表者	主要内容
心理感受说	美国心理学家柯利（Curley）	风险是人们关于危险的一种感受
事件发生的可能与后果理论	美国空军软件技术支持中心	风险是一个不希望出现的事件发生概率，以及这一事件不愉快后果发生引起的影响

根据对上述"教育"和"风险"概念的界定归纳，我们可以将教育风险从社会与个体两个方面加以定义与研究。但无论是哪一个方面，都体现了教育现象中"未来结果的不确定性及其产生后果"。随着总体国家安全观的提出，政治风险的关注上升，教育风险的内涵也空前扩展。本书中教育风险概念内涵为广义的，从风险承担主体来看，它包括国家社会、组织机构及各教育相关个体多个层面。教育风险成因复杂，既有源自教育系统内行为主体造成的"原发型"风险，还有由教育系统外因素引发的"诱发型"风险，更有系统内外共生的"关联型"风险，因此，"教育领域风险点"需要就"领域"与"点"来把握其内涵，"领域"规定了我们研究要立足"教育系统内部"来分析教育风险防范机制，"点"指具体教育事项。如果说教育风险是一种可能性利害关系状态（通常指危害的可能性关系状态），那么"教育领域风险点"应该是指教育内部有较大可能性威胁公共安全、影响到社会稳定或严重危及国家安全的重大决策、改革方案、政策实施、意识形态、教育质量、管理制度、教育廉政等关键事件。凡不利于教育良性发展或个体成长的各种负向可能性关系状态均为教育风险之内涵。影响教育发展的可能性因素包括自身内在与其他外在因素，而且这些因素随着教育发展过程呈现动态变化。但可能性因素要成为教育的真实发展，必须通过发展主体的自主选择与实践。教育风险存在于教育的所有领域，包括学前教育、中小学教育、高等教育、社会教育机构、继续教育机构等职前与职后教育的全部学校或教育机构。教育问题会导致教育风险，但不完全等同于教育风险，问题是既成事实，风险只是一种可能性，教育问题可能长期存在，风险也就长期伴随；教育风险会导致教育危机，但不直接等同于教育危机，危机是已发生了的事件，而风险只是教育危机发生的一种可

能性存在。我们可以通过对过去的各种教育危机事件来分析教育领域中可能存在的风险因素并加以防范。

第二节 治理研究综述

一 国外风险治理

(一) 社会风险治理研究

20 世纪 80 年代以来，国外学者从规避社会风险、寻求可持续发展的角度出发，对风险社会兴起的背景、风险社会的概念和内涵、风险社会的历史成因以及如何规避风险等问题进行了广泛深入的探讨。

在社会风险治理方面具有代表性的成果有美国危机管理大师罗伯特·希斯（Robrt Heath，2001）针对企业提出危机管理的 4R 模式，即由缩减力（Reduction）、预备力（Readiness）、反应力（Response）和恢复力（Recovery）四个阶段组成。以此来减少危机情境的攻击力和影响力，使企业做好处理危机情况的准备，尽力应对已发生的危机，从危机中尽快恢复。[①] 而诺曼·奥古斯丁（Norman R. Augustine，2001）则认为，每一次危机本身既包含导致失败的根源，也孕育着成功的种子。发现、培育，以便收获这个潜在的成功机会，就是危机管理的精髓；而习惯于错误地估计形势，并令事态进一步恶化，则是不良危机管理的典型特征，他将危机管理划分为危机的避免、危机管理的准备、危机的确认、危机的控制、危机的解决和从危机中获利六个不同的阶段[②]。英国危机管理专家迈克尔·雷吉斯特（Michael Regester，2002）等认为，复杂环境中，组织必须对飘忽不定的公共价值观、不断提升的社会期待以及无处不在的新闻媒体加以深刻的理解，并且做出迅速的反应，并对危机处理过程的每个环节作了分析[③]。

---

① ［美］罗伯特·希斯：《危机管理》，王成、金瑛译，中信出版社 2003 年版。
② Norman R. AUgustine, Managing the crisis you tried to prevent [J]. *Harvard Business Review*, 1995, 73 (6).
③ ［英］迈克尔·雷吉斯特，朱迪·拉金：《经营风险与危机处理》，中国标准出版社 2000 年版。

(二) 教育风险治理研究

美国高质量教育委员会于1983年发表《国家处于危机之中：教育改革势在必行》中称，美国教育正在被日益严重的成绩平庸的状况所侵蚀，这导致美国正在失去工业、科学和技术发展上的领先地位而处于危机中，必须进行一场全面、深刻的教育改革。2001年又通过《不让一个孩子掉队》法案，通过建立高标准和问责制进一步推进美国教育标准化，规避可能的教育风险。显然，这些政策文件既体现了对教育质量影响国家竞争力的担忧与重视，也体现了较强的危机治理意识。

近年来，美国在教育风险治理上把两类学生称作风险学生（at-risk students），包括弱势群体与天才学生群体。如何对他们进行妥善干预一直是美国学界关切的问题，这也反映了现实的紧迫需求。对于弱势学生群体，是否成功完成高中学业是顺利进入成人期的关键，但也有研究显示，并不是人人都能顺利完成高中学业，处于不利地位的学生往往更容易提前脱离学业（有时并不表现为辍学，而是学业上的边缘化和自我放弃），这类被边缘化的处于不利地位的学生可归属到高风险学生范畴之中。研究指出，社会资本（social capital）扮演着极为重要的角色，同辈群体的影响积极与否、家庭氛围，尤其是父母关系的好坏、教养方式的风格、学校氛围是否温暖和谐等因素都与该学生群体的学业成果密切相关。研究显示校园提供常规服务与该类学生群体的学习成果无显著效果，额外所提供的教育性支持也仅仅是让他们免于退学而已。新西兰学者Jackie Sander指出，需要的是一个系统的帮扶系统，学校首先应有意识地减少使用排斥行为来营造积极的学习环境，辅之以其他来自同辈或是社会的专业学术支持。另一个天才学生（gifted student）群体也存在教育风险，文化、经济和社会等各种因素所导致的该学生群体与主流群体偏离，从而被区隔化，产生了包括身份认同、（针对其设立的特殊培养项目）标准设定和该群体可能存在的心理问题的一系列风险。另外，校园安全风险管理研究关注于暴力风险学生的防范治理。2017年美国学者安（Ann）通过对1996年至2012年的18份校园枪杀案例进行质性研究指出，面对校园暴力案件不断增加的严峻现实，针对校园中可能存在暴力风险的学生（student at risk of violence），呼吁建立起校园心理健康服务辅导机制，校园应定期进行风险评估并开设一系列的风险预阻项目进行校园安全风险防御。针对可能存在着教育风险的学生群体，近些年来出现了新的研究范式，即使用数据挖掘技术（Data Mining Technology，DMT），基于学生信息数据库，对学生的一系列包括学术道路选择、学习行为诊断、学业成功预测以及辍学风险进行建模评估，该技术可以有效预测学生各项风险，为教务人员提供有效信息，已经在高等教育研究领域实践。

同时，也开展了教育机构基础设施等风险的评估研究。2008年马来西亚政府出台风险确认、评估和控制方针，即HIRARC指导方针（Hazard Identification，Risk Assessment and Risk Control，HIRARC）。在该方针指导下，马来西亚对111所教育场所进行风险评估，并以高中低三级标准进行核定，并采取进一步的行动进行管控。总体上，国外的教育风险机制研究较早，教育风险治理相对成熟，为了保障高等教育质量，澳大利亚高等教育质量管理和标准署（TEQSA）对高校采用风险评估，确立了风险评估的指标和风险评估框架（RAF）。美国学校的应急管理机制较为健全，学校都有应急预案，通常包括五方面内容，即学校简况及所面临的风险、分析应急组织及其各自的职责、应急行动措施、应急预案的修改、应急预案的附件。英国各高校采用的风险管理步骤主要是依据英国财政部的橙皮书（The Orange Book）以及英格兰、威尔士高等教育拨款委员会关于高校风险管理指导中建议的风险管理方法而制定的。英国各高校建立风险管理委员会、风险指导委员会、审计与风险管理委员会或风险管理办公室等机构来分管高校的风险管理实务，同时，各高校建议大学院系按照风险指导委员会制定的风险管理方法结合实际实施风险管理，以保证大学风险管理途径的连贯性。其他发达国家如日本、法国、葡萄牙等也有较为成熟的教育风险管控机制。

综上，国外对教育风险点的关注主要聚焦于教育质量与公平这些长期性教育风险点，聚焦于少数天才生、弱势群体、校园欺凌事件中暴力学生等特殊学生群体，教育领域风险点的防范治理体系也较为成熟。

二 国内风险治理

（一）社会风险治理研究

近几年来，国内学者从理解和解决人类社会自身的问题出发，对社会风险兴起的背景、概念和内涵、历史成因以及如何规避风险、进行风险评估进行了广泛深入的探讨，这些研究大致可归纳如下：薛澜等从社会与组织、个人层面对转型期我国社会危机诱因做了深入分析：在社会及组织层面，认为经济发展的不均衡性、政治体制改革的滞后性以及传统道德文化体系的失衡为危机产生的主要原因；在个人行为层面，认为近年来由于农民负担过重、腐败、官僚主义、贫富悬殊、社会风气败坏、失业下岗人员增加、就业形势严峻等因素，造成我国大量人员对社会、政府严重不满，这些充满不满情绪的个体会变成破坏中国社会稳定的"易燃物质"，在一定的突发事件的"导火索"的作用下，就可能形成破坏性的危机事件。张成福认为，从当代的现实情况来看，几个方面因素的存在以及相互的作用使得各种灾害和危机发生的可能性大大增加：（1）人口的增长和人口密度的增加；（2）全球气候的变化；（3）环境的破坏和恶化；（4）科技发展所带来的负面作用和影响；（5）恐怖主义；（6）社会压力和冲突的增加。李燕凌等通过对我国农村公共危机的深入分析，认为从本质上讲，产生公共危机的根本原因是公共产品的失衡；而中国农村公共危机产生的根本原因是农村公共投入太少、投资结构不合理。

国内不少学者从不同视角提出了构建政府或公共危机管理体系与机制的构想，助推了国内在社会公共领域的风险控制和危机管理方面的研究进展。这些主要进展可以大体概括为"制度论""公共关系论""经验论"和"全面整合论"四种基本观点。"制度论"认为近年来我国发生的一系列危机及政府处理的不得力，主要原因在于我国相关机制不健全、法制不完备，影响了政府的危机管理能力；"公共关系论"认为，在公共危机管理中，应当注重科学地运用公共关系学的原理、方法来应对危机；"经验论"主张学习美国、日本等发达国家的经验和教训，为我国危机管理和相关制度建设提供借鉴；"全面整合论"是指在高层政治领导者的直接领导和参与下，通过法律、制度和政策的作用，在各种资源和系统的支持下，通过整合组织和社会协作等全程的危机管理，提升政府的危机管理能力，以有效预防、回应、化解和消弭各种危机，从而保障公共利益以及人民的生命和财产安全，实现社会的正常运转和可持续发展。

总体上看，近年来我国学者对公共危机管理的研究，是以政府危机管理为核心，以城市危机为主要研究对象。在研究范围上学者的笔墨主要集中在政府和城市，近年来也开始向农村拓展，少数学者还注意到了广大民族地区危机的特殊性与复杂性以及该地区危机管理的重要性，开始逐步关注各种危机事件给弱势群体带来的巨大危害，因而研究领域与范围呈不断拓宽趋势。

(二) 教育风险治理研究

在社会风险理论视角下，国内教育风险治理研究主要借鉴于经济、政法、心理学三个视角，首先从经济视角探讨国家、学校或个体在教育中的投资收益问题，这涉及教育体制规划建设、教育公平、教育质量、大学生就业、高等教育投资、教育过度等问题的探讨。其次，教育风险的治理多涉及法律法规层面相关教育制度的制定，介绍国外相关制度建设情况，呼吁我国教育制度的完善，但较少谈到如何完善相关法律法规。最后，作为基础性的理论探讨，通过心理学视角对教育风险的研究，业已成为风险教育研究与实践的基础。

国内关于教育风险的研究，大致包括教育风险的基本理论研究、专项教育风险研究和教育风险的防范和化解研究。

一是教育风险的基本理论研究。如倪娟从安全风险角度，对风险、风险源、危险源等术语的关系进行探讨，阐述风险源和风险产生原因对风险辨识和管理的重要性，以及危险源辨识对安全风险管控的必要性；就教育风险的内涵、类型、基本特征与发展趋势进行了阐述，将教育风险划分为国家社会层面教育风险、学校组织机构层面教育风险、家庭和个人层面教育风险三种；高小平论述了学校应急管理的特点、机制、伦理领导、规范化框架等，并就风险社会与危机治理理论的限度等进行了阐述。

二是教育领域具体风险点的研究。如戴茂堂就知识教育的伦理风险、韩月就新高考改革试点中的教育政策创新风险、刘盾等就人工智能对教育发展的风险、孙阳春就第三方教育评估的道德风险、骆郁廷等就学科教学风险、李帆就乡村教育中的风险、彭昱就我国教育经费可持续发展的风险、王博就职业教育专业定位偏差引起的就业风险的应对策略、陈玫就国家教育考试席卷印制与监印的风险防控、于光辉就职业教育院校PPP模式的风险、蔡新宇对国家间教育合作风险、李薪茹就政府购买职业教育服务风险等进行了研究、实践与论证。

三是教育风险的防范和化解机制研究。如朱丽等学者认为教育改革中风险的防范与规避措施包括转换改革思路确立风险意识、认真汲取中外教育改革经验、实施有效的舆情控制、走中庸之道确保教育改革和谐推进。倪娟等学者认为应建立完善教育风险治理机制，教育风险的治理主体应设定为相应的国家教育行政机关及与教育相关联的其他行政机关抑或是多者协同制定规范的共同体，学校层面对应的是各级各类学校，而家庭个人中应以家庭为单位的家庭成员组织和个人。主张通过构建教育风险文化、多学科多角度开发教育风险研究内容及深度培育个体教育风险认知与决策能力等来推动教育风险治理。于宗助研究了不确定性视阈下教育改革风险及其规避问题，提出要事前重塑风险评估体制、风险管理机制、风险抉择制衡机制；事中构建沟通机制、监督机制、高度信息机制、舆情调控制度；事后风险问责机制、补偿保障机制等。

综上所述，当前国内在教育风险治理的实践领域重视较多的是教育廉政风险点排查及校园公共安全治理，还有对所有学段语文、历史、思政三门教材内容意识形态方面管理，禁止了地方教材，实施了国家统编教材等。

第三节　教育政策表达

教育领域风险研究首先体现在联合国和美国以及中国等一些国家的教育文件之中。本节从政策层面关注教育文件内容中的相关表达，由此变化来从一个侧面进行教育风险概念体系在国内外教育实践应用状况的综述。总体而言，与教育风险有着必然联系的结果性概念教育危机早在国外使用，且从教育公平与教育质量宏观层面来论及。我国教育安全较早从学生个体人身安全的微观视角得以较多关注，事实上相对于教育领域的风险点而言，它主要涉及公共安全中的某一些方面。

一　国外政策中的"教育危机"

可以说每一个国际重大教育政策或报告的发布，都预测并指出了当时可能出现的主要教育危机。20世纪50年代至80年代，伴随着全球化趋势带来的经济与科技、人口结构、家庭结构等方面的挑战，世界各个国家面临着不同的教育危机，为此从国家层面出台了一系列重大教育政策。以美国为例，每当经济、科技、政治、社会意识发生变革时，都会引发人们对教育危机的认识、促成教育政策变革：

第二次世界大战以后的美苏对峙的局面促使美国教育不仅是局限于自身的发展，而且上升到了国家意志层面，从国家安全的战略高度，凭借其教育的领先地位和对教育功能的预见，1946年出台《富布赖特法》，通过富布赖特项目输出美国政府自身的意识形态和价值观，树立良好的国际形象和强大的社会影响力，以突出的政治理由推行"国际教育"，满足美国在全球的影响力和国防的重大需要。

1957年12月，苏联先于美国将人造卫星送入轨道，美国公众指责学校教育是美国整个国防战略中最薄弱的环节。他们认为学校教育的落后导致了"教育危机"。1958年颁布的《国防教育法》把追求高等教育的素质教育目标提上了议事日程，《国防教育法》指出高校的宗旨是建立国际性和区域性的研究中心，提高教师的语言水平，开阔学生的国际视野，培养美国为国际安全和利益服务的国际专家。

1981年8月总统里根任命来自政府部门、企业和教育领域的18位代表成员组成了"全国优质教育委员会"（the National Commission on Excellence in Education），委员会对美国的高等教育进行了长达13个月的全面调查，1983年提出了《处于危险中的国家》（A Nation at Risk）的调查结果报告。该报告详细陈述了当时美国教育的13种危机体现，如：全美还有大约2300万名的成年人，在所有17岁的美国人当中的13%属于功能性文盲；与其他国家的学生相比，美国学生在19项国际性的学术测试中不仅从没跻身第一或第二，甚至比其他工业国家的学生成绩落后7倍；1963—1980年，美国学生学业能力测试（SAT）成绩几乎处于持续性的下降趋势等。《国家处在危机中》的发表在美国社会产生了空前反响，为了应对报告中提到的各种教育危机，美国联邦政府、各个州州政府、教育组织机构、民间社会团体组织等都提出了相应的改革措施，从学校课程设置、学生能力全面培养、教师队伍优质发展等方面进行根本性变革，取得了一定成效。虽然《国家处在危机中》引发的改革成效不够显著，但这份报告在美国产生的影响力远大于报告本身。

20世纪60年代以来，世界各国从教育公平与教育质量两个维度分析教育造成的负面影响。联合国教科文组织国际教育发展委员会（The International Commission on the Development of Education）1972年编制的《学会生存：教育世界的今天和明天》（Learning to be: The World of Education Today and Tomorrow）对教育的负面影响作了较为全面的分析，《学会生存》审查了一个国家内部存在的区域间教育不平等现象，对处境不利儿童的教育状况表示极大关注，并以"学校是不平等的蜂巢"为题，重点阐述了"民主化教育的范围、结构和实践，极权主义和歧视"。许多学者对教育危机给予了高度关注，并进行了深入研究。1968年，美国教育家菲利普·库姆斯（P. H coombs）出版《世界教育危机：系统分析》指出世界教育面临的种种危机。20世纪80年代末，世界政治、经济的巨大变化，库姆斯经过重新调查与评估，出版《世界教育危机：八十年代的观点》，用新的观点、眼光重新审视了旧危机，从教育数量与质量、教育财政、教育与就业、教育平等、国家合作等方面阐述教育危机的具体表现，并在此基础上提出了一些初步的解决措施，预见各类教育危机发展趋势和教育的未来（表1-2）。

表1-2　　　　　　　20世纪80年代世界性教育危机

教育危机	危机描述
迅速增长的社会学习需求	社会不断发展是促进人类产生新的学习需求最主要刺激因素。由于人口不断增长、世界范围移民数量增加和各国城市化加速建设，经济社会的发展对教育提出更高要求。但教育的不均衡现象直接表现在供求矛盾上，学习需求的不断增长和不同社会发展水平满足学习需求的能力之间，存在着巨大的差距
教育事业在数量上的发展	在国家教育发展规划中，一个国家的具体国情决定了内部教育的发展阶段。例如，发达国家和发展中国家的工作方向不同，反映出它们在起点上的重大差异。在发达国家，普及初等教育早已实现，正规中等教育和高等教育快速发展已成为主要目标。与之相比，文盲现象在许多发展中国家十分普遍。这些国家只能重视普及初等教育，遵循发达国家的历史模式

续表

教育危机	危机描述
教育质量的变化问题	学校教育环境的变化、中小学和大学的结构变化、教育目标和课程变化、教师资源供给的变化、教育技术发展,影响着不同时期的教育质量
财政困境的不断加深	不断发展的正规教育不是必须通过足够的资金供给支持,教育发展不可能仅仅依靠提出响亮的口号与激发人们良好的愿望推行,虽然所有的问题不可能都是靠钱来解决,但是没有足够的资金保证教育发展所需的人力与物力支持,正规良好教育就会成为空中楼阁。而随着当今社会通货膨胀形成的冲击,实际需要投入教育上的经费在不断增加,教育事业在面对不断加深的财政困境必须做出相应的改革
教育价值和就业问题	受教育者能否获得相应的经济与社会地位。失业问题一直以来都是发达国家和发展中国家所共同面临的难题,怎样才能解决青年人的就业问题?教育能否解决就业问题?
个体差别和不平等	教育可以看成一个能够给每个国家带来根本的社会性变化的工具,如果越来越多的人接受良好教育,就能够消灭长期以来存在的各种社会不平等和不公正现象。但希望单单通过教育根除教育不平等是很难实现的。当今世界充满了各式各样的不平等现象,包括地区之间的不平等、性别之间的不平等、社会经济发展水平的不平等,这些已经成为阻碍社会进步的重要因素,采取哪些有效措施才能缩小上述不平等?教育又能为解决这个问题提供什么样的助力?
教育、文化、科学与语言	文化、科技的发展对教育产生了重大影响,但语言也给教育带来了一些困难。什么样的语言作为各级教育的教学媒介,是许多国家学校面临的一个教学难题和潜在的爆炸性政治问题。当然,使用多种语言不仅仅是一个教育问题。它制约着公民的协调权力,阻碍着公民的发展,也制约着个体的发展和流动
希望中的扫盲运动作用不显著	扫盲是实现现代化的标志和关键。扫盲不仅能改善贫穷者的命运,还会为整个社会和经济的发展创造奇迹。事实是扫盲运动使学校的数量和规模扩大了,但是文盲的数量却没有下降多少,其原因可能是没有充分的措施和物质资源给以支持,仅限于机械地掌握基本的读写技能,不可能解决文盲问题

续表

教育危机	危机描述
国际合作	教育发展援助和人员、观念和知识的交流。人类面对世界性的教育危机困境需要国际合作活动更有效地对付这些问题。在日益增长的世界共同市场，日常交流中有四个方面的问题需要加以解决：教育发展援助问题，留学生问题，观念、科学和文化交流问题，对外国地区、语言和其他国际问题

在较长一个时期内，当基础教育还没有普及的阶段，教育危机主要体现在是否能够确保每一个体享有公平的有质量的教育权利，即教育危机更多的发端于教育公平问题以及教育的低质量问题。1990年的世界全民教育大会指出，虽然联合国大会1948年12月通过第217A（Ⅱ）号决议，并颁布了《世界人权宣言》，其中第26条规定："每个人天生具有获得教育的权利，至少在小学阶段，教育应该是免费的。换句话说，小学教育应该是义务教育。"但是，经过40多年后儿童教育权利无法保证的问题仍然非常严重。据统计，全世界有1亿多名儿童，其中至少有6000万人是女孩，没有接受过小学教育，9.6亿多名成年人是文盲。因此，全民教育强调世界各国必须"认识到当前教育设施的严重不足；教育必须变得更具广泛性和更高的质量"，并"必须认识到向当今社会和我们的后代传达对基础教育的愿景和承诺，以应对未来巨大而复杂的挑战"。当时会议通过了《世界普及教育宣言》和《满足基本学习需要行动纲领》两项重要文件，其中提出了消除性别歧视等六项目标，包括重视民族和地区差异。在20世纪末使儿童得到基础教育和成人获得扫盲教育，同时呼吁国际社会共同承担这一任务。

1996年，冷战格局结束，《教育——财富蕴藏在其中》指出，人类面临新的发展机遇，"教育在社会可持续发展中发挥着重要作用"，这一时期教育面临三大挑战：（1）对"一切为了经济增长"的发展观念提出怀疑，用可持续发展观念取代单纯的经济增长；（2）以各国人民日益相互依存的全球化为标志的国际社会中，如何消除尚存的一些紧张局势；（3）如何增强公民的责任感，让他们愿意参与社区生活，能够和谐相处、共同生活。报告把"学会认识、学会做事、学会做人、学会共存"作为教育的四大支柱,用人本主义教育观重新界定了教育的社会化功能。

《反思教育:走向"全球共同利益"的理念》发表于2015年年底,是联合国教科文组织成立70年来关于教育的第三个重大意义的报告。报告指出,当前全球学习格局的深刻变化,"维护和提升个人在他人面前的尊严和自然、权力、福利,应该是21世纪教育的基本目标"。现实状况却是,公益性教育作为教育的基础和目的受到挑战,人文主义不仅要注重学习能产生经济效益的技能,而且要注重教育中尊重生命和人的尊严的价值观。[1]

二 国内文件中的"校园安全"

与我们研究的教育风险相关的是,我国在不同时期的教育文件中更多从校园安全、公共安全的微观角度来体现初期的教育安全思想。比如,1991年9月4日中华人民共和国主席令第五十号公布《中华人民共和国未成年人保护法》,其总则"中央和地方各级国家机关应当在各自的职责范围内做好未成年人保护工作",同时明确了"家庭保护""学校保护""社会保护""司法保护"职责;1999年2月12日,为了"降低各类伤亡事故的发生率,切实做好中小学生的安全保护工作,促进他们健康成长",国家教委、劳动部、公安部、交通部、铁道部、国家体委、卫生部共同颁布《关于建立全国中小学生安全教育日制度的通知》,将每年3月份最后一周星期一作为全国中小学生"安全教育日",要求各有关部门主动、具体地帮助学校开展好"安全教育日"活动,并注意结合中小学生实际,开展经常性的安全教育活动。2006年,教育部发布了《全国中小学安全事故总体情况分析报告》,这是我国首次以报告的形式对全国中小学安全形势进行分析。经研究指出,学生缺乏安全意识是造成大多数事故的重要原因。类似地,国家在不同时期出台了一系列法律法规和相关政策对校园安全问题进行规范和引导,颁布各项政策法规文件的部门涉及教育部门、卫生部门和公安部门等,如:

---

[1] 联合国教科文组织:《反思教育:向"全球共同利益"的理念转变?》,教育科学出版社2018年版,第20—28页。

(1) 校园安全问题。《中小学幼儿园安全管理办法》《中小学幼儿园安全防范工作综合性管理规范（试行）》《学校安全条例》。(2) 日常活动管理。《关于进一步加强中小学安全工作，预防学生拥挤踩踏事故的通知》《关于加强学校体育活动中安全教育和安全管理工作的通知》《幼儿园责任督学挂牌督导办法》。(3) 学校卫生问题。《学校食物中毒事故行政责任追究暂行规定》《农村义务教育学生营养改善计划食品安全保障管理暂行办法》《学校食品安全与营养健康管理规定》，自2019年以来，中小学已全面实行学校管理人员陪餐制度。(4) 学生出行安全。《关于加强农村中小学生幼儿上下学乘车安全工作的通知规定》《校车安全管理条例》《公安机关维护校园及周边治安秩序八条措施》。(5) 校内宿舍安全。《关于进一步加强中小学校校舍建设与管理工作的通知》《关于进一步加强学校及周边建筑安全管理的通知》《关于印发全国中小学校舍安全工程实施方案的通知》。

一系列校园安全问题不仅关系到学生自身的安全健康成长，也关系到地区的稳定，需要国家和省级政府的关注和干预。但上述政策以加强校园公共安全为主要目标，多数政策制定的依据是当时频频发生的各种安全事件（如校车安全、校园安全、学生用餐安全等），聚焦于校园安全即公共安全层面。相关政策主要集中在转型期社会安全面临的具体问题，如何应对和处理安全事件、如何提高组织管理能力、如何构建针对各种弱势群体的保障和救助体系，如何从法律角度探讨社会安全的立法和司法问题等方面。应该说，针对教育各方面的具体问题，中国政府做出了许多努力：通过《民办教育促进法》，设立民办教育风险保障金；出台《学生伤害事故处理办法》，推行中小学强制责任保险；实行西部支教和农村支教，缓解农村师资短缺问题；实施《教师教育振兴行动计划（2018—2022年）》，防止师资不足和水平下滑的风险。

但是，不容乐观的是，我国近几十年来的教育政策文件几乎都没有从教育危机与教育风险角度来系统关注研判教育公平与教育质量问题。政策文件主要呈现从教师发展、课程改革等不同维度分系列的纵向推进，纵向推进实际上是一种各自为政、部门化的思路，无法从根本上建构起系统、整体、协同的教育危机治理格局。实际上，无论你是否关注于教育负面发展的可能性的预测与防范，教育危机就在那里频频发生。

教育承担育人使命，肩负国家民族复兴大业，教育危机具有全局性与先导性，发展到一定程度会蔓延到全社会，导致社会危机，而社会危机一旦失控则会导致国家政治动荡。同样，面对经济全球化深入发展，科技进步日新月异，人才竞争日趋激烈的新形势，以及面对经济升级和社会转型对教育提出的新要求，中国教育还面临系列重大风险挑战，存在诸多深层矛盾。国家教育安全涉及教育重大风险有多种类型，除了我们已有充分关注的威胁到公共安全层面的校园安全问题，还有一系列教育重大风险会危及国家安全、影响社会稳定，还没有得到充分重视与系统思考，迫切需要加以研究及加强治理。

三 政策表达中的"教育风险"

我国教育政策文件中出现较早的教育风险阐述主要集中在民办学校办学风险方面。2007年，党的十七大报告明确提出"优先发展教育，建设人力资源强国"的战略部署。2010年中共中央、国务院颁布《国家中长期教育改革和发展规划纲要（2010—2020年）》提出"建立民办学校办学风险防范机制和信息公开制度。扩大社会参与民办学校的管理与监督。加强对民办教育的评估""防范学校财务风险"[1]。

党的十八大以来，以习近平同志为核心的党中央坚持把教育摆在优先发展的战略位置，全面深化教育领域综合改革，一批标志性、引领性的改革举措取得明显成效，教育公共服务水平和教育治理能力不断提升，中国特色社会主义教育制度体系进一步完善。2012年，中共中央办公厅、国务院办公厅印发《中央办公厅、国务院办公厅 关于建立健全重大决策社会稳定风险评估机制的指导意见（试行）》，对各地区、各部门提出要求，着手建立健全重大决策社会稳定风险评估机制，对一些重大决策诸如关系人民群众切身利益、容易引发社会稳定问题的，开展社会稳定风险评估。党的十八大提出要提高社会管理科学化水平，建立健全重大决策社会稳定风险评估机制。党的十八届三中全会提出健全重大决策社会稳定风险评估机制。党的十八届四中全会提出健全依法决

---

[1] 中共中央国务院：《国家中长期教育改革和发展规划纲要（2010—2020年）》，《人民教育》2010年第17期。

策机制，把公众参与、专家论证、风险评估、合法性审查、集体讨论决定确定为重大行政决策法定程序，确保决策制度科学、程序正当、过程公开、责任明确。党的十八届五中全会提出落实重大决策社会稳定风险评估制度，完善社会矛盾排查预警和调处化解综合机制。

2018年9月10日，在全国教育大会上，习近平总书记发表重要讲话，提出"九个坚持"，坚持党对教育事业的全面领导，坚持把立德树人作为根本任务，坚持优先发展教育事业，坚持社会主义办学方向，坚持扎根中国大地办教育，坚持以人民为中心发展教育，坚持深化教育改革创新，坚持把服务中华民族伟大复兴作为教育的重要使命，坚持把教师队伍建设作为基础工作。这是我们对我国教育事业规律性认识的深化，也是规避教育风险的基本举措。

2019年1月，习近平总书记在省部级主要领导干部坚持底线思维着力防范化解重大风险专题研讨班开班式上发表重要讲话，提出"既要高度警惕'黑天鹅'事件，也要防范'灰犀牛'事件；既要有防范风险的先手，也要有应对和化解风险挑战的高招；既要打好防范和抵御风险的有准备之战，也要打好化险为夷、转危为机的战略主动战"。[①] 根据教育风险引起后果的严重性程度可以分为重大风险与一般风险。按照可能性程度，可以分为"灰犀牛"大概率教育风险与"黑天鹅"小概率教育风险[②]。

在青少年的思想政治教育方面，习近平总书记指出"要高度重视对青年一代的思想政治工作，完善思想政治工作体系，不断创新思想政治工作内容和形式，教育引导广大青年形成正确的世界观、人生观、价值观，增强中国特色社会主义道路、理论、制度、文化自信，确保青年一代成为社会主义建设者和接班人"。因此必须坚持立德树人的根本任务，做到全员育人、全过程育人和全方位育人，将思想政治教育的风险降到

---

① 《习近平在省部级主要领导干部坚持底线思维着力防范化解重大风险专题研讨班开班式上发表重要讲话强调　提高防控能力着力防范化解重大风险　保持经济持续健康发展社会大局稳定　李克强主持　栗战书汪洋王沪宁赵乐际韩正出席》，《党建》2019年第2期。

② 倪娟：《教育领域风险点：类型、后果、成因与防范》，《教育发展研究》2020年第9期。

最低。

"科技领域安全是国家安全的重要组成部分"。近年来，我国在科技领域取得巨大成就，但在很多方面，离世界先进水平还有很大差距。由于我国进入信息化时代较晚，相关产业均建立在发达国家的理论和技术基础之上，信息安全面临巨大挑战。为提高我国在高精尖技术领域的领先水平，必须建立自主创新的制度机制优势①，加强重大创新领域战略研判和前瞻部署，提升教育教学质量，努力培养拔尖创新型人才。同时也要梳理应对教育风险隐患，例如学术不端、师生关系紧张等问题，加强对教育领域重大风险的基本类型、基本规律、发展趋势等的研究，加强辨析、防范、遏制、化解能力。同时要加强制度机制建设，接入国家应急体系，加强信息对称和及时沟通，形成工作合力。

党的十九大提出防范化解重大风险、精准脱贫、污染防治三大攻坚战，并将防范化解重大风险作为三大攻坚战之首，作为当前各项工作的重中之重。党的十九大要求增强驾驭风险本领，健全各方面风险防控机制。党的十九届四中全会将重大决策风险评估提升到改进党的领导方式和执政方式的高度，强调"健全决策机制，加强重大决策的调查研究、科学论证、风险评估，强化决策执行、评估、监督"。党的十九届五中全会提出把安全发展贯穿国家发展各领域和全过程，防范化解重大风险体制机制不断健全，防范和化解影响我国现代化进程的各种风险。2018年发布的《国务院工作规则》规定：国务院各部门提请国务院研究决定的重大事项，涉及重大公共利益和公众权益、容易引发社会稳定问题的，要进行社会稳定风险评估，并采取听证会等多种形式听取各方面意见。社会快速转型导致教育政策的不断渐进式调整变化成为常态，教育重大决策与社会转型的不协调成为教育风险丛生、危机频发的关键，决策风险防范的制度化建设尚未得到及时跟进。教育领域尽管也都把安全作为一把手工程，教育安全也一直是教育行政领导头上的紧箍咒，但在教育风险防范机制的建立健全方面还没有普遍得以重视。数年前，江苏省在全国率先出台了《教育系统重大行政决策程序规定（试行）》、浙江宁波市出台了《教育局重大行政决策程序规定（试行）》等，但在较

---

① 《防范化解重大风险教育如何作为》，《中国教育报》2019年3月13日。

长一段时间内还一直处于"试行"与"征求意见"阶段。总体上受重视程度不高。对教育领域是否存在重大风险很少被教育学者关注。我们研究发现，通常大家都认为教育领域不存在重大风险，事实上，教育是民生也是国计，教育领域存在多种类型的重大风险，特别是教育质量与教育决策等造成的不利于教育发展及受教育者成长的负面可能性已非常突出。2019年5月，国务院颁布《重大行政决策程序暂行条例》，规定重大行政决策的实施可能对社会稳定、公共安全等方面造成不利影响的，决策承办单位或者负责风险评估工作的其他单位应当组织评估决策草案的风险可控性。

　　近两年，我国开始启用教育风险概念。它标志着从国家总体安全视角来全面关注教育安全问题，应该说主要基于习近平总书记关于国家教育安全的重要论述。面对复杂多变的外部环境和艰巨繁重的国内改革发展稳定任务，以习近平同志为核心的党中央积极主动、未雨绸缪，见微知著、防微杜渐，要求各领域下好先手棋，打好主动仗，成功应对重大挑战、抵御重大风险、克服重大阻力、解决重大矛盾，推动党和国家事业取得历史性成就、发生历史性变革。2019年1月举行的省部级主要领导干部"坚持底线思维，着力防范化解重大风险"专题研讨班开班仪式上，习近平总书记在讲话中就防范化解政治、意识形态、经济、科技、社会、外部环境、党的建设等领域重大风险作出深刻分析、提出明确要求。随后，多部委多省份着力于组织领导干部培训学习提升风险意识及能力，自觉把底线思维贯穿于各项工作中，以全局视野前瞻风险、守住底线，牢牢把握工作的主动权。2018年年底，中央教育领导小组关注，由其秘书局命题，在全国教育科学规划办设置了"教育领域风险点及其防范机制研究"这一国家社会科学重点招标课题。我们研究发现，实际上各地教育主管部门及学校一把手普遍具有高度的教育安全意识，并且迫切希望建立教育风险防范机制。当前，有少数省份开始尝试一些教育重大决策风险、重要风险点的评估，处于摸索起步阶段。教育与政治经济社会领域关系密切，加上我国教育发展仍处于并将长期处于重要战略机遇期，总体上形势是好的，同时我们前进道路上面临的风险也不少，事实说明，教育领域同样存在着许多类型的重大风险。面对波谲云诡的国际形势、复杂敏感的内外环境、艰巨的改革任务，我们自当始终保持清醒的头脑和敏锐的判断力，冷静做好应对各种风险挑战的准备，自觉把思想和行动统一到中央决策部署上来，增强忧患意识、坚持底线思维，为国家平安稳定贡献力量。

2019年1月，习近平总书记在省部级主要领导干部坚持底线思维着力防范化解重大风险专题研讨班开班式上的重要讲话后，引起各省级教育主管部门的高度重视，由此，教育领域真正拉开了教育风险整体研究的序幕，从中央教育领导小组到各级地方党委政府，从教育行政部门及各级各类学校，极大提升了关注热度。但实事求是地讲，就教育领域对风险开展系统研究，目前尚处于起步阶段。为落实习近平总书记的总体国家安全观，迫切需要建立健全教育风险治理体系，切实提升教育重大风险评估意识与能力，加强重大决策风险的识别、研判与决策风险防范的配套机制研究。因此，教育风险治理研究成为当前迫切需要重视与关注的领域，该研究的应用价值、学术价值和社会意义，应该说已成为当前国家安全形势所需、教育发展现状所指、学科建设理论丰富职责所在。

综上，从国内外关于教育风险研究综述及相关政策表达来看，已有理论研究与实践领域都不乏优秀经验，但总体上来讲，教育领域还没有系统进行教育风险研究。本书将从浅表分散研究走向系统深度研究、综合使用案例研究等多种方法，从基层个体视角走向顶层全局视角。站位于中国经济、政治、社会改革发展的现实背景，契合中国教育转型期的独特性，突破传统的教育理论框架和单一的分析视角，以一种跨学科的分析视野，从学理层面厘清当前中国教育领域风险与风险点的内涵、类型、特征，发现教育风险生成与演化的基本规律，系统分析教育领域风险的识别、评估、研判、防范与治理要素，提炼出不同类型教育风险的治理模式，从治理理念、主体、过程、机制与策略层面来系统建构教育风险的治理体系。

第二章

教育风险的理论架构

风险社会理论经过吉登斯、贝克、拉什等人的建构,被称为反思批判现代性问题的基本范畴,在描述现代化进程的风险后果中,揭示作为现代性基础的理性"自反性"结构特征。风险理论既非后现代性对于现代性的文学化、美学化颠覆,也不同于现代性对启蒙理性潜力的哲学挖掘及补救,而是致力于对现代性问题的社会学和政治学建构,以"亚政治"和"生活政治"为主要特征的现代化发展理念及模式,建构起规范的理论体系①。风险社会理论同时存在于资本主义的制度规范及价值尺度之中,虽然呈现出激进批判的理论姿态,但没有体现出马克思主义理论对于资本主义生产及生产关系的深度揭露,无法从根本上解决现代社会中的风险。从马克思主义立场分析风险社会的理论问题,有助于更清晰地揭示风险产生的缘由。

第一节 宏观层面的理论基础

教育风险的理论基础,从宏观层面,可以从马克思主义相关的风险理论,到安东尼·吉登斯、乌尔里希·贝克、斯科特·拉什等的风险社会理论作为理论基础。风险是一个现代化概念,可以从区别风险与危险的界定中明确这一点。风险取决于人的决断,它的危害也是由人的行为决断导致的;危险则先于人的决断而定,产生的损害也是由外部因素决

---

① 何小勇、李建群:《风险社会理论:现代性反思批判的"第三条道路"》,《社会科学辑刊》2007 年第 3 期。

定的。在古代社会，主要的风险来自自然灾害，危险性成为古代社会的基本构成要素；而在现代社会中，危害来源于人们的行为及观念，这也就是风险产生的缘由①。

一 从现代性批判到"反思性的现代性"理论

作为现代性批判的著名思想家之一，马克思在其著作中虽然没有直接使用风险范畴来分析和阐释现代社会，但其思想中包含着丰富的风险思想，对教育风险的分析具有很多启示。贝克是风险社会理论的主要创始人，他的学术观点主要体现在《风险社会》一书中，从20世纪80年代以后，他又陆续发表了《风险时代的生态政治学》《世界风险社会》等论著，进一步对风险社会理论进行了充实。他将风险理论的相关概念进行了系统阐述，有助于我们对风险社会理论的深化理解。贝克同时具备建构主义和现实主义两种身份，也被称为"反思的现实主义者"，他所提出的"反思性现代化"，被视为对第一次现代化的自我批判，以及对现代性价值、目标、联系与道路的世界主义讨论。

（一）马克思主义相关的风险理论

马克思主义世界观包括辩证唯物主义和历史唯物主义，以科学的方法论为问题分析的指导，站立在解放全人类的目标上看待问题并提出解决方案，为审视社会风险提供了理论视角。第一，马克思主义对人与自然、社会、文化以及自我等多重矛盾关系的辩证理解，为揭示现代社会风险的特征提供了总体理论框架；第二，马克思主义对人的异化、社会的异化等分析深刻揭露了问题产生的根源，有助于使我们把握社会风险问题的理论立场；第三，马克思主义对生产力在社会发展中的重要作用进行分析，以及生产力与生产关系之间的关系阐述，是我们根据唯物史观探索社会风险根源的理论方法②；第四，马克思主义将人的全面发展作为根本的价值追求，共产主义社会是"以每个人的全面而自由的发展

---

① 宋友文、郑百灵：《反思现代性的新视角——风险社会理论的兴起及其当代价值》，《求实》2012年第5期。

② 谢友倩：《西方风险社会理论中的马克思》，《南京理工大学学报》（社会科学版）2011年第6期。

为基本原则的社会形式",是人的全面的发展、和谐的发展、自由的发展、充分的发展,与人的全面发展的理论成为治理风险社会的重要动力。

对现代资本主义的分析和批判是马克思关注的主要课题之一,马克思指出,现代社会"一方面产生了以往人类历史上任何一个时代都不能想象的工业和科学力量。而另一方面却显露出衰颓的征兆,这种衰颓远远超过罗马帝国末期那一切载诸史册的可怕情景"①。这明显具有风险意蕴,展示了马克思对现代社会风险的敏锐的洞察力。从辩证唯物主义、历史唯物主义的思想高度出发,以马克思主义理论透视教育领域所存在的教育风险,能够更深刻地认识教育风险的诱因所在。马克思分别从生态领域、经济领域、政治领域等角度对社会风险的起因进行分析,教育系统作为社会领域的重要一环,对这些角度展开分析同样是适切且有价值的。

马克思主义创立者及继承者曾经对风险的概念及相关理论进行过多番阐述,在不同的经典著作中均有所体现。马克思从政治和经济两个角度对"风险"进行了阐述,认为"风险"之所以区别于"危机",是由于"风险"是一种可能存在的危害,转变为危机爆发只是一种可能发生的事件,而非事实中的情况。马克思对经济中可能存在的风险进行了较为丰富的解析,他在《1857—1858年经济学手稿》中对资本形态的转变加以描述,认为如果生产行为只是资本价值的再生产,在资本上所发生的就只是物质意义上的变化,而不是经济学意义上的改变。所以生产过程必须是价值增值的过程,否则即使资本转变为不同类型的商品,该过程也会变得"毫无意义"。马克思指出:"这是一个没有目的过程,因为到结束时资本只会代表同一货币额,只会是冒了一场在生产行为中有可能遭受损失的风险——生产行为可能失败,而货币在生产行为中失去了自己不朽的形式。"②马克思指出生产过程中的风险即生产行为"可能遭受损失""可能失败",这与他一贯的观点保持一致,即"风险"的一个重要属性就是"可能性"。

---

① 《马克思恩格斯选集》(第1卷),人民出版社1995年版,第774页。
② 《马克思恩格斯全集》(第46卷上册),人民出版社1979年版,第277页。

随着科学技术的快速发展，根据历史唯物主义的观点，科学技术在推动经济社会发展中起着越来越重要的作用，为人们的生活提供了巨大便利，但人类也日益感知到科学技术所带来的负面效应，并扩大为当今社会中的风险因素。正如萨顿（Sarton）在《科学史和新人文主义》中所讲"从建设性的角度来看，科学技术精神是最强的力量，但从破坏性来看，科学技术也是最强的力量"[1]。由马克思主义的观点可以分析得出，当利用科学技术促进人的发展，和社会发展相统一的时候，能够满足人们的本真需要以及个性发展时，人的发展、社会、人与自然之间就会达到高度统一。当利用科学技术服务于外在目标，为了个人私利、资本增值等目的时，便会造成人与人之间、人与社会之间的紧张状态，最终引发科学技术风险[2]。在现实矛盾性和实践两重性的影响下，社会风险成为当代社会的内在特征，风险社会理论也成为马克思主义考察社会发展的维度之一。根据马克思主义的研究视野，风险社会理论没有辩证地区分现代性的肯定性与否定性之间的关系，也没有区分病态现代性与健康的现代性，没有从以人为本的角度考量社会风险的根源。马克思主义认为，实践是人们有意识的创造性活动，既包括对外部环境的改造，也包括对自身的改造。其改造的结果既包括积极的，也包括否定的方面，表现为人的实践的两歧性[3]。人的实践的否定性，将对实践产生破坏性，并随着技术手段的改进和工业发展增加"人造风险"。

马克思认为，资本家出于自身利益，搞出一套难以服众的说辞，认为工厂将棉纱生产出来之后，就能够将实现棉纱价值的三个风险转交给资本家，包括了商品积压、价格降低以及流通时间加长的风险。这些风险都由资本家来承担，与工人不再有直接的联系，因为资本家认为工人的那份工资已经被他们预付了。资本家以冒着风险为借口获取"风险

---

[1] 乔治·萨顿：《科学史和新人文主义》，上海交通大学出版社2007年版，第45—60页。

[2] 张青兰：《马克思社会发展理论视域中的风险批判》，《华南师范大学学报》（社会科学版）2015年第6期。

[3] 刘岩：《马克思主义视野中的风险社会理论批判》，《马克思主义与现实》2006年第2期。

费"。马克思对这种观点进行了强烈批判，认为工人实际上是卖者身份，资本家为买者，工人将自己的商品以低于事实价值卖给资本家，资本家能够得到的商品形式上的价值要远比其货币形式的价值多。针对资本家提出的所谓的"风险费"，马克思对其进行了再次反驳，"如果说资本家有商品低于其价值出卖的风险，那他也有商品高于其价值出卖的机会。如果产品卖不出去，工人便会被抛到街头；如果产品价格长期低于市场价格，工人的工资就会下降到平均水平以下，工厂就会开工不足。所以，工人承担的风险最大"①。因此，工人对风险的承担实际上要高于资本家。

马克思主义思想的另一位创立者恩格斯，对于风险的"危害性"也有着深刻的认识。即使风险中所昭示的社会危害只是存在某种可能性，尚未上升为直接的风险，但假如这种风险得不到及时有效的防范、针对性措施的有力化解，那么潜在的风险就会从量的累积转变为质的变化，进而导致风险的直接爆发，产生较大的社会危害②。在实地调查的基础上，恩格斯于1844年9月开始协作《英国工人阶级状况》，并在1845年3月完稿，采用历史唯物主义的基本观点对周期性经济危机爆发的资本生产进行了剖析。恩格斯在此书中对经济风险转化为经济危机的全过程加以梳理，他认为工业生产中的过剩人口是一个重要的切入点，而英国的资本主义生产始终存在"工人之间的竞争总是要胜于争夺工人的竞争"，其矛盾的根源在于工业与竞争之间所导致的商业危机。这种危机并不是一开始就存在的，而是由于"风险"转变形成的。其中的缘由有几个方面，第一，资本主义制度并不是以人们的需要为导向，与生俱来的盈利目的决定了其生产与物质分配之间的混乱，出现风险是必然的结果。恩格斯认为"当每个人都希望冒着风险去发财的时候，停滞现象是随时都会发生的"③。同时这种停止不前的状态不一定会直接导致危机的出现，而是从可能演变并扩大化的风险引发的。恩格斯以英国供给到各个国家的商品为

---

① 《马克思恩格斯全集》（第26卷第一册），人民出版社1972年版，第338页。
② 莫凡：《马克思主义社会风险思想研究》，甘肃人民出版社2014年版，第57—58页。
③ 《马克思恩格斯全集》（第2卷），人民出版社1957年版，第366页。

例,指出"厂主即使知道某个国家一年消费多少货物,但是他终究不知道该商品在特定时间段内、在某一区域有多少存货,更不知道他的竞争者在那个区域投入多少商品"①。也可以理解为,在市场经济中的各个主体,掌握的信息是不完全透明的,这些人只能根据不断波动的价格对现有库存、市场需求状况做出估计而非精确预算。由此形成了经济风险的根本来源,恩格斯对此现象进行了形象描述,"一切都是盲目的,是瞎碰"。需要引起注意的是,在资本主义工业发展初期,由于市场之间的紧密联系尚未建立起来,这种盲目发展的情况主要存在于个别部门及市场,但市场经济建立并发展成熟以后,"在竞争的影响下,某个市场上卖不出的商品就转运到其他市场中,造成个别的小危机逐渐汇合起来,形成一连串的定期发生的危机。一般是每隔五年,该种危机就会在某个国家或地区经历过短暂繁荣及兴旺之后发生"。恩格斯对此总结提出,资本主义社会中的繁荣隐含着风险,当风险继续发展时就会转变为危机,"繁荣之后是危机,危机之后是繁荣,随后又是新的危机"②。这种循环往复的发展形势就此持续下去,因为经济风险所导致的经济危机对资本主义社会产生持续的破坏力,对整个社会造成巨大的风险隐患,使社会系统每隔五年左右就出现一次较大的经济危机,体现出资本主义社会风险的危害性、累积性和蔓延性。"商品拜物教"是马克思主义的重要思想构成之一,该理论不是将宗教作为崇拜对象,而是将人类生产的产品作为崇拜对象。随着信息技术的发展,商品拜物教逐渐发生了变化,智能算法等高新技术通过对数据信息的建模及仿真,使得智能算法也出现被崇拜的现象。从智能算法的生成逻辑来看,算法实际上是建立在数据和信息基础上的私有化商品,算法制造的最终目标是追求极致的流量信息而获得最大化的资本回报③。当算法进入生产交换环节便成为商品,能够直接控制用户的行为习惯,使劳动产品为人服务的理念被异化,发展成为支配劳动者命运的现实

---

① 《马克思恩格斯全集》(第2卷),人民出版社1957年版,第367页。
② 《马克思恩格斯全集》(第2卷),人民出版社1957年版,第369页。
③ 徐静、王雪倩:《马克思批判理论视域下智能算法推荐崇拜的生成逻辑及伦理风险》,《科技传播》2019年第11期。

存在。

列宁在马克思及恩格斯之后，对风险的理论和相关解说进行了进一步的深度研究，其显著贡献是将社会风险概念体系的"整体性"方面加以拓展，增加了对风险理论广义上的理解。列宁对国家采用相关措施来应对公共风险的理论进行了阐述，指出"我们虽然遭到了像饥荒这样的严重灾难，人民在受灾的情况下生活状况仍有改善，而这种改善正是来自经济政策的改变，这是无可争辩的，是大家都看得到的"[①]。因此战胜风险的有力举措并非公共领域内部的调整和分配，更应该发挥政府政策对风险的直接处理，例如经济措施的使用。由此看来，综合采用经济措施和其他政策措施应该是防范风险的基本对策，逐步建立起系统性的风险防范架构。可见，列宁的风险理论区别于马克思恩格斯的社会风险理论，从开始注重单纯从经济风险探究社会风险的角度，转变到"整体性"及"广义"的社会风险理论观。

马克思从政治经济学的角度进行分析，认识到资本逻辑中所包含的发展和风险共存的维度，生产力的发展逻辑容易理解，而商品拜物教所诱发的异化风险则涉及社会的各个方面[②]。资本在催生现代性的同时还将诱发风险，将社会引导进入难以预料的风险之中。在资本逻辑异化的影响下，必然引发经济风险指数的增加，物质的增值与人的贬值形成正比关系，剥削关系、阶级矛盾进一步加剧。风险的周期由长变短，风险从特殊走向普遍。

西方风险社会理论是在反思批判现代性的前提下发展起来的，对现代性的反思是风险社会理论的基础，同时采用较为温和折中的学术立场，处于改革与改良措施对风险进行适当的控制，推动社会发展的持续性。由于西方风险社会理论对风险社会理论的改良主义批判，并不利于对风险社会的深度反思，也弱化了对该理论的批判性。因此必须从马克思主义视角出发，审视风险社会及相关的理论构成。第一，从马克思主

[①] 中共中央马克思恩格斯列宁斯大林著作编译局：《列宁专题文集》，人民出版社2009年版，第255页。

[②] 王林林、双传学：《马克思的资本风险嬗变与化解的理论》，《桂海论丛》2019年第6期。

义的实践存在论出发，对风险社会理论进行深度的根源分析，根据马克思主义哲学在科学实践理论基础上的历史唯物主义观点，将物质实践作为分析问题的基本出发点与落脚点。由于人类实践的根本特征即物质性和客观性，因此需要从实践存在论的角度认识与理解风险社会，将风险社会理论置于客观的基础之上。第二，对现代社会的批判应落实在对全球资本关系的批判上，风险社会的到来与资本关系在全球的扩张具有密切联系，其根本是资本的无限制扩张并追逐利润的必然结果[1]。马克思在批判资本主义时，将产品生产的有组织性与社会的无组织之间的矛盾，当作资本主义的固有矛盾进行批判。在技术工具理性的泛滥作用下，资本生产对于科学技术的过度依赖，以及科技发展及全球化的关联性，致使高风险社会的出现。有研究指出，所有与现代性有关的理论都是"与马克思的对话"，马克思从异化劳动的角度揭示了现代性的阴暗面。因此，基于马克思主义的风险研究体现出理论的全面性和批判性，需要从马克思主义的实践存在论解释风险社会的原因，尽管吉登斯、贝克等人对风险的概念进行了分析，但他们主要都是从社会学的角度对风险的理论、规避和预警进行探讨，缺乏将实践论贯穿于风险社会的理论分析过程中[2]。根据马克思主义的观点，社会处于变动发展中，体现出实践的根本性和持续性，实践的观点应成为风险研究的基本立场。风险与实践是相互作用的关系，实践决定了风险的产生和发展，风险根源于实践，风险社会的到来也正是实践的结果。另外，风险对实践具有反作用，风险的存在与发展体现了实践的状况，从中可以审视实践的合理性。

(二) 乌尔里希·贝克的风险理论

从世界范围来看，乌尔里希·贝克（Ulrich Beck）认为当代社会正面临着根本性的变革，这种变革转型对于西方发达国家来说也不是从现代性转向后现代性，而是从现代化的工业社会形成，即第一现代转向现

---

[1] 庄友刚：《风险社会与反思现代性：马克思主义的批判审视》，《江海学刊》2004年第6期。

[2] 周文华、寇东亮：《西方风险社会理论的马克思主义批判》，《河南社会科学》2015年第5期。

代性的风险社会即第二现代。"从工业社会转向风险社会"是现代性内部的断裂，是对当代社会发展的总体把握，如今人类正生活在文明的火山上。我们是见证人——作为主体和客体——是发生于现代性内部的一种断裂的见证人，现代性正从古典工业社会中的轮廓脱颖而出，正在形成一种崭新的形式——（工业的）风险社会①。由于现代风险主要来源于现代性社会制度及其激进化发展，已经成为现代及未来社会的核心，能够取代科学理性等因素成为主导个人及社会的因素。在工业社会中，作为"好东西"的财富生产及分配逻辑终将被作为"坏东西"的风险界定及分配逻辑所置换，发展成为现代社会的"中轴原理"②。在早期，风险概念并非表示地球上的生命遭到毁灭的意思，而是关涉冒险、勇敢等表述。在科学技术迅速发展、全球化格局日益深化的背景下，当前的风险表现已经远远超出我们的感知，科技发展的不充分、制度化的结构特征往往使个人在风险的遭遇中不知所措，风险也可以理解为系统处理现代化自身所招致的危险及不安全感的方式。总体而言，在不同的社会形态中，风险概念具有不同的理解方式，风险的内涵也从统计学的概念表述发展成为社会学的概念。贝克在书中对风险进行了社会哲学化的阐述，指出风险是一个标志着传统终结及自然终结的表述，也就是说，在传统与自然中失去了无限效力并依赖于人的决定的情况，才能称得上是风险③。在这里，贝克将风险与自然及传统概念进行了区别，突出表示了当代社会中的风险已经不再是传统社会中，人们所能认识到的自然灾害。因此，风险这一概念在传统社会中并不存在，存在的主要是各种危险。而各项风险主要是随着文明进程及不断发展的现代化相联系的，与人的各项决定密切相连。也就是说，自然与传统不再是主导人类的力量，成为人的行动及决定的支配对象④。可见，风险概念是自然终结和

---

① ［德］乌尔里希·贝克：《风险社会》，何博闻译，译林出版社2004年版，第2页。
② 何小勇：《风险、现代性与当代社会发展》，陕西人民出版社2012年版，第40—43页。
③ ［德］乌尔里希·贝克等：《自由与资本主义》，路国林译，浙江人民出版社2001年版，第118页。
④ ［德］乌尔里希·贝克等：《自由与资本主义》，路国林译，浙江人民出版社2001年版，第119页。

传统终结的概念，在那些自然及传统失去无限效力并依赖于人的决定的地方，才谈得上是风险。

在风险研究中，仍存在区分客观统计/技术风险（即真实风险）和社会或主观风险（对客观风险的偏见）的趋势。即使有越来越多的科学专业知识和知识水平有限的公众，大多数社会学方法还是依靠"弱"的建构主义作为对风险的常规认识论方法。风险被理解为社会建构的，但是即使没有直接接触风险，也存在一个"外面的世界"。风险是社会建构的，同时是客观的[1]。由于没有通用的风险解决方案，而仅是针对情况和与案例相关的风险问题解决方案，因此无法就提高公众对风险承担的准备程度或预防措施提出一般性建议。只要双方都被理解为必须支持或拒绝的立场，那么对更高风险承担的需求就如同最大限度地采取预防措施一样具有误导性。相反，必须根据具体情况管理和评估风险。

风险社会这一名词，是对现代社会发展形态的一种整体性概括，涉及现代社会中所出现的社会风险的可能性、相关影响、系统作用的整体概括。风险社会的内涵具有多重内涵，其一，贝克提出风险社会这一概念是对当今世界从传统的工业生产社会向现代社会转变历程的总结，相比之前，风险社会已经来临。从风险的表现形态来看，风险具有根本性的转变样态，从自然的风险形式转向人为的风险，从单一的风险转为多样化的风险，从本地局部风险转向全球化的风险，从单独的风险主体发展为多重的风险主体，从单一的风险结果转为多样化的风险结果，从简单的风险应对措施转变为复合多样的风险应对方式[2]。其二，风险社会同时属于人们对于现代社会的警觉性表现，表明人们意识中对风险的感知和预警能力进一步加强，贝克也将风险视为特定文化背景下的产物，涉及规则制度体系，以及对风险的认定与评估。其三，风险社会同时展示了一种灾害性的现象，相比过去自然灾害的发生，人类自身所制造出来的风险已经从偶发的、紧急的状态转化为常规形态。特别是在当今新

---

[1] Beck U, *World Risk Society*, *A Companion to the Philosophy of Technology*, Wiley Blackwell, 2012, pp. 40 – 53.

[2] 庄友刚：《风险社会与反思现代性：马克思主义的批判审视》，《江海学刊》2004 年第 6 期。

兴科学技术快速发展的全球化背景下，一些看似普通或者局部突发的事件却有可能引发整体性的社会灾难①。其四，风险社会中的重要影响因素是人为的不确定性，即使在拥有较多专业知识或者较为完善的理论框架体系，人们所面临的不确定性反而更加频繁。

在对风险的分类上，贝克认为现代社会风险正在以快速发展的节奏影响到人们的日常生活，呈现失控的发展趋势，使人们产生内心不安全的心态。贝克提出六种不确定型的高风险，这六种风险都符合现代社会的制度维度。第一种风险是为了应对世界生态体系的冲击，这种风险并不包括纯粹自然形态的风险，即人类出现之前的自然以及人类社会出现之后不受人类活动干扰的自然灾害，如洪灾、旱灾等。进入现代社会以后，随着新型科学技术的快速发展，人类对自然及生态环境的影响日益深刻，纯粹的自然灾害风险与人类的行为影响下人造风险之间的界限逐渐模糊，越来越表现出两种风险形态的相互交织。

第二种风险在现代社会中的重要反映是经济发展所可能产生的威胁，以及全球经济运作失误所导致的风险等，无论是金融市场、商品市场、劳动力市场都出现了各种各样的风险因素，特别是伴随着电子商务的发展，其中所涌现的不确定因素及风险特征导致全球的经济发展体系更加脆弱，表现出经济风险的周期性、破坏性特征。

第三种风险与社会领域中出现的一系列技术变革相关联。互联网信息技术的快速发展，对传统工业的劳动组织形式产生重大影响，流水线式的工作方式遭受瓦解并出现越来越多的非正式工作，这些形式的转变导致传统就业组织安排的中心原则发生偏移，使一定时间期限内的可预测性和保障被打破②。失业的风险成为个人生活中特有的经历，因此劳动社会逐步走向风险社会，失业潮难以预测，长期影响下必要导致大范围的贫困危机。根据贝克的观点，风险的来源并非无知和非理性的行为，而是在理性的推断、分析、推论的基础上，所制定的相对合理及科学的行动计划。它不是对自然的无力控制和被动应对，而是寄希望于科

---

① 任平：《当代视野中的马克思》，江苏人民出版社2003年版，第165—169页。
② [德] 乌尔里希·贝克等：《自由与资本主义》，路国林译，浙江人民出版社2001年版，第204页。

技知识，实现对自然的"完美"控制①。可见在风险社会中，科技不仅仅具有积极效应，同时相伴随的是其危害性。

第四种风险则源于大规模破坏性武器的普遍存在及不断扩散，孕育着可能存在的集体暴力，其中对于社会危害最大、最直接的风险就是核武器，现在人类所拥有的核武器足以几次毁灭人类。同时，当今社会中的恐怖组织、暴力犯罪、地区紧张局势等，对人类的安全都产生较大的威胁，这种高强度意义上的风险，必须使人们引起充分的重视。

第五种风险存在于人们的意识形态之中。贝克提出风险已经从现实领域中侵入社会群体的思想意识中，风险意识本身就体现为一种风险的形式。在现代社会中，人们已经从确定性的传统生活方式中转变过来，对社会风险问题的认知和态度也有所转变。同时，由于现代的科学理性与技术工具主义对人们的日常生活影响更加密切，对人们的思想态度均产生较大影响，使人们对现代问题进行反思，表征为意识形态风险。

第六种风险则是贝克提出的信任风险。由于现代社会已经发展成为一个信任社会，人们已经从对个人的信任转变为对社会运行体系的信任，身在不同领域中的专业人士凭借个人的知识与经验，人们更加信任这些专家所掌握的专业知识，这成为人们从专家那里获得的安全感的来源基础。但是由于现代社会中面临的不确定及不可预测性，专家在面对新的科学技术时，也会不自觉地忽视科学技术的副作用，进而导致人们在应用某种现代性的科学技术时，就对风险的产生埋下了诱因。

关于风险社会的特征，贝克也持有较为系统的观点，这些特征与传统的工业社会具有完全不同的表现形式。第一，贝克认为现有的社会风险是客观存在与主观认知的统一体。也就是说，风险并非完全是实物的存在，而是一种构想和基于社会的定义，只有当人们相信它时，它才会真实存在②。肯尼思·阿罗（Kenneth Joseph Arrow）根据人们对社会风

---

① 刘莹：《贝克"风险社会"理论及其对当代中国的启示》，《国外理论动态》2008 年第 1 期。

② ［德］乌尔里希·贝克、郁卫东：《风险社会再思考》，《马克思主义与现实》2002 年第 4 期。

险态度的区别，将这些人群划分为三个类型，分别是风险偏好者（Risk Seeker）、风险中性者（Risk Neutral）以及风险厌恶者（Risk Adverse）①。另外，风险的不同构造形式也影响着人们的行动决策，由于风险是一种客观存在，只有反映在行动者的主观意识中时，并对其行为产生影响，才能称为风险。当人们的认知脱离了客观的存在形式，风险就会被人们夸大，造成人们不必要的恐慌，影响人们的认知判断并误导社会风险治理。第二，贝克提出当今社会的风险是内生因素以及外生因素共同作用的结果。由于当代社会的风险既来源于自然界，也包括了与人类行为决策相关的风险，而且与人类行为相关的风险已经成为当代社会风险的根本来源。贝克因此提出，现代风险是关于决策、科学与政治、市场与资本等问题的整体构成，同时包含了外在的风险以及个人生活中的内生风险。人类的社会行为可能导致未知的风险，也可能使自然界的风险变得更加突出。由于"风险社会存在于自然结束之后，自然约束并非物质世界和物理过程不复存在，而是指物质世界无不受到人们行为的影响"②。自然界"人化"程度的提高，使得风险的内生特征更加明显，因此现代风险是人类行为影响下的自然产物。第三，贝克指出现代社会风险的扩散已经超出了时空的界限。由于现代科学技术和全球化的快速发展，风险的产生及传播过程也更加迅速，在现代化社会中引发的风险已经呈现出交叉影响的趋势，很难在空间上和时间上进行限制。今日在某一区域的商业事件可能在不久以后就引发了世界另一角落中的经济波动。正如贝克所说，现代社会风险也在全球范围内蔓延，这种类型的风险既是全球的也是本土的，众多的现实案例也证明了贝克关于风险社会全球化的观点。此外这种全球化的风险也体现出时间上的持续性，并非局限于一时一域，而具有了时间上的蔓延性和长期性。第四，社会风险的评估具有可计算与不可计算的特征。在风险社会中，风险的评估已经极为复杂，风险的前因后果已经不再是简单的线性关系，人们很难对风险进行具体化的分析，贝克认为今后的风险社会甚至成为一个

---

① ［美］阿罗·肯尼斯：《社会选择与个人价值》，四川人民出版社1987年版，第44页。

② ［法］路易·阿尔都塞：《保卫马克思》，顾良译，商务印书馆1984年版，第200—202页。

无法保险的社会。同时在特定的历史时期和社会领域中，风险仍然可以被计算、预测和评估，风险体现出一定意义上的可控性。通过一系列的数据收集、证据分析、问题剖析、措施应对，以及风险的预警机制建立，能够将风险的可能性降到最低①。第五，贝克提出社会风险具有双重属性，并非要片面地描述风险的各种负面作用。贝克对于社会风险总是持有积极乐观的态度，他提出社会风险理论并非要让我们悲观地面对现实世界，而是鼓励我们采用扬弃的态度审视并规划未来。风险理论的提出一方面引导我们关注那些已知的和未知的社会风险，另一方面要认识到那些风险可能孕育的新的发展机会。也就是说，风险不仅需要避免乃至更大限度地减少相关的负面现象，也需要从传统及自然脱离出来更加有活力的规则②。因此我们需要更多地关注社会领域中存在的风险并做出积极回应，这也可以理解为风险中意味着机会。

贝克的风险理论得到后续研究者的总结和延伸。埃克伯格（Ekberg）对贝克等人的风险理论进行总结，提出贝克的风险社会理论实现了提出重要问题以供反思并支持未来研究的目标③。风险社会理论描述了风险的缘由、集体风险的发展以及因风险脆弱性增加产生的相关影响。现代风险社会扩展了传统的风险概念，将其理解为不良事件的可能性和后果的严重程度的总和，包括对风险的主观感知、主体间交流以及相关的社会经验。该理论指出了对风险的识别、评估、传达和控制方式的重新配置。

二 从制度性风险到自反性现代化风险理论

在现代性的影响下，科学化越来越成为社会实践的标准化行为方式，无论是在国家政策实践还是生活日常，科学理性成为基本的前提。同时，科学理性在社会中的无限扩张，使得宏达叙事成为主导的社会文化，个体特征则淹没在宏观趋势之中。这种现代化的发展路径，使人们

---

① 黄庆桥：《浅析风险社会理论及其现实意义》，《社会》2004 年第 3 期。
② 刘小枫：《现代性社会绪论》，生活・读书・新知三联书店 2000 年版，第 48 页。
③ Ekberg M, "The Parameters of the Risk Society: A Review and Exploration", *Current Sociology*, Vol. 55, No. 3, June 2007, pp. 343 – 366.

对科学理性及现代化进行批判和反思,安东尼·吉登斯(Anthony Giddens)的风险社会理论也正是在这种背景下出现的。吉登斯在涂尔干等人的古典社会学范式中立足,现代性不再是人类进步和激进党的问题[①]。拉什对这两种观点都提出了批评,因为它们在现代文化认知层面的前景方面都只是一个方面。相反,它提供的版本基于现代的第三种范式。

(一)安东尼·吉登斯的风险理论

在安东尼·吉登斯(Anthony Giddens)的观念中,"现代性总是涉及风险观念",风险观念的扩散过程就体现了现代性的发展过程[②]。传统社会和现代社会的风险具有一定的区别,传统工业社会以外部风险为主导,现代风险社会则是在"自然的结束"之后,人类活动渗透进入物质生活中的各个方面,从而制造出以风险为主导的社会。从风险社会的特征来看,风险在现代社会中的蔓延始于现代社会的时空分离,时间与空间的标准化、全球化在技术发展的作用下逐渐脱离传统社会生活的束缚,能够使"社会关系从地方性的场景中'挖出来',从而使社会关系在无限的时空地带中'再联结'"。此外,风险环境的扩张则是指风险环境范围的全球化,风险不再受地域的限制。由于人类的知识快速增长,对自然资源的掌控更加明显,人类与物质环境的密切关系存在增加自然生态风险的可能性,在思想意识中打破对于专家知识的过度迷信,"没有任何一种专家系统能够成为全能的专家"[③]。吉登斯认为风险是导致人们焦虑和担忧的根源,我们需要意识到风险的来源并积极应对风险,注重接受风险和挑战[④]。在对风险的主动追求中,制度性风险环境为主动创造命运创造了条件,在制度性的环境中,风险是一种公开的风险,培养对风险的主动参与对于构建个体的本体性安全具有重大价值。

[①] Lash S, *Ästhetische Dimensionen Reflexiver Modernisierung*, Soziale Welt, 1992, pp. 261 - 277.

[②] 庄友刚:《风险社会与反思现代性:马克思主义的批判审视》,《江海学刊》2004年第6期。

[③] [英]安东尼·吉登斯:《现代性——吉登斯访谈录》,尹宏毅译,新华出版社2000年版,第192页。

[④] 赵潺潺、易海威:《在风险社会中寻找个体安全的港湾——浅析吉登斯的反思现代性与个体性安全理论》,《求实》2009年第S1期。

吉登斯最初在《失控的世界》中，将风险所造成毁灭性力量进行了揭示，将其区分为"自然的终结"和"传统的终结"，这种自然的终结并不意味着自然环境的消失，而是表示我们所生活的日常环境中无不受到人为的干预和影响；"传统的终结"也并非表示传统在现代社会中的消亡，而是说人们的风险预估能力相比以往有了更高的提升，不再听天由命。在这两种转变方式中，风险的概念进一步得到体现，整个世界进入了风险社会。

首先，在对风险概念的溯源上，吉登斯从词源学的角度进行了概念考察，他认为"风险这个概念似乎在17世纪才转变成了英语，最初来源可能是西班牙的航海术语，表示在航行中遇到了风险或者触礁"。同时"风险这个词汇最开始有空间方面的含义。随后转向了时间方面的概念，比如可以用来银行及投资领域，计算投资决策对借贷者可能造成的结果。因而风险这个词汇就用来表示各种不确定情况"[①]。在对风险概念的演进历史上，吉登斯认为："风险是一个现代概念，是随着现代性的发展逐渐被人们发明出来的，而在前现代社会就没有风险这个词汇。"在传统文化中并没有风险这一概念，主要原因在于社会中并不需要。风险概念的产生，是伴随着人们意识上的觉醒产生的，"即难以预期的后果，主要是由于我们自己的行动及决定产生的，也不是大自然表现出的神意，更不是难以领会的上帝意图"。在这样的观念影响下，"风险"概念逐步取代了人们对命运的重视程度，同时也进一步摒弃了宇宙决定论的观点。随着经济社会的不断发展，风险的概念逐渐延伸出来，能够阐述出现实生活世界的一些基本特征。"风险被认为是能够控制和规范将来的一种方式。但未必是这样，我们控制将来的企图似乎出现了意想不到的影响，迫使我们寻求不同方式来应对这些不确定因素。"随着西方现代社会的发展演进，风险概念最初从地理空间上的探索转变为时间上的表述。

其次，吉登斯对风险的内涵进行了明确界定，并将其划分为几个方面，第一，表现为风险和不确定性之间的密切联系。不确定性的概念与灾害、威胁等概念不同，是一种可能性的存在，吉登斯认为风险与不确

[①] ［英］安东尼·吉登斯：《失控的世界》，周红云译，江西人民出版社2001年版，第18页。

定性之间的联系更加密切，"两者之间有比较多的模糊区域，没有严格的区别"，"风险概念与可能性、不确定性之间的联系是分不开的"。第二，吉登斯将风险与危害这两个概念区分起来，风险广泛存在于社会环境中，被视为可能性关系中的危险程度；风险与危险之间存在紧密的联系，同时两者又存在显著的差异，风险虽然昭示着危险，但人们未必能意识到这种危险，个人对风险的感知能力也极为有限。第三，风险概念是对过去进行的反思与批判，风险理论的出现也意味着新型社会的出现，与传统社会文明具有了明显区别。针对风险的概念范畴，需要反思的是西方工业文明以来，现代社会中出现的种种危机和由此诱发的后果。第四，风险的出现意味着人们对过去的过度关注，开始对未来的社会环境加以有效控制。这样的社会能够对未来的危害因素进行评估，人们越是拥抱未来的社会，并对其进行有效塑造，风险概念就越能得到人们的广泛认可。风险甚至成为社会发展的推动力量[①]。

再次，现代社会中风险来源，主要分为外部风险（External Risk）和人造风险（Manufactured Risk）[②]，吉登斯认为那些外部风险主要来源于外部社会及环境，是由于自然环境的突发性及固定性因素造成的风险，涵盖了种种生理、自然以及社会现象，对人类的财富、生命安全造成损失，同时这种损失难以确定。同时人造风险可以归类为制造出来的风险，主要是由于不断增长的知识以及对外部世界产生的作用，由此造成的风险，主要是由于经验的缺乏所诱发的风险。

在社会经济文化快速发展的背景下，人们在当代社会中面对最多的、威胁最严重的属于人造风险。在对外部风险和人造风险的区别上，主要的依据在于：我们向来担忧来自外部的风险，如自然灾害、瘟疫以及饥荒等，但在某个特定历史阶段之后，我们不再过多地担心自然能对我们怎样，而是我们对自然的所作所为。在这样的历史转变中，外部风险占据主导地位的形势过渡到人造风险成为主流的发展方向。因此，真

---

① [英]安东尼·吉登斯：《失控的世界》，周红云译，江西人民出版社2001年版，第20页。
② [英]安东尼·吉登斯：《失控的世界》，周红云译，江西人民出版社2001年版，第22页。

正的区别在于风险的来源。由于人为的不确定性不是外部的，不能用统计方法去测量分析①。根据吉登斯的观点，我们受到人为的不确定性高风险的影响②，第一是世界生态体系遭受社会生活发展的冲击，由于全球环境问题日益突出，生态环境的风险问题成为国家政治、经济和安全的重大威胁，环境外交也成为构建国际发展新秩序及塑造全球未来格局的重要途径。第二是"贫困大毁灭"的国际社会情形，尽管科技发展及生产力取得重大突破，但由于战乱、环境恶化、经济衰退、人口爆炸等影响，粮食供应严重不足，全世界人口的百分之二十以上生活在绝对贫困水平，难以满足基本的生存需求。第三是大规模破坏性武器及暴力冲突的威胁，核武器对抗成为拥核国家的对立形式，使人类的生命安全遭受严重威胁。第四是人化环境本身就存在大量风险，人类生态系统容易遭受科学技术发展、对自然掌控日益加深的威胁，成为潜在的风险因素。

最后，在对现代社会风险成因的分析上，吉登斯进行了系统的分析。在《现代性的后果》一书中，他对现代社会中生产力的快速发展及财富的积累程度加以积极评价，但是在这样的社会中却充满了风险，甚至将其称为"失控的世界"。人们对此充满了疑惑，"为什么我们生活在这样一个失控的世界，几乎与启蒙思想家们所期望的世界南辕北辙？"为什么人们所崇尚的理性自由、"甜蜜理性"却没有创造出一个我们所期待的、能够控制的世界？吉登斯将其归类为四方面原因，第一是设计错误。设计上出现的偏差无非司空见惯的。因为自然体系及社会体系的复杂多样性，在抽象系统中出现的设计错误是不可避免的，例如生态系统、核污染等引发的严重后果，在一定程度上都是抽象系统中的设计错误所引发的。第二是操作错误。在任何抽象系统中，不管该系统设计的如何尽善尽美，在操作上总会出现失误，也无法像人们所假想的那样完美地运行。"无论是自然体系还是社会体系，同设计上出现的错误不一样，操作上的失误似乎是无法彻底根除的。"③ 一个完美运行的

---

① ［英］安东尼·吉登斯：《超越左与右——激进政治的未来》，李惠斌、杨雪冬译，社会科学文献出版社 2009 年版，第 116 页。

② 杨丽杰、包庆德：《吉登斯风险社会及其解决方案的生态维度》，《自然辩证法研究》2017 年第 6 期。

③ ［英］安东尼·吉登斯：《现代性的后果》，田禾译，译林出版社 2011 年版，第 134 页。

设计系统，可以在执行过程中通过培训或者实行严格的纪律，将失误降到最低。这种由于人为操作造成的灾难在现实中比比皆是，比如苏联切尔诺贝利核电站核泄漏事故，就是由于操作人员在紧急关闭系统的操作中产生的。第三是未能预期的后果。不论一个体系的设计是多么完善，操作上多么有效，实际运行总是在被引入其他系统及人类活动的范围中才会发生。在社会系统及人类活动日渐复杂的背景下，我们对体系可能出现的偏差不能够全部预料到，但即使我们所想象的人类活动及物质世界只是一个单一的系统，那些未能预期到的结果也是长期存在的。第四是知识的循环性，也可以理解为反思性。在现代社会条件中，新的知识体系不断被引入社会中，社会领域从来就并非稳定的环境。新的知识体系、理论发现不仅更清晰地描绘了社会世界，改变了世界的性质，使整个社会转向新的发展方向。"这种现象的影响正如猛兽般的现代性，不仅会影响到社会化的自然，也会影响到社会制度本身。"[1]

根据吉登斯的风险理论观点，风险社会的到来并不完全是消极的，同时具有积极的方面，风险一方面使我们将注意力引向所面对的各种风险，其中最大的风险就是我们自己创造出来的[2]；另一方面使我们将注意力转向风险所伴生的各种机会。因此风险不仅是某种需要避免的负面现象，同时也可以从传统社会中脱离出来，创建更加具有活力的规则体系。吉登斯认为，"世界的现代性质与其说是以特定的科技、制度或者信仰体系为特征，不如说是以当代社会中众多的机遇和风险为特色"，为了更加全面且准确地认识风险，吉登斯创建了风险的矩阵。

表2-1　　　　　　　　吉登斯的风险矩阵

机会	创新
安全	责任

---

[1] [英]安东尼·吉登斯：《现代性的后果》，田禾译，译林出版社2011年版，第134—135页。

[2] 汪建丰：《风险社会与反思现代性——吉登斯的现代社会"风险"思想评析》，《毛泽东邓小平理论研究》2002年第6期。

在吉登斯创建的风险矩阵中,机会与创新是从风险的积极层面来考虑的,风险为人们提供了发展方式与道路选择的机会,同时积极开展活动创新,实现对传统组织结构的突破和革新;另外安全与责任主要是针对风险中的消极层面提出的,在当代社会中,一些维持共同生活的手段正是人类所面临的威胁,有些风险是人们不得不面对的。如何降低风险的消极影响,建立相对安全的外在环境,必然涉及承担风险的责任问题。吉登斯的风险观已经超越了乐观主义、悲观主义的区别,风险既是日常的动力机制,也是所面临的两难困境的中心难题。如何在机遇和风险之间实现有效的平衡,就取决于我们自身的调节能力。

在应对风险的决策中,吉登斯区分了四种可能的适应性反应①。第一是实用主义地接受现实,其主要措施是实用主义的参与,始终对目标及日常问题加以关注,背后的态度包括了乐观主义及悲观主义论调;第二是持续的乐观主义,实际上是坚持启蒙主义的态度,持之以恒地保持理性的信仰,不管所面临的威胁是什么;第三是悲观主义的论调,该观点与危险后果所引发的焦虑具有直接联系,主要通过幽默或者厌倦外部环境的方式来抑制焦虑情绪;第四是适应性的参与,对已经察觉到的危险根源进行纠正,即使面对严峻的困扰问题,仍然积极应对风险的诱发因素并努力战胜它们。吉登斯在研究中将现代社会与传统社会进行对比,对为什么会出现风险,以及风险产生的具体原因加以分析,阐述了现代性的特征及制度性的维度,对于我们认识风险的成因具有启示意义。

(二) 斯科特·拉什的风险理论

从风险的传播过程来看,是依赖于实质意义中的价值,而非程序性的规范及规则。因此在风险文化的影响背景下,针对社会成员的是一些非制度性的理念及信念,而非法规条例来进行治理,就社会成员的喜好来看,他们宁愿需要一些平等意义上的混乱及无序状态,也不希望在等级森严、法规条例下开展活动②。

---

① 鲍磊:《现代性反思中的风险——评吉登斯的社会风险理论》,《社会科学评论》2007年第2期。

② 何小勇:《风险、现代性与当代社会发展》,陕西人民出版社2012年版,第41—42页。

拉什在对贝克的风险理论进行介绍时，认为贝克的风险可以理解为现代性本身。在这种情况下，风险的反身现代性被理解为"不确定的现代性"。通过对贝克的风险理论进行了激进的主观主义解读，认为反身性与康德的纯粹理性批判的客观主义和实证主义相反，也与康德的第三种审美批评的主观性相反①。因此，贝克的主观主义风险和不确定性的现代性不关注康德和实证主义的第一现代性"原因"，而是关注"第二"和不确定性的"后果"。这会引起个人严重的（Kiekegaardian）焦虑。后者又是根据丹尼尔·卡尼曼（DanielKahneman）行为经济学的主观主义心理学来理解的。这是实体主义（而非形式主义）经济学，与韦伯的经济学相吻合在历史学派的实质主义与新古典经济学的形式主义之间的方法论斗争。事实上贝克的全球主义视野中的激进主观主义和实体主义反身性为非规范性机构的泛滥奠定了基础。

作为"我们"，需要作为国家和替代国家的集体认同感的某种共同体……需要的恐怕是"恢复的解释学"。这种复兴的解释学，与精通怀疑的人……相反，不是不断地排除前提条件，而是消除共同体在世界中存在的本体论基础的遮蔽。这一点在贝克自身刚才对"循环近代化"的研究中也有所引用。对此，贝克指出，拉什的讨论与"脱传统化"和"个人化"的理论相反，通过"不是尽快且无批判地牺牲社会性的东西的做法"，抽出某种"社会性的东西"，主张有必要恢复其前提条件②。

拉什提出自反性现代化理论审美思维理论，反映了三个方面的特征。第一是认知维度自反性现代化的困境，源自笛卡儿对现代性的假设，提出"认知维度自反假定自我与本身、自我与社会世界的主客体关系，其中自反取自我监控的反思之意"。认知维度自反性现代化主要是现代社会关系中的理性异化、认知自反制度主义的改良和人群之间的信任关系危机。一方面是人们理性的异化，即工具理性和价值理性之间的

---

① Scott, "Lash. Introduction: Ulrich Beck: Risk as Indeterminate Modernity", *Theory, Culture&Society*, Vol. 35, No. 7 – 8, 2018, pp. 117 – 129.

② Beck U, "Interview with Ulrich Beck", *Journal of consumer culture*, Vol. 1, No. 2, 2001, pp. 261 – 277.

结构化失衡。随着现代科学理性之间的联系加深，理性思维将主客体之间的对立认知方式推向顶峰，其结果是理性的极端异化，工具理性出现泛滥、价值理性逐渐式微。社会主体将外在的所有事物都看作实现自身目的的工具，原本的价值理性被工具理性所替代，成为实现一切目的之工具。在这种思维方式的引导下，人们将自然看作实现自身利益的工具进行疯狂的开采与破坏，造成生态危机的频繁出现，如大气污染、水污染、水土流失、资源枯竭等现象。另一方面的表现主要是工具理性的泛滥，这种思维及实践方式蔓延到人群之间的社会关系中，人们将人际交流作为实现自身利益最大化的工具，造成道德伦理的缺失，社会信任关系的破坏，价值理性的匮乏也使人们的精神世界日渐空虚，导致人们的生活出现不确定性和思想上的不安[①]。例如大学中存在的"精致的利己主义"现象，最早由钱理群教授提出。2008年4月，他在《我对大学教育的三个忧虑——就北大110周年校庆及〈寻找北大〉答采访者问》中首次提出"绝对的，精致的利己主义者"[②]。之后他在多篇文章、多个场合中也提到了"精致的利己主义者"。该词进入大众视野并引起巨大反响，源于钱理群教授2012年说的一段话："我们的一些大学，包括北京大学，正在培养一些'精致的利己主义者'，他们高智商，世俗，老到，善于表演，懂得配合，更善于利用体制达到自己的目的。"[③] 从"精致的利己主义者"行为特征上看，其具有行为的矛盾性、手段的精致性、目的的利己性、规则的突破性等特点[④]。

第二是人与人之间的信任关系危机，包括直接信任和间接信任的双重危机。理性的异化及工具理性的错位导致群体之间关系的冷漠化和情感上的疏远，人与人之间直接的信任关系陷入危机，作为专家系统的中介信任载体也逐渐被分离。在以往的知识体系中，专家系统是权威知识

[①] 陈盛兰：《拉什自反性现代化理论研究与启示》，博士学位论文，华东理工大学，2014年，第14—20页。

[②] 王小青：《我们真的是"精致的利己主义者"吗？》，《北京教育（高教）》2018年第3期。

[③] 钱理群：《北大清华再争状元就没有希望》，《中国青年报》2012年5月3日。

[④] 焦迎娜、苏春景：《精致的利己主义者：一个亟待关注的当代青年群体》，《中国青年研究》2019年第3期。

的代表者,是认知自反过程得以正常进行的关键。但随着现代化进程的速度加快,尤其是互联网信息技术的快速发展,知识传播的速度、体量也进一步加快,人们开始将普遍怀疑主义转向知识本身的绝对性。同时,专家系统内部也会产生分裂,公众常常在相互矛盾的专家意见之间不知所措,并且开始怀疑专家系统的权威性,贝克甚至认为"自反性不以信任为基础而以对专家系统的不信任为基础"①。在互联网环境中,网友的惯性思维是将某些专家学者的言语视为"雷人雷语",这些违背常识或者非主流的言论,在互联网的扩散作用下更加扩大化。可见,随着技术的进步和社会的发展,在内外部各种因素的作用下,人们意识中的认知自反中介的专家系统已经逐渐出现偏差,中介的多样性、不稳定性使专家的知识权威受到质疑。

第三,鉴于认知自反制度主义改良的内在发展悖论,拉什提出应当在自反认知的基础上对已有的制度体系加以改进,借助于制度化的手段提升认知自反对个体的包容度,由此重建专家系统的权威性。吉登斯和贝克认为该重建过程需要通过民主协商、政治生态改良等手段来解决以上问题。拉什则认为,自反性似乎已经涉及新制度主义内部的民主,由于通常采用大众进行投票并相互竞争所形成的专家知识,却没有给非正式的"参与式民主"提供空间②,在制度主义改革措施影响之下,旧问题没有解决,新问题又导致了新的困境,新旧问题的日益交织,导致问题的解决日渐复杂化。由此产生"社会风险控制的结构性依赖"③,这就是认知自反的制度主义改良的内在悖论。

为应对自反性现代化的困境,拉什提出自反性现代化的自反性主体及建构路径。在自反性主体方面,拉什对以往的社会边缘群体进行了关注和解读,认为这些群体对危机的解读更加具有现实价值,同时呈现出明显的反制度性特征。他提出这些群体从其组织表现来看,实际上属于结构松散的组织结构,甚至从其实质意义来看,这些群体甚至称不上是

---

① [德]乌尔里希·贝克、赵文书:《自反性现代化:现代社会秩序中的政治、传统与美学》,商务印书馆2001年版,第147页。

② [德]乌尔里希·贝克、赵文书:《自反性现代化:现代社会秩序中的政治、传统与美学》,商务印书馆2001年版,第255页。

③ 刘岩:《风险社会理论新探》,中国社会科学出版社2008年版,第71页。

组织，而只是通过非组织的且有效的形式组合成的集体[①]。从这些非正式组织的群体构成来看，是以亚政治的运动方式为实现目标，将共同的价值追求作为团队的凝聚力量，反制度性的组织文化结构进一步让位于正式未曾涉及的生活世界，进而成为拉什自反性现代化主体的结构性基础。就教育而言，比如，从我国传统的教育评价方式来看，有必要解决评价主体单一、评价模式较为封闭以及评价功能狭窄等缺陷，推进第三方教育评估参与，为政府、学校、专业机构以及社会群体参与教育评价体系创造条件，为我国的教育领域改革创造条件[②]。以近几年我国参与的 PISA 测试来看，第三方组织的国际大规模评估受到越来越多的关注，这种较为综合的学生评估项目对促进教育体系的改革发展，推动封闭式行政主导的教育治理模式改进发挥了重要作用。

在对自反性现代化的建构过程中，拉什对现代性的发展历程进行了划分，其中第一次现代性被称为启蒙现代性，主要是从初级现代性发展到高级现代性；而第二次现代性则被拉什称为自反性现代化，这次发展阶段是对第一次现代性的反思与建构[③]。拉什对这两次现代性的发展进行了总结，认为第一次现代性的基础显得有些过于基础，呈现出拒绝一切非决定事物的偏激性，残留着传统礼俗社会的性质。为减轻第一次现代性基础上建构制度所出现的显著副作用，有必要进行解构性建构，主要是对第一次现代性中那些具有过度决定性、但缺乏实质性实践的基础加以解构。解构性建构并非彻底的反基础主义，而是在对现有制度进行解构的同时，试图寻求能够代替传统的、比现实主义更加真切，同时与超真实无关的共性[④]。因而可以将解构性建构的对象视为制度性的基础因素，其中建构的是共享意义的生活世界的基础，那些处于制度性边缘同时具有共享意义的亚文化形态便是结构性建构的主要表现。比如，这一特征反映在教育改革方案的制订及实施过程中，2020 年 9 月发布的《教育部等八部门关

---

① [英] 斯科特·拉什、王武龙：《风险社会与风险文化》，《马克思主义与现实》2002 年第 4 期。
② 王世赟：《中国第三方教育评估机构现状分析》，《中国教师报》2018 年 1 月 10 日。
③ 杨发祥、王镜新：《现代性社会理论的文化嬗变与内在超越——基于马克思和拉什的比较》，《华东理工大学学报》（社会科学版）2018 年第 3 期。
④ Lash S, *Another Modernity, A Different Rationality*, John Wiley & Sons, 1999, pp. 5 – 10.

于进一步激发中小学办学活力的若干意见》，提出"注重从实际出发，加强分类指导，因地因校制宜，积极稳妥推进，处理好改革发展稳定关系"，"保证教育教学自主权。鼓励支持学校结合本地本校实际，办出特色、办出水平"。[①] 可见教育改革举措必须充分考察到当地的实际情况，在原有的文化、社会、历史背景下开展针对性的改革策略。

第二节　中观层面的理论参照

教育风险理论，从中观层面看，主要是基于教育事件、教育风险与教育危机的演化连续统。根据童星等人构建的风险演化连续统，可以提出以下推论：引发教育危机的根本原因是教育风险，而非突发教育事件；教育风险的真正后果是教育危机，而非突发教育事件。

一　教育风险演化连续统

童星张海波针对灾害管理研究领域的分类，将其分为"工程—技术""组织—制度""政治—社会"三种研究传统。第一，"工程—技术"传统具有悠久的历史，最初被人们用来应对大规模自然灾害所采用的技术手段，如古代的堤坝维修、旱涝赈灾等。进入工业时期以后，人为的灾害也快速增加，包括环境污染、生产事故等。应对这些风险，人们开始采用的是工程技术手段进行监测预警、预防应对，通过对地质情况探测、水文数据监测、气象变化情况的分析判断，建立预测模型并进行风险评估，提高人们对自然灾害的应对能力。在人为灾害领域，工业生产事故中的科学判断也得到了长远发展，将人为的风险事故发生概率降到最低。第二，"组织—制度"风险的主要诱因是国际政治博弈、错综复杂的外交关系、霸权主义干涉主权国家内政等，必须加强组织谈判、政治斡旋、加强管理、完善制度设计等手段，对这方面的风险进行疏导。哈佛大学肯尼迪政府学院时任院长的艾理森（Allison）据此写出

[①]《教育部等八部门关于进一步激发中小学办学活力的若干意见》，http://www.gov.cn/zhengce/zhengceku/2020－09/24/content_5546939.htm，2021年7月21日。

的《决策的本质》(*The Essence of Decision*)①,提出认知式决策(Cognitive Decision),附属式决策(Affiliative Decision),自我满足和激励式决策(Self-serving and Emotive Decision)。第三,"政治—社会"传统的主要表征是"现代性"的到来,政治与社会改革没有及时跟进,造成社会风险的扩大化。贝克认为"在现代化的进程中,生产力的指数式增长,使危险和潜在威胁的释放达到了一个前所未知的程度"。

根据道格拉斯(Douglas)等人的界定,在过去人们一般将风险视为和个体认知有关的因素,但随着外部环境的深入变化,风险更被视为针对未来的共识,自然风险、经济风险和社会政治风险的结合,使整个社会的结构变迁归类为三种文化,将自然风险与经济风险分别视为最大风险的社会群落之边缘文化,以及市场个人主义文化,而社会政治风险则是最大化风险的等级制度主义文化②。随着相关研究的不断深入,新的风险理论与概念日益完善并开始影响社会实践,但这种转变事实上是增量式而非转换式的,新的概念延伸了传统理论的边界和范畴,却没有完全取代"工程—技术""组织—制度""政治—社会"三种研究传统,因此可以将灾害、危机、风险三个概念归入灾害研究。结合教育危机的出现,通常是由突发事件引起的,由于长期的教育风险存在,导致破坏性的教育危机对正常的教育教学秩序乃至师生都面临着巨大的安全问题。

由于教育危机的潜伏性,是通过突发教育事件表征的,需要将突发教育事件放置在"广泛联系、相互链接、动态发展的复杂世界"中进行分析,考虑突发教育事件、教育风险与教育危机之间的关系。具体就教育危机而言,需要利用全面理论揭示不同类型教育危机的缘由及发展路径,以及教育危机的演变发展规律,借此更好地理解教育危机及危机的管理。从教育突发事件与教育风险、教育危机的逻辑关系来看,教育风险已经上升为一般性的概念范畴,教育危机也发展成为我们当前生活世界的组成部分,突发事件本身就是公共事件的表现。从公共性的层面

---

① Allison G. T, 1971. *Essence of decision*, Explaining the Cuban Missile Crisis Little, Brown: Boston, Mass, 1973.

② Douglas M, Wildavsky A, "Risk and Culture", California University, Vol. 46, No. 1, 1983, pp. 81-82.

来分析，教育风险是一种可以引发大规模损害的不确定性，就其本质来看是一种未发生的可能性；教育危机则是在教育事件造成损失后，所产生的政治及社会后果，本质上是一种已经发生的事实。因此，根据童星、张海波所界定的风险—灾害（突发事件）—危机演化连续统（图2-1，图2-2），教育风险与教育危机存在先后的因果关系，教育风险是先发因素，教育危机是后发结果，产生教育危机的根本原因是教育风险的长期存在[①]。

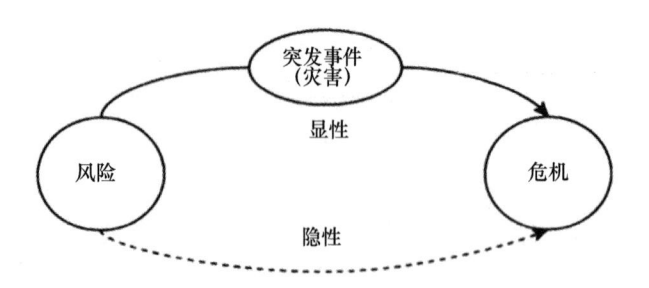

图2-1 风险—灾害（突发事件）—危机演化连续统

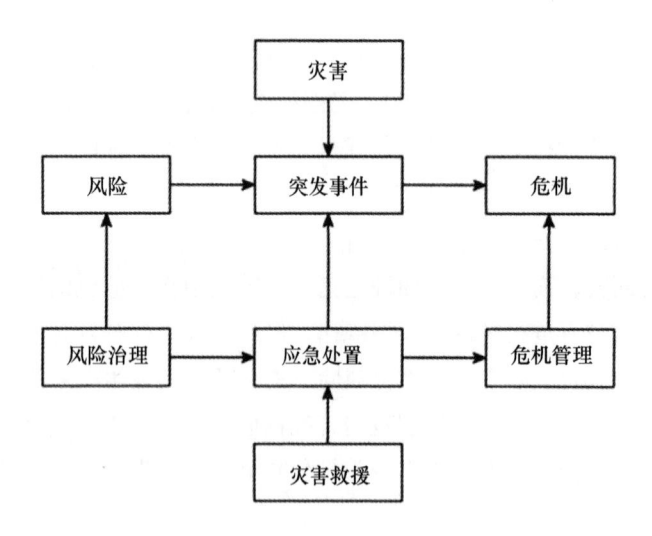

图2-2 全过程应对体系

---

① 张海波：《风险社会与公共危机》，《江海学刊》2006年第2期。

二 教育风险与教育危机

教育风险与教育危机之间是潜在的、难以被察觉的因果关系，只有在突发教育事件的作用下，这种隐形的、不易察觉的因果关系才会被揭示。以贝克的观点为例，随着现代社会经济的日益繁荣，财富的社会生产系统同样伴随着风险的社会生产。这种风险和社会的分配问题相冲突，同时与科技发展所诱发的种种社会风险，界定并分配资料所引发的冲突相互重叠①。以2020年5月发生的上海华二初中的"劝退信"事件为例，作为民办学校的上海华二初中在其微信公众号上发表了一篇文章《到华二初中读书，你真的想好了吗》，民办学校"超额"摇号问题受到广泛的舆论关注，引发教育舆情事件。无论是2019年7月发布的《中共中央国务院关于深化教育教学改革全面提高义务教育质量的意见》②，还是2020年3月上海市教委发布的《关于2020年本市义务教育阶段学校招生入学工作的实施意见》③，都对义务教育阶段学校招生环节进行了明确规定，严禁学校"以各类考试、竞赛、培训成绩或证书证明等作为招生依据或参考，不得以面试、面谈、评测等名义选拔学生"。其内容严重背离了义务教育招生工作的指导思想，损害了义务教育的公平性与公共性原则④。对该教育舆情进行分析，可以看出"劝退信"事件事实上是突发教育事件的表现形式，根源在于教育资源分配不均衡，存在教育均衡整体发展的风险。该事件涉及义务教育阶段各办学主体办学行为的规范，伴随着不同群体利益的调整，以及政策执行的种种走偏，会导致难以实现初衷的种种不确定性⑤，长此以往必要导致义务教育的质量和公平发展危机。从该问题的纠正措施来看，必须从教育质量

---

① ［德］乌尔里希·贝克：《风险社会》，何博闻译，译林出版社2004年版，第15页。
② 《中共中央 国务院关于深化教育教学改革全面提高义务教育质量的意见》，http://www.gov.cn/zhengce/2019-07/08/content_5407361.htm，2021年7月2日。
③ 《上海市教育委员会关于2020年本市义务教育阶段学校招生入学工作的实施意见》，http://www.jyb.cn/rmtzcg/xwy/wzxw/202003/t20200311_305817.html，2021年7月2日。
④ 《民办华二初中就招生发文致歉，嘉定教育局公布处理意见》，《上海法治报》2020年5月4日。
⑤ 倪娟：《从"教育之制"到"教育之治"："公民同招"政策要义及实施风险防范》，《中国教育学刊》2020年第12期。

风险的根源采取对策，推进教育均衡整体改革，通过各种方法的扎实推进，把教育均衡推向"优质均衡"，达到普遍的高位均衡①，才能真正将此类教育危机从根源上进行清除。

根据童星等人构建的这一因果链条，可以看出教育风险积累的程度越深，教育危机的严重程度越高；教育风险积累的程度越浅，教育危机的严重程度越低；教育风险积累越深，突发教育事件本身的后果越大；突发教育事件的属性受制于教育风险的属性；突发教育事件既是坏事，也是好事②。以我国当前所面临的科技创新人才培养不足的问题为例，已经成为创新型人才培养质量问题的教育危机，对我国经济社会发展造成严重影响。这一危机的出现是在突发事件的作用下导致的，从2019年5月，美方肆意加征中国输美商品关税，致使中美贸易摩擦再度升级，使中美经贸磋商过程遭受严重挫折，给两国经贸关系乃至世界经济前景蒙上了阴影③。随后，美国政府便收紧对中国的高科技技术出口限制，阻止中国企业从美国购买半导体等高科技产品。该事件暴露了我国不少领域与国际一流的差距依然明显，特别是核心技术的短板依然突出，在一些领域的创新能力仍然不强，面临很多"卡脖子"的技术问题。从事件发生的根源来看，就是我国创新型人才培养不足的问题。早在1999年，中共中央国务院《关于深化教育改革，全面推进素质教育的决定》提出实施素质教育，要求"全面贯彻党的教育方针，以提高国民素质为根本宗旨，以培养学生的创新精神和实践能力为重点"④。该政策文件提出全面推进素质教育的决定，主要目的之一就是促进创新人才的培养。进入21世纪以后，在世界处在大发展大变革大调整时期、科学技术日新月异、人才竞争日趋激烈的背景下，根据党的十七大的战略部署，2010年中共中央审议通过的《国家中长期教育改革和发展规划纲要（2010—2020年）》，提出我国要加快向教育强国、人力资源强

---

① 罗容海：《"公民同招"是教育均衡化的重要一步》，《光明日报》2020年4月30日。
② 童星、张海波：《基于中国问题的灾害管理分析框架》，《中国社会科学》2010年第1期。
③ 《没有任何力量能够阻挡中国人民实现梦想的步伐》，《人民日报》2019年5月17日。
④ 《中共中央国务院关于深化教育改革全面推进素质教育的决定》，http://www.moe.gov.cn/jyb_sjzl/moe_177/tnull_2478.html，2021年7月2日。

国迈进，在世界竞争日趋激烈和科技发展快速变革的背景下，我国必须培养大批高素质劳动者和创新人才，培养学生"勇于探索的创新精神和善于解决问题的实践能力"，"着力提高学生的学习能力、实践能力、创新能力"。在促进普通高中多样化发展中，"探索发现和培养创新人才的途径"；建立"拔尖创新人才培养改革试点"，如探索"各级各类教育的创新人才培养途径"，并建立创新人才培养基地[①]。可见随着经济和社会发展水平的提高，学生创造力的培养日益受到社会各界的高度关注，并成为关系到国家科技创新水平和国际竞争的重要影响因素，在关键时刻能够维系到"卡脖子"的科学技术领域，因此大国竞争的核心是科技创新能力，缺少拔尖创新型的科技人才、缺少核心技术就会受制于人。这要求我们必须认清创新人才培养危机的根本诱因，追根溯源，从人才培养质量中所存在的教育风险加以纠正，为解决"卡脖子"的技术难题、推动我国科学技术创新提供教育方略。

第三节 微观层面的理论建构

对于教育风险的微观审视，可以从教育安全、教育危险源、教育脆弱性、教育韧性等一系列关键概念进行理解。教育是社会活动的一种形态，当相应的教育实践、政策举措等不符合概念体系的内在逻辑和相关原则，必然导致教育风险的产生。同时由于教育本身存在于社会系统之中，外在的环境变化也潜在地构成教育风险，并越来越深入影响到教育的全过程。鉴于教育风险影响因素的综合性，需要利用多种学科知识加以研究，揭示教育风险的多维特征，同时通过加深对教育风险的认识来提升对风险的应对能力。

一 教育安全

童星从安全在英文中的不同表达形式，将其含义概括为两类。首先

[①] 佚名：《国家中长期教育改革和发展规划纲要（2010—2020年）》，《中国民族教育》2010年第8期。

是英文表达中的"Security",此处的安全是指免于或抵御由他人造成的潜在伤害（或其他非主观的强制改变）。主要包括三个方面的含义,第一是国家安全（National Security）,代表最主要人群共同体的组织机构无非国家,因此便产生了国家之间的领土、资源等安全问题,国家也成为公民安全权益的代表和维护者;第二是公共安全（Political Security）,人与人之间、群体之间的相处,必然产生公共秩序方面的安全问题;第三是社会保障,在个人的生命周期及职业生涯中,必定会出现各种失业、医疗、职业保障等安全问题①。安全的受益者（技术上的指称）可能是个人和社会群体、物体和机构、生态系统或任何其他易受意外变化影响的实体或现象。安全主要是指免受敌对势力的侵害,但它还有广泛的其他含义:例如没有伤害（例如免于匮乏）;作为必需品的存在（例如食品安全）;作为抵御潜在损害或伤害的弹性（例如稳固的基础）;作为保密（例如安全电话线）;作为收容（例如安全的房间或牢房）;并作为一种心态（例如情感安全）。

另一个英文表达为"Safety",是指人与自然、人与物体、人与技术之间的安全。此处的安全概念更多的是从理工科的学科角度进行分析,研究的成果主要集中在安全工程科学领域。安全是物理或人为延迟、预防和以其他方式保护免受外部或内部缺陷、危险、损失、犯罪分子和其他威胁、阻碍或破坏组织"稳定状态"的个人或行为的过程或手段,并剥夺它存在的预期目的。安全是一个组织或地方做它应该做的事情的"稳定状态"的条件。"它应该做什么"是根据公共规范和标准、相关的建筑和工程设计、企业愿景和使命陈述以及运营计划和人事政策来定义的。对于任何组织、场所或职能,安全都是一个规范性概念。它符合特定情况下预期和可接受的定义。安全可以受限于对物体或组织的质量和无害功能的某种保证或保险标准。使用它是为了确保对象或组织只会做它应该做的事情。重要的是要认识到安全是相对的。消除所有风险,如果可能的话,将是极其困难和非常昂贵的。安全情况是指受伤或财产损失风险较低且可控的情况。为了应对感知到的风险,可能会提出许多

---

① 童星:《公共安全治理关键概念辨析》,《中国社会公共安全研究报告》2018年第2期。

干预措施，其中工程响应和监管是最常见的两种。可能对感知到的安全问题最常见的个人反应是保险，它在损坏或丢失的情况下补偿或提供恢复原状。

在本研究中，主要从人文社会科学的角度考量教育风险及相关概念。安全因素所对立的是不安全因素。国汉君将各种不安全因素分为人、物、环境三个方面，主要表现为人的不安全行为，物的不安全状态，环境的不安全条件，这三个方面的不安全因素成为事故发生的直接因素[1]。物的不安全状态是指生产系统中的机械设备、物质等明显不符合安全要求的状态或者故障。物的不安全状态主要有以下几种表现形式：一是系统中的物质能量缺乏有效的管控措施及防护系统，没有得到有效的控制，包括监测措施及保护装置的缺乏；二是在设计、制造、选型、使用、维护等过程中，设备、物质等没有相关技术管理标准或不完善，对物的不安全状态的管控缺乏依据；三是不符合相关的标准要求，表现在选型、制造、使用以及维护等方面存在问题。人的不安全行为是安全管理中的关键因素，既是安全管理中的保护对象，也可以将其称为不安全因素，是安全管理的重点。人的不安全行为归纳起来表现为几种情况，包括没有制定，或者执行了错误的工作程序及方法，以及没有执行或者执行不到位的工作方法和程序标准，主要原因在于承担的任务与自身能力不相适应，缺乏必备的专业知识和实践经验，对工作中的不安全因素缺乏足够的认识、安全意识较为薄弱，思想状态较差，组织管理存在较多缺陷。环境的不安全条件包括社会环境与生产作业环境两个方面，物理因素涵盖的范围较广，如空气质量、温度、湿度、噪声等，不良的物理环境将导致作业场所中能量的变化，使控制措施失效，导致人的不安全行为。如空气质量差、环境潮湿、强烈的噪声、光线太强或者太弱等；人机工效因素，主要是不适合的手工操作可能导致人体健康出现问题；生产作业场所的不安全状态则可能导致事故的发生。

哥本哈根学派所提出的社会安全是冷战之后，西方非传统安全研究中的一个重要理论，最先出现于巴瑞·布赞的《人民、国家和恐惧》

---

[1] 国汉君：《内—外因事故致因理论与实现安全生产的途径》，《中国安全科学学报》2007年第7期。

一书①。该理论产生的背景包括了苏联的解体、20世纪80年代中后期欧洲一体化的快速发展，欧洲民族主义和排外主义的再度兴起，使得传统的军事安全及意识形态问题逐渐式微，其他形式的冲突问题却经常发生。该理论的核心观点可以概括为若干方面，第一，社会安全的指涉客体是"社会"（Society），而非"国家"（State），不断出现的社会问题已经成为影响安全的主要因素，哥本哈根提出社会是一个不能被还原到个体的结构，社会安全指的是整个社会的安全，而非社会内部的某些团体及个人的安全。这也可以理解为哥本哈根学派在安全问题上的"集体主义"方法论，反对个体主义的分析方法。第二，社会是由群体共同认定的，也就是说，社会是关于认同、共同体的自我观念及个体确定他们自己作为某共同体成员的一个概念。从定义上看，社会安全就是关于群体性的、自我持续认同的群体安全。第三，关于对社会安全的威胁的阐述。众多研究者认为，社会安全主要关注的是一个社会在条件变动、受到可能的实际威胁情况下需要保持基本特征的能力。更准确地说，社会安全是在可以接受的发展条件范围之内，关于语言、文化、团体、宗教等传统模式的可持续性，社会不安全的风险在于威胁产生时，我们很难作为"我们自己"而生活。

"教育安全"不同于我们一般所讲的"安全教育"。"安全教育"主要指向于保障生命安全的教育，内容主要包括交通安全教育，消防安全教育，食品卫生教育，学生校内活动安全教育，防触电、防溺水教育，体育运动安全教育，劳动及日常生活安全教育以及其他方面的安全教育。"教育安全"概念倾向于某一国家、民族、地域或文化的教育自身发展，受到外部或内部挑战、侵蚀而带来的涉及国家民族安全的各类教育问题或教育危机②。教育安全是当代中国可持续发展的一个重要的组成部分；其次，当今国家之间的竞争主要体现在国家综合能力的竞争，包含经济、政治、文化和军事等方面，同时凸显出这些核心要素的安全的重要性和关键性。程方平认为，"教育安全"在对国家安全的关注中长期以来被忽略的一种最重要的"安全"。然而，政治安全、军事安

---

① 李明明：《社会安全理论探析》，《欧洲研究》2006年第5期。
② 王凌、吴卉卉：《我国教育安全的研究现状与反思》，《继续教育研究》2014年第8期。

全、金融安全、社会安全以及地缘政治安全、环境安全、科技安全、文化安全、人力资源安全、通信安全、网络安全等方面最为关键的因素便是人的问题。人的问题，包含了人的思想观念、宗教信仰、各种需求、能力水平、民族特质、习俗惯例、文化传统、社会生活、时代潮流、等级差异及其相互间的差异、矛盾与冲突等。因此，需要关注一个至关重要的问题——"人的安全"问题。要解决"人的安全"问题，最关键的是教育问题。[①] 事实上，教育的质量水平、公平程度等越来越成为衡量国家发展水平和安全系数的主要指标。事实上，第二次世界大战之后许多国家教育改革的导火索都是来自关于"国家安全"的思考。教育的改革和创新至关重要，国家间的竞争和安全问题已经越来越与"人才""教育"等息息相关。在许多国家谈到国家安全时教育都是首当其冲的关键话题。关注教育安全的问题应该涉及以下几个主要方面：教育是否有助于提高国民的整体素养，能否通过培养多层次的各类人才保证各行各业的基本需求，能否与国家利益和宪法精神相吻合，能否有助于民族团结和国家稳定；教育中的管理体制、教师队伍、教材教法、考试评估等的状况能否有助于教育质量的提高，在教育成为所有人生存和发展的"第一需求"后，教育的质量与公平问题直接或间接地影响国家安全，没有客观监测的教育发展是危险的，会危及国家安全；同时，只有重视教育安全以及教育与国家安全的关系问题，才能真正确立教育的重要地位，使全社会都来关注教育，也是国家发展的重大战略思维。教育安全研究可以从包括危及国家安全、影响社会安全、威胁公共安全三个方面以及相互交叉的复杂型教育问题着手。教育问题具有后果的延滞性、问题的潜在性、人才培养的周期性，以及易受外部条件和环境影响和制约等依附性特点。因此，教育的实施通常会在无形的、模糊的、思想意识深层的，甚至是危险的状态下发展。如果没有安全意识为警世之钟，则因教育的失误而铸成的大错将在所难免、难以挽回，并会危及整个国家和民族的根本利益。对社会重大决策可能造成教育问题、教育重大决策实施后的问题等的分析还缺少预见性，加之一些部门对已经积重难反的

---

① 程方平：《教育：国家安全的基础——关于"教育安全"的思考》，《教育科学》2006年第3期。

困难和问题讳莫如深或估计不足、视为负担或消极回避，对国外的经验教训不是盲目照搬就是一概否定，致使在不少方面无法及时地纠正教育发展的偏差，很可能使"改革"重蹈以往失败的覆辙。那么就会带来被动应付的困境。

二 教育危险源

系统分析和认识危险源是人们研究教育系统并预防教育事故发生的基础，它帮助人们设计更安全的教育系统，也可以用来指导人们如何安全地运行满足安全条件的教育系统。危险源的英文为 Hazard-a source of danger，意即危险的根源。单纯从字面意思来理解，如果没有危险源就不会发生事故，因此根据系统安全的观点，危险源被认为是事故发生的先决条件。需要注意的是，现在学术界对危险源的概念尚不统一，对危险源的外延也不够清晰，经常将危险源和事故隐患、安全隐患以及事故致因因素等相混淆。

法兰特（Farland）关于能量意外转移理论认为，所有的伤害事故或损坏事故都是因为接触了超过机体组织（或结构）抵抗力的某种形式的过量的能量；机体组织与周围环境的正常能量交换受到了干扰（如窒息、淹溺等）。由此可以看出，不少研究者将事故的根源视为能量[1]。结合系统安全理论，倘若系统中没有危险源便不会发生事故，也就是说如果系统中没有导致事故发生的能量或者能量载体，也就不会引发事故；为防止事故的发生，就是要消除或者控制各种各样的危险源，并且消除或控制各种能量及能量载体。根据《职业健康安全管理体系规范》对危险源的界定，是指可能造成人员伤害或者疾病、财产损失、环境破坏的因素来源、情形与动作[2]。根据该定义，事故的后果是人员伤亡、疾病、财产损失以及环境破坏，事故的后果一定是由事故产生的，因此危险源按照"危险源—事故—事故后果"的顺序引发事故和事故后果，

---

[1] McFarland R A, "Injury—A Major Environmental Problem", *Archives of Environmental Health: An International Journal*, Vol. 19, No. 2, 1969, pp. 244–256.

[2] 傅贵、章仕杰：《事故的直接原因及危险源与隐患关系解析》，《中国安全科学学报》2018年第5期。

也就是说危险源是事故或者可能原因。同时，危险源有很多，有些是事故的直接原因，有些是间接或其他可能的原因，但这些都是事故的可能原因。

在不同学科视角下，危险源的概念具有不同解释。在国际标准化组织 2009 年风险管理标准指南【ISO Guide 73：2009（E/F）】中对风险源的概念界定，与可能单独或者共同引发风险的内在要素相对应，风险源的存在既可以是有形的，也可以是无形的。因此，风险源是指会对人们的人身安全和健康产生损害的潜在源头。这种"人身安全伤害和健康损害"包括对人们的身体及精神所产生的不利影响，如疾病、职业病和死亡等；危险源还包括对人们造成长期损害及危害状态的潜在源头，也包括造成人身伤害及不健康的潜在暴露环境。危险源有时也可以用"危险因素"来替代，实质上是安全风险源，不仅指危险的来源以及源头类的物质，也可以表示状态和环境的意思，指具有潜在引发事故伤害的区域、场所、空间、岗位和设备等。危险源涉及狭义和广义两个方面，狭义的危险源主要与人的职业健康安全有关，特别是人们工作场所中的危险源；广义的危险源主要是指安全风险源。以暴雨这一自然现象为例，如果事先做好预警，人们减少出行且没有造成交通拥堵，只需要从排水系统等原因解决暴雨产生的内涝问题，那么单单从暴雨本身来看，暴雨只属于自然风险源；如果当暴雨产生了人员伤亡，诱发突发事件并产生严重后果，那么暴雨就不再是单一的风险源。危险源是客观存在的，每个风险源都存在风险，即使是不同温度的水也会成为危险源并诱发风险。危险源的识别就是对所有的"源"进行评估，因此对危险源进行识别更为重要。孟现飞将"可能导致伤害或疾病、财产损失、工作环境破坏或这些情况组合的根源或状态"与"所有的事故致因因素都是危险源"两个危险源定义相结合，形成一个定义全面、涵盖能量角度与直接间接角度的危险源定义，意即所有的、直接的与间接的并且可能导致事故发生的根源与状态[①]。具体来看，第一，这些危险源将导致事故发生，不能导致事故发生的因素，就不会导致损失，就没有危害性，就不

[①] 孟现飞、丁恩杰、刘全龙、李新春：《危险源概念的重新界定及与隐患关系研究》，《中国安全科学学报》2017 年第 4 期。

是危险源；第二，危险源的可能性，尽管危险源存在，如果其他条件不满足，则不会造成事故的发生；第三，这些危险源具有直接的或间接的因素，直接的指直接导致事故发生的行为、物理、化学因素，间接的指非直接导致事故发生的行为、物理、化学因素，如管理不力、制度混乱等；第四，涵盖所有，所有指无论是导致事故发生的直接行为、物理、化学因素，还是导致事故发生的组织管理等间接因素等，都应视为危险源，不应遗漏；第五是根源，根源指可能直接或间接导致事故发生的客观存在的实体，包括有形或无形的实体；第六是状态，状态指根源的不安全状态，包括正处于和非正处于的不安全状态。从辩证唯物主义的角度出发，并结合危险源的定义，可以将危险源分为根源危险源和状态危险源。其中，根源危险源指可能直接或间接导致事故发生的客观存在的实体，涵盖了现有危险源分类中的能量或危险物质。状态危险源指根源危险源的不安全状态，涵盖了现有危险源分类中的触发性危险源、控制性危险源等。从根源危险源和状态危险源的关系来看，状态危险源附属于根源危险源，即根源危险源是状态危险源存在的前提条件，没有根源危险源，就不可能存在相应的状态危险源。

在现代安全科学理论中，危险源是人们认识事故形成机理的重要因素。同时在学术研究领域，人们对于危险源的描述与表达形式不尽相同，也没有较好地兼顾到危险源的分类表达及描述方法。李冬梅提出不同危险源的分类方法，从不同侧面阐述了危险源的本质与特征。主流的危险源分类方法包括：根源危机源与状态危机源、两类危险源理论、固有型危险源和触发型危险源、固有危险源和变动危险源、物质性危险源和非物质性危险源，基本型危险源和控制型危险源[1]。根据能量意外释放理论，能量与危险物质的意外释放被认为是伤亡事故发生的物理本质。

田水承从危险源的两类分类方法出发，将危险源分为三类，其中第一类是与能量源相关的载体，如能量设备、装置，可能产生有毒有害以及可燃烧的爆炸物质；第二类是安全设施的故障，或者物理性的环境因

---

[1] 李冬梅：《重大危险源分析、辨识与危险性评估的研究》，博士学位论文，天津理工大学，2009年，第19—20页。

素，可能会造成个体行为的失误；第三类是那些不符合安全因素的组织制度、程序、文化和规则等。这三种危险源分类相辅相成，共同构成危险源事故（图2-3）。张跃兵据此提出危险源的外延，认为人具有可能导致事故发生的能量，人也是危险源的潜伏因素①。各种各样的安全隐患，包括人的不安全行为及物的不安全状态，并不具有导致事故发生的能量。人在易燃易爆的环境中抽烟，这种行为实际上是隐患，但并不是危险源，烟火才是危险源。

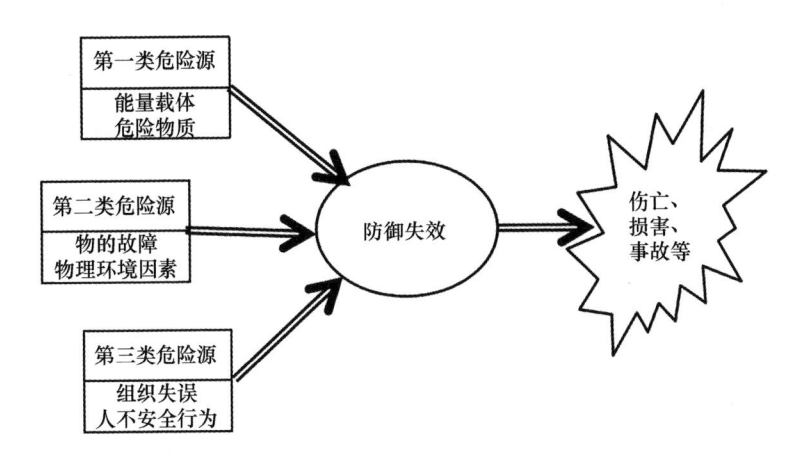

图2-3 危险源事故发生过程

注：根据田水承、钟络：《煤矿事故频发的组织人原因分析》，《矿业安全与环保》2009年第36卷第1期，第84—85、87页相关研究整理而成。

通过分析国际标准化组织（ISO）的3个技术委员会制定的危险源相关标准，傅贵等提出危险源的实质内容包括三项，事物的危险状态、危险的物质或能量、危险的事物②。这里的危险是有风险、有可能引发威胁的意思，既有可能对人、财产、环境造成急性威胁，也有可能造成慢性威胁。在安全科学技术方面，危险源既可以是物质的，具有确定的

---

① 张跃兵、王凯、王志亮：《危险源理论研究及在事故预防中的应用》，《中国安全科学学报》2011年第6期。
② 傅贵、吴亚丽、章仕杰、杨耀党：《危险源的实质内容分析》，《中国安全科学学报》2020年第11期。

物理位置；也可以是意识上的，没有确切的物理位置，存在于人们的思想上。哈姆（Hammer）将危险源定义为可能导致人员伤害和财物损失事故的、潜在的不安全因素[1]。该定义表明了危险源的潜在危险性，如果要预防事故的发生，就要识别出危险源并充分认识其危害，对导致事故发生的致因机理加以研究，采取相应的预防措施控制危险源。

　　能量或危险物质的存在是事故发生的必要条件和基本前提，该认识已得到人们的普遍认同。能量单元对事故的发生及防止事故方法的解释，在本质上与能量转移论（或称能量意外释放论）是一致的。能量转移论认为：事故是一种不正常或不希望的能量释放，人受伤害的原因只能是某种能量的转移[2]。由能量单元或能量转移论都可以得出明确的结论：要防止事故的发生及其造成的人身伤害，就应该通过控制能量或控制能量到达人体的能量载体的各种有效措施来实现，这些措施主要是消除和控制物的不安全状态和人的不安全行为两个方面[3]。许铭认为危险源的本质特征是具有可能失控的能量（危险物质），危险源是指具有可能失控的超高能量、危险物质、危险状态的系统、技术、活动、场所等[4]；隐患本质上属于安全条件、安全措施范畴，隐患是指造成控制危险源安全措施（条件）缺失、低效、失效的违法违规现象或行为；危险源和隐患属于内外因的关系，危险源是内因，其决定固有风险，隐患是外因，其增加现实风险；危险源和隐患服从唯物辩证法的内外因作用原理，即内因是变化的根据，外因是变化的条件，外因通过内因而起作用；事故（职业病）是危险源和隐患内外因共同作用的结果。

　　为应对教育危险源，需要建立教育应急预案机制，教育应急预案的基础是教育危险源的识别，只有基于教育危险源识别的应急预案才具有较好的适应性。对于已经确定的教育危险，应急预案的适用性较好，对现有认知水平无法确定的危险，教育应急预案的适用性较差；对于易识

---

[1] Hammer W, "Progressive Qualitative Hazard Analyses", *Journal of Spacecraft and Rockets*, Vol. 5, No. 3, 1968, pp. 343-344.

[2] 隋鹏程：《产业灾害——伤亡事故致因理论（3）》，《劳动保护科学技术》2000 年第 4 期。

[3] 曹庆贵、曲楠楠：《危险源相关事故致因理论及概念分析》，《安全》2019 年第 9 期。

[4] 许铭：《危险源和隐患的内涵辨析》，《安全与环境工程》2018 年第 3 期。

别的危险，教育应急预案的适用性较好，对难识别的危险，教育应急预案的适用性也较差[①]。通过危险源识别可区分出"可消除的教育危险"和"不可消除的教育危险"：对"可消除的教育危险"，应立即予以排除，辅以应急预案；对"不可消除的教育危险"，则主要依赖教育应急预案。学校教育作为社会系统的组成体系，不可避免地受到内外部风险源的影响，或者在领域内产生教育危险，对正常的教育教学环境产生威胁。卢哈曼（Luhmann）提出"教育是被意图的行为，是可以归属于意图的行为，这其中存在着与社会化的不符之处。这样的行为的目标（虽然忽略了间接的没有注意到的操作的可能性），只有通过交流才能达成。这样看来，如果从交流的角度出发，教育也会使人们社会化，但是按照意图无条件地社会化"[②]。学校是集体生活的场所，这里有两个含义，第一是在学校集体中进行复杂的互动行为。举例来说，如果在狭窄的校园里有很多学生玩耍的话，很有可能会出现学生受伤的事件。同样，个性多样的学生和教师展开交往互动时，产生心理矛盾和压力的可能性也会变高。第二是与其说学校是为了明确的目标而开展活动的功能性场所，不如说它具有以其本身为目的的各种生活场所的性质。特别是对于学生来说，这是无法完全消除学生之间的同学关系、师生关系等，也不可能避免地会出现欺凌等行为。教育经营是资源和价值的分配，同时也是风险的分配，与学校的设施设备、人事、教育课程、教育方法等所有的事情相关，在某种意义上被认为是风险的分配。学校的决策行为及其后续影响，必然使教育经营本身产生了危险的可能性。因此在风险社会中，教育危险源管理不是作为系统中一个部门的特殊活动来把握的，而是需要将危险源头本身作为应对的方向。

三 教育脆弱性

早在20世纪70时代，脆弱性研究（Vulnerability Theory）便经过

---

① 张海波、童星：《中国应急预案体系的优化——基于公共政策的视角》，《上海行政学院学报》2012年第6期。

② Luhmann N, Schorr K E, *Problems of Reflection in the System of Education*, Waxmann Verlag, 2000.

美国学者怀特（White）的开创，将其应用于自然科学领域，随后在生态学、金融学以及社会学等学科方面广泛应用[1]。可见脆弱性研究是从自然科学领域延伸到社会科学领域，脆弱性理论的内涵逐渐从单纯地针对自然系统固有的脆弱性演化为针对自然科学系统意义的概念。根据联合国国际减灾战略的定义，脆弱性是一种系统的内在属性，是由于自然、社会、经济和环境因素及过程共同决定的、系统对各种胁迫的易损性。在公共安全研究中，脆弱性被视为客观存在的内生属性，并不直接导致公共危机的产生，公共危机的产生是在致灾因子的多重影响下，系统间的结构平衡被打破，造成系统自身的脆弱性超过安全阈值，最终导致危机的爆发。随着脆弱性理论在公共安全管理系统中的应用，环境与外在系统逐渐成为降低灾害风险的重要关注领域，外部环境中，包括社会系统、自然系统、技术系统和管理系统等存在的脆弱性，能够人为的加以影响和控制，从而最大限度地预防并控制灾害风险的发生，这也成为脆弱性理论应用于公共安全领域的价值所在[2]。宋守信等认为，脆弱性描述的是承载体应对风险的固有水平[3]，从脆弱性角度讨论安全问题，可以找到威胁对系统可能产生危害的范围、可抵抗程度以及系统对威胁的适应程度，能够更好地帮助安全管理者了解系统运营过程中脆弱的环节或者脆弱点的存在。

脆弱性可以视为系统在内外部环境扰动中发生的变化程度，以及从内外部环境扰动的不利影响中恢复正常运行的能力。脆弱性具有三个方面的特点，第一是宏观性，它并不拘泥于系统中任何单一个体，更多的是从整体的系统角度来考虑，可以看作对系统可靠性的宏观视角补充；第二是复杂性，脆弱性研究既要考虑系统内部条件的影响，同时也要兼顾系统与外部环境相互作用的特征，因此脆弱性是众多相关概念的集合，并存在复杂的耦合关系；第三是针对性，由于脆弱性表现出某一要

---

[1] 何紫琪、李丹阳：《脆弱性理论视角下传统生鲜食品市场公共卫生风险及其治理》，《中国食品卫生杂志》2020年第6期。

[2] 刘铁民、徐永莉、王浩：《重特大事故频发凸显生产安全的系统脆弱性——2013年几起特大事故反思》，《中国安全生产科学技术》2014年第4期。

[3] 宋守信、许葭、陈明利、翟怀远：《脆弱性特征要素递次演化分析与评价方法研究》，《北京交通大学学报》（社会科学版）2017年第2期。

素或一系列要素的变化，针对不同的扰动，其相关的要素也不尽相同，必定是存在普适性要素与具有扰动特征的特殊性要素。

为突出对脆弱性产生的内因机制及个别化特征的分析，宋守信建构了多要素、多流向和多重循环的闭合回路，提出脆弱性特征要素递进演化的分析框架，借此达到反应脆弱性暴露度、适应度递次作用到承载体"人员—设备—环境"系统的规律。该框架能够展示承载体脆弱性如何在受到扰动之后，引发一系列变化的规律。其中系统的第一个表征是暴露度的扰动侵袭，是提高系统安全等级或降低承载体脆弱性的第一步，随后是敏感度，适应度则是保证系统正常运行的最后一道保障。该分析框架有助于说明脆弱性三要素之间的关系。

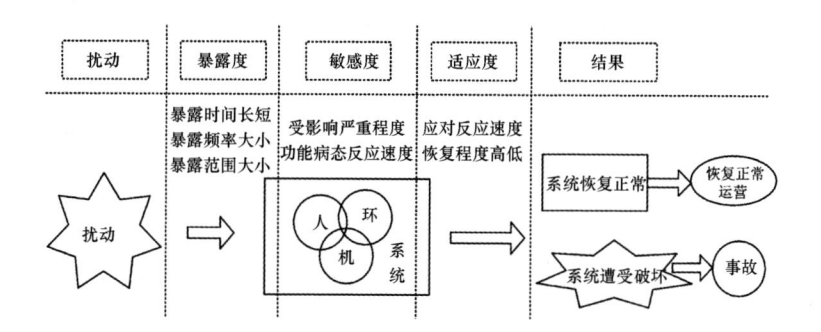

图 2-4 脆弱性递次演化分析框架

注：根据宋守信等（2017）相关研究整理而成。

威斯纳（Wisner）等人在《面临风险：自然灾害、人们的脆弱性和灾害》一书中阐述道，脆弱性是灾害的根源之一[①]。在灾害和危害事件发生之前，脆弱性是客观存在的，但脆弱性不能直接导致风险和危机的出现，需要注意的是系统脆弱性是和危机事件中的致灾因子能够产生直接联系的，对风险和危机事件具有调节影响。

从董幼鸿总结的公共危机事件生成机理来看，脆弱性并非直接的致灾因素，而是在内部系统与外部系统不利因素的双重作用下，超过系统

---

① Wisner B, Blaikie P, Blaikie P M, et al., *At Risk: Natural Hazards, People's Vulnerability and Disasters*, London: Routledge, 1994, pp. 141–156.

的承受范围,最终诱发危机事件。从公共安全系统所处的环境来看,既包括系统内部的多重扰动和不利因素,也包括来自系统外部的多重因素,进而对系统脆弱性产生不同程度的影响,最终诱发为危机事件的外在诱因。刘铁民根据系统脆弱性的来源分类,将其划分为自然系统、技术系统、社会系统、管理系统四个方面[①],在这些系统属性的脆弱性影响下,超越了系统脆弱性的承受范围,进而演变为公共危机事件生成的催化剂,同理造成了教育安全风险及危机事件的发生。

从以上分析可以看出,脆弱性在公共安全风险或者事件发生之前已经存在,它总是与风险或者危机事件的形成相伴而生,是决定危机事件性质、强度以及结果的基本要素,同时具有可能放大危机事件后果的作用。公共安全风险的大小、危机事件的破坏程度不完全取决于危机事件的源发强度,还取决于危机事件生成的环境。总之,要防范公共安全事件的风险,除了消除受灾体本身的脆弱性,提升受灾体本身的抗逆力之外,还要重点管控产生灾害环境的各大子系统的脆弱性。

由此来看,脆弱性理论经过了长期的发展演变,相比过去的单一扰动,多重扰动成为显著的发展趋势,过去仅限于关注自然及人文系统中的脆弱性,开始向耦合系统的脆弱性发展,那些静态的、单向性的脆弱性分析进一步发展为多反馈的、动态的分析过程[②]。针对脆弱性分析的演变发展,其分析框架更加系统完善,包括敏感性和暴露性,以及适应能力和恢复力等都被纳入其中,该框架也成为探讨系统相互作用的新范式以及工具。该理论框架不仅对教育灾害管理研究具有重要意义,而且对教育危机管理研究具有重要指导价值,能够使我们从教育危机事件生成机理的角度探讨教育风险源、脆弱性诱因等因素,进而形成从源头上解决教育危机事件的策略。

四 教育韧性

韧性也被称为弹力和恢复力,表示物体在受到外力变形之后恢复到

[①] 刘铁民:《事故灾难成因再认识——脆弱性研究》,《中国安全生产科学技术》2010年第5期。

[②] 董幼鸿:《新时代公共安全风险源头治理的路径选择与策略探讨——基于系统脆弱性理论框架分析》,《理论与改革》2018年第3期。

原始状态的一种能力。"韧性"最早是由拉丁语"Resillo"转变过来，其本意是跳回（原始状态），关于韧性的研究最初兴起于工程领域，是指工程材料在变形过程中，不容易折断和破裂的性质。20世纪50年代，西方心理学界将"韧性"的概念引入，表示人们遭受心理创伤之后的恢复状态。到70年代，霍林（Holling）在《生态系统的恢复力与稳定性》(Resilience and Stability of Ecological Systems)中，使用"韧性"一词来表示生态环境、资源系统的自我修复能力，同时认为这种性质不仅仅意味着系统可以恢复到最初平衡状态，最重要的是可以向新的平衡状态转变[1]。霍林在对韧性进行定义的过程中，主要经历了三个阶段[2]，第一是针对生态系统，韧性表现为生态系统的持续性，系统对变化和干扰的吸收能力，以及在变化和干扰后系统内种群与状态变量之间的关系维持不变的能力；第二是系统应对干扰时维持系统结构和行为模式的能力；第三是韧性是系统对扰动的缓冲容量和吸收能力，或者系统在不改变其结构的前提下可以吸收的扰动量级。甘德森（Gunderson）提出社会系统与生态系统的相互作用，提出社会—生态系统的整体性，将生态韧性概念延展至社会—生态系统的整体性，还提出韧性不仅体现在系统对变化的吸收和恢复，还要表现为系统在变化后的学习和适应能力[3]。从生态系统到社会—生态系统，韧性理论的研究更加丰满，随着扰沌模型（Panarchy Model）的构建，系统韧性由一个描述性的概念转变为一种研究思想。虽然韧性理论起源于生态学，并在社会—生态问题的研究中得到发展，但在许多其他领域，韧性理论也得到了广泛关注，不仅仅局限于心理学、自然灾害、风险管理、工程学、能源系统、医疗系统、供应链等[4]。通过对韧性理论在不同领域中的研究现状进行梳理，能够

---

[1] Holling, C S, "Resilience and Stability of Ecological Systems", *Annual Review of Ecology & Systematics*, Vol. 4, No. 1, 1973, pp. 1–23.

[2] Holling C S, Gunderson L H, Light S, *Barriers and Bridges to the Renewal of Ecosystems*, New York: Columbia University Press. Cap, 1995, 10, pp. 428–460.

[3] Chaffin B C, Gunderson L H, "Emergence, Institutionalization and Renewal: Rhythms of Adaptive Governance in Complex Social-ecological Systems", *Journal of Environmental Management*, 2016, pp. 81–87.

[4] 丁月婷、聂锐、高凯：《韧性理论在能源系统问题研究中的应用综述》，《科技管理研究》2019年第24期。

对韧性理论的研究思路、范式和方法进行总结,为韧性理论在教育风险研究中的应用提供借鉴。

尽管不同学术流派对于韧性的相关研究存在一些差异,但都突出强调了系统在受到外界干扰时所表现出来的各项能力,包括吸收外界冲击和扰动的能力、恢复到原来状态或达到新状态的能力,以及降低灾害风险与损失的能力等[1]。此外,国际韧性联盟也从系统能力的角度,提炼了韧性的本质特征[2],包括系统可以承受一系列改变,并能够保持功能和结构的控制能力;系统所具备的自组织能力;系统有建立、促进学习与自适应的能力等。

随着这些年关于韧性理论研究的日渐丰富,韧性理论更多关注系统自组织、系统记忆、系统反应和系统非线性发展过程,认可外来冲击与干扰的不可预测性,以及个体、组织与社会应对这些影响的复杂动态变化,具体表现为三个显著特征,包括系统可以承受一系列改变并保持功能与结构的控制力,系统能够进行自组织,系统具备了建立和促进学习自适应的能力[3]。不同学科的学者试图建构韧性研究范式,将其作为一种基本的发展规划理念,从简单的属性描述发展为相对完善的理论体系[4]。在已有研究的基础上,韧性理论被西方学术界分为两种认知视角,分别是基于工程韧性与生态韧性的均衡论视角,以及基于演进韧性的演化论视角。工程韧性指的是系统在遭遇危机后,能够恢复到初始平衡状态,或者在扰动下维持自身的发展稳定;生态韧性则摒弃了工程韧性的单一均衡机制,提出系统是具有多平衡态的自组织复杂体。这两种观点受到平衡论的影响,均认可系统在历经破坏之后的恢复能力。演化论视角下的演进韧性认为系统并不具有稳定的均衡态,提出系统具有适应性,需要不断地发展演变并调整结构以适应外部环境变化。

---

[1] 陈玉梅、李康晨:《国外公共管理视角下韧性城市研究进展与实践探析》,《中国行政管理》2017年第1期。

[2] 邴启亮、李鑫、罗彦等:《韧性城市理论引导下的城市防灾减灾规划探讨》,《规划师》2017年第8期。

[3] 李彤玥、牛品一、顾朝林:《弹性城市研究框架综述》,《城市规划学刊》2014年第5期。

[4] 李红波:《韧性理论视角下乡村聚落研究启示》,《地理科学》2020年第4期。

20世纪90年代，伴随着人类对社会经济利益追求的不断扩大和环境问题的日益突出，韧性概念被引入社会经济等领域，逐渐生成灾害风险管理的新理念。韧性概念是从工程机械发展到灾害管理应用，实现了从单一线性向复杂非线性的演变发展，本质上是针对人类居住环境可能面临的不确定性扰动，主动探究相适应的方法和途径。韧性理论作为基于社区空间层面、居民驱动力和组织能力层面中的自下而上的风险管理方式，相较于自上而下的风险管理方式更加符合常态化的社会风险需要[1]。韧性理论对灾害风险管理的知识体系进行了拓展，其内涵也随着灾害风险管理的发展而不断演变。结合社区系统的相关理论，韧性可以视为系统提升灾害适应能力的循环过程，由于社区系统受到干扰后不能恢复到最初的正常形态，因此需要发展一个具有学习能力和自组织能力的系统，进而促使社会系统的发展更新。2005年，联合国国际减灾战略（United Nations International Strategy for Disaster Reduction，UNISDR）颁布的《2005—2015兵库行动框架：提高国家和社区的抗灾力》，提出韧性是系统或者社区可以通过有效方式抵抗、吸收和适应，并从风险中恢复的能力[2]。联合国政府气候变化专门委员会（Intergovernmental Panel on Climate Change，IPCC）提出韧性被视为系统吸收干扰并能维持原有结构与功能的能力，主要表现为自组织、适应能力与变化的能力。张磊对相关界定加以总结[3]，认为韧性是包含了稳定能力、恢复能力以及适应能力在内的集合，其中稳定能力与恢复能力呈现出被动形态，适应能力属于主动形态，这些能力的建设始终贯穿于风险管理的全过程。

在复合型灾害风险日益严峻的现实情境下，必须加强教育组织机构的韧性治理，其目标是增强自身及组织系统对于复合型灾害风险冲击的

---

[1] 唐庆鹏：《风险共处与治理下移——国外弹性社区研究及其对我国的启示》，《国外社会科学》2015年第2期。

[2] RRDUCTION ISFD, *Living with risk: a global review of disaster reduction initiatives*, http://drm.cenn.ge/Trainings/Multi%20Hazard%20Risk%20Assessment/Lectures_ENG/Session%2007%20Risk%20Management/Background/Living%20%20with%20Risk/Chapter%202%20Section%202_2.pdf.

[3] 张磊：《韧性理论视角下贫困村灾后恢复重建与灾害风险管理刍议》，《灾害学》2021年第2期。

适应能力,引导不同教育治理主体基于合作治理、组织学习机制建立的,同时涵盖全灾种、全过程的新型治理模式。具体来看,可以从几个方面理解教育韧性治理①,第一,教育韧性治理是以复合型灾害在成因、后果以及影响层面的高度复杂性、严重性和跨越性为现实教育情境提出的,旨在克服传统灾害风险与应急管理模式在复合型灾害应对中的低效问题;第二,教育韧性治理的主要目标是提高教育治理主体及其所在系统对复合型灾害风险冲击的适应能力,主体的适应能力表现为面对复杂风险环境的主动调整及适应能力,组织系统的适应能力则体现为经过复合型灾害之后,能够快速恢复并保持基本的结构和功能;第三,教育韧性治理是多主体合作参与全灾种、全过程灾害治理的新模式。在复合型灾害情境中,多项灾害风险叠加和耦合,多重灾害事件之间产生相互作用,加上灾害后果与影响的严重性和全方位影响,要求教育韧性治理必须吸纳多主体合作参与、涵盖多重灾害风险领域,贯穿于灾害治理的各个阶段;第四,组织学习机制是保证教育韧性治理能够得到长效推进的核心力量。教育韧性治理中的组织学习,意味着对于过往灾害治理实践的系统反思,既要加强对防灾减灾事项的总结提炼,也要在此基础上形成教育政策变迁的优化。

---

① 朱正威、刘莹莹:《韧性治理:风险与应急管理的新路径》,《行政论坛》2020年第5期。

第三章

教育风险特征与分类

　　教育风险普遍存在于教育主体与客体之间的可能关系之中，它不是既成事实，也非既定结果。虽然风险从总体上是负面的、不利于目标达成的，但可以防止危机的发生，存在化险为夷的可能性。我国作为一个处于社会转型与经济体制转轨时期的后发追赶型现代化国家，除了受到资源、环境与技术等方面的约束，还受到时间的严格限制，我们在较短时间内完成了发达国家所经历的漫长的社会变革过程。我国教育领域风险既包含教育传统风险，又涵盖各类教育现代化风险，同时显示出前工业社会、工业社会与后工业社会中不同问题多重交叉叠加的复杂性。在教育改革发展进程中，有些是必须冒的风险，也有大量来自制度缺失或不当，改革推进过程中方式方法不妥所带来的风险。教育风险是动态变化的，会随着人的认知水平、社会发展、作业对象和时间变化而变化。无论是教育重大决策风险，还是教育质量风险，都可能化危为机，化险为夷。因此，教育风险不可怕，但需要识别风险类型及特征，以有效防范教育危机的发生。

　　教育领域出现的突发公共事件或曰"触发事件"，正是由隐性的教育风险转为显性的教育公共危机的转折点，因此教育风险与危机之间边界客观上具有一定的模糊性。因为教育风险不仅受到事件自身影响，同时还嵌入在社会文化大背景中，因而变得更加不确定，虽然这些不确定性大部分是可以预测的，导致教育风险具有嵌入社会活动的高度依附性与更大不确定性。同样，育人周期长导致的隐蔽性、社会转型时期带来的多方面矛盾冲突的复杂性、群体性抗争带来应急处置的艰巨性、教育对象多样性决定的动态性等都是教育风险应有的特征。这些特征也导致教育风险还有以下属性：历时态的教育风险能共时性存在、教育改革发展与风险之间能互为作用与影响、教育不同类型风险之间还会相互传导，由教育转型时期的制度性结构性缺失或不当导致的教育危机最具普遍性，由教育决策带来的风险已趋常态化。教育政策与社会的互适性不够是导致教育领域风险的根本，社会信任、公众理性精神的提升是应对深度不确定性的社会基础。因此，尽管教育风险类型多样，可以有多种标准进行分类，但都可以从其自身与社会关系中归类为由教育自身引发、社会诱发或两者关联型三大类教育风险。作为教育工作者，最紧要的是能够守好主体责任，避免由教育自身行为带来的"原发型"教育风险。

第一节　教育风险的特征

就社会风险的特征分析而言，它具有客观性、偶然性、可变性、不测性与关联性等特征。教育风险作为一种风险，它既具有社会风险的普遍性特征，同时也因为其自身的属性而具备了一些独有的特征，如系统复杂性、群体脆弱性、同伴传递性、成因隐匿性、多维叠加性、边界模糊性、影响长远性等属性。

一　教育风险的客观性

风险是由客观存在的自然现象和社会现象引起的。人类存在的历史表明，无论是自然界还是社会领域中都有不以人的意志为转移，独立于人的意识之外的客观风险存在。[1] 一方面，自然界的运动表现为多种形式，如地震、海啸、雷电、风暴、洪水、干旱等，这些形式也是自然界自我平衡的必要条件。这些运动在自然界中可能造成人的生命和财产损失，形成自然灾害，给人类带来风险。另一方面，自然界的运动有其自身的运动规律，它独立于人的主观意识，如生命的生灭、战争和疾病等，人们只有发现、理解和利用这些规律，才能有效地预防事故、减少损失。也就是说，风险是客观存在的，人们只能在一定范围内改变风险

---

[1] 范道津、陈伟河：《风险管理理论与工具》，天津大学出版社2013年版，第3页。

形成和发展的条件,从而降低风险发生的概率或降低损失的程度,但并不能完全消除一切风险。

教育承载着人类社会进步发展的基础力量,实施教育是明确人文意识与社会发展及自然发展协调统一的有力保证。作为认识活动中的主体——"人",一方面需要领悟自然的规律并形成合理认识,即遵守宇宙自然法则并不断地探索、发现、利用与自然规律的协调并进;另一方面是后天的教育开发,即传承、创新前人的智慧结晶。这一过程中,作为教学对象的"人",存在客观的先天性的认知能力,不可避免地引起教育的不公平性,带来了教育的风险,这种教育风险也是客观存在的,无法改变。作为教育主体的人有着丰富性和复杂性,对人的本质和人性的追问本来就难以穷尽,对教育活动的本质认识也就难以穷尽,教育现象本身的复杂性也决定了风险的客观存在。

回望1949年以来70年高考变革,从国家层面上看,高考科目的调整、"文化大革命"对高考产生的冲击、一些省份实施"3+1"高考改革、上海和广东"3+X"高考改革。江浙沪新高考改革后,不同时期的高考学科分别发生了变化,不同时期的学科组合在人们心目中都留下了无法消除的印象。严格地说,这些被赋予特殊意义的考试科目及其组合,表面上仅仅代表了高考内容的不同。然而,作为高考改革的核心内容,学科改革往往最直接地反映了高考改革的方向,也最能引起基础教育和高等教育的重视。正是由于学科改革涉及面广、影响大,70年来,虽然国家多次调整高考科目,但每次调整都会带来新的问题。近年来,各地高考方案引发的社会矛盾和舆论事件,充分表明了教育活动中风险的必然存在。

二 教育风险的普遍性

日常生活中,"风险"无处不在,无时不在。人类为了生存和发展,不得不和各种各样的风险作斗争。从经济学角度来看,风险是收益的机会成本,只要有收益,就会有风险。教育作为社会的一种收益活动,它既有直接的社会收益,例如,教育可以提高劳动者的素质,从而提高劳动的平均熟练程度,可以加强生产过程的社会结合,提高生产资料规模的效能,促进自然力的应用和自然资源的开发等;同时,教育也有间接的社会收益,教育的间接社会收益表现为它对社会主义精神文明建设、民主和法制建设所起的作用等。教育收益可以说是多种多样、普遍存在的,那么伴随着教育收益而产生的风险的机会成本也是无所不在的。同时,事物发展的哲学观已经说明:矛盾普遍存在于事物中。世界上任何事物发展都有矛盾,不包含矛盾的事物是不存在的,这就是人们常说的事事都有矛盾。在事物的发展过程中,旧的矛盾一旦解决,就必然会产生新的矛盾,从而又开始了新的矛盾运动。矛盾是风险产生的根源,所以说风险是无处不在的。

　　教育矛盾的必然存在,决定了教育风险的普遍存在。教育活动受教育制度和社会文化制度环境的影响,就教育风险而言,根据其影响范围和能否规避,可以分为系统性风险和非系统性风险。系统性风险具有完整性、整体性和客观性的特点;非系统风险具有个体性、局部性和主体性的特点。教育系统风险包括教育质量风险和教育公平风险;教育的非系统性风险包括教育选择的非理性风险和失业的结构性风险等。教育系统性风险的存在,必然导致教育教学过程中各种危机的潜伏。20年来"体育课"的话题热度居高不下,针对"时有发生的大中小学生体育课猝死事件",舆论早就颇有微词。由人民日报创建的"建议把体育列入中高考必考科目"投票吸引15.8万人参与,持正面情绪即支持这一建议的网民占比26%;持负面情绪即反对观点的占比63%;另外还有11%的中立。从具体的观点看,双方讨论的焦点主要集中在两个方面:一是体育课造成猝死是体育课本身的问题还是其他原因导致的。反对方认为不是所有的学生都适合体育运动,学校不应该强制要求学生上体育课,甚至一些学生"上了10多年的体育课,却没有熟练掌握一项运动技能";支持者则认为体育运动不应该归为学生猝死的主要原因,这恰恰反映了长久以来人们对体育的忽视,特别是学校和家庭重智育、轻体育,学生平常体育锻炼太少所致。二是体育课列入考试项目是减负还是增负。反对方认为体育课计入成绩明显增负,唯分数论让学生形成压力,占用文化课时间;支持者称中高考本来就是选拔性考试,不纳入考试学校家长就不会重视,长远来看对于教育是好事。这一系列话题讨论背后折射出教育的深层次思考,切实反映了基础教育的本质矛盾,体现了教育受众面广,不同利益主体可能持有完全不同的诉求,真正是众口难调。教育不同利益主体间矛盾的必然性决定着教育风险的普遍性存在。

三 教育风险的不确定性

不确定性划分为可预测的不确定性与不可预测的不确定性,"风险"通常指代前者。不确定性这个概念哲学上可追溯到伊壁鸠鲁的原子理论,从现代科学研究的角度上来说,不确定性原理又被称为"测不准原理"或"不确定关系",它是量子力学中的一个基本原理。德国物理学家海森堡于1906年提出该理论,他认为量子力学中对两个共轭变量同时进行测量时,由于各种因素的干扰,无法同时准确测量,这就是量子力学中的不确定性,后来各个领域的研究者借用了物理学中的测不准原理,如数学、经济、社会学等,来隐喻社会活动和科学研究中存在种种不确定性。不确定性指的是事物的不确定状态,英文指的是社会或科学决策方案中,"受到各种事先无法控制的外部因素变化与影响,所进行的一种研究和估计",它已经成为决策分析中常用的一种因素分析方法。从风险的定义上看,这种不确定性分为两种:一种是强调了风险的不确定性;另一种是强调了风险造成损失的不确定性。

无论是常规的教育还是教育变革都充满了不确定性。教育的不确定性,从微观上来说,作为培养人的活动是人发展的不确定性与教师教学的不确定性:(1)学生作为未完成的人成长过程充满无限可能性,个体受教育的环境具有复杂性与开放性,这都是个体成长不确定所要面对的。(2)教师作为教育的实施者,并不可能知道所面临的一切不确定性。包括:教育活动面对的是不确定的个体,突发事件是不可预测的;教师知识建构的个体差异性,对教育教学目标、内容理解的不确定性,教学所采用方法的不确定性等。(3)教育的不确定性。从宏观上来说,教育作为一个教书育人的活动,其背后是复杂的文化、背景、历史。教育是国家、文化、权力、社会、市场等综合的产物,这一切的作用机制都充满不确定性。

以2020年上半年疫情期间,全国各地宣布延迟开学时间为例。关于何时复课、上网课、周末补课等相关问题持续发散,社会、家长、学校和教师对于延迟耽误的课程是否需要通过调节暑假时间、周末时间进行补课十分关注,各种信息混杂诱发产生担忧、焦虑情绪。

#周末补课#网络声量趋势

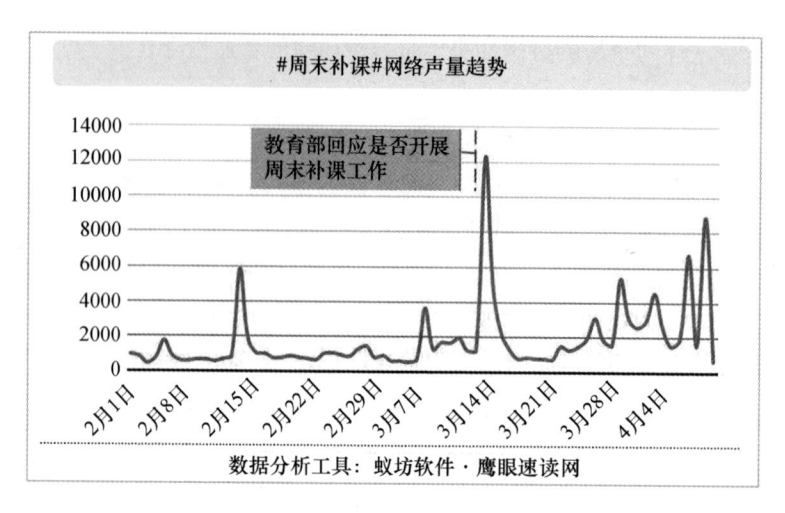

图3-1 周末补课话题的网络统计

就此话题出现多次社会舆论波动。第一次话题高峰出现在2月15日，按以往惯例正是中小学结束春节假期返校上课的时间，而2020年特殊情况不少地区都延迟开学，该时间段网民舆论比较聚集，大多以对课程情况不明朗，对于周末补课态度较模糊，担心落下课程的焦虑情绪为主。

第二波话题高峰则出现在3月14日前后，主要意见为教育部门就此发文回应"耽误的教学时间初三及高三学生可以通过调减周末及节假日时间补课，其他年级则通过暑假假期补课，保证孩子有学上"，有效回应了社会关切，缓解网民心理压力。随着复工复课的有序进行，各地周末补课的相关安排同步更新，使得话题热度多次产生波动，4月9日，上海教委不主张中小学利用周末补课的新闻不胫而走，公众通过社交媒体纷纷对此参与解读，形成热议。

对公众言论进行聚类分析，整体情感倾向以正面为主，多数公众认为在疫情好转之后进行适当的延时补课是合理且可行的，学生在家网课效率不高，不如面对面教学实践效果。负面言论观点占比21%，考虑当下相对封闭的在家上网课形式，在行为倾向上呈现出批判与诉求的特征，质疑当下网课的实际意义——"又要上网课又要缩短暑假和周末，网课内容作业还比在学校多，这届学生太惨了！"

四 教育风险的偶然性

通过前面的分析可以看出，风险是客观存在的，教育风险也是客观存在的。在以前，人们可以预测风险何时会发生及预判其产生的后果。现今理论认为，导致任何风险事故的发生都必然是多种因素共同作用的结果，某些因素的时间、地点、方向、顺序、力度满足一定的条件，就会导致事故发生，每种因素的出现本身就是偶然的，从而导致风险发生的偶然性。[①] 因为教育风险存在种种不确定性，必然导致教育风险的偶然性。偶然性是由风险事故的随机性所决定的。

引起教育风险发生的因素是很难预测的，而且这些因素的产生和形成也是变化多端的。第一，教育风险事故发生与否存在不确定性。例如，就社会整体而言，火灾对我们来说，具有巨大的风险性和损失性，是无法完全消除的，但是如果说具体到某一所学校，具体到某一些学生而言，是否遇上火灾发生，就未必了。第二，教育风险事故什么时候发生不确定。我们都知道生命运动的过程，人从出生的那一天就知道会有死亡的一天，这是必然的；但是如果要具体到个人而言，哪一天死亡，怎么死亡等，这些都是无法预知的。就教育风险而言，近年来，学生打架斗殴和自杀的事件频繁发生，对整个社会而言，这些恶性事件的发生是必然的，但是如果具体到是在哪几个学生身上发生，怎么发生，这是无法预测的。第三，教育风险事故的损失的不确定性。例如，每年我们都会通过新闻了解到关于学生恶性事件发生的信息，但是每次事故发生的损失性却是各不相同。因此，就其风险损失来说也具有不确定性。

2020 年 7 月 7 日，受到突发性强降雨影响，安徽省黄山市歙县城发生严重内涝，歙县中学、歙县二中的 2 个高考考点多位考生没能按时抵达考场，导致当天语文、数学两门学科的考试无法正常进行。7 月 9 日，歙县使用语文、数学（文、理）两门科目的备用试卷考试。事件发生后，关于高考语文确定延期到关于"备用卷"公平性问题的讨论不绝于耳，人们关注的方面有试题难度系数是否更大、对考生心态的影响等，引起公众之间的激烈争议。一方面，出于不要给考生造成心理压

[①] 李晓林、何文烟：《风险管理》，中国财政经济出版社 2001 年版，第 185 页。

力的想法，媒体网络极力科普备用卷并不难，副题试卷由同一批专家命题；另一方面，歙县高考延期并非首例，2003 年高考试卷被盗第一次启用备用卷，2006 年福建建瓯市的高考也因洪涝灾害延期，这些讨论把歙县此次延期备用卷放在了历时性的角度，反映了每一个教育风险转化为危机背后的偶然性和必然性关系。

五 教育风险的可变性

世界上的一切都在运动和变化，教育风险更是如此。风险的可变性是指风险在一定条件下可以转化的特征。风险变化不仅包括量的变化和质的变化，还包括旧风险的消亡和新风险的出现。风险的变化主要是由风险因素的变化引起的。一般来说，这种变化主要来自：

（一）科技进步。随着科学技术的进步，人们认识和抵御风险的能力不断增强。许多风险得到了有效的防范和控制，从而降低了风险事故发生的概率，减少了风险损失的范围和程度，有些风险甚至可以消除。比如，随着教育体制的不断完善，教育环境和教育方法都有了很大的改善，网络教学已日益流行。一方面，学生在网络教学中获得了更多的学习渠道，拓宽了知识的来源，同时也加快了学生对知识和信息的更新速度；另一方面，网络教学的引入，又导致了新风险的产生，学生在网络教学中更早地接触网络，增加了学生迷恋网络与误入歧途的机会。

（二）经济体制与结构的转变。教育作为社会的一部分，受到社会经济环境的深刻影响和制约。社会的经济发展制约着教育教学目的；社会经济发展水平影响着教育投入，进而影响教育发展的规模和速度；社会的经济结构类型决定着这个社会的教育结构；社会经济的发展影响着社会教育教学的内容和方式。总之，不同的社会阶段，不同的经济体制，其教育制度和教育模式也是不同的。社会经济体制矛盾的存在促使其发生转变，而这一过程又给教育制度带来了新的矛盾和问题，增加了教育和教学的风险；社会经济体制的完善，促使教育教学制度不断改进，旧的教育风险在得到控制和减少的同时，新的教育风险又会伴随着新的社会矛盾而产生。因此，教育风险也是可变性的。

（三）政治与社会结构的改变。教育需要依托经济和政治来进行。一个社会的政治体制决定着这个社会的教育性质；一个社会的政治经济体制决定着这个社会的教育内容和人才培养的规格。社会始终处在一个运动、变化、发展的过程中，政治和社会结构也是一个不断运动、发展和变化的过程。政治制度、法律法规以及社会风俗、民族风情的变化都会使教育风险发生改变，促使旧的风险被弱化甚至消除，而新的风险诞生或被产生出来。

（四）教育内容和方式的变革。任何活动都具有其自身的规律性，学校的教育活动也必然有其特有的规律。教育活动的规律就在于不断地处理教师的教和学生的学的关系，在这一关系中包含着很多扩展性、多层次的内容，比如，教与学的内容和形式、教与学的手段和目的、教与学的过程和结果等。从哲学的角度来说，事物具有客观规律性和主观能动性的关系，教育活动是社会活动中的一部分，社会活动的规律是客观的。例如，经济市场供需关系的规律性，人们改造自然和顺应自然的规律性等。教育活动的规律也是客观的。在马克思主义哲学的观点里，人们可以认识并利用客观规律，发挥主观能动性。在教育风险管理中，风险管理者通过对教学活动开展情况的观察，进而了解学生学习的状况和发展走向，结合教学活动中的规律性认识，就能够发挥主观能动性，对教师在教的过程和学生在学的过程中的风险因素进行识别和控制，就能大大减少教育事故和损害的发生。

以研究生招生制度建立与完善为例，自新中国成立以来，我国的研究生招生制度发展变革历程和国家高等教育体制的变革息息相关，其间伴随着中国研究生教育制度应对高等教育大众化的实践探索，伴随着适应国家经济社会发展需求的不懈改进：（1）创制与探索期（1949—1977），面临的是研究生教育要"自力更生培养我国高质量的高层次人才"问题；（2）恢复与改革期（1978—1989），面临的是招生制度规范化与多样化的问题，1985年实行的对少数优秀本科毕业生推荐免试攻读硕士学位制度，引发了对招生公平问题的讨论；（3）稳步发展期（1990—1998），重点解决招生规模稳步增长与专业研究生设置问题；（4）快速发展期（1999—2009），通过调整招生笔试科目与招生环节（推免、复试等）规范化，保证研究生招生质量；（5）深化改革和内涵发展期（2010年至今），在研究生教育发展模式上，迫切需要实现从注重规模发展向注重质量提升的转变。稳定招生规模、优化招生结构、推进招生考试的改革成为提高研究生培养质量的必然要求。相关风险危机事件如全国多地相继爆出非全日制学历在就业、不同学历落户要求、住房补贴、交通卡等人才待遇享受上被区别对待；近年来更多次出现硕士、博士研究生论文的抄袭现象和论文盲审制度；研究生在规定时间未完成学业被劝退等。

六 教育风险的关联性

由于教育风险具有可变性的特点，因此，在教育活动中所体现出来的风险，无论是在数量上，还是在种类上，或者是风险所造成损失上，我们都不能用一个固定的值来对其进行描述，这主要是因为教育活动所造成风险的部分因素的行为相关性。教育活动中有些风险，我们可以通过风险发生前的预兆表象来进行预测；比如，学校教育不断地给学生增加学习任务，学生的学习压力不断加大，久而久之，学生就会表现出困乏、厌学的现象。我们由此可以推断出学校教学任务的过度繁重有可能会对学生的身心发展带来负面影响，这个负面影响就是我们对教学风险的一种预测；另一方面，教育活动中的某些风险，我们是无法预测的。比如，学生车祸事件，地震发生给学生带来的损害事件等，因为造成这些损失事件的因素是偶然的、随机的，且这些事件突发性强，难以预料。由此在对风险的管理和控制中，预见事故的发生概率和洞察事件之间的关联程度相当重要。

在马克思主义哲学中，联系的观点是普遍存在的，事物的关联性也是客观存在的，即联系具有普遍性和客观性。任何结果的发生都有其一定的原因，教育风险也不例外。首先，教育风险的发生具有一定的原因，风险损失和风险发生的原因，即风险因素的存在是相互关联的。学生的安全意识和教师的风险控制意识直接影响风险事故的发生概率；其次，教育风险的发生又会造成一些损失和不良后果，教育风险与这些损失和后果之间也是相互关联的。任何风险都具有损失性的特征，损失性可能必然会带来一定的结果和影响，这两者之间就是相互关联的关系。比如，学生在教育活动中出现的伤害事故，会引起学生家长的批评和不满；教育主管部门会对事故予以重视，从而强化其他学校的风险管理意识；其他学校将引以为戒，加强教育管理。由教育风险损失带来的后续影响和结果之间也有着因果关系，这种因果关系即为教育风险的关联性。

以实施多年的"就近入学"政策为例，随着人民生活水平的提高，社会对教育的重视程度越来越高。激烈的高考竞争让家长坚信只有赢在起跑线上，自己的孩子只有进入重点学校学习才能掌握更全面的知识和技能，在高考中得到满意成绩，从而为将来的人生道路做好铺垫。所以教育支出在家庭的消费支出比例不断增加，教育经费的调高、其他消费调低成为普遍现象（图3-2），更有部分购买了学区房的家长出于多种因素考虑，如为保证教育质量团购校外教育，以免学区房价格降低等行为。这些行为看似十分的非理性，但其背后都有合理的实践逻辑存在。

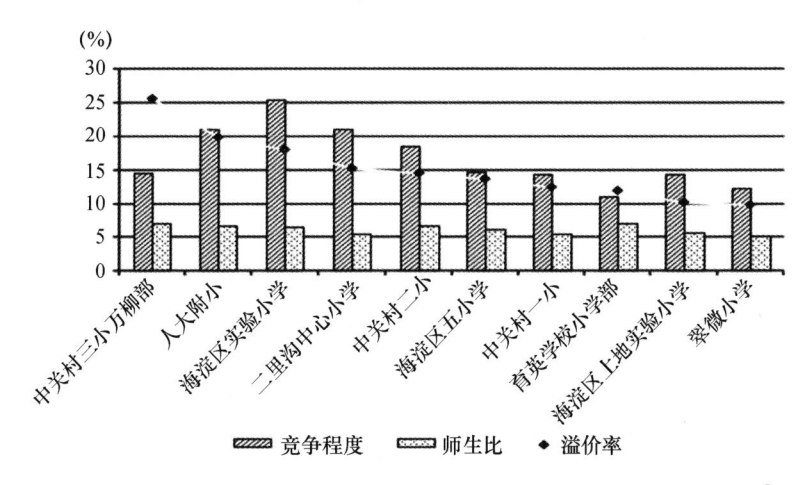

图3-2　海淀区10所重点小学学区房溢价率与教育资源竞争程度对比①

虽然人们认识到"要从根本上遏制人们盲目择校的冲动，就要从教育质量、教育资源均衡发展、缩小学校差距等方面下功夫，真正实现人们在家门口就能上到理想中的好学校的愿望"。"就近入学"——"多校招生"——"六年一学位"等政策仍不能规避这一风险，甚至出现了学区房价上涨、家长团购课外辅导班等一系列行为。中国的应试教育制度和精英选拔制度，使得僧多粥少的热点学区情况更加令人担忧。这

---

① 张珂、张立新、朱道林：《城市基础教育资源对住宅价格的影响——以北京市海淀区为例》，《教育与经济》2018年第2期。

种因教育风险而引起的家庭行为,无法随着政府的宏观调控而得到明显改善,因为高考制度在未来很长一段时间内都不会发生根本性变革。

七 教育风险的特殊性

教育作为一种风险,它既有社会风险的普遍性特征,也因其自身的属性而具备一些独有的性质。

(一)群体脆弱性

学生作为社会中的一个重要而特殊的群体、国家宝贵的人才资源,是推动社会主义建设、实现中华民族伟大复兴的希望。而风险社会的到来加剧了社会的变化,给思想不够成熟、思维不够严谨、正处于身心发展关键阶段的中小学生带来了挑战,增加了他们遭遇风险的可能性。与愈加复杂、变化剧烈的社会相比,正在处于身心发展重要阶段的学生,一方面接受的是封闭的学校教育,学习较为系统的理论知识,极少接触社会实践,他们思想单纯,缺乏对潜在风险的预知与判断,容易受到伤害。学校课程,尤其是风险性较大的课程,如体育课、物理化学实验课、实践课的户外探险等,教师往往无法顾及每个学生的每一个行为和操作,这时学生的自我安全意识相当重要。另一方面,他们对新鲜事物的好奇心比较重,但是社会阅历少,缺乏对自我和社会的正确认知,思想不够成熟,心理素质不够强,意志较为薄弱,增加了风险的概率。随着外部环境复杂性的加剧,如何把握学生信息,了解学生之间的差异本身就是教学中面临的最大的风险之一。如经济发达地区某市教委的一项调查显示,在被调查的2500名中小学生的取样中,有5.85%的孩子曾有过自杀计划,有34.39%的孩子曾有一闪而过的"活着不如死了好"的想法。

(二)多重叠加性

学校并不是一个完全封闭的系统,当前教育环境日趋复杂、教育目的趋向多元,各种环境对学校教育有着深刻的影响。社会的快速转型、市场经济的负面效应、体制机制的不完善、经济发展不平衡、政治改革滞后、社会价值冲突、生存环境恶化、社会结构老龄化、收入差距拉大、中产阶层分化、城市化、城乡一体化等都对教育形成巨大挑战。导致教育矛盾冲突丛生、教育风险类型繁杂。

教育陷入了一种风险叠生的困境之中，各种风险相互交织，稍有不慎就会演化、恶化，形成一个风险综合体，这种风险是弥散性的。当下中国农村教育的改革现实便是如此，持续十几年的农村小学从撤点并校到"后撤并时代"，接连产生各种风险，从撤并引发学生上学距离变远，加大家庭的教育资金投入、增加学生上学精力的耗费，到校车安全事故频繁发生，再到村小的消失引发乡村文明的凋敝，各种由教育改革引发的危机相互交错。教育的负面影响在学生身上长期累积，多重叠加的后果是让孩子十分脆弱不堪一击。如果学生长期处于被迫学习的状态，体验不到学习的快乐、人生的意义，长期累积就会出现严重问题。2020年4月，国内一方面迎来了战胜疫情的喜悦，但开学季也出现多名学生跳楼自杀情况，成绩下滑是原因之一，然而分析其背后原因，正如一些媒体所报道的，比成绩更可怕：学习焦虑、生活无趣、无意义感和价值感往往成了压垮他们的最后一根稻草。2020年5月由复旦大学和上海闵行疾病防控中心发表的报告表明上海市青少年自杀倾向率为14.2%，国内其他报告表明学生的自杀倾向率为14.14%—30.15%，究其影响因素固然很多，如不和父母生活在一起、感到孤独、校园霸凌、因学习压力而不愉快、青春期逆反等，但家长、学校、教师、社会形成的逼迫学习的"场域"和"教育生态"难辞其咎[1]。因此，压抑和抑郁比成绩下滑更可怕，给孩子心理自由和时空自由，让孩子感受到生活的美好，引导孩子接受真正的挫折教育，让他在挫折面前仍能从容和自信，并有再度挑战的勇气，是防范身心发展风险的当务之急。

社会阶层分化、收入差距、资源悬殊，不同社会群体利益诉求的对立冲撞剧烈化；教育资源与结构调整带来的群体性抗争的过激化行为；环境污染或化工项目带来的校园内外呈现的集体抗争事件高发；社会心态的变化对局部和整体的不信任与对抗性增强；望子成龙的社会心理导致对教育水平期望值过高带来系列的群体性事件；社会系统性问题带来的连锁与邻避效应等教育问题牵涉千家万户、面广量大，加上社会和家

---

[1] 李艺璇、陆一涵、温晓飒、陈迪迪、陶士吉、徐晓莉、汤红梅、田秀红、何丹丹：《青少年自我伤害和自杀倾向现状及与健康相关行为的关联性》，《复旦学报》（医学版）2020年第3期。

长对教育的过分关注、过度期盼，在自媒体时代特别容易被炒作放大，以及党委政府管理层面对教育问题的零容忍，造成教育很难完全根据自身规律推进改革，时刻要考虑是否让与教育对象相关的人民群众满意。多重叠加的教育风险导致防范诉求进一步增加。

（三）成因隐匿性

教育领域的风险更具有成因隐匿性特点，或者说往往经过长期的隐性过程最终才显现出来。主要表现为教育风险的不外显性，却因为风险的长期结果导致暂时性缺少关注而具有隐藏性。比如2021年很多省份的文科本科线远远超过理科分数线，某省的文科分数线为476分，理科分数线为417分，超过了将近60分，这种情况的出现就是因为很多人看不到重文轻理或者功利性选择的隐蔽性风险。以该省某市为例，大部分普通高中的学生如果成绩不够优秀就会习惯性选择文科或者艺术专业，只是为了容易考上大学，而很少真正从国家社会需求和自身实际情况进行专业选择，也很少看到大批文科型和艺术型的学生毕业，一方面很难满足"强起来"的国家的真正需要，另一方面很难找到适合性工作的隐性风险。

教育本身的发展过程是错综复杂的，教育风险的隐匿性可以从三个方面解释：一是教育发展历时中的风险隐匿性存在，人类历史生存发展的现实遭遇包含着风险存在的客观必然性。李泽厚在其人类历史本体论中谈道："肉体与精神受尽了千辛万苦，个体夭亡，群体灭绝者，比比皆是，然而人顽强地活着，这就是个体人生与人类历史"[①]，就是人类的历史活动蕴藉着风险的根基。作为最为古老的行业之一，教育发展不同阶段的某些教育政策的出台表面上看的确解决了某方面的问题，它同时可能隐藏着某些不良后果。如学区房政策，从"就近入学"到"划片入学"以至于"取消学区房"政策，每一个政策的颁布都会引发不同范围的教育风险。

二是教育空间不同蕴含的教育风险，幅员辽阔的中国空间地域上的差别如同教育风险在不同历史上的绵延参差。北京市教育改革面临着博雅教育形式中走班制所带来的改革风险，中西部农村的教育改革则遭遇

---

① 李泽厚：《哲学纲要》，北京大学出版社2011年版，第224页。

着撤点并校所带来的风险——校车安全、乡村文明失落。可以说，教育风险的复杂性、高度不确定性、跨越时空性、关联性是当下中国教育所面临的现实状况，不同时间、空间的风险汇聚意味着当代中国教育改革风险的同时并存、集中显现。

三是教育个体的千差万别构成教育重要风险点，同样的教育政策对不同的学生，因为年龄、阅历、家庭环境的不同会形成不同的风险。如城市学生主要面临的是考试压力等风险，需要加强学业规划，而农村学生尤其是留守儿童则可能面临更多的公共安全和心理问题。风险的多样性和学生的不同特质决定了风险意识教育要有针对性，不能漫无目的。

（四）同伴传递性

教育风险的社会真实发生场景隐藏着风险的多米诺骨牌效应与蝴蝶效应，即教育风险的发生及其后果具有相互传导与时空蔓延性。有一个经典的新闻案例，新闻发生于2009年的帕洛阿尔托小镇，新闻主人公——一名甘恩中学的学生在迎面而来的火车前卧轨自杀。几周之后，这种悲剧案例再度发生。就这样短短6个月里，这所中学有5名学生相继卧轨自杀。美国斯坦福大学心理学家阿尔伯特·班杜拉关于社会学习研究成果表明：人们通过观察他人的行为，并且观察随之而来的回报与结果，就能"自动并无意识地"习得新的行为模式。所以说，一个人会影响一个环境，然后环境再影响每一个人。现代学校教育制度以来班集体集中学习是学校教育的常态，教育环境使得教育风险必然存在着同伴传递性。何况，眼下基础教育阶段学生的各方压力比较大，再加上社会舆论制造焦虑，其中某个人的不良情绪会被"扩大器"放大，并且快速四处传播开来。

教育风险的相互传导、蔓延、扩散、延展波及每个教育个体，冲破了时间维度与空间的秩序，导致了教育风险广泛波及，涉及全体人民的普遍的共同的利益和每个个体的个人利益。教育风险冲击个体生活的方方面面，扩散和延展到家庭、社区、学校与社会，打破了时空的界限。教育风险之间相互传导，加重了风险威胁力。首先，风险之间的相互传导，这意味着不仅是单一的风险，还有次生风险、衍生风险。教育风险是彼此相互交织、彼此渗透、协同发力、集结出击，某一风险的发生往往会引发其他风险，相当于多种风险同时冲击，这就形成复合性风险的次生风险。导致了当前中国教育发展所面临的风险，呈现出类型多样性、主体多元性和关系复杂性等特点。其次，隐形风险的显性化，当教育的某一风险发生时，可能会起着导火索的作用，使一些潜在的隐形风险显性化。这些风险相互交织在一起，形成风险链。可以观察到一些接二连三发生的连锁反应。

　　教育风险的传递性还表现在时空延宕，意味着教育风险潜伏期长、持效性长。教育风险既有风险产生及其后果的当下性表现，更具有风险后果在时间上的滞后性，教育对学生个体的影响不仅是当下的，而有可能是终身的。当下中国的应试教育所带来的风险对学生个体的影响是一辈子的，许多学生进入社会后感到无所适从，这就是应试教育重考试轻学生全方面能力培养所带来的风险。可以说，教育风险关涉每个个体鲜活的生命，风险综合体包围着个体生活的时间与空间，教育成了一场充满风险的旅程。

（五）边界模糊性

　　古代社会由于生产力水平的不足，人们所遭遇的主要是来自自然界自身所带来的风险。现代文明的高速发展，风险的主要来源成了人类活动自身，也即"风险的人造"。教育本质是人的活动，进而教育风险主要表现为人为风险。

　　从宏观人类历史发展历程来说，人为不确定性或者说人为风险源自人类改变历史进程以及自然形态的企图。人类自身的有限理性与非理性行为导致人在教育的活动中给个体带来风险；作为教育的主体在制定教育政策中，各种决策都很有可能带来风险，如当下中国的大学生就业难问题中，有一部分原因就是由大学扩招这一人类决策行为所导致的。教育风险的模糊性是指无法捕捉风险"由谁制造、从何处来与到何处去"。改革风险的模糊性首先体现在风险责任者的模糊性，即无法判断识别风险造就的主体。在过去的农业社会，由于风险比较单一，很容易识别风险制造的主体。然而当下的风险社会中包含复杂的制度、结构与环境，从而"导致风险责任主体模糊和缺位"。教育风险的模糊性其次体现在运行过程中的模糊性，即当下教育过程中无法切身体验到教育风险的存在。由于教育风险是复杂的风险综合体，我们无法感知它的制造者、无法确切地计算风险的危害程度，进而无法清晰地去透视风险发生的机理、风险运行的框架。教育风险的模糊性最后则体现在风险结果的模糊性，我们对于教育风险的个体影响认识是模糊的，无法如往常一样清晰地知道风险所导致的结果。正因为教育风险的边界模糊性，人们在短时期内可能抵制住了某种风险，但新的更大的风险可能就在抵制过程中产生，而且究竟会有什么样的结果也是人们无法预料的。

2017年3月，教育部印发的《关于做好中小学生课后服务工作的指导意见》要求建立家长申请、班级审核、学校统一实施的工作机制，充分发挥中小学校课后服务主渠道作用。作为课后服务的重要内容，义务教育学校托管再次引起关注。从已有研究和新闻报道看，家长要求校内托管的呼声一直很高，"政府补贴 + 免费托管"模式也备受教育行政部门青睐。与之相反，义务教育学校却表现出明显的"不配合"。社会期待与学校表现的强烈反差，藏匿着现行托管制度设计的系列隐忧。由于缺乏对义务教育学校托管法律属性的客观理性认识，相关部门始终未能真正立足于学校出台适切的政策方案。[①]

第二节　教育风险的分类

本章将从新华网、人民网、中国新闻网、新浪网、腾讯网、凤凰网、公共网络舆情分析平台、中央电视台等主流媒体2010年以来教育危机事件报道，收集到已公开的教育危机事件，并结合相关事件网络舆情跟踪搜索，形成教育危机案例420例，分析这些案例类型与特点，来了解我国近年来教育危机事件现状，考察教育领域风险点变化趋势，进行教育领域风险点的分类。

一　教育危机案例分析与教育领域风险点分类

根据前面章节论述的教育风险的内涵与特征分析，我们提出导致教育危机事件的风险判断的一些标准：（1）风险是在特定环境中客观存

---

① 吴会会、胡劲松：《托管何以成为义务教育学校难以承受之重》，《湖南师范大学教育科学学报》2017年第9期。

在的。教育活动是风险发生的载体,如果教育活动的环境发生变化,风险也会随之发生变化;(2)风险可能会导致一定的后果。危机事件指的是在教育过程中由于各种风险因素导致的、引发一定可见不良后果的事件;(3)风险与公众的各种社会活动和行为密切相关,会引发媒体和公众网络重点关注。即本书中考察的风险由三部分组成:一定的环境、危险事件出现的可能性、危险出现导致后果的严重程度和损失大小。

从十年来教育领域风险点出现的媒体报道事件与政策热点问题的内容看,学生安全(包括校车安全、食品安全、学校环境安全等)、校园欺凌、师生暴力(体罚、猥亵、性侵等)、学校教育质量(教师教学水平、学生毕业质量)等占据比例最多(图3-3)。

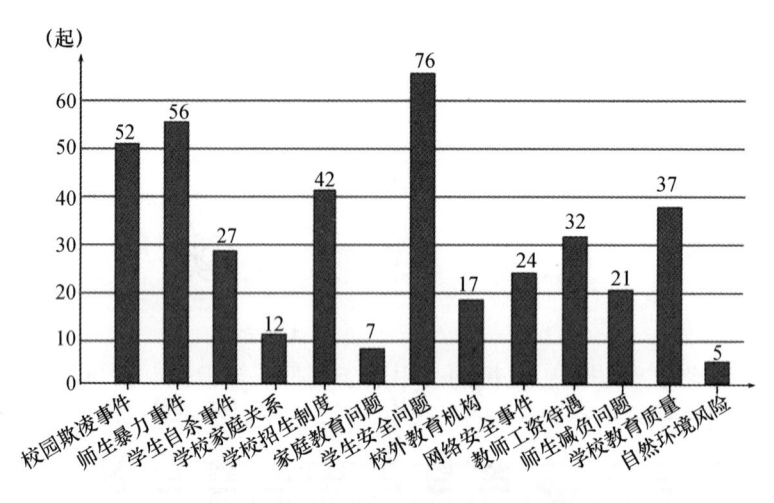

图3-3 教育领域各类风险点与事件总量对比

其次,从十年来教育危机事件出现的媒体报道时间顺序看,多数年份的媒体报道维持在每年30次左右,媒体关注热度总体保持稳定。同时,部分年份受极端事件影响,媒体会集中关注教育领域重点、难点与热点问题,如2010年招生相关的腐败问题、2013年学生校外人身与财产安全问题、2014小学校车事件、2015年校园安全问题、2020年网络教育问题频频报道,教育领域风险点形成危机事件比率突增(图3-4)。可见教育风险导致教育危机的比例有其随机性,每年热点具有一定程度的不确定性。

第三章　教育风险特征与分类　99

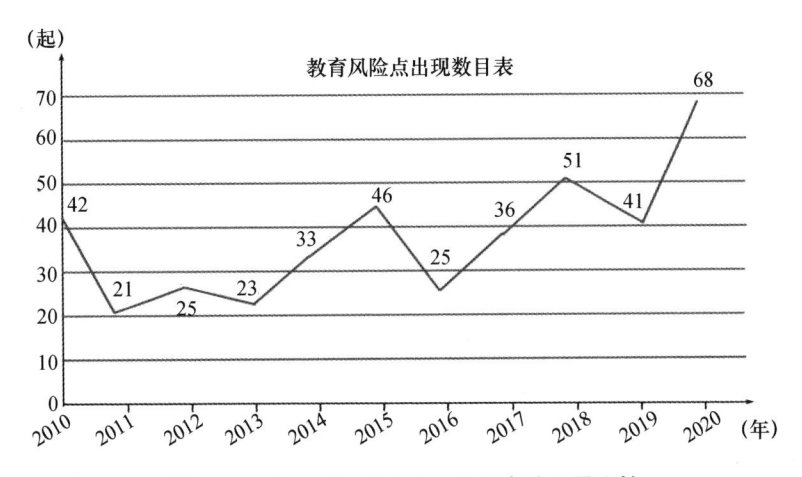

图 3-4　教育领域各类风险点与事件总量比较

从教育领域风险点的聚焦度看，尽管个别年份有一定变化，学生人身财产安全是多年来媒体报道的热点，或者说是教育风险转化为教育危机最多的方面（图 3-5）。

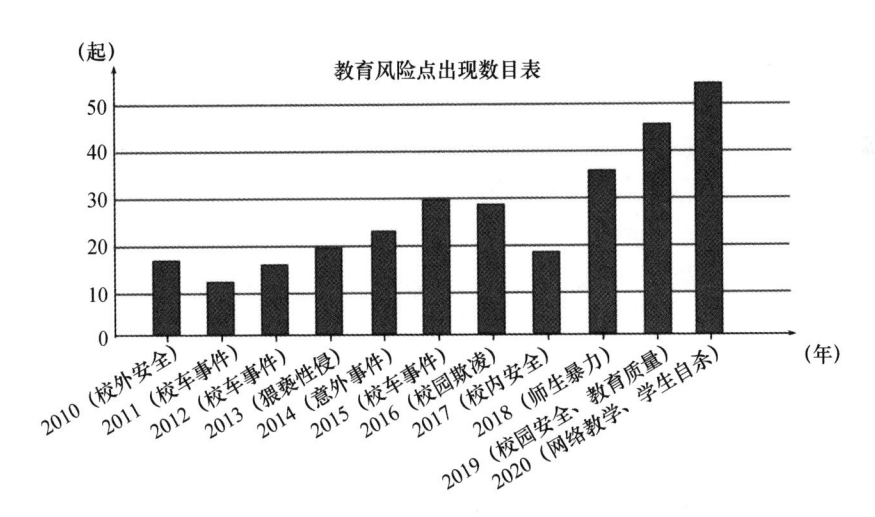

图 3-5　教育领域各类风险点年度热点对比

根据以上十年以来我国教育风险点及其引发社会关注，结合具体420 余起教育安事件案例，可以发现教育风险引发的危机事件体现出以下特征：（1）教育危机事件中有一大部分是公共安全问题，且更多发生在学校场域以外；（2）教育危机事件中的师生死亡率呈现走高趋势，但由自然灾害导致的危机比例较低，显示教育风险更多地与教育主体的行为具有相关性；（3）尤其体现在校车使用和校园欺凌事件比较严重，猥亵与性侵事件中的多数涉及教职员工，校园欺凌和暴力事件的行为人呈现低龄化趋势；（4）招生等教育政策引起的危机事件较高，说明教育风险总是伴随着一些教育重点、难点与热点问题，比如教师威信下降、考试政策变化、招生学区调整、校外教育机构、家庭教育、师生负担过重等老大难问题；（5）人民群众对高质量教育的诉求越来越高，与教育优质资源之间的矛盾日益突出，表现为教育质量危机案例总量显著增长，且成为高关注度的事件，风险数量及关注度都呈上升趋势；（6）疫情新常态下网络教学与学生心理问题更加突出，自杀事件高发。

同样，从以上教育危机案例统计，可见教育领域风险点不仅数量迅猛增长，类型更加多样化。细研各种风险的诱因更加复杂，导致教育面临的风险种类之多亦是前所未有。对各种风险进行合理分类研究，可以为风险的识别和预判提供不同的研究思路和研究维度。根据不同的标准，我们可以对教育领域风险点进行不同方式的分类：根据风险承担的主体，可将教育风险点分为国家社会层面、学校组织机构层面及家庭个人层面等；① 按照存在时间可以分为暂时性与长期性教育风险，有些容易预见却长期潜伏，有些短期剧烈爆发却难以预见；有些是渐进式的，有些是突变的。以波及的区域可分为全域性的教育风险与局部性的教育风险；按照诱发教育风险的主体可分为自然的与人为的，自然的往往不可控因素居多，人为的基本上既可预测又可防范，本书中重点关注人为的教育风险。人为可防风险中又具体分为外祸殃及型、管理失误型、失德失范型、资源缺失型、资源配置严重失衡型、教育合理的上升通道失效型、教育理念冲突型、意识形态对抗型等多种类型。我们也可以就来源把教育风险区分为三大类，一是源自教育系统内行为主体导致的"原发型"风险；二是其他自然因素、社会因素密切相关的"关联型"教育风险；三是由教育系统外因素引发的"诱发型"风险。这三类风险

---

① 倪娟等：《我国教育风险研究现状与展望》，《教育研究与实验》2018 年第 4 期。

之间呈现多类型多维度风险交织、叠加的趋势。风险严重性与可能性是日常话语与学术话语中风险概念的核心要素，是否属于重大风险主要取决于风险后果的严重程度，风险高低概率主要由危机发生可能性决定。根据教育风险引起后果的严重性程度可以分为重大风险与一般风险。按照可能性程度，分为"灰犀牛"大概率教育风险与"黑天鹅"小概率教育风险。有些教育风险形成危机的可能性大，但后果不严重；有些可能性小，但后果很严重。有些后果虽然很严重，但管理到位完全可以防患于未然；有些可防范，有些不可防范；既有经常发生危机却没有得到充分重视的大概率教育风险；也有一旦发生后果严重、影响巨大的小概率教育风险存在。

以总体国家安全观为指引，根据风险引发的安全后果可以将教育风险分为危及国家安全、影响社会稳定、威胁公共安全以及三者兼而有之型四大类教育风险，其中公共安全风险又可分为自然灾害风险、事故灾害风险、公共卫生风险、校园治安风险等不同细类。教育领域风险点按照可能引发的危害类型可以划分为三类。（1）危及国家安全。涉及国家主权，指向政治方向的正确性，涉及社会主义核心价值观的认同，聚焦于为谁培养人、培养什么样的人与谁来培养人等核心问题。表现为培养目标方向错误或内涵发生偏差，与宗教信仰、多元文化、价值观、意识形态、思想政治密切相关。这类教育风险与危机之间边界较为模糊。有些长期潜伏、渐进式发展，也容易预见，但不受重视；有些难以预见但可能短期突变、急剧爆发、后果严重。短则会导致政治危机，长则影响国家长治久安。（2）影响社会稳定。涉及社会秩序，主要指资源配置不均造成的风险，与教育政策高度相关。比如中高考方案变革、学区划分调整、招生入学等政策引起的。因涉及整个阶层，易导致大规模集中上访行为，借助网络媒体催化，这类群体性事件一触即发。与社会问题耦合性强，且有突发性、频发性、弥散性、局域性、强关联性等特征。（3）威胁公共安全。涉及社会保障，一般指治安、消防和交通（游学和社会实践过程中导致的）不安全的可能性，也包含公共卫生与公管管理的安全问题，如校园食品安全等，容易引发伤亡事件。其中，消防和交通易引起群死群亡，造成重大教育公共安全事故、校闹事件。还包括其他的个体突发事件，如学校中的霸凌、婚恋事件、学生心理问题，等等。综上，教育领域重要风险点分布矩阵如图 3-6 所示。

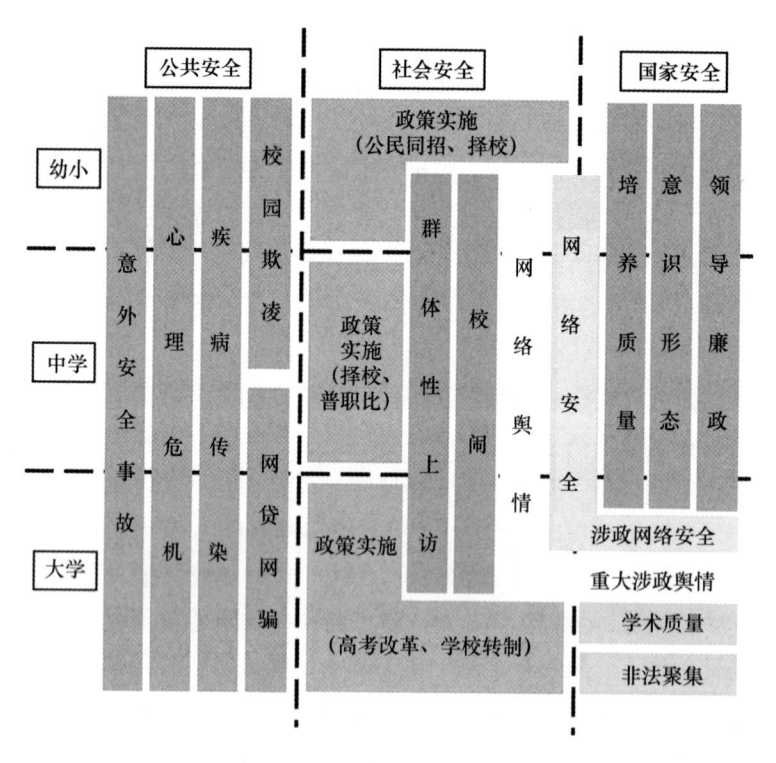

图 3-6　教育领域重要风险点分布矩阵

风险与发展相伴，学校教育风险与社会风险相伴，发展与变革过程中产生的、所积累的问题和矛盾都可能是风险的诱发因素，并随时可能遇到突破点而爆发。治理风险要构建一个"风险识别—应急管理—危机治理"的全过程治理体系。教育风险类型繁多，本书在总体国家安全观下，假设国家教育安全作为研究教育风险防范的根本目标，也由此来系统建构、整体设计研究的理论框架。然而，在任何社会，安全都是重要的价值，但都不是唯一的价值。因此也带来一个问题，教育改革发展与教育安全之间是什么关系呢？

鲍德温（David Baldwin）总结了安全价值的三种模式：一是将安全作为优先价值（the prime value approach），潜在的假设"安全是享受其他一切价值，如自由、繁荣的前提条件"。这是一种绝对的安全观（absolute security），在现实中很难持续存在也不可能实现。因为按照马斯洛的需求层次理论，生存是比安全更为基础的需求，一旦安全的需求被满足，又会产生更高层次的需求。因此，绝对的安全即便存也不可能持续。达尔（Robert Dahl）和林德布鲁姆（Charles Lindblom）也认为，即便存在绝对的安全，人们也不一定真的想寻求绝对的安全，而是试图留下一些挑战和风险。二是将安全作为核心价值（the core value approach），也可以同时有其他核心价值。这种模式的难点在于很难清晰地区分什么是核心价值，什么是非核心价值。三是将安全作为一种边际价值（the marginal value approach），潜在的假设是边际效用递减也适用安全价值。在这一模式中，安全只是同时竞争资源的众多政策目标之一，在本质上也是一个资源分配问题，将安全价值置于何种位置并无一定之规，而是需要视情境而定。这不仅取决于需要多少安全，也要取决于已有多少安全。这和马斯洛需求层次理论在逻辑上也是一致的，当安全匮乏时，安全的边际收益就高，安全的需求就很迫切；当安全充裕时，安全的边际收益下降，对安全的需求也会降低。

当前，国家把教育放在国之大计、党之大计的优先地位，国家社会发展都寄望于教育发展。而党的十九届五中全会明确要求，统筹发展与安全，将安全发展贯穿国家发展各领域和全过程。安全已成为我国社会发展情境下的优先价值。教育风险研究自然是以国家教育安全为目标。当然，从应急管理一般规律来说，做好安全防范与应急管理本身是连续的系统。风险防范的目的是应急管理效率的提高，不能脱离风险发生的必然性，也要谨防对事件防范过度。我们研究假设，有些教育改革中的风险是必须鼓励面对的，在风险中把握改革的机遇，化危为机，有改革就有风险，改革、发展与安全稳定密不可分：改革是动力，发展是目标，安全是前提。教育改革是教育发展的主要动力。只有坚定不移地推进改革，才能为教育发展提供强大动力。教育发展是解决一切教育问题的关键。只有坚定不移地促进发展，才能不断增强教育的综合竞争力，更好地解决前进中的矛盾和问题。安全是教育改革发展的前提和保障。只有安全保障，才能为改革发展创造有利条件。改革、发展、安全是内在统一的有机整体。要妥善处理改革、发展与安全的关系，促进改革发展与安全相互协调、相互促进，实现、维护、发展好广大人民受教育的根本利益。

二 系统内部的"原发型"教育风险要素分析

此处主要从教育过程要素出发对源自教育系统内行为主体导致的"原发型"风险要素进行进一步分类阐释。源自教育系统内行为主体制造的"原发型"风险主要有教育目的、教育内容、教育评价等方面，伴随着每一次教育改革及教育新政所带来的教育资源分配不均等问题。即便依据此教育内部要素作用的范围，我们还可将教育原发型风险分为宏观教育风险与微观教育风险。宏观教育风险是指国家或政府在制定教育目的、教育内容和进行教育改革等时存在的风险。这种风险起作用的范围广，具有举足轻重的影响。微观教育风险主要指学校在具体教育教学活动中存在的教育风险。这种教育风险的作用范围一般限于一个学校或班级或者教育相关个体。下面以教育内部要素对教育风险分析阐述。

（一）教育政策风险

在大转型、大变局的当下，一些地方政府还是锐意改革，敢于担当的，不忘为人民服务的初心，牢记满足人民群众对高质量教育需求的使命，做出了一系列的教育决策，其中绝大多数决策是科学的，经受住了考验，但也有一些决策应验了测不准理论，出现了偏差甚至事与愿违，产生了教育风险。如J省某地2019年对农村教师职称的偏斜，意图推动城乡教育均衡，实现农村教育振兴目标，很多农村教师迎来了职称评审的良机，而城市的教师仍在严格执行退二进一的政策，使得城市中学教师职称"肠梗阻"现象不但没有缓解，反而愈演愈烈，积极性严重受损。更为严重的是，因为2019年对农村教师职称指标投放过多，导致2020年教师职称指标偏紧，只能缩减指标，省相关部门对该市的职称申请批复也不得不有所推迟，这样一来，就容易导致城市教师、农村教师、相关部门都不满意的情况，再加上2020年当地某县某乡村中学爆发出来的职称过程中的弄虚作假事件，就使得政府的公信力受人质疑。同样，当地市政府为了推进教育公平，满足人民群众对高质量教育的需求，一方面成立了很多教育集团，利用优质校和薄弱校联手发展，有效改变了学校与学校之间差距过大的情况，促进了教育均衡，事实证明，这方面的尝试得到了很大的良性效应；但另一方面，由于优质校师资分散到薄弱校、薄弱校师资交流到优质校、优质校因师资不足甚至不得不招聘代课教师，引发了部分家长对学校的不满，从而发生到学校拉横幅的情况。

而在2020年夏天，该市教育主管部门被推到了风口浪尖：网络上连篇累牍的是对市教育主管部门的质疑、批评，而其导火索则是该市教育主管部门在实施"公民同招"政策时擅自钻空子实施走偏。2018年以来，该市陆续引进了南京师范大学、北京师范大学、华东师范大学和枫叶国际公有民办办学模式，这本来是推进教育均衡、促进教育高质量发展的有力举措，最后却因为当地某国际学校的大规模降分招生引发了家长大规模上访、网络舆情非常严峻的教育危机事件，不但腾讯网等著名网媒爆料"某国际学校涉嫌诈骗招生，数百学生无学可上，家长学生投诉无门"，就连人民网都发表了"'公有民营'学校的运行逻辑是什么"的评论，其中"政府的有形大手给尽市场无形之手，把优质资源全入'民营'的地盘，全盘通吃，优势尽占"，矛头直指地方教育主管部门。

（二）教育目标风险

教育目标是教学中生学生预期达到的学习结果和标准。教育目标风险是指由于教育目的定位不合理、不恰当所致风险。从历史的角度看，我国曾先后用"君子""德、智、体""德、智、体、美、劳""德智体美"来描述国家对教育的意志。其中，每一个关于教育的目的的规定（第一个除外），均是对其前身的否定。这种否定一般是部分地否定。历史的经验教训告诉我们，这种否定总体上是进步的，但也并不意味着每次否定都是进步的，这说明了每种关于教育目的的规定都有其历史的局限性。当然，这种局限性有大小之分。如何传承发展我国优秀传统教育思想、辨识抛弃糟粕教育思想，本身就是一个重要的教育风险点。

具有典型性的如近年部分高校和社会教育机构多次举行的"女德班"，引发舆论痛批"思想糟粕"。中国传统文化博大精深毋庸置疑，然而一系列负面事件导致国学逐渐被"污名化"。劣币驱逐良币之下，真正的传统文化传播也将受到巨大的负面影响。国学不是流于学习行礼、跪拜等行为规范，如何为传统文化正名，如何抛弃那些让广大女性同胞在付出了诸多努力甚至牺牲才拥有今天的平等地位的"解放前糟粕"？在此事热度冷却后，仍值得深思。

当前，我国的教育目的是培养德智体美等全面发展的社会主义事业建设者和接班人。这一规定自然是对以往关于教育目的之规定的继承与发展，总体上是比较科学、合理的。但正如历史上其他类似规定一样，该规定也并不完美。如其未明确列出的对学生心力及行为素质方面的要求，这不利于对学生而言至关重要的心力及行为素质的良好发展，更难取得好的教育效果。当前，在我国学生中普遍存在的心力发展水平不佳、动手能力较差、行为习惯不良等问题与我国关于教育目的的规定存在的不足密切相关。各级教育行政部门纷纷出台的劳动教育、综合社会实践课程政策文本，体现了对当下教育质量长期风险的防控理念。

（三）教育内容风险

教育内容是学校传授给学生的知识、技能、技巧、思想、观点、信念、言语、行为、习惯的综合。一般认为，课程就是有计划的系统的教育内容，是一系列教育科目和教育活动的集合，教育内容风险是指在选择课程编排以及内容选择中存在的风险。在浩如烟海且急剧膨胀的人类知识宝库中选取能使学生获得最佳发展的教育内容，这件工作的难度是可想而知的。而教育内容之于教育的极端重要性又使我们不得不尽力去做出最佳选择。前些年关于在语文教育内容中，引入金庸的武侠小说及取消某些传统课文（如《狼牙山五壮士》）的教改尝试就曾备受全国上下关注。其原因是，语文教学内容直接关系到学生的语文素养及思想情感的培养。在数学教学中，教师最关心的不是学生对数学的"讨厌"或"害怕"，而是在"数学滚出高考"争论和中学数学课程改革频繁之后，学生现在认为"数学很难学会"。一方面，教师面临着高考的压力，另一方面，他们又在应对种种"不切实际"的课程改革。"数学怎么教，教到什么程度"的问题一直困扰着中小学教师。用他们的话说，中学数学教育正陷入"重技能轻基础"和"教师难教学生怕学"的两难境地。[①]

[①] 黄仪婷、邱晨辉：《中学教师向杨乐院士疾呼"救救数学"》，《中国青年报》2014年8月26日。

这既与学生的心理发育有关，更与数学学科教育本质（尤其是逻辑推理思维能力的教学）有关。这些"掉队"的学生在中学阶段尝到了学业失败的滋味，这种失败对他们人生的负面影响是巨大的。如他们对自己的信心骤减，他们开始觉得学习是件苦差事，他们的"掉队"现象同时在别的课程蔓延，数学教学给不少学生所造成的影响深远的损害是教育内容风险最典型的表现之一。我们应该全面深入地、实事求是地评估类似的教学内容风险，并采取切实有效措施加以及时应对。

长期以来我国课程面向"过去"，面向既有，面向"传统"，这种传承性的教育当然是必要的，但这种教育很容易产生教育脱离于时代与未来的风险。教育更应该面向"现在"和"未来"。有一篇文章叫《全世界先进的教育都换了跑道，我们还在旧的赛道上奔跑》的文章最近很火，它虽然偏激，但不无道理：我们的课程和教育不只是让家长有输在起跑线上的担忧焦虑，更有让孩子输在全程上的忧心如焚。比如2019年6月《中共中央国务院关于深化教育教学改革全面提高义务教育质量的意见》，明确指出"要加强科学教育"，但在新高考方案中仍然以语数外作为必考科目，科学教育只是作为选考科目。位于江苏省苏北地区的某市经济发展水平处于江苏省中等略高水平，政府和百姓对教育都比较重视高考，但相对江苏省其他地区尤其是苏南经济发达地区其教育观念则偏于保守，尽管已不允许学校发高考捷报，不允许公布学生或学校排名，实质上仍很关注高考的指标排名和能否考上更高更好的学校。在这种背景下，选择文科类和艺术类的考生比例明显高于全省，学生选物理、化学、生物人数降幅明显，对于正在发展和崛起的国家的强国战略的落实，无形中形成了巨大的挑战，也带来了大学生"毕业即失业"的焦虑。国家已经明确指出要形成学生四大关键能力：求知能力、合作能力、创新能力、职业能力，并把能否落实关键能力培养作为一堂好课的重要标准，但实际生活中教师还是按照学科来组织教学，学生的跨学科能力很难形成。

（四）教育方式风险

比如行为或言语暴力导致的风险。某市在2013年以后在全市实施了"让学引思"等教育改革，也取得了显著成绩，一定程度上优化了教育生态，其成果获得了国家教育成果二等奖，但教育仍然存在着滞后性和顽固性。前几年在一个高三课堂上，一个学生因为在课堂上玩手机，被值班老师发现，老师怒不可遏，尽管学生说不再玩了，老师还是把手机用力摔在地上，而那个玩手机的学生则毫不犹豫地冲出教室，在众人的目瞪口呆中从 5 楼跳了下去，结束了年轻的生命，而我们对经济发达省份的某市基础教育 20 所学校 500 名学生的调查表明，近一半以上的老师仍存在着某种程度的言语暴力和行为暴力。

吴康宁先生认为："我们的儿童正普遍处于一种'受逼'学习的状态：在学校，他们'受逼'学习各种知识与行为；在校外，他们'受逼'学习各种技能与习惯……'受逼'也就几乎成了儿童的一种普遍的生存状态，或者说成了儿童生存状态的一种普遍特征"，进而他进一步痛心疾首地指出："'受逼'学习越多，儿童的成长与发展所受阻碍与伤害也就越大。事实上，近年来儿童厌学情绪的日渐普遍与严重、心理障碍与人格问题的日益增多与凸显、校内暴力行为乃至自杀与杀害父母等惨剧的频发，可以说都是儿童终日处于'受逼'学习状态的恶果。"[1]

如果我们走进中小学教育教学现场，我们不能不说我们的中小学教育教学方式存在以下的风险：一是脱离生活，由于现在网络教学资源比较发达，课堂教学大多是传承型教学，而很少和鲜活的生活关联；二是教化或刻意感动的成分明显。在学生的不同阶段应该运用和他（她）年龄和心理匹配的教学内容和方式，是教育教学常识，但不少教师还是喜欢采用刻意感动或变相教化的方式，这种意图明显的方式很难收到实在的教育教学效果，也形成了学生"受逼"学习的被动状态，自然很难内化于心，外化于行。三是形成了教师机械忙碌、学生伪装勤奋的状态。教师非正常教育教学事务越来越多，真正用心钻研教育教学的时间越来越少，忙而不实、忙而低效；学生看起来从早到晚都在不停地参与学习，但往往是"假装合作""假装思考""假装学会"，实际上却没有进入真正的学习状态，只是"假装学习"，其后果是非常严重的。

---

[1] 吴康宁：《谁是"迫害者"——儿童"受逼"学习的成因追询》，《教育研究与实验》2002 年第 4 卷经 4 期，第 1—5 页。

（五）教育师资风险

笔者在2019年曾经组织一项关于"谁在当中小学教师"的调研，结论表明将中小学教师污名化是绝对错误的，但不能忽视一个事实：教师失魅已成为必须正视的问题。于2018年对某省全省进行了教师威信如何提高的大调研，也同样发现教师失魅带来的教育风险已经迫切需要引起国家和社会的高度重视，我国"十四五"发展规划中"让有信仰的人讲信仰"，"让优秀的人培养更优秀的人"，"让好教师不断涌现"，"让尊师重教蔚然成风"就是国家层面的回应。

光明日报记者在2016年历时两个月进行了中小学教师职业情况调查，得出的结论是"老师，光环下的'一地鸡毛'"，其核心的调查问题是"教师职业的吸引力还在吗"，答案是不容乐观的。北京师范大学教育学部教授、教育研究所所长李琼认为："目前我国教师教育院校参差不齐，特别是一些高职高专，报考师范专业的生源质量偏低，这些托底性生源缺少学习动机，将来他们很可能要到基层，尤其是到农村任教，他们的自身素养，直接关系到数以千万计农村孩子的未来。"李琼认为："教师的托底性生源质量差、高学历教师占比小，是目前我国教师结构的两个明显短板。"面对高质量教师急缺的现象，她建议，"在提升师范类院校、专业培养质量的同时，要逐步提高教师准入门槛，减少低学历教师数量，从培养源头和准入门槛上下功夫"。[①]

（六）教育改革风险

近年来，我国新一轮课改已成为全社会关注与争议的焦点问题，这就体现了人们对教改风险的忧虑。众所周知，我国现行课程教学诸多诟病，不改革肯定是不行的。教育改革的问题还必须靠改革来解决，不能因为改革具有风险而回避改革。但问题是，我们应如何改革？历史经验告诉我们，课程教学改革失败的例子不少，教改风险巨大。面对难以估量的教改风险，我们的课程教学改革者们是否有了足够的风险研判呢？对于教育改革风险，我们是否进行了连续地、系统地、全面地识别？我们的分析、衡量、评价是否客观、准确？我们的应对策略是否行之有效？

[①] 陈鹏、张红涛：《教师职业的吸引力还在吗》，《光明日报》2016—11—09（005）。

纵览世界，有很多国家的中小学课程改革，一战告捷者寡，而屡战屡败者众。自 1949 年以来，特别是 1978 年改革开放以来，我国的基础教育课程经历了并正在经历着一系列改革，国家教育主管部门的教育方针和政策反映了国家价值观念的总体变化趋向，是对人才培养目标的制定影响着教育目标的设置，从而影响教育教学各个环节。

中华人民共和国成立初期教育带有深刻的"阶级烙印"——新中国百废待兴，巩固新生政权、完成社会主义改造成为当务之急。该阶段的课程改革虽建立了全国统一的课程体系，却严重受限于国家政治指令，停留在政策解读的层面，课程价值观念和课程实践形态之间缺乏良性互动，政治化、阶级性倾向严重，以工农业生产为标准的单一评价方式，忽视学生的内在生命价值和真正学习需求。

1958 年到 1985 年，先是受"大跃进"影响，扩大规模、缩短学制、精简课程成为当时课程改革的主题。十年"文革"，教育异化为阶级斗争工具，遭受致命打击，致使调整以来取得的成果荡然无存。改革开放后，课程体系得以恢复和调整，知识传播效率和人才培养能力明显增强，初步满足了国民经济发展对人才的需求。然而，过分追求效率的课程改革模式过于强调课程的工具价值，缺乏对课程社会价值及学生人文素质的关注，指向于"育才"而非"育人"。

20 世纪 80 年代中后期，国民经济稳步发展，维护社会和谐、促进社会稳定成为新时期的教育诉求。基础教育课程改革以实现社会和谐发展的"公利性"价值取向为主线向纵深方向推进。1986 年开始的第七次基础教育课程改革，"双基"依然是其基本任务，但最终目标已转向为国民素质的提高和社会的和谐稳定。体现出兼顾个体和社会发展的"公利"价值取向。

21 世纪以来，受信息技术推动和全球化影响，人们的知识观、人性观和发展观发生重大转变，形成以个体为中心的多元文化环境。21 世纪以来的课程改革在兼顾社会变革的同时，呈现出以个人为本位的课程价值取向。将学生全面、充分、可持续发展置于改革的核心位置，对课程目标、课程结构与内容、课程组织与实施、课程评价等做出重大调整，彰显新一轮课程改革对个体生命价值的重视，为未来创新型人才的培养打下坚实基础。

我国基础教育课程几乎每年都有或大或小的改革和调整。这种课程政策缺乏稳定性的持续推进机制，使改革成为常态，从而减少课程实施领域的惰性，增加了相关人员对课程改革的适应性。但若变革的频次和程度把握不够恰当，必然会对教育教学产生消极的影响，是形成教育风险的一个重要风险点。社会对本轮新课改所表现出的强烈的、广泛的忧虑，正反映了社会对教改的保守心态——毕竟教育乃百年大计，教育风险对学生的损害是难以愈合的，更反映了本轮新课改工作者对教改风险评估的不充分。

迈克尔·富兰（M. Fullan）认为，教育改革必定"充满着似是而非和相矛盾的现象，以及通常注意不到的同时出现的因素"。[①] 这些不易被察觉的因素潜伏于教育改革中，处于风险社会中的新高考改革，一方面在实践中不断修正改革路径，另一方面仍隐含着多种改革风险。

高考改革是我国教育改革的重中之重。我国高考改革出现了诸如国家统包、双轨制、高校扩招、"3+X"改革、"3+文综/理综"等改革模式。我国的考试招生制度改革在成就与质疑中不断改进完善，国务院于2014年9月颁布的《国务院关于深化招生制度改革的实施意见》指出，要"形成分类考试、综合评价、多元录取的考试招生模式，健全促进公平、科学选才、监督有力的体制机制，构建衔接沟通各级各类教育、认可多种学习成果的终身学习'立交桥'"。

教育强省J省自2008年以来历经多次变革：（1）1994年至1999年，高考方式为理科生3+2，即文科生政治历史，理科生物理化学；（2）2000—2001年"3+小综合"模式，学生的高考科目实际上需要考6门，这里又分为文科和理科。文科生需要考地理，理科生需要考生物；（3）2002年，除了语文、数学等3门单科外，考生还要参加物理、化学、生物、政治、历史、地理6门综合试卷的考试；（4）2003—2007年，高考模式变为"3+1+1"：这种模式学生在参加语文、数学、英语三门学习科目考试的前提下，其他两门考试科目，在政治、历史、地理、物理、化学、生物6个学科之中自由选择，其中第一个"1"指的

---

① [加]迈克·富兰：《变革的力量——透视教育改革》，中央教育科学研究所、加拿大多伦多国际学院译，教育科学出版社2000年版，第12页。

是报考规定的考试科目之一（物理、历史中的1门），另一个学生可以根据自己的兴趣和特长任选；（5）2008年"3＋学业水平测试＋综合素质评估"，语文、数学、外语总分480分。要求学生在高二参加学业水平测试的必修科目测试，高三参加选修科目测试。必须考试，必修和选修考试的成绩等级是否达到特定的学校等级要求，会影响学生报考普通高校资格和是否能够升入本科学习；（6）在2021年的最新计划中，高考总分为750分，科目设置为"3＋1＋2"。2门再选科目采用"等级赋分"的出发点，是希望平衡各门科目试卷难度不同带来的总分差。然而，由于化学学科相对于生物或地理学科在自主选择科目上的特殊性——学习内容多，学习难度大，学生在选择化学时普遍比较谨慎。"避化学"的思想很普遍——选择化学的人一般都是优秀的学习者，在新的高考制度下，选择化学的人会因为与优秀学生竞争而吃亏。化学学科在科技进步和促进人类生活文明进程中起着至关重要的作用，但大数据却表明高中生选择化学的学生比例远不能与其他学科相比，究其原因，是为了避免优秀学生之间的竞争，而不是高考改革"让学生发挥能力优势、选择有兴趣的学习内容"的初衷，并未实现有利于学生综合素质的发展。

每年的高考事关几十万名考生切身利益，进而影响了到几十万个家庭。出台这样一项重大政策，必须有全局眼光，维护稳定。过度改革必然导致教育风险不断出现。教育承担着育人使命，肩负国家民族复兴大业，教育风险具有全局性与先导性，发展到一定程度会蔓延到全社会，导致社会危机。认清导致教育风险的诱发因素并加以解决，将是一个长期渐进的过程，所以有必要对教育风险的不确定因素及其后果具有清醒的认识，有针对性地采取措施预防与控制。

第四章

教育风险生成与演化

教育风险的生成包括原发型教育风险、诱发型教育风险和关联型教育风险，其中原发型教育风险主要是教育系统内，由于行为主体操作不当所引发的风险；诱发型教育风险主要是由系统外部因素导致的，外在的社会因素逐渐成为教育风险的重要诱发因素；关联型教育风险是各种自然因素及社会因素对教育产生的突发性关联影响。教育风险的演化则主要基于生命周期理论和能量释放理论，使教育风险出现生命周期和能量传递的特征，依次经过教育风险的潜伏、萌芽、爆发、扩散、波动、缓解到平复阶段。

第一节 教育风险的生成

风险的产生源于事物内部与外部的各种因素的此消彼长的冲突。中国改革开放40年波澜壮阔、成就卓著，社会得到快速发展，也带来了更多的风险隐患。优质资源的不充分及其配置的不均衡决定着教育风险存在的必然性、客观性。不同类型学校不同程度地存在着各种教育风险点。教育不是孤岛，社会的快速转型、市场经济的负面效应、体制机制的不完善、经济发展不平衡、政治改革滞后、社会价值冲突、生存环境恶化、社会结构老龄化、收入差距拉大、中产阶层分化、城市化、城乡一体化等都对教育形成巨大挑战，相关利益格局纷繁复杂，都是教育的外部风险源。教育风险成因，内嵌于社会结构、功能、制度、文化的相关性中。教育系统与社会发展之间的不协调，是世界范围内各种教育危机形式的实质。无论教育自身有多么努力，无论教育体制是否稳定，教育风险的本质是由变化、适应和差异造成的。

一 原发型教育风险的生成

原发型教育风险是源自教育系统内行为主体制造的风险，一般是指教育领域内的决策不当、管理不力、统筹规划不全面，乃至改革措施没有兼顾各方利益所造成的突发事件或危机源。张海波等认为"原发型"危机，多涉及行政部门的执政理念、行政方式和权力结构，在这些方面没有得到有效改善之前，这类危机只会有增无减[①]。当相关组织群体的诉求或者引起较大的社会反响，却没有得到及时的事件回应时，原发型的教育风险通常会进一步扩散爆发，危及正常的教育活动秩序。

教育本身就充满了风险。格特·比斯塔（GertBiesta）在《美丽的教育风险》中对"强势教育"和"弱势教育"进行系统对比，由此对不同教育管理评价方式导致的结果加以剖析。他认为由标准化测试和测量趋势所导致的教育质量风险，这样的评价管理方式充满不安全、不可预测、充满风险和不确定性。从这个意义上说，弱势的教育可能是"使教育成为理想中的状态"。比斯塔认为不可预测性的特质对于发展学生创造力、沟通能力、教学能力、学习能力和超越学习能力的技巧至关重要。因此他坚信"弱势教育"是一种偶发的但是可以超越制度化的、标准测试的力量，对教育的"美丽风险"形成更符合伦理的评价。比斯塔提出，当前在许多种话语和实践中都发现对于学习的一个重要观点：学习是自然而不可避免的人类过程。因为它是自然发生的，所以它超越了意识形态、政治和特殊利益[②]。学习不仅是对问题的描述，而且是一种评估性判断。当这样看时，学习可以被揭示为一种特殊的逻辑："学习化"的逻辑与人力资本的经济发展，新自由主义的自我规定性有着特定的历史联系，从对教育的自主兴趣转向对社会融合和社会效率的重视。这里所关注的不是学习的意识形态批判，而是学习的重新分配，它是我们对学习型社会未曾预料和无法预见到的。而是一

[①] 张海波、童星：《公共危机治理与问责制》，《政治学研究》2010年第2期。

[②] Lewis, Tyson E, "The Beautiful Risk of Education", *Educational Theory*, Vol. 64, No. 3, 2014, pp. 303–309.

种已经总是可能但不确定且毫无根据的事情。从这个意义上讲，教育成为不安全、不稳定和困难事件发生的场所。被福柯"教导"并不意味着我们要学习做什么或如何做，而是提醒我们正面临着没有保证的新的可能性。

当前教育发展的外部环境愈加复杂，社会对教育多元化的发展诉求强烈，公平基础上的质量发展压力加大，引发教育危机的事件广泛存在。陈宝生在深化教育督导改革暨第十届国家督学聘任工作会上指出，"今天教育发展面临的环境变化，比历史上任何一个时期都要复杂，线上线下教育的竞争中，多种舆论场的交汇下，老百姓要上学、上好学的愿望更加强烈，社会对教育的期许也大幅提升"。[1] 基于我国当前教育形势和发展阶段的判断，我国的教育发展着力点应体现为四个方面，第一是设法提高教育质量，包括人才质量、成果质量、教学质量、管理质量等有关教育质量的问题；第二是促进教育公平，当前的教育发展仍存在水平比较低、发展不平衡、政策还没有完全落实到位等问题，必须将与公平相关的教育政策落实到位；第三是改善教育环境，为教育发展提供相应的舆论、政策、技术、资金等支持条件；第四是优化教育发展结构，抓好教育的改革调整，优化管理结构和发展结构，要注意不同教育技术层面、体制机制层面的结构关系，围绕提高质量和促进公平来改进管理。

在社会转型时期，教育领域综合改革所面临的决策风险防范不可忽视，且面临着较多问题。第一是教育风险应对注重应急而非事先预防的思维依然占据主导地位。教育风险治理出现结构性失衡，教育领域内的重大决策风险治理仍然以应急处理为主，缺乏长期的预防方案处理规划[2]。参照《教育系统突发公共事件应急预案》[3] 等规定，各省市颁布了适应本地情况的应急预案，如湖北省教育厅关于印发《湖北省教育系

---

[1] 陈宝生：《让老百姓在教育改革发展中有更多获得感》，http：//www.edu.cn/edu/jiao_yu_bu/jiang/201611/t20161103_1464540.shtml。

[2] 倪娟：《从"遇见"到"预见"：教育重大决策风险的"中国之治"》，《教育研究与实验》2020 年第 5 期。

[3] 教育部制订《教育系统突发公共事件应急预案》，http：//www.moe.gov.cn/s78/A12/szs_lef/moe_1422/201209/t20120918_142438.html。

统突发公共事件应急预案》①《河北省教育系统突发公共事件应急预案》② 等预案，可见教育风险预防机制的建立仍有待加强。第二是从教育应急预案的处理和编制过程来看，仍然缺乏科学的整体关注，防范信息不充分，数据平台缺乏有效整合，教育风险防范的动态性管理欠缺等，制约着教育风险防范的绩效。第三是对于教育风险的研判机制，存在分析不够全面的问题。首先是风险源识别的模糊状态，由于信息掌控、统筹协调等能力的限制，难以准确识别风险出现的根本诱因和相关因素；其次在教育风险的评估方面，存在评估主体单一、评估标准不完善、评估方法的科学性欠缺、评估公开及监管不足等问题。党的十九大报告提出要健全依法决策机制，构建决策科学、执行坚决、监督有力的权力运行机制。必须以教育政策评估助推教育决策的科学化、将教育政策评估贯穿全过程、构建系统的教育政策评估机制，进而提高教育政策评估的科学性准确性③。最后在教育风险相关群体的行为预测及分析方面，缺乏充分的科学证据和现代信息技术的支撑作用，仍然采用传统的数据收集方式，在科学调研方法欠缺、人力调查有限性的情况下，必定使教育风险的评估研判出现偏差。因此迫切需要建立教育风险评估信息采集系统，与现有的教育统计系统不同，该系统应建立在规范的和科学的抽样调查基础之上，准确获得第一手有关学校、教师、学生和家庭的情况。同时需要建立公共政策管理信息库。分类收集社会各界对某一教育政策的做法和效果、意见和建议、问题和不足、改进措施、加强交流反馈、跟踪处理和统计分析。第四是教育风险的治理机制比较薄弱，当前的教育决策风险防范存在参与主体单一、决策能力有限、组织机构科层壁垒、缺乏多元群体参与以及开放性、系统性不足等问题，在教育风险治理体系中，由于缺乏有效的组织统筹，相关组织单元的媒介素养教育、应急教育的缺失，致使虚假信息充斥网络造成不

---

① 《湖北省出台校园突发公共事件应急预案》，http://www.gov.cn/govweb/fwxx/sh/2006-08/30/content_373469.htm。

② 《河北省今年将出台教育系统突发公共事件应急预案》，http://www.gov.cn/yjgl/2006-04/03/content_243529.htm。

③ 王蕊：《教育决策科学化还须政策评估来问诊》，《光明日报》2018年1月30日。

良影响①。例如，疫情防控期间，学生冒充校长解散网课群、学生编造传播不实开学信息等；网络诈骗、编造传播虚假疫情信息等制造了社会恐慌。当前的应急教育关注地震、火灾等较多，缺乏疫情安全防控常态化教育。

近年来，中小学校园欺凌事件频繁发生，呈施害者低龄化、施害行为暴力化、手段多样化等特点，成为原发型教育风险的重要发生领域。2016 年年底，北京中关村二小校园欺凌事件刷爆网络，引发舆论高度关注。在北京市海淀区中关村第二小学，受害同学被两个同班同学欺负。受害同学的父母凭借自己的知识认定此事为"欺凌"，在与校方沟通无果的情况下，受害同学的母亲写了一篇感情激烈的文章指责校方处理不当，"每对母子都是生死之交，我要陪他向校园霸凌说 NO！"文章点燃了许多家长们的怒火，更引发公众热议②。2017 年，云南省建水县 5 个小学三年级学生对同学进行欺凌，逼迫受害学生蹲马步、殴打、往身上浇开水，更为严峻的是这些极度恶劣的行为几天后才被他人发现③。这些恶性的校园暴力事件折射出反校园暴力与欺凌法律缺失、刑事惩罚和教育矫治弱化、学校法制教育和监管机制不完善等问题④，使教育行政部门屡屡处于舆论和社会的声讨之中，诱发了严重的教育风险。巴克（Barker）等对学校中存在的欺凌进行调研发现，欺凌通常可能由于不合理的处理措施而加剧。根据已确定的欺凌风险因素提出建议，包括加强预防工作，制定学生行为守则，建立多部门联系的监测机制等⑤。2016 年 11 月，教育部公布了教育部联合中央综治办、最高人民法院、最高人民检察院、公安部、民政部、司法部、共青团中央、全

---

① 王运武、洪俐、陈祎雯、王宇茹：《教育应急治理及教育治理现代化的困境、挑战与对策》，《中国电化教育》2020 年第 12 期。
② 《北京中关村二小校园欺凌事件一周年》，http://special.caixin.com/event_1208/。
③ 新华时评：《面对校园欺凌必须止恶于微》，http://www.xinhuanet.com/2017-12/10/c_1122087367.htm。
④ 尹力：《我国校园欺凌治理的制度缺失与完善》，《清华大学教育研究》2017 年第 4 期。
⑤ Barker M, Mayhew C, McCarthy P, et al, "Bullying and occupational violenc eintertiary education: riskfactors, perpetrators and prevention, Journal of Occupational Healthand Safety", *Australia and NewZealand*, Vol. 19, No. 4, 2003, p. 319.

国妇联等部门联合印发的《关于防治中小学生欺凌和暴力的指导意见》①，要求加强教育预防、依法惩戒和综合治理，切实防治学生欺凌和暴力事件的发生。该文件指出少数地方学生之间欺凌和暴力问题仍时有发生，损害了学生身心健康，造成了不良社会影响，必须加强教育预防、依法惩戒和综合治理，切实防治学生欺凌和暴力事件的发生。可见原发型的教育风险能够通过法律规制、多层面约束来降低，可以在教育系统内部得以处理。

新高考改革中存在的多重风险就是"原发型"教育风险的主要表现之一。其一，高考改革的主旨在于深入推进素质教育，发挥考试育人的功能，"把促进学生健康成长成才作为改革的出发点和落脚点，扭转片面应试教育倾向"，"增加学生的选择性，分散学生的考试压力，促进学生的全面发展"，"创造条件为有需要的学生提供同一科目参加两次考试的机会"，目的在于"更好地贯彻党的教育方针，全面实施素质教育，增加学生的选择性，分散学生的考试压力，促进学生全面而有个性的发展"。但由于高考升学功利性的价值追求，导致学生的创新精神与实践能力为导向的素质教育式微，继续体现出应试教育的发展趋向②。对高中教育而言，依然存在文理分科办学模式，规范化学校管理模式占据主导地位、创新动力不足，出现人才培养质量风险。在考试科目安排上，弱化了非选考科目的学习，相比传统的文理分科，学生从高中时期就开始对科目做出选择，由于考试的目的性过于明显，导致学生对非选考科目的学习有弱化的趋势。另外指导学生做好职业生涯规划是适应新高考改革的必然要求，但学生对自我了解不够深刻，高中生涯意识不强，专业选择与个人兴趣、特长之间存在矛盾，造成学生职业生涯规划不足的风险③。

根据风险社会理论，教育风险并非由于人们的无知，而是在一定理

---

① 《多部门联合发文防治校园欺凌和暴力》，http://www.xinhuanet.com/politics/2016-11/11/c_1119897141.htm。

② 李宝庆、魏小梅：《新高考改革的风险及其规避——基于风险社会理论的思考》，《教育发展研究》2017年第12期。

③ 刘宝剑：《关于高中生选择高考科目的调查与思考——以浙江省2014级学生为例》，《教育研究》2015年第10期。

性判断及推理分析之后,却由知识的有限性造成的。社会对于专家知识的依赖,导致政策决策者与特定领域的专家进行结盟,产生政策制定上的"有组织地不负责任","人为性风险"逐渐扩大。根据吉登斯的定义,专家是指那些"由技术成就和专业队伍组成的体系,正视这些体系编制着我们生活于其中的物质与社会环境的博大范围"[①],同时"重要教育改革都是由一批专家策划实施的,专家的观点影响着教育政策"。[②]在教育领域中,教育专家是对专业知识、特定领域具有较为全面了解的一批人,无论是决策者、学校、教师、家长都对专家的学识深信不疑,但是专家的知识未必是通用各地的、未必是对所有信息具有全面掌握的。具体来看,教育改革的结果无法被人们所预知,风险具有隐蔽性、滞后于事件的特征,改革方案的制订不一定具有明确的前瞻性;另外,专家对专业领域内的知识不一定能全面掌握,可能会出现失误或者误判,大多数专家长期专注于书斋内的理论研究,对教育实践的具体场景不一定清楚,尤其是对教育实践的复杂性可能有所忽略;最后,专家具有个体的价值观念,基于个人观点、立场出发的政策方案有可能与决策者、社会大众的认知有所偏差,产生教育施政方案上的分歧。由于改革措施的制定难免受到经验知识、外部环境、价值导向等有限理性的限制,在个体双重立场的作用下会选择偏向于实现个人利益最大化的应对方案。

二 诱发型教育风险的生成

诱发型教育风险是由教育系统外因素引发的,是由于外在的社会系统本身就存在一系列风险因素,随后波及教育领域,造成相关教育群体的利益损失、诱发教育教学危机。为减少这类危机的发生,必须从社会系统中寻找根源,对社会中的风险因素加以排除,才能真正解决诱发型的教育风险。

诱发型教育风险是在长期的社会问题、社会观念没有得到纠正的情况下发生的。前些年,教师欠薪事件仍然层出不穷,在问题无法解决的

---

① [英]安东尼·吉登斯:《现代性的后果》,田禾译,译林出版社2000年版,第24页。
② 余秀兰:《教育改革的风险及其防范》,《教育发展研究》2009年第3期。

情况下甚至以群体事件的形式爆发，造成巨大的教育风险隐患。从教师欠薪事件的深层次原因剖析来看，主要原因在于地方政府挪用教育财政经费、忽视教育事业的战略地位，较少是由于财政困难引发的，最终诱发了教师上访、群体事件等教育风险。2016年，陕西省西安市周至县173名年轻教师自从2015年走上教师岗位，当地教育部门以工资发放程序复杂为由，已连续7个多月未发过工资①。2019年，陕西省渭南市临渭区特岗教师欠薪事件，根据当事人描述，"我们的工资只有中央财政补贴的那部分，半年发一次"。程艳说，他们没有五险一金，而按照合同，他们应当享有"县级政府承担的高于中央财政转移支付的部分"，并享有"养老、医疗、失业保险以及国家规定的其他福利待遇"②。2020年9月，国办督查室派员赴贵州省毕节市大方县进行了明察暗访，发现大方县自2015年起即拖欠教师工资补贴，截至2020年8月20日，共计拖欠教师绩效工资、生活补贴、五险一金等费用47961万元，挪用上级拨付的教育专项经费34194万元③。教师工资待遇是按照《教师法》《义务教育法》等相关法律法规要求，政府保障义务教育阶段教师工资及时足额发放应尽的责任。教育部等六部门日前印发《关于加强新时代乡村教师队伍建设的意见》，明确提出，完善乡村教师待遇保障机制，确保平均工资收入水平不低于或高于当地公务员平均工资收入水平。有调查表明，总体上各地是有足够的财力保障教师工资及时足额发放的。一些地方的教师欠薪是由于财政经费使用不当，上了一些不该上的项目，导致多年多项欠账累积，以及财政经费使用上的不公开不透明。从这个角度而言，一个地方是否存在教师欠薪问题，是判断当地政府是否清正廉明、健全运行的一个外在表征④。在这方面，各地人大和教育督导部门应依法履行督政职责，对教师欠薪诉求进行及时调

---

① 人民网：《西安173名新老师被欠薪半年多》，http://edu.people.com.cn/GB/n1/2016/0522/c1006-28369049.html。

② 《陕西被欠薪特岗教师收到部分补发工资 纪委介入》，http://www.xinhuanet.com/local/2019-02/01/c_1124072739.htm。

③ 《国办督查大方县教师欠薪现象评：再苦不能苦老师》，《中国青年报》2020年9月6日。

④ 储朝晖：《及时兑现教师工资是政府义务》，《光明日报》2015年1月20日。

查，督促政府及时整改，以免引发新的矛盾和事态扩大。

互联网时代是信息技术快速发展并广泛应用于生产生活、社会发展的时代，人们对互联网的依赖程度日益增加，互联网时代同时属于技术统治时代。信息技术带来的社会发展进步已经非常明显，但也隐藏着各种潜在的风险。一方面表现为人们对信息技术的过多依赖，信息技术成为人们获取资源、控制自然的外在手段，不仅表现于物质生产领域，也成为社会实践的一种政治行动，技术理性成为人们行为范式的规约和共识，但技术所引发的连带效应并不是完全有益的[①]。吉登斯认为"技术所带来的积极作用，不一定是始终有利的，科学技术与风险问题紧密相关"，"由于在特定领域中，技术的发展速度如此明显，我们必须应对的风险形势已经不同于以往"[②]。另一方面，技术本身将带来新的风险，需要借助于技术创新来规避风险，此时更需要警惕技术手段所引发的更大的风险，"当利用技术来防范风险及危险时，风险预警与控制机制的建立会导致进一步的风险，导致更大程度、更大范围的混乱和无序"[③]。可见，以技术理性为本质特征的互联网时代，本身就需要更多的风险防范措施，建立系统的风险预防机制，避免对教育教学领域的危害。随着互联网金融平台的竞争愈加激烈，将市场业务扩展到高校学生群体中，在缺乏有效监管、学生又没有能力还款的情况下，就容易导致违约等负面事件的发生，出现高校学生网络借款风险[④]。2017年4月，在福建泉州城东一高校旁的学生街某宾馆，厦门华厦学院大二在校女学生因卷入校园贷，不堪还债压力和催债电话骚扰，选择自杀。2016年3月，河南某高校的一名在校大学生，用自己身份以及冒用同学的身份，从不同的校园金融平台获得无抵押信用贷款高达数十万元，当无力偿还时跳楼自杀。大学生之所以会跳楼自杀，一方面是他们自控能力不强，恶性超

---

① 庄友刚：《网络时代与风险社会》，《淮阴师范学院学报》（哲学社会科学版）2004年第4期。
② ［英］安东尼·吉登斯：《第三条道路及其批评》，孙相东译，中共中央党校出版社2002年版，第139页。
③ 李惠斌：《全球化与公民社会》，广西师范大学出版社2003年版，第314页。
④ 胡茜茜、朱永祥：《高校学生网络借款风险生成路径、机理及控制》，《财会通讯》2017年第32期。

前消费，挖东墙补西墙，甚至冒用同学的身份证借贷。但这不应该成为一刀切禁止校园贷款、普惠金融的理由。因为还有很多自控能力好、有兼职收入的学生。另一方面，涉事金融机构发放如此巨额的贷款，在贷款人真实性审核、还款能力评估等多个方面出了纰漏①。究其原因，主要在于网络借贷平台的风控方式不合理，第一，主要通过对学生借款人的社会资本来约束违约风险的出现。包括学生在社会关系中的声誉及信誉等，使学生面临道德谴责的风险来降低借贷违约的情况出现；第二，使用违法行为来设置高额的逾期利息，非法的拘禁及曝光裸照等行为，来约束学生的借贷违约情况的出现。这种方式已经涉嫌违法，平台为了谋取高额的借贷利息，将风险转嫁给学生的社会网络关系或个人名誉上，使他人陷入连带风险的责任。这类风险的产生原因，除了学生自身的约束能力不足和非理性消费行为以外，主要原因也在于 P2P 网络借贷行业的无序发展，现有的监管环境很难对网络借贷平台形成直接且有效的规范约束，制约了互联网金融行业的有序发展。

在这次抗击新冠肺炎疫情中，中国的应急反应机制经受住了考验，全国疫情防控形势持续向好，但同时也暴露出了应急教育缺乏等一些问题，如面对公共卫生安全领域的重大突发事件，普通民众防护意识淡薄，折射出民众在应急事件处置方面缺乏系统、科学的应对②。因此必须加强学生的风险教育，包括学习风险的性质、风险评价的方法、风险认知和风险交流等，以获得适当管理风险所必需的知识和技能为重点的教育。另外，防灾教育是以学习从灾害等社会上存在的各种风险中保护自己的方法为重点的教育。首先，介绍了风险教育的基本内容及其实践方法，通过风险教育应该培养的能力是什么，另外，作为其培养方法，讨论型的教育方法是有效的可能性。并且，介绍了我国防灾教育的实践事例，指出在防灾教育中应该培养的力量的中心是能够克服困难的自我效能感，叙述了今后以培养自我效能感为目的的防灾教育更加重要。为

---

① 《校园贷，如何不让悲剧重演?》，http://hi.people.com.cn/GB/380038/380982/381151/。

② 新华网：《做好应急教育"大文章"》，http://www.xinhuanet.com/2020-04/21/c_1125885274.htm。

此，有必要比以往更加积极地进行风险教育。风险教育的方法大致可分为两种。一个是关于风险的性质和风险概念本身的教育。这就是所谓的风险到底是什么东西，科学技术上如何评价风险的问题。另外，学习了人们对风险认知的偏差和特征、专家和普通人对风险认识的差异、风险交流等，是关于正确理解风险这一概念的教育。这种风险教育是管理社会风险不可缺少的教育。另一个是，以自然灾害为首，如何从各种风险中保护自己的生命，以及重要的人和东西的对策和应对方略相关的教育。这是防灾教育、交通安全教育、防范教育、健康教育等，具体怎样做才能确保自己的安全、保持健康的教育。这样的安全教育，是为了从各自面临的风险中保护自己不可缺少的教育。

三 关联型教育风险的生成

关联型教育风险是和其他自然因素、社会因素密切相关的教育风险。其中自然因素的突发性、破坏性对教育的危害较大，通常会产生极其严重的关联型教育风险，这类风险的恢复期较长，对教育教学的参与者影响比较深刻；社会因素引发的关联型教育风险，主要是与教育相关的社会领域出现问题，对教育领域产生直接的或间接的影响，通过突发的风险事件触发关联型教育风险。

从类哲学观点出发，能够把风险分为种性自然风险、群性社会风险和类性风险。其中种性自然风险和群性社会风险集中体现在人与自然的关系之上，涉及人们遭受的自然力直接破坏，以及人们对自然的破坏所引发的自然报复。由于自然界始终存在不确定因素，一些不确定因素会对人们的生命安全产生直接威胁[1]。这种自然风险同样对教育具有破坏性影响，通常在人与自然不对称关系的反差之下，自然因素导致的关联型教育风险对教育教学、教育参与群体产生长期的负面影响，需要进行全方位的教育修复。2008年5月12日，四川省汶川县发生了历史上罕见的里氏8.0级大地震，这是新中国成立以来破坏性最强、波及范围最广、灾害损失最重、救灾难度最大的一次地震。

---

[1] 刘岩：《从种性、群性风险到类性风险——当代风险整体转型的人性解读》，《社会科学战线》2014年第7期。

突如其来的地震中断、打乱了正常的教育教学秩序和管理秩序，对教育教学产生巨大的风险[①]。灾后重建过程中，我们不仅要注意到学校基础设施的建设，更应当注意到中小学生灾后思想、心理方面的教育。因为童年所遇到的危机将影响他们未来的生活。心理学家早就用一系列事例说明，成人世界的许多心理问题都可以追溯到童年期甚至更远。这些心理问题的发生，正是因为在童年时所遇到的"遭遇"或"危机"没有得到有效的解决，而是潜伏在心灵深处，在受到一定条件的刺激时就会发作。可见由于自然灾害导致的关联型教育风险，不仅干扰了正常的教育教学活动，也对师生的心理健康乃至长期的个人发展都产生深远影响，必须进行相应的自然灾害教育。从长期从事风险问题的立场来看，必须促进风险教育的继续扩大与强化。杨挺认为应该将灾难教育作为学校教育的重要课题，在学校灾难教育的内容中，应包括灾难知识教育、灾难应对教育、灾难心理教育、灾难体验教育[②]；学校灾难教育的主要方式，需要在学科教学中渗透灾难教育，进行灾难知识宣传，让学生进行灾难情境模拟与角色扮演，开发灾难教育的软件、游戏等。在学校开展风险认知教育、灾难教育与危机教育也应注意一些问题，要重视对学校教师和管理人员的教育培训，教育内容和方式要适应学生的心理水平，教育内容应体现不同地区的差异，要取得社会和家长的支持。片谷教孝认为日本人确实有接受风险的文化。以汽车事故为例，每年也有近 4000 人因汽车事故而丧命。据估计，这个数字比日本人因环境中化学物质引起的癌症而丧命的数量还要多，但是，为了使风险为零，并没有听到过全面禁止汽车的建议，这可以理解为日本人已经接受了汽车带来的风险。因此通过加强风险教育，增加人们对于风险的感受和体验，使人们认识到日常生活中的风险因素并加以预防，可以降低人们对风险的接受度及危害性[③]。笔者自 2014 年起提倡在理科学科教育中进行科学风险认知的教育，

---

① 傅林：《教育的使命：汶川地震灾后学校教育的反思与重建》，科学出版社 2011 年版，第 1—4 页。
② 杨挺：《灾难教育：学校教育的重要课题——写在汶川地震灾难之后》，《中国教育学刊》2008 年第 11 期。
③ 片谷教孝：《日本のリスク教育とリスク受容》，《安全工学》2017 年第 3 期。

其相关研究成果也被我国近一轮的中学化学学科课程标准等研修组采纳应用。国外一些教育发达国家对于科学风险的教育也同样是方兴未艾。日本学者提出防灾教育的新方法，列举了以下四个关键对策：（1）重视能动性作用的防灾教育；（2）重视产生成果输出的防灾教育；（3）重视与学校以外的组织主体合作的防灾教育；（4）重视嵌入各种活动的样式的防灾教育。无锡市市北高级中学持续投入数千万元建设了江苏省普通高中减灾教育课程基地，其防灾教育实践中，也有这四个方面相关的经验。该校实践成果也于2018年获得国家基础教育教学成果一等奖。防灾教育和安全教育，要关注从风险中保护自己。同时，也有必要充实以培养勇敢面对风险的能力，切实感受到培养了这种能力，自己能够成为帮助他人的存在和在地区中有价值的存在，切实感受到社区的联系和地区所具有的社会支持，获得内心的安宁等为中心的防灾教育[①]。因此提高防灾教育的效力是很重要的，防灾教育通过把重点放在积极的部分上，会变得更加有效。但是，我们面临的风险当然不仅是自然灾害。倒不如说，日常的运动不足，生活习惯、饮食和压力等引起的致癌风险、自杀和交通事故等引起的死亡风险远远高于自然灾害引起的死亡风险。因此，不局限于灾害，适当判断对自己来说什么样的风险比较大，权衡为了减少这样的风险应该做些什么才好，这也是很重要的。为此，有必要通过风险教育获得认知能力，需要开发将风险教育和安全教育加以有效结合的风险教育。当然，种性自然风险在根本上反映了群性社会风险，群性社会风险也最终表现为种性自然风险，因此，无论是从种性自然风险向类性自然风险转化还是从群性社会风险向类性社会风险转化，归根结底都是体现了人发展的片面性风险。当代教育的关联风险可以从人性视角来解析，它正是一种对寻求精神依归的文化家园和人类赖以生存的生态家园共同构成的对人全面发展形成威胁的"类性风险"，其产生的人性发展症结在于：从狭隘的我群、我族、私己利益出发而没有站在"类"生命的高度，导致单纯强调人性的片面发挥而不是人性的全面发展，容易单纯强调理性的外向张扬而忽视心性的内在提升，更多关

---

① 元吉忠寛：《リスク教育と防災教育》，《教育心理学年報》2013年第52期。

注个体发展即人与自我关系而忽视类的群体提升即人与社会、人与他人、人与自然之间的关联风险的预见及防范。

现代社会生活中的风险多属于"人造风险",同时蕴含着深刻的组织制度性维度。行政责任主体缺失、政策决策失误、公共治理行为失范等现象反映在教育领域,由此导致的教育风险便是"有组织地不负责任"(贝克语),对教育相关利益群体产生负面影响。留守儿童的非正常原因死亡事件,前些年时有发生,而且都较极端,甚至迅速演变成影响极大的社会事件。留守儿童的伤亡事件是有深刻的社会背景的,是社会发展不均衡不平等在教育领域的体现,最终造成留守儿童教育风险的出现。近30年来唯经济论的发展主义意识形态和以城市化、工业化、现代化为表征的发展模式引发了农村人口流动深化、城乡教育政策剧烈调整、农村社会衰落等多重变迁后果,也使农村留守儿童群体的教育生态更加恶劣[1]。2017年除夕,云南省镇雄县盐溪村17岁的留守少年留下遗书自杀。2015年6月9日,在贵州毕节市田坎乡,4个孩子在家中服农药死亡。而在2012年,当地还曾发生5名流浪儿童在垃圾箱内死亡的事件[2]。从现实和政策评估的角度看,留守儿童在卫生保健、安全、学习、品行、心理等方面存在的风险依然存在,并影响他们公平接受教育。留守儿童的教育问题长期得不到解决表明,留守儿童教育问题的解决是一个长期、复杂、系统的工程。家庭、学校、政府、社会都对留守儿童问题有了一定程度的认识,但父母与子女分离导致的教育缺失问题、学校存在的管理失控与教育失误问题等值得进一步的反思与探讨[3]。因此留守儿童遭受风险伤害的根源在于社会保障和法律体系的不完善,映射到教育领域中的风险事件,必须从政府、社会和教育领域多方面着手。

一些能够产生重大影响的自然及社会风险事件,通常会对教育领域

---

[1] 潘璐、叶敬忠:《"大发展的孩子们":农村留守儿童的教育与成长困境》,《北京大学教育评论》2014年第3期。

[2] 李菁莹:《留守儿童自杀:不能只归结于穷,精神留守更可怕》,《中国青年报》2017年2月16日。

[3] 范先佐、郭清扬:《农村留守儿童教育问题的回顾与反思》,《中国农业大学学报》(社会科学版)2015年第1期。

造成系统性影响,使正常的学校运行、教育教学面临风险。2013年,雾霾成为年度关键词。我国不少地区将雾并入霾一起作为灾害性天气现象进行预警预报,统称为"雾霾天气"。雾霾是特定气候条件与人类活动相互作用的结果。高密度人口的经济及社会活动必然会排放大量细颗粒物(PM 2.5),一旦排放超过大气循环能力和承载度,细颗粒物浓度将持续积聚,当受到静稳天气等影响,极易出现大范围的雾霾。为应对严重空气污染状况,教育行政部门采取一系列应急预案,要求中小学、幼儿园、少年宫及校外教育机构停止户外活动。中学停止室外体育课、早操、课间操、课外体育活动、业余训练。停止校级、区级、市级组织的体育考试和运动会,并延期举行[①]。在持续橙色预警期间,许可中小学校根据区域空气质量状况和学生、家长的要求,经市、区教委批准后弹性安排教学活动。部分学校启动"停课不停学"的应急预案,学生可自愿选择在家自学相关内容。在重度雾霾频频袭来的情况下,停课引发的各种风险正在成为教育领域面临的新难题。由于"停课不停工""停课不停学",学校停课后,谁来管孩子?特别是一些年幼且不宜独自在家的孩子,已成为家长质疑停课措施的焦点。由于没有明确的法律和规定依据,学生停课家长难以请假的问题确实比较突出。由于学生无法到校,远程教育和社区服务受到重视,例如在2015年12月7日至10日,停课期间承担远程教育工作的北京数字学院的页面总体访问量为2614133次,日均访问量较此前一周访问量提高2462%[②]。即使这样,在线学习资源仍不均衡。同时,我国社区基本还停留在居住管理的初级阶段,难以提供空间,为学生提供课下活动和辅导服务,无法满足学生和家长的诉求。为解决雾霾等灾害影响下的教育困境,需要从法律体系完善、软硬件基础设施建设等多层面加以着力,才能真正使关联型的教育风险得到处理。

---

① 《数字学校在行动 北京数字学校上线雾霾天气防护课程》,http://education.news.cn/2015-12/01/c_128486248.htm。

② 《雾霾停课:教育又添"纠结"》,http://www.xinhuanet.com//politics/2015-12/22/c_1117546448.htm。

第二节　教育风险的演化

一　教育风险演化的理论基础

教育风险演化的相关理论主要有生命周期理论和能量释放理论。生命周期理论为教育风险演化的发展阶段以及各阶段特征提供了初步的理论依据，而能量释放理论为教育风险演化的动能发展变化与能量传递提供了理论支撑。

（一）生命周期理论

生命周期（Life – Cycle）理论认为，市场的发展要经历发展、成长、成熟、衰退几个阶段。生命周期理论由卡曼（A. K. Karman）于1966年首先提出，后来赫塞（Hersey）与布兰查德（Blanchard）于1976年发展了这一理论。它以四分图理论为基础，同时汲取了阿吉里斯的不成熟——成熟理论。阿吉里斯主张有效的领导人应当帮助人们从不成熟或依赖状态转变到成熟状态。他认为，一个人由不成熟转变为成熟的过程，这些变化是持续的，每个人随着年龄的增长，有日益成熟的倾向。企业生命周期理论是伊查克·爱迪思博士（Ichak Adizes）系统全面提出的，他将企业生命周期理论分为三个阶段，即成长阶段（孕育期、婴儿期、学步期）、再生与成熟阶段（青春期、成年期）、老化阶段（稳定期、贵族期、官僚化早期和官僚期、死亡期），并对这三个阶段的各个时期的企业行为和文化进行了详细分析，并对这些阶段可能出现的问题进行了诊疗。[①] 海尔（Haire M）提出可以从生物学"生命周期"的角度研究企业行为，认为企业生命周期包含了从初创到衰退的整个过程，可以分为成立期，发展期，成长期，成熟期和衰退期。[②]

生命周期和企业生命周期理论对于其他领域风险的生命周期研究具有重要启示。库姆斯（Coombs）等专家在他们提出的危机生命周期模

[①] 爱迪思：《企业生命周期》，中国社会科学出版社1998年版，第17—96页。

[②] Haire M, *Biological Models and Empirical History of the Growth of Organizations*：*Modern Organizational Theory*, New York：John Wiley and Sons, 1959.

型中将危机划分为：危机潜伏期、危机爆发期和危机衰退期。[1] 王静等运用生命周期理论将区域科技信息服务系统风险管理分为选择期风险管理、形成期风险管理、运行期风险管理、成熟期风险管理和衰退期风险管理五个阶段。[2] 基于生命周期理论，苏新宁等从时间维度出发，将应急响应分为事前、事中、事后三个阶段。每个阶段对应的情报功能分别是事前感知、事中处理和事后管理。[3] 杨波等认为，企业反竞争情报工作中的风险本身也有生命周期，并将风险的生命周期划分为风险潜伏期、风险爆发期、风险扩散期与风险平复期四个阶段，并对每个阶段进行了详细描述，他认为风险潜伏期是诱导风险发生因素的渐变、量变、质变阶段，在风险的萌芽期，能将其扼杀在摇篮是最好的。风险爆发期会危及企业发展和生存，这个阶段风险势头最猛，强度最强，若处理不善，风险将持续上升，直到风险被控制或企业破产，危害程度继续加强，危害范围持续变广。随着风险危害范围越来越广，就会对其他领域产生连带效应，即进入风险扩散期，这个时期的风险随时会冲击其他领域，造成连锁反应。随着风险应对措施的实施，风险势头越来越小，直至完全消灭，即风险处理平复期，这个阶段尤为重要，若处理成功，企业将上升一个阶层，若处理失败，企业生存会受到极大的挑战。[4]

教育风险的演化同企业和其他领域一样，符合生命周期的发展特征。但是现代信息社会中，伴随着各种自媒体的发展，网络信息复杂性加大，使得网络信息与教育风险呈现叠加效应，致使教育风险的演化呈现复杂态势。教育风险的演化和企业、个体的生命周期演化既具有同质性又具有较大的差异性。

---

[1] W Timothy Coombs, "Choosing the Right Words: The Development of Guidelines for the Selection of the Appropriate Crisis Response Strategies", *Management Communication Quarterly*, 1995, (8), p.447.

[2] 王静、郭太敏、王敏、宋振玲、刘春侠：《基于生命周期理论的区域科技信息服务协同风险管理研究》，《图书馆》2014年第4期。

[3] 苏新宁、朱晓峰、崔露方：《基于生命周期的应急情报体系理论模型构建》，《情报学报》2017年第10期。

[4] 杨波、孙白朋：《基于风险生命周期的企业反竞争情报机制模型构建》，《现代情报》2019年第11期。

(二) 能量释放理论

吉普森（Gibson）和哈顿（Haddon）最早用能量的观点解释了事故伤亡、疾病和灾害现象，认为异常的能量释放是伤亡事故的主要原因，某种形式的能量能否造成伤害及事故，主要取决于人所接触的能量的大小，接触的时间长短和频率、能量的集中程度、受伤害的部位及屏障设置的早晚等。哈顿（Haddon）从控制能量释放的角度提出了事故防范、疾病控制和灾害预防的策略。基于能量释放理论的风险分析工具哈顿（Haddon）矩阵、风险对策工具哈顿（Haddon）模型，在社会科学领域的公共安全、公共卫生风险分析和政策制定方面得到广泛应用。

风险能量是指环境中的随机性作用于系统，造成系统状态的不确定性变化，进而引起系统的输出产生不确定性变化的能量度量。从能量释放理论观点来看，事故就是风险能量不断累积，因系统非线性效应而最终演化为突变，释放风险能量的过程。[①]

风险能量由如下四部分组成：由项目启动时的原始风险、项目运行过程中内部减少或增长的风险，外部新增风险及其在系统内运行后内部减少或增加的风险。当风险所累积的能量达到一定级别时，风险指标过高时，风险就必定发生，必然会产生一定的损失，甚至影响公司的正常运行。研究表明产生风险的因素存在太多，这些因素的存在迟早会导致事故发生或损失产生。[②] 风险能量不断释放会促成风险的不断传播和发展，直到风险能量消耗殆尽，风险才会最终得到平息。

风险能量的累积和释放是风险生命周期发展的主要动因，能量的累积造成风险的爆发，能量的扩散和消亡造成风险的衰退。风险能量的能量源、能量载体、能量补给节点、催化点等是控制风险传播和发展的重要因素。要进行教育风险的管理需要准确识别这些能量要素，才能对风险进行有效防范。

---

① 刘凯、王炜：《基于能量释放理论的核事故风险突变研究》，《风险分析和危机反应的创新理论和方法——中国灾害防御协会风险分析专业委员会第五届年会论文集》，中国灾害防御协会风险分析专业委员会，2012年，第6页。

② 石友蓉：《风险传导机理与风险能量理论》，《武汉理工大学学报》（信息与管理工程版）2006年第9期。

(三) 教育风险的生命周期和能量传递

上文提到，教育风险的生命周期和个人以及企业的生命周期既存在同质性又存在差异性，同质性主要体现在它们都要经历从生长、发展到凋亡的过程、从不成熟、成熟到衰落的过程。但是差异性主要体现在，教育系统和社会其他系统存在紧密联系，是整个社会的重要组成部分，教育内外部风险要素之间相互作用，更加具有复杂性。一方面教育系统具有复杂结构，教育的周围存在着自然环境、社会环境、规范环境三种环境圈层，自然环境、社会环境、规范环境构成教育的外部环境。教育对象的生理和心理环境是教育者内在的生态环境。教育的生态环境往往是自然因素和社会因素交织、物质因素与精神因素结合融通，各个部分相互连接、嵌套、递归，形成 n 维多元镶嵌复合的教育生态环境。教育生态因子也具有质的多样性，各种生态因子对教育的作用和影响，不是各种因子作用的简单叠加，而是一种非线性关系，它们对教育的作用和影响具有多向性、不确定性、随机性、非线性、混沌性、交互性、协同性等特点。[1] 另一方面复杂的教育结构担负着复杂功能，教育系统有内在的"育才"功能和外在的政治、经济以及文化等功能。这些复杂结构和功能决定了教育风险的复杂性。在网络时代，教育舆情更是与教育风险叠加，加剧了教育风险的影响范围和深度，也使得教育风险的发展周期更长，在教育风险的处置过程中很可能出现风险的波动性，从而影响处置过程。这些差异性特征是教育风险的特殊性所在。

本章综合各方理论以及经验，将教育风险的演化划分为三个主要时期、七个连续性阶段，分别是生成期（潜伏阶段、萌芽阶段）、发展期（爆发阶段、扩散阶段）、消减期（波动阶段、缓解阶段、平复阶段）。教育风险的生成期重在各方面矛盾的发酵后促成能量的积聚，发展期重在教育矛盾的激化和能量的释放与扩散，消减期是教育相关矛盾的调和期，也是教育风险能量的消亡期。这三个时期七个连续性阶段提供了教育风险随着时间的流逝能量变化的过程（图4-1），这个变化过程也是教育风险的演化过程。

教育风险演化的每个阶段具有不同的阶段性特征。在一定阶段内，

---

[1] 王凤产：《教育生态系统复杂性探讨》，《中国电化教育》2011年第5期。

教育风险的内部因素相互作用表现出一定的稳定性，因此导致教育风险演变趋势具有相对一致性，这也是教育风险因素量变积聚的一种过程性体现。而跨越不同时期，教育风险的演变特征便具有质的差异性，这种差异性特征为我们透视教育风险的内外部作用因素的关键作用点和催化点提供了线索，也为教育风险的分阶段治理提供了鲜明的路径指引。

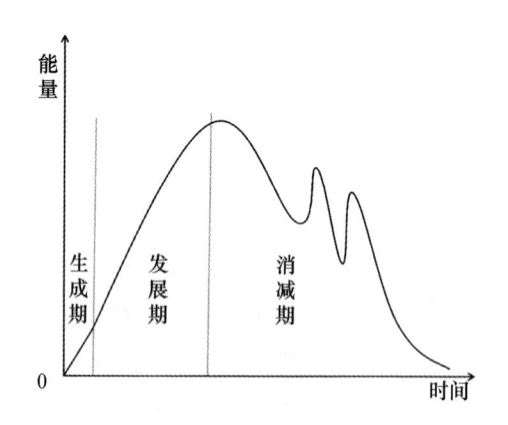

图 4-1　教育风险的生命周期与能量变化示意

二　教育风险演化的不同阶段

（一）教育风险潜伏阶段

教育风险潜伏阶段也是矛盾孕育和滋生的时期。教育风险往往具有一定的隐藏性，很难在萌芽阶段引起人们的广泛关注，并受到社会的重视。这和教育自身的特征具有密切联系。由于教育对人的影响、对社会的影响并不能起到立竿见影的作用，而是长期缓慢作用的过程，这种作用具有一定的滞后性，所以由此决定了教育风险的潜伏性。教育风险的潜伏并不是教育风险完全的不发展，而是教育风险由于各方面因素限制发展不充分、演变不完善、结构不完整的一种蛰伏状态。

教育风险的潜伏阶段，在内部外部系统要素之间的作用下，教育内部系统的关键要素之间开始发生不良作用，但这种作用较微弱甚至微乎其微，尚未影响到学生、学校的发展和教育系统的良性运转，也未开始对教育生态构成明显威胁，并且这种内部反应尚需要一定的时间发酵酝酿和转化，才能真正萌芽。此阶段教育风险总体上是在积聚力量，教育矛盾虽然初见端倪，但尚未凸显。教育风险系统内部各因素虽然开始相互作用和逐步激化，但未被明显觉察。总体上看，教育风险的潜伏阶段还是风平浪静的，属于"暴风雨来临前的宁静"时期。

教育风险的潜伏性不仅表现空间上的潜伏还表现在时间上的潜伏。空间上，教育风险可能会跨越地域边界和社会文化边界进行潜伏，时间上的主要体现在教育风险具有一种时间上的持续性，能够保持同一种潜伏状态的相对持久。教育风险在时间上的潜伏状态，例如新高考改革推进进程中等级赋分风险，方案通过赋分反映考生成绩在群体中的相对位置，但是这一赋分方案存在以下几个方面的风险：赋分过程存在扭曲分数差距的风险，不同科目成绩的可比性和可加性问题，带来不利于学生成长和国家人才选拔的导向风险等。[①] 并且也隐含着素质教育与应试教育之间的"钟摆现象"、普通高中学校办学缺乏特色、高中学生自主发展异化等潜伏风险。[②] 但这些风险都不是即时爆发的，而是在开展计分排名之后通过学生、家长的直观感受，在教师教育教学过程中才逐渐显现出来，具有时间上的延后性。在空间上的潜伏主要伴随着政策的逐步推进，风险的潜伏状态会在空间上蔓延。尤其是伴随着试点的开展，甚至高考改革的风险很多年才能完全展现出来。如新高考改革效果具有较大的不确定性，前期试点地区势必进行不断调节，形成政策共识。一二三批的高考改革推进，非试点地区的政府、普通高中学校在近年来都在积极学习浙江、上海的政策经验，但由于各地区的教育基本面具有较大差异，改革面临的问题和矛盾也存在不同，这为教育风险的在空间的潜伏提供了土壤。

教育风险的潜伏性对于风险的防范具有双重效应。一方面，由于大量教育风险是隐性的，因而难以察觉，给教育风险的管理带来很大的难度，往往稍不留意就可能出现社会危机，甚至引起危机的爆发。另一方面，也正是教育风险的这种潜伏性，使得教育风险管理显得尤为重要和具有一定的可行性，其原因在于，如若能够及时发现潜伏的教育风险，

[①] 高振华、李富恩、何彦雨：《新高考方案选考科目计分方法改革潜在风险及应对研究》，《河北教育》（综合版）2020年第Z1期。

[②] 李宝庆、魏小梅：《新高考改革的风险及其规避——基于风险社会理论的思考》，《教育发展研究》2017年第12期。

就能使处在潜伏状态下的风险得以化解，将风险的萌芽扼杀在摇篮之中。因此，这也是教育风险管理的最优先目标。① 教育风险的潜伏性特征要求我们在进行教育相关决策时将审慎性和灵敏性相结合，既要提高决策的科学性，从源头上防止风险的发生，也要能够及时嗅探教育风险的形成，将教育风险化解在萌芽之前。这方面需要有经验的专业人才，要加强培养与储备。

（二）教育风险萌芽阶段

教育风险的萌芽是教育风险积聚的过程也是矛盾形成的阶段，在这一过程中会形成很多教育问题，比如招生腐败、考试舞弊风险、高校师德、学术不端、学生歧视、虐待儿童、师生维权、校园欺凌、信息泄露等系列教育问题，但由于教育预警体系没有完全发挥作用，很多教育问题短时间内难以彻底解决，在外部环境变量的作用下会引发社会矛盾、这些社会矛盾在学生、教师、家长、社会、教育组织、教育行政机构之间积聚和发展，并被这些利益相关群体明显感知、议论和揣测。教育风险的萌芽阶段，是教育矛盾的初步凸显期，教育风险端倪初现，并继续发酵和发展，为接下来的风险扩散和爆发提供了前提条件。

教育风险的萌芽阶段，教育系统内外部要素之间开始发生不良作用，虽然教育系统内部各要素之间的作用还并不激烈，并且这种不良影响已经能够被利益相关者所明确感知，并对利益相关者产生心理负面影响，也初步影响到学生、学校的发展和教育系统的良性运转，也开始撼动着教育生态系统结构的整体平衡性，使教育系统之间的运作产生不稳定表现。总体上看，教育风险的萌芽阶段属于"山城欲雨风满楼"时期。

教育风险的萌芽主要表现为教育系统内外部各利益相关主体之间的矛盾逐渐激化。如西南交通大学毕业班学生陈玉钰保研成绩造假事件，该校时任教务处教务科科长尹帮旭，私下接受同事陈帆请托，为其女在缓考和课程替代中违规操作，在此操作下，陈玉钰既参加了《工科数学分析 MI》《工科数学分析 MII》《概率论与随机过程》三门课程的期末考试正考，又参加了这三门课程的缓考。在推免成绩计算中，这三门课

---

① 姚亮：《风险管理：现阶段中国社会建设的重要课题》，《宁夏党校学报》2011 年第 1 期。

以高分的缓考成绩替代了正考分数。此外，陈玉钰在 2016 学年秋季学期选修《线性代数 M》，课程成绩为 62 分。因分数过低，她于 2018 学年秋季学期又选修了《线性代数 B》，成绩为 82 分。尹帮旭再次违规对上述两门课程进行课程替代。通过这些操作，陈玉钰研究生推免主干课平均成绩由 82.457 分提高至 85.029 分，主干课成绩排名由班级第 8 名提高至第 5 名。[①] 从而成功保研。当时陈某所在班级同学已经觉察，并且议论纷纷，影响到了其他同学的合法权益，教育风险发展实际已经处于萌芽阶段，后期由于陈某与同学矛盾激化，同班同学才选择举报，将违法事实公之于众。由此可见，教育风险在错误决策之后已经影响到了相关学生的正当权利，错误的决策致使教育系统内部各主体已经不能再既有的位置上发挥有效作用，而是违背教育系统既有规则、利用人情关系以及各种经济和政治资本打破原有教育系统的平衡状态，影响到相关利益主体的公平感知，促使各利益主体之间发生利益博弈。

教育风险的萌芽对教育风险管理也具有双重效应。一方面，这一阶段的风险刚刚冒头，如果能够及时感知和预测，适时进行有效防控部署，很容易将教育风险消除在萌芽阶段，防止教育风险的进一步扩散。但是另一方面，教育风险的萌芽具有多方感知特点，这种风险信息不仅会影响到涉事主体的利益，也会激发其他民众的共情心理，具备了初步的弥散性。因此，当这种萌芽在被明确感知时，实际上已经对民众个体心中的政府公信力和正面形象产生了一定损害，这种情况对于教育风险的消除是不利的，可能会加重教育风险消除的工作量以及后续教育风险治理的成本。

（三）教育风险爆发阶段

教育风险转化为教育危机的大爆发阶段是教育矛盾正式激化，各种不可控因素充分发展，相互交织，此时教育风险的内部能量积聚最大化，教育风险内部矛盾大规模外现，对教育系统内外部各要素的影响力和破坏力开始出现，但这时的教育风险由于没有大规模扩散，影响范围

[①] 共青团中央：《西南交大保研造假处理结果公布，别再让"内部人"伤害教育公平》，https：//baijiahao.baidu.com/s? id = 1670904917667401213&wfr = spider&for = pc，2020 – 6 – 30，2021 – 1 – 05。

尚有限，受到其破坏和影响的往往是与之联系最紧密的教育因素。风险的爆发是"天时、地利、人和"三个催化剂共同作用的结果。风险最终爆发源于两个主要原因，其一是风险能量超出风险拥有者系统的承受能力；其二是风险源到达最终的风险结点，此时风险结点已经处于风险传递的最后阶段，无法找到下一个能继续隐藏风险的风险接收者，故风险爆发转化为危机。①

教育风险的爆发阶段是真正暴风雨的来临阶段，这个阶段风险能量急剧扩大，风险势头最猛，强度最强，若处理不善，风险将持续上升，危害程度继续加强，危害范围持续变广；随着风险危害范围越来越广，就会对其他领域产生连带效应，社会其他系统甚至会遭受不同程度的危害，风险破坏面积增大。

教育风险的爆发，如在红黄蓝幼儿园虐童事件中，有十余名幼儿家长反映朝阳区管庄红黄蓝幼儿园（新天地分园）国际小二班的幼儿遭遇老师扎针、喂不明白色药片，并提供孩子身上多个针眼的照片，此时教育风险开始积聚，派出所接到家长报案后，北京警方开始根据家长反映情况进行调查取证，涉事老师和保育员暂时停职，配合警方调查，之后，北京警方就该幼儿园幼儿疑似遭针扎、被喂药一事进行了通报，涉嫌虐童的幼儿园教师刘某某被正式刑拘。② 此时教育虐童风险也正式爆发。但此时的教育风险影响面积较为有限，但风险所引起的家长和民众愤怒情绪最为高涨，幼儿园的教师质量和管理问题暴露无遗。在学术不端的教育风险中，以翟天临的"不知知网"为线索，这类教育风险开始萌芽，之后网友的大规模质疑和查重证据，都坐实了翟天临学术不端的违规事实，此时教育风险正式爆发，爆发之后，翟天临更多小论文查重情况被爆出，这类风险发展到高位。③ 教育风险的爆发是教育矛盾开始大规模发展和外显的开始，风险的形势十分紧张，给教育系统带来的挑战也十分棘手。

---

① 邱映贵：《供应链风险传递及其控制研究》，博士学位论文，武汉理工大学，2010 年，第 67 页。
② 黄洁：《北京红黄蓝幼儿园虐童案一审有果》，《法制日报》2018 年 12 月 29 日第 8 版。
③ 单仁平：《希望翟天临事件形成广泛的震慑》，《环球时报》2019 年 2 月 15 日第 15 版。

教育风险的爆发阶段，对于教育风险的管理具有双面效应。一方面，教育风险虽然爆发，但是教育矛盾已经完全凸显，风险管理的抓手十分清晰，只要依照风险管理预案、依照法律和规则进行完整处理即可将所牵涉的教育系统风险火苗进行有效扑灭。但是另一方面，由于风险爆发阶段积聚的能量十分强大，利益牵涉复杂，给风险的管理和处置带来了高难度。

（四）教育风险扩散阶段

教育风险扩散的过程也是教育矛盾完全激化，发展到白热化的过程。由于教育风险本身的复杂性和不可控性等特征，其在更大的空间内具有扩大和分散效应。教育风险积聚到一定程度容易与各种社会环境因素耦合在一起，在更广泛的社会空间和社会系统里蔓延和扩散。

教育主体是教育风险扩散的能动要素。人们往往只看到眼前利益，忽略长远目标，导致社会发展缺乏可持续；人们只关心局部和地方利益的实现，漠视全局生存链条的息息相关；人们对于风险的感知越发迟钝，甚至回避而非正视风险。这些人为因素是风险系统的活性要素，自觉或不自觉地把各种风险因子结合起来，推动了风险的扩散。[1] 教育利益是教育风险扩散的根本动能。当代社会由于资本和技术的共谋，社会财富的生产也伴随着社会风险的生产，只要国家存在着明确的物质短缺，社会生产的财富分配以及与之相联系的冲突就占据着历史舞台。在现代化的连续进程中，"财富—分配"社会的社会问题会与"风险—分配"社会的社会因素结合起来。[2] 在教育领域的资源和利益争取尤为突出，归根结底，对于相关教育利益的争取是教育风险扩散的根本动能。

教育风险的扩散中，例如教育网络舆情风险中，突发公共卫生事件网络舆情固有风险（物和技术因素）、公众感知差异（人的因素）、社会环境失衡（环境因素）和政府组织管理（管理因素）四个方面相关风险因素形塑着网络舆情风险的扩散过程。[3] 一个网络公共事件首先可

---

[1] 郭洪水：《当代风险社会》，中国社会科学出版社2015年版，第161—165页。

[2] [德]乌尔里希·贝克：《风险社会》，何博闻译，译林出版社2004年版，第15—20页。

[3] 叶琼元、夏一雪、窦云莲、王娟、兰月新：《面向突发公共卫生事件的网络舆情风险演化机理研究》，《情报杂志》1—8，http://kns.cnki.net/kcms/detail/61.1167.G3.20200723.1124.008.html，2020-09-17。

以由任何人发起，其次由这些中心节点发现并进行扩散，它们都具有一定程度的影响，于是该消息会经由不同的网络进行扩散。扩散的原因可以使用串联理论来解释，一种是信息串联，另一种是声誉串联。信息串联是指普通人不经思索就接受其他人发出的信息或行为，这主要是通过"启发式思维"发挥作用，这种思维固然有效但有时也会发生偏差，把很小的风险认定为大风险，当很多人都这样行事的时候，一种主观性的风险就被放大成为整个社会普遍接受的客观风险。声誉串联是指普通人因为顾及自己名声，会仿效其他人的行为，发出信号表明自己是善于合作的人以加强自己的声誉和社会资本或免受排斥。这两种串联形式常常会同时发生。① 传播过程中经验作为风险感知的决定性因素，如果某人的体验是偏差的，那么他的感知也很可能是不准确的。这也是便利性偏差，指的是如果某件事非常容易想象或者被回忆起，人们就会依据这个启发式，判断这件事是很有可能的或者其发生是很频繁的。② 在传播过程中，人际关系网、媒体网、互联网、通信网等多种网络相互交叉、融合，共同推动舆情风险的传播演化。③ 这些风险信息之间的相互强化或相互削减或混合交织的作用，使得风险系统复杂交织、混合作用，不断偏离起始状态，催化风险的扩散过程。

教育风险扩散的过程是难以准确跟踪和监控的。风险扩散具有累积效应、乘数效应、回飞镖效应和温室效应。累积效应是指风险在源头开始产生，以后会随着时间的流逝和风险系统的放大作用逐渐集聚起来，向周边不断扩散。乘数效应是指一种风险到多种风险的演变不是线性的加和关系，而是非线性的乘数关系。回飞镖效应是指施害者最终也将是受害者，源头处的风险扩散出去会通过某种反馈机制又回到源头。④ 风险要素的复杂作用是隐蔽的，风险扩散还呈现出"温室效应"的特征，

---

① 谢耘耕、陈虹、云微等：《风险沟通研究的进路、议题与视角》，《新媒体与社会》2012年第3期。

② ［美］丹尼尔·卡尼曼、［美］保罗·斯洛维奇、［美］阿莫斯·特沃斯基等：《不确定状况下的判断》，中国人民大学出版社2013年版，第508页。

③ 纪诗奇、张永安：《复杂网络中的舆情演化机制：传播媒体的外场力作用》，《情报杂志》2014年第4期。

④ 郭洪水：《当代风险社会》，中国社会科学出版社2015年版，第175—176页。

即风险以潜藏方式散播开来，不易为人察觉，就像温水中的青蛙感觉不到温度的变化。正如"风"无形地在空中弥散，"风险"也在全球无形地蔓延。风险的系统性扩散带来各种复杂的利益冲突，总体表现为整体利益和局部利益、短期利益和长期利益的矛盾，这给风险治理带来极大挑战。[①] 一方面，教育风险的快速扩散，往往使得风险治理存在滞后性，跟不上风险扩散的速度，从而加剧风险的破坏程度。另一方面，教育风险扩散的根本动能是利益的分配问题，分配和平衡各种风险利益，成为风险扩散阶段风险精准治理的关键。但由于扩散阶段牵涉的利益群体的广泛性、利益的内容的多元性、利益关系的复杂性，为教育风险的有效治理带来了挑战。

（五）教育风险波动阶段

教育风险波动阶段，实际风险已经处于消退期，教育风险的扩散路径和扩散面积也已经接近尾声，风险大规模的能量已经不足，风险效应达到了最大化、风险后果充分涌现，风险影响的不确定性减弱，各种利益主体之间的矛盾和诉求也充分显现，风险治理开始介入，相关部门有一定的风险回应，但尚未能完全消除公众的风险质疑，并且可能会涌入新的线索，推动另一波风险的开始。

这一时期，教育风险的主要特征是表现在，其一，教育相关部门初步的风险处置和公众质疑相互交织；其二，风险发生主体和公众质疑的其他风险线索相互交织；其三教育相关部门和风险发生主体之间的权责相互交织。这些主体层面的矛盾交织，导致教育风险并未完全排除，风险形成与风险瓦解的因素处于对峙局面，造成教育风险处于波动阶段，一旦某一方面的势力强过另一方，那么教育风险可能会继续发展和扩散。如果有公众质疑，教育相关部门拿出新的证据和线索，还可能引发新的次生性的教育风险。这种基于风险过程的利益博弈是风险波动阶段持续下去的主要原因。

教育风险的波动，主要体现在教育相关部门的初步风险排查措施的出台之后，但又未能完全地化解风险危机，如浙江大学奴某某犯罪处置事件中，浙江大学党委学生工作部官网7月17日首先公布了一则《浙

---

① 郭洪水：《当代风险治理的系统思维》，《系统科学学报》2016年第3期。

江大学关于给予努××留校察看处分的决定》，指出"根据《浙江大学学生违纪处理办法》（浙大发本〔2017〕119号）第十七条第一款第（三）项的规定，经研究决定，给予努××留校察看处分，期限12个月，自处分决定做出之日起计算，到期可以申请解除。该生对本处分决定如有异议，可在收到处分决定书后10日内，向学校学生申诉处理委员会提出申诉。"① 但这则处分发布后，网络舆情迅速爆发并扩散，21日浙江大学紧急发布公告称，已经留意到网民意见，正在抓紧开展后续调查。这一时期，教育管理的风险进入波动期，网民不断对浙江大学的处分决定和努某某个人的学校行为进行质疑并举证，在收集了众多意见之后，浙江大学31日又发布公告"努某某事件引发网络关注后，学校立即成立专项工作组，依法依规开展调查，对来信来访和网络举报进行了认真核查和取证。现已查实，努某某存在多项违纪违规行为。校学生奖惩委员会根据新查证的事实，按照相关规定和程序提出给予努某某重新处分的建议。应被处分人要求，学校还进行了不利处分听证等程序。听证会上，被处分人对违纪事实无异议。经校务会议慎重审议，依据《浙江大学学生违纪处理办法》（浙大发本〔2017〕119号）第十一条第（二）项、第十七条第一款第（三）项、第三十三条第（三）项第1目的规定，决定给予努某某开除学籍处分"。② 这则公告发出之后，有关努某某的舆情风险事件才得到缓解。从这件风险事件可以看出，风险的波动阶段是风险缓解的前夜，只要有关教育主体能够有效回复公众的质疑，拿出符合各方立场利益的风险排除方案，教育风险的波动阶段也将迅速过去，进入风险的缓解阶段。

教育风险在波动阶段具有极大的不确定性，并不是每个教育风险事件都会进入教育风险的波动期，风险事件的波动阶段或短或长，迅速消散或进一步加剧是教育风险在波动阶段主要的发展形态。风险的波动给风险处置既带来了危机也带来了一定机遇。危机在于，这种不确定性会

---

① 中国教育在线：《浙大回应努某某被留校察看：正研究处理》，https：//baijiahao.baidu.com/s? id＝1672798778672731999&wfr＝spider&for＝pc，2020－7－21，2021－1－08。

② 人民网：浙江大学《给予2016级本科学生努某某开除学籍处分》，http：//zj.people.com.cn/GB/n2/2020/0801/c186327－34198740.html，2020－8－1，2021－1－08。

使风险处置的教育相关部门处于十分被动的局面，大部分只能"见风使舵"，并不能准确预知风险将要弥散的方向和发展态势。机遇在于，风险的波动彰显了教育风险尚有能量未消耗殆尽，教育风险尚未完全排除，民众的质疑信息反而提供了更加全面的线索，如果教育相关部门能够尊重、保护和挖掘线索，将十分有利于教育风险的处置，并且也会塑造政府部门"积极有为"的正面形象。

（六）教育风险缓解阶段

教育风险的缓解与事件的处理速度和社会关注度的减少成正比，如果教育风险得到当事者的及时关注，对风险纠纷、教育矛盾开展快速的解决和问责机制，同时伴随着社会舆情的关注度的减少，教育风险就能得到适时的化解，教育风险的发展将很快进入缓解阶段。教育风险的真正缓解则依靠终极解释，即经过全面的调查之后，用能够使各方利益得到有效调和的风险化解方案，使得风险得到基本平息。

教育风险缓解阶段的主要特征是，其一，教育风险的能量传递得到暂时性终止，教育风险基本得到有效平息。其二，教育风险对教育系统各要素的危害基本停止，教育系统的生态平衡进入恢复阶段。其三，教育风险的关注度逐渐减少，民众对于教育风险所带来的心理不适逐渐消退。这一阶段，教育风险对教育系统和其他社会系统的威胁不复存在，教育风险的能量从波动进入直线式下跌，教育各主体之间的矛盾得到有效调和。

教育风险进入缓解阶段，主要有赖于教育部门和其他相关政府部门对风险的有效管控。如在浙江大学努某某事件中，浙江大学重新进行调查，并修改了处分决定，这一决定得到了社会民众的广泛支持，才使得浙江大学努某某事件的教育风险得以有效缓解。在红黄蓝幼儿园虐童事件中，直到公安机关调查结果通报出来，才给社会一颗定心丸。公安机关对涉嫌虐待被看护人罪的刘某某采取刑事拘留措施，对"群体猥亵幼童"的谣言传播者给予了警告和行政拘留，并将犯罪证据交于检察机关，依法向人民法院提起公诉。这种政府的官方有效通报对于风险进入缓解阶段十分有利，这些举措有效缓解了家校矛盾，以及家长对教育部门的质疑。在西南交通大学毕业班学生陈玉钰保研成绩造假事件中，西南交通大学经过调查发布《关于我校茅以升学院 2016 级学生陈玉钰推免相关问题的调查处理通报》。通报称，经查，时任教务处教务科科长尹帮旭私下接受该校教师陈帆请托为其女陈玉钰在缓考和课程替代中违规擅自操作，致使课程成绩计算错误，从而达到其被推免至更好学校的目的。经学校研究决定，免去尹帮旭现任副处级领导职务，调离管理工作部门，留党察看两年，由管理岗6级降为9级；给予陈帆党内严重警告处分，给予其记过的政纪处分，取消其研究生导师资格；取消陈玉钰推荐免试攻读研究生资格并给予记过处分。[①] 这些处分决定的出台，才正式标志着这场保研造假风险的平息，教育风险得到缓解。

缓解并不是终结，教育风险进入缓解阶段并不代表教育风险的完全消除。教育风险在缓解阶段的特点对教育行政部门和政府其他部门的工作也都提出了更高的要求。一方面，还要继续关注教育相关群体的心理反应，留意教育风险基本解决之后可能出现的副作用，如政府公信力的消解等；另一方面需要继续关注教育风险处置的收尾工作，防止教育风险从缓解阶段回旋进入波动阶段，从而引发次生性风险。

（七）教育风险平复阶段

教育风险经过缓解阶段会进入平复阶段，这一阶段教育相关利益主体的矛盾充分得到解决，教育问责结束，教育风险得到平复，教育系统内部和外部要素回归正确位置，教育生态基本修复。

这一阶段的主要特征是，其一，教育风险基本结束，次生风险爆发的可能极低；其二教育相关部门和公众进入平复反思期，开始谋划新的制度建设来预防教育风险；其三教育风险带给民众的心理不适已经消散。这一阶段，教育风险的传播能量已经耗尽，教育事业进入新的平稳发展阶段。

教育风险的平复期，民众、媒体和教育部门都不应忘记已经过去的教育风险带给社会的震动，加强反思和制度建设为当务之急。比如翟天临学术不端事件之后，教育部进一步加强了对博士学位论文、硕士学位论文的抽检比例，规定对各博士一级学科（博士专业学位类别）的抽

[①] 中国教育在线：《西南交大通报陈玉钰修改成绩保研事件：多名校领导受处分》，https://baijiahao.baidu.com/s?id=1672798778672731999&wfr=spider&for=pc，2020-6-20，2021-1-08。

评比例不低于本一级学科（专业学位类别）博士参评点的20%；各省抽评的硕士学位授权点数量不低于硕士参评点总数的20%；并对专项评估中出现过2个及以上"不合格"或"限期整改"学位授权点的学位授予单位和博士、硕士学位论文抽检中连续3年出现"存在问题学位论文"的学位授权点及所在单位以及发生学术不端或师德师风学风事件，造成较大社会影响的学位授予单位加大抽查比例。① 除此之外，还着重健全预防和处置学术不端的机制，加大对学术不端、学位论文作假行为的查处力度，层层压实责任，强化日常监督，对学术不端行为坚决露头即查、一查到底、有责必究、绝不姑息，实现"零容忍"，依法依规从快从严查处。并对连续或多次出现"存在问题学位论文"的学位授予单位和学位授权点，加大对涉事单位主要负责人约谈力度，视情况开展专项检查、核减招生计划、暂停直至撤销相关学位授权。对于情节严重、无法保证研究生教育质量的学科或专业学位类别，坚决撤销学位授权。对问题严重的培养单位，视情况限制申请新增学位授权。② 并且联合国务院学位委员会将学位论文作假行为作为信用记录，纳入全国信用信息共享平台。③ 这一系列的举措，可以足见教育部门在翟天临论文事件之后对学术不端教育风险制度建设的及时弥补，这些措施将有力地防止新的学术不端教育风险的爆发。

教育风险的平复期，是教育行政部门进行教育风险反思、总结和新制度建设的关键期。其一是总结反思，一方面因为教育矛盾平复，外界干扰进一步减少，另一方面，因为刚刚过去的教育风险还历历在目，能够趁热打铁，及时将教育风险的潜伏、萌芽、爆发、扩散、波动、缓解和平复各阶段的特点、表现以及应对举措进行清晰梳理和反思。其二是

---

① 国务院学位委员会：《教育部关于开展学位授权点合格评估抽评工作的通知》，http://www.moe.gov.cn/srcsite/A22/yjss_xwgl/moe_818/201905/t20190509_381291.html，2019-4-9，2021-1-08。

② 《教育部办公厅关于进一步规范和加强研究生培养管理的通知》，http://www.moe.gov.cn/srcsite/A22/moe_826/201904/t20190412_377698.html，2019-3-4，2021-1-08。

③ 国务院学位委员会：《教育部关于进一步严格规范学位与研究生教育质量管理的若干意见》，http://www.gov.cn/zhengce/zhengceku/2020-09/28/content_5548010.htm，2019-9-25，2021-1-08。

新制度建设，反思不足之后及时进行制度的完善，亡羊补牢，防止新的教育风险的发生。但教育风险平复期需要警惕的是掉以轻心，如果不能够及时进行新的制度建设，一方面民众会怀疑政府处置风险事件的能力和水平，另一方面将给新的教育风险的发生提供可乘之机。

第三节 例析教育风险生成与演化机理[①]

一 基础教育风险的生成与演化研究

（一）研究方法与工具

基于扎根理论，从微观视角切入，分析基础教育领域存在的风险点及其形成机制。制定了科学的访谈提纲，采用目的性抽样的方式，随机邀请江苏和江西两省 22 位中小学校长参与深度访谈，访谈对象的基本情况见表 4-1。

表 4-1　　　　　　　　访谈对象的基本情况

编号	性别	年龄	学校类别	学校区位（省）	职务	任职时间
P01	男	42 岁	中学	江苏	校长	1 年
P02	男	50 岁	中学	江苏	校长	5 年
P03	男	36 岁	中学	江苏	副校长	1 年
P04	男	44 岁	中学	江苏	副校长	2 年
P05	男	57 岁	中学	江苏	校长	20 年
P06	男	48 岁	中学	江苏	校长	4 年
P07	男	52 岁	中学	江苏	校长	9 年
P08	男	42 岁	中学	江苏	校长	若干年
P09	男	46 岁	中学	江苏	校长	4 年
P10	男	46 岁	小学	江苏	校长	1 年
P11	男	45 岁	中学	江西	校长	15 年

[①] 田杰、康琪琪、余秀兰、倪娟：《中小学校长为何望"险"兴叹？——基础教育领域风险形成及治理困境研究》，《教育科学研究》2021 年第 3 期。

续表

编号	性别	年龄	学校类别	学校区位（省）	职务	任职时间
P12	男	52 岁	中学	江西	校长	2 年
P13	男	45 岁	小学	江西	校长	若干年
P14	男	45 岁	小学	江西	校长	4 年
P15	男	48 岁	中学	江西	校长	2 年
P16	男	48 岁	中学	江西	校长	14 年
P17	男	51 岁	中学	江西	校长	7 年
P18	女	45 岁	小学	江西	校长	4 年
P19	女	49 岁	小学	江西	校长	16 年
P20	女	46 岁	小学	江西	校长	若干年
P21	男	40 岁	小学	江西	校长	8 年
P22	男	45 岁	小学	江西	校长	20 年

为便于资料的整理和呈现，提高质性研究的严谨性和可信度，使用 NVivo12 软件进行分析。在编码过程中，首先讨论并制定出严格的编码标准，然后由两名研究者使用双盲法对访谈资料同时编码。最后通过 NVivo12 软件中的"编码比较"功能，得到 22 份访谈材料在 5 个维度的"编码一致百分比"在 83.03% 至 100%，表明编码具有很好的信度。为保证研究效度，研究者充分重视研究的真实性与可靠性，访谈之前反复讨论并制定访谈提纲，访谈之中与中小学校长建立信任关系，告知其研究目的，打消他们的疑虑，研究过程中不断反思和追问研究结果的科学性。

（二）生成机理及分析

1. 主要风险点分析

（1）教育风险点的总体描摹

词频分析通过特定词汇或句子在资料中出现的频次高低，反映研究主题相关方面的趋势和特点。词语云中字号大小代表该词在文本资料出现的频次，字号越大，出现次数越多，反之亦然。通过对 22 份材料的词频分析，剔除一些无意义词汇（介词、代词等），同时参照"齐普夫第二定律"，将出现 40 次以上的词作为高频词列出（见表 4-2），同时生成直观的词语云，如图4-2所示。

表4-2　　　　　　　　　　词频统计结果

高频词	频数	加权百分比（%）	高频词	频数	加权百分比（%）
学校	482	4.54	质量	64	0.60
问题	418	3.94	工资	62	0.58
老师	278	2.62	事件	56	0.53
学生	236	2.22	教学	56	0.53
安全	228	2.15	举报	54	0.51
家长	168	1.58	地方	54	0.51
事情	150	1.41	政策	54	0.51
教育	120	1.13	情况	52	0.49
担心	114	1.07	国家	48	0.45
教师	110	1.04	压力	46	0.43
校长	110	1.04	稳定	44	0.41
孩子	96	0.90	管理	44	0.41
心理	96	0.90	风险	44	0.41
社会	90	0.85	工作	42	0.40
政府	80	0.75			

图4-2　词语云

根据词频表和语云图,"老师""学生""家长""政府"等词出现的频次都在150次以上,是校长担心的风险点主体;校长担心的主要风险点包括"教育""心理""质量""教学"等。从"压力""稳定""风险"等词大致可以看出校长担心的主要原因。但词频分析和词语云仅能粗略地反映整体趋势,无法展现词语之间的关联性及其在具体语境下的构念。依照扎根理论的基本原理,借助NVivo12对访谈资料进行开放编码、主轴编码和核心编码,最终得到"校园安全""学校发展""政策实施""群体性上访"和"网络舆情"五个核心维度(见表4-3)。

表4-3　　　　　　校长担心的风险点编码结果

开放编码	主轴编码	核心编码	材料来源数（N=22）
突发性疾病、交通事故、溺水、玩耍打闹受伤、砸伤等	意外事故（33）	校园安全（71）	22
身体健康、心理健康、自杀、网瘾、暴力、打架斗殴等	身心健康（29）		
学校食堂食物中毒、食物采购质量、校外流动摊点等	食品安全（9）		
专业技能培训、师风师德、有偿家教、体罚学生、不公平对待学生等	教师发展（21）	学校发展（52）	17
教学质量、教学事故、教学研究、教学经验、教学考评等	教学质量（15）		
后勤管理、基础设施建设、廉政建设、学校资源配置等	内部管理（12）		
教师队伍流动、教师招聘、教师工资发放等	师资稳定（4）		
绩效工资、补课制度、行政事务进校园等	政策落实（22）	政策实施（34）	10
资金支持、专业人员配备等	政策支持（12）		

续表

开放编码	主轴编码	核心编码	材料来源数（N=22）
纪检委举报、民生投诉等	举报上访（12）	群体性上访（22）	11
校闹事件、施压换老师等	群体性事件（10)		
社会放大、舆论攻击、舆论失焦等	舆论爆发（16）	网络舆情（18）	8
应对媒体、沟通处理、非专业公关等	舆论应对（6）		

注：括号里面的数字代表参考点数，表示在某一节点的编码数量。

根据编码结果，所有校长均提及校园安全问题，如师生身心健康、意外事故、食品安全等。有 17 位校长提及师资稳定、教学质量和内部稳定等学校发展问题。校长也担心政策实施与顶层设计之间存在落差，害怕发生群体性事件和上访问题，这些都是校园管理中的风险点，一旦发生，就会带来严重的连锁反应。此外，有 8 位校长担心网络舆情，认为舆情爆发会给学校带来很多麻烦。

(2) 中小学的风险点差异

本研究利用 NVivo12 中"矩阵编码分析"，比较基础教育领域校长担心的风险点类型。我们将 22 位校长所处的学校类型属性划分为"小学"（N=8）、"中学"（N=14），与校长担心的核心主题参考点数进行矩阵式排列，采取纵向百分比的形式直观地显示中小学风险点差异，见表 4-4。

表 4-4　　　　　　　　中小学风险点比较

主题	小学	中学
群体性上访	6.69%	18.64%
网络舆情	24.51%	7.82%
校园安全	30.92%	22.85%

续表

主题	小学	中学
学校发展	8.62%	25.82%
政策实施	29.27%	24.87%

与中学校长相比，小学校长更担心校园安全，主要因为小学生身心发展尚不成熟，他们的风险识别、避险和防卫能力都比较薄弱，极易出现安全事故。小学校长也更担心网络舆情风险，这或许是因为小学生是社会关注的主体，更有可能引发网络舆情风险。相较于小学校长，中学校长更担心学校发展风险，主要是由于中学面临中高考升学和成绩排名压力，家长和社会对教学质量的要求较高，再加上中学规模大，在学校和内部人员管理上有更多困难。中学校长更担心由教学质量与规范性办学引发的群体性上访风险。

2. 教育风险的生成机理

根据上述分析，校长最担心校园安全、学校发展、网络舆情、政策实施和群体性上访，但是校长为什么会担心这些风险点，担心的背后反映了什么样的风险形成机制？基于扎根理论，得出了教育风险的生成机理，如图4-3所示。

情理与法理的冲突。中小学校长之所以最担心校园安全，一方面是因为校园安全很重要，也极易出现问题；另一方面是由于现阶段我国依然存在权责模糊问题，一旦出现校园安全事故，学校作为弱势一方往往无力承担责任，就有可能引发"校闹"或群体性上访，致使校长被问责。在这样的逻辑链条推衍下，校长时刻绷紧安全弦，承受很大的心理压力，担心潜在的风险爆发，造成无法挽回的后果。校长在处理校园安全事件时，还无法挣脱法理与情理的矛盾羁绊，难以做出抉择。我国虽然有专门处理校园安全事故的法律条文，但实际发生安全事件时，生命至上的情理便居于上风，校长自然人和法人的双重身份属性限制了校长风险治理的"拳脚"，使他们在应对校园安全事件时捉襟见肘，承担一些非法律规定的责任。

工具理性与价值理性的矛盾。学校发展是校长的中心工作，特别是

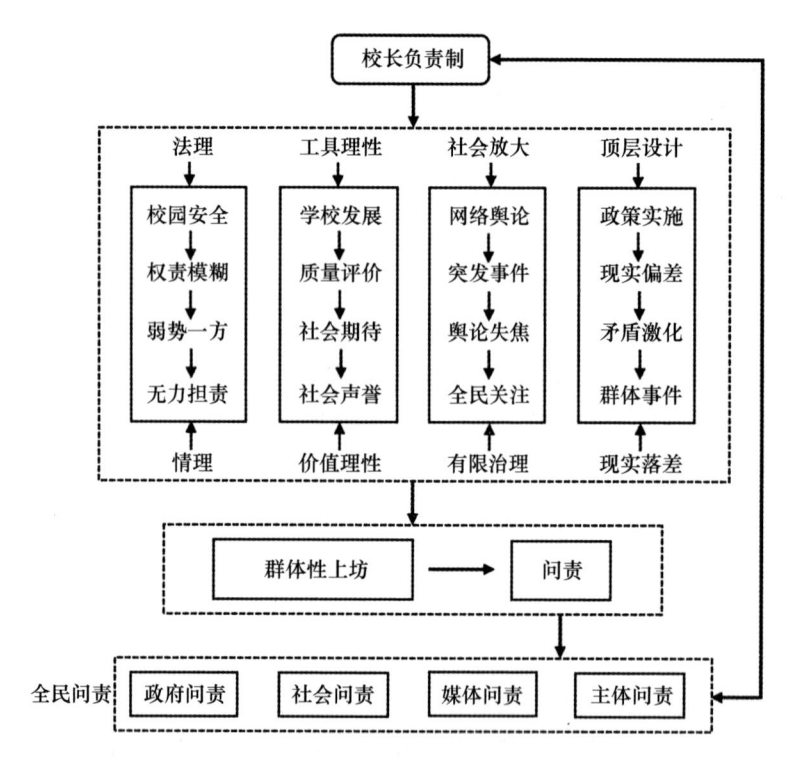

图 4-3 教育风险生成机理

在"质量时代",社会对教学质量的要求更高,给予学校独立发展的空间越来越小。再加上办学质量评价的刚性指标,倘若学校的教育质量无法满足社会期待,就会影响学校的声誉,校长也会因此受到各方主体的质疑和问责。在这样的涟漪效应下,校长需要承受更大的办学压力。在实际办学过程中,地方政府对学校发展绩效的期望往往是模糊甚至矛盾的,应对绩效评价的"应试教育"与学生全面发展的教育理念相悖。工具理性和价值理性的根本对立使校长面临更多的学校发展风险,甚至成为他们的"卡脖子"问题。校长是应该追逐"成绩 GDP"的步伐,抑或是坚定"立德树人"的发展理念,往往需要做出艰难抉择,如何在工具理性和价值理性的对立中寻找平衡点,是每一位校长需要考量的重要问题。

社会放大与有限治理的抵牾。新媒体时代的舆论环境复杂多变，网络放大并加速微小事件传播，使其走向变得难以预测和把控。学校危机事件往往带有很强的视觉形象，极易吸引网络媒体关注，传播中也可能会被戏剧性报道，产生社会放大效应，社会大众在接收信息时也会出现偏误。在这种情况下，舆情演化的繁杂过程容易触发连锁反应，"牵一发而动全身"。学校突发事件在网络舆情的渲染和发酵下，会造成舆论失焦，突破风险潜伏阶段，冲出校园围墙，演变成社会大问题，引起全民关注。与风险扩散相矛盾的是中小学校长的有限治理能力，校长无法有效治理扩散至整个社会的网络舆情，更无法在短时间内扑灭舆情大火。这种难以调和的矛盾又成为风险扩大的触发点，随之而来的就是风险急剧扩散，各种谣言甚嚣尘上，群体性事件爆发，校长作为第一责任人被问责。

顶层设计与现实落差的对立。教育政策对学校办学具有导向作用，但上级教育政策自上而下的制定过程和现实情况中价值和利益主体的多元性，使政策在落实过程中可能会产生现实偏差。校长需要将政策与相关主体的期望相匹配，并与学校自身发展需求相协调。在实施中期望与利益会产生分歧，激化潜在矛盾，再加上政策实施环境的不确定性和效果的滞后性，可能会造成群体性事件，甚至引发全民关注。尽管校长在政策落实时试图响应政府要求，但顶层设计与现实落差之间的巨大张力使其被众多利益矛盾所拉扯。一旦出现问题，校长就会"腹背受敌"，面临各个主体的问责。尽管权力有限，校长仍要承担责任，向上级部门解释、安抚相关群体，平息事态，稳定秩序。

串联并发与蝴蝶效应的迭代。中小学校长非常担心群体性上访问题，无论是由于利益纠纷向学校施压的行为，还是学生、家长或教师的举报和上访行为等都会给他们带来很大困扰。群体性上访通常会受到校园安全、学校建设、网络舆情和政策落实等风险点的诱导，具有波及范围大、造成后果严重、影响持久、实际处理复杂等特点。[29] 出现群体性上访事件后，校长很大程度上会被问责。为求稳定，校长迫于压力与家长进行周旋，与政府进行谈判，最终只能采取息事宁人的方式解决危机事件。

基于上述分析发现，校长负责制下校长负责学校风险的防治，但当前教育风险形成过于复杂，危机事件一旦发生，就会像"多米诺骨牌"一样，触发更多的风险点。在这样的情况下，将教育风险责任过于狭隘地集中在校长身上更多是问责制和政治合法性，而不是有效防治教育风险。中小学校长在双责制的夹缝中生存，没有清晰的免责条文规避个人可能遭遇的风险。一方面，校长有责任防控教育风险，时刻做好打"攻坚战"的准备；另一方面，校长权力十分有限，很难凭一己之力治理风险，更无力担负由此衍生的责任。面对上级部门的问责甚至是全民问责，校长只能望"险"兴叹。

二 "校闹"危机的生成与演化机理[①]

发生校园纠纷，一些人并非采用合法方式解决问题，而是拿起"弱者的武器"——"闹"，制造事端，上演一出出闹剧。如2018年12月，河南省柘城一学校学生与同学发生冲突，被拉开后突然倒地猝死，家长到校门口拉起横幅，扰乱学校秩序；2019年6月，安徽省铜陵某教师因课上制止学生纠纷被打，在被认定无过错情况下仍被要求公开道歉和赔偿，最后在悲愤中投江自杀。这些"校闹"事件一次次挑战公平正义的底线，刺痛社会大众的神经。如何规避危机事件扩大为"校闹"是学校及教育部门最关切的事情之一。特别在风险高发社会，"校闹"已成为教育风险治理中最薄弱的一环。尽管我国出台了相关法律整治"校闹"，但效果并不乐观，原因在于尚未厘清"校闹"的形成机理，无法真正抽薪止沸。"校闹"是危机事件扩大的结果，倘若规避危机事件扩大，便可将其解决于萌芽状态。

（一）研究设计

1. 研究方法

"校闹"产生于复杂的情境，传统研究方法无法分析"校闹"产生的不同前因条件构型。本章使用定性比较分析方法探究危机事件是否扩大为"校闹"的不同模式和逻辑机制。

首先，采用访谈法建立案例库。通过访谈江苏和江西两省22位中

[①] 田杰、康琪琪、余秀兰：《抽薪止沸之际：什么样的危机事件扩大为"校闹"？——基于24个学校案例的定性比较分析》，《教育科学研究》第11期。

小学校长，了解他们近年来处理的典型危机事件。然后，使用 NVivo12 软件提炼危机事件是否扩大为"校闹"的前因条件。编码由两名研究者使用双盲法同时进行，7 个维度的"编码一致百分比"在 87.32%—100%，结果具有良好的信效度。最后，运用定性比较分析方法获取危机事件是否会扩大为"校闹"的条件组态。定性比较分析方法是美国学者查尔斯 C. 拉金（Charles C. Ragin）于 20 世纪七八十年代开创的、基于组态比较的跨案例研究方法，致力于探索哪些前因条件的组合引起预期结果出现或缺乏的复杂性因果问题，包括清晰集定性比较分析（csQCA）、模糊集定性比较分析（fsQCA）和多值集定性比较分析（mvQCA）。本章中的前因条件主要是存在或者不存在，结果变量是危机事件扩大或者不扩大为"校闹"，属于典型的二分变量，适合使用清晰集定性比较分析方法。

2. 数据来源

遵循符合危机事件的定义范畴、有清晰完整的故事链、案例内容真实可靠、具有时效性、有明确的处理结果的案例筛选原则，从 22 位中小学校长近年经历的典型危机事件中甄选出 24 个危机事件案例（表 4-5），12 个危机事件扩大为"校闹"，12 个危机事件未扩大为"校闹"。

表 4-5　　　　　　　　　　危机事件案例库

编号	时间	事件名称	结果	编号	时间	事件名称	结果
1	2019 年	学生意外猝死	未扩大	13	2015 年	学生服毒自杀	扩大
2	2019 年	学生意外受伤	未扩大	14	2013 年	学生校外跳楼	扩大
3	2016 年	赴美访学交通事故	未扩大	15	2018 年	学生意外摔伤	扩大
4	2019 年	学生意外猝死	未扩大	16	2019 年	家长联合换老师	扩大
5	2018 年	家长联合换老师	未扩大	17	2017 年	学生跳楼自杀	扩大
6	2019 年	学生意外受伤	未扩大	18	2015 年	学生自杀未遂	扩大
7	2019 年	学生校外交通事故	未扩大	19	2019 年	学生意外受伤	扩大
8	2019 年	学生意外摔伤	未扩大	20	2017 年	学生暑假溺亡	扩大
9	2019 年	学生意外骨折	未扩大	21	2019 年	学生意外受伤	扩大
10	2018 年	学生意外受伤	未扩大	22	2019 年	学生意外受伤	扩大
11	2018 年	家长联合换老师	未扩大	23	2019 年	教师联合涨工资	扩大
12	2018 年	家长联合换老师	未扩大	24	2019 年	家长联合换老师	扩大

3. 确定前因条件

使用 NVivo12 软件编码获得危机事件是否扩大为"校闹"的前因条件。具体步骤为：(1) 将 24 个案例批量导入 NVivo12 软件；(2) 划分类属，形成开放编码，如"购买保险""风险排查"等；(3) 归纳类属概念，形成主轴编码，如将"风险预案""风险研判"等归为"风险管理"；(4) 建立核心类属，最终得到"风险管理""应急管理""行为主体价值取向""社会不良示范""舆论助推""沟通效度"和"损失程度"七个核心维度（表4-6）。

表4-6　　　　　　　　　编码结果

开放编码	主轴编码	核心编码	材料来源数
购买保险、制定预案、专业培训演习等	风险预案（14）	风险管理（33）	14
风险科学评估、安全教育、风险排查等	风险研判（14）		
安装监控、竖立警示牌、配备急救设施等	管理设施（5）		
及时应对、紧急救治、程序规范等	处理机制（21）	应急管理（47）	18
生命至上、安抚家长、陪同救治等	人情关怀（16）		
公安介入、政府干预、律师支持等	第三方干预（10）		
爱闹事、反应激烈、态度恶劣等	主体情绪态度（8）	行为主体价值取向（27）	20
不讲道理、搬弄是非、谋取私利等	主体价值观念（19）		
成为惯例、遇事就闹等	闹大案例效仿（3）	社会不良示范（5）	4
当地共识、不良风气影响等	当地惯习传统（2）		

续表

开放编码	主轴编码	核心编码	材料来源数
捕风捉影、加快传播等	媒体报道（5）	舆论助推（11）	8
发帖、朋友圈传播等	网络扩散（6）		
及时沟通、积极回应等	主动交涉（19）	沟通效度（28）	14
讲清道理、反复解释等	理性沟通（9）		
突发疾病、自杀、溺水等	意外死亡（7）	损失程度（25）	24
打闹受伤、体育课摔伤等	意外受伤（12）		
教学质量问题、教师绩效工资等	切身利益受损（6）		

注：括号里面的数字代表参考点数，表示在某一节点的编码数量。

4. 变量标准与赋值

（1）确定变量及赋值标准

首先参阅大量文献、多次讨论后拟定赋值标准，其次召开小组座谈会广泛征集意见和建议，最后咨询两名专家的意见，再次修订，形成最终赋值标准（表4-7）。

表4-7　　　　　　　　　赋值标准

变量类型	变量名称	参考项	赋值依据	赋值
结果变量	扩大为"校闹"	实施行为和冲突程度	实施不合法行为、扰乱学校秩序、矛盾冲突激化	1
	未扩大为"校闹"		未实施不合法行为、未扰乱学校秩序、矛盾冲突未激化	0

续表

变量类型	变量名称	参考项	赋值依据	赋值
前因条件	风险管理	有无明确的防控风险预案、判断和设施	有明确的防控风险预案、判断和设施	1
			无明确的防控风险预案、判断和设施	0
	应急管理	有无明确的危机应对机制、关怀和干预	有明确的危机应对机制、关怀和干预	1
			无明确的危机应对机制、关怀和干预	0
	行为主体价值取向	行为主体的情绪态度和价值判断	行为主体情绪平稳、价值判断理性	1
			行为主体情绪激进、价值判断不理性	0
	社会不良示范	是否有"闹就赔偿"先例和不良风气	有"闹就赔偿"先例和不良风气影响	1
			无"闹就赔偿"先例和不良风气影响	0
	损失程度	是否遭受死亡等不可逆性损失	遭受死亡等不可逆性损失	1
			未遭受死亡等不可逆性损失	0
	舆论助推	网络媒体是否负面助推	网络媒体负面助推	1
			网络媒体未负面助推	0
	沟通效度	是否开展解决问题的有效沟通	开展解决问题的有效沟通	1
			未开展解决问题的有效沟通	0

（2）构建真值表

严格依照赋值标准，反复商讨修订，确定最终赋值结果，并构建真值表（表4-8）。

表4-8　　　　危机事件是否扩大为"校闹"真值表

前因条件							案例个数	结果
风险管理	应急管理	行为主体价值取向	社会不良示范	损失程度	舆论助推	沟通效度		
0	0	0	0	0	0	0	2	1
1	1	0	1	1	0	0	2	1
0	1	0	0	0	1	0	2	1
1	0	0	0	0	0	0	1	1
0	0	0	0	1	0	0	1	1

续表

| 前因条件 ||||||| 案例个数 | 结果 |
风险管理	应急管理	行为主体价值取向	社会不良示范	损失程度	舆论助推	沟通效度		
0	1	0	0	1	0	0	1	1
0	0	0	0	0	1	0	1	1
1	1	0	0	0	1	0	1	1
0	1	0	1	0	1	0	1	1
1	1	0	0	0	0	1	2	0
1	1	1	0	0	0	1	2	0
1	1	0	0	0	0	0	1	0
1	1	1	0	0	0	0	1	0
1	1	0	1	1	0	1	1	0
1	0	0	0	0	0	1	1	0
0	1	0	0	0	0	1	1	0
1	1	1	0	1	0	1	1	0
1	1	1	1	0	0	1	1	0
0	1	0	0	0	1	1	1	0

（二）分析结果

1. 单变量必要性分析

通过单变量必要性分析，判断危机事件扩大或不扩大成"校闹"的必要条件（表4-9）。学界使用一致性（consistency）衡量前因条件对结果变量的必要程度，一般来说，一致性大于0.8表明该前因条件为结果变量的充分条件，大于等于0.9表示其为结果变量的必要条件。覆盖率（coverage）反映前因条件对结果变量的解释力度，覆盖率越大，前因条件对结果变量的解释力度越大。结果表明，~行为主体价值取向和~沟通效度是危机事件扩大为"校闹"的必要条件，应急管理和~社会不良示范是不扩大为"校闹"的必要条件。

表 4-9　　　　　　　　　单变量必要性分析结果

前因条件	扩大为"校闹" 一致性	扩大为"校闹" 覆盖度	未扩大为"校闹" 一致性	未扩大为"校闹" 覆盖度
风险管理	0.333333	0.285714	0.833333	0.714286
~风险管理	0.666667	0.800000	0.166667	0.200000
应急管理	0.583333	0.388889	0.916667	0.611111
~应急管理	0.416667	0.833333	0.083333	0.166667
行为主体价值取向	0.000000	0.000000	0.500000	1.000000
~行为主体价值取向	1.000000	0.666667	0.500000	0.333333
社会不良示范	0.250000	0.750000	0.083333	0.250000
~社会不良示范	0.750000	0.450000	0.916667	0.550000
损失程度	0.333333	0.571429	0.250000	0.428571
~损失程度	0.666667	0.470588	0.750000	0.529412
舆论助推	0.416667	0.714286	0.166667	0.285714
~舆论助推	0.583333	0.411765	0.833333	0.588235
沟通效度	0.000000	0.000000	0.750000	1.000000
~沟通效度	1.000000	0.800000	0.250000	0.200000

注：:"~"在定性比较分析中表示逻辑"非"，即该条件不存在时对结果的影响，下文同。

2. 组态分析

上述分析表明，单个前因条件对结果的解释力较弱，需分析危机事件扩大和未扩大为"校闹"的组态，并对发现的路径命名，这些不同组态表示实现同一结果的不同路径。

（1）扩大为"校闹"的组态分析

表 4-10 的组态结果显示，危机事件扩大为"校闹"的路径都包含~行为主体价值取向和~沟通效度，它们也是危机事件扩大为"校闹"的必要条件。因此，下文分析默认"校闹"驱动机制都包含这些要素，不再对其进行赘述。基于布尔运算基本原理并根据相似条件和交叉案例将相似路径模型化组合，归纳出危机事件扩大为"校闹"的三种模式。

表4-10　　　　　　　　　扩大为"校闹"的组态

前因条件	扩大为"校闹"的组态					
	1		2		3	
	1a	1b	2a	2b	3a	3b
风险管理		⊗		⊗	⊗	●
应急管理	⊗	⊗	●	●		●
行为主体价值取向	⊗	⊗	⊗	⊗	⊗	⊗
社会不良示范	⊗	⊗	⊗	⊗	⊗	●
损失程度	⊗	⊗	⊗	⊗	●	●
舆论助推	⊗		●	●	⊗	⊗
沟通效度	⊗	⊗	⊗	⊗	⊗	⊗
一致性	1	1	1	1	1	1
原始覆盖度	0.25	0.25	0.25	0.25	0.17	0.17
唯一覆盖度	0.08	0.08	0.08	0.08	0.17	0.17
总体一致性	1						
总体覆盖度	1						

注：● = 核心条件存在，⊗ = 核心条件缺席，● = 辅助条件存在，⊗ = 辅助条件缺席，"空格"表示该条件可存在亦可不存在，下文同。

① 消极管理型

这种构型包含 1a 和 1b 两个类似的子模式，共同之处是缺少必要的风险和应急管理，反映了无不可逆性损失之下，由于学校管理不到位，再加上行为主体价值取向消极及双方沟通效度差，危机事件扩大为"校闹"，这是"校闹"产生的典型情况。学校风险和应急管理不健全甚至缺位是滋生"校闹"的温床，如果遇到不明事理的行为主体极易沟通失败，导致事态扩大。以案例 21 为例，学生在体育课上意外受伤，任课教师没有第一时间紧急救治致使学生伤势加重，同时家校沟通不到位，家长情绪失控，责怪学校管理不到位，再加上后续处理过程中双方沟通效度差，矛盾不断激化，最终扩大为"校闹"。

② 舆论助燃型

该类型包含 2a 和 2b 两条相似路径：在学校风险和应急管理到位以及危机事件未产生不可逆性损失的情况下，行为主体价值取向消极，媒体舆论助推,加速危机事件扩散传播,导致矛盾冲突不断升级,最终导致"校闹"。这可以用社会燃烧理论阐释:不对称性主导下社会舆论的放大和变异是"助燃剂",社会矛盾和外界对学校的高度关注是"燃烧物质",在具体冲突的"导火索"引燃下扩大并引发结构性失序。如案例24所示,尽管学校积极做好新教师的培养和管理工作,但由于家长对学校教育不信任,校方多次与其沟通未果,家长为达到更换老师的目的,不惜传播网络谣言,甚至丑化该老师,舆论助燃最终导致家长聚众闹事、上访教育局,造成恶劣的社会影响。

③高损匹配型

此模式包含3a和3b两种子路径,显示了危机事件造成的不可逆性损失与学校管理不到位或社会不良示范组合产生"校闹"的情形。第一条子路径是不可逆性损失产生后,尽管没有舆论助推和社会不良示范,但由于学校管理存在漏洞,行为主体价值取向消极很难与学校开展有效沟通,最终选择激进方式解决问题。第二条子路径是不可逆性损失出现后,尽管学校管理到位,也没有出现舆论助推,但当地"只要闹就赔偿"的不良风气使行为主体在投机心理驱使下实施"校闹"。譬如案例20,尽管学校明令禁止学生下河游泳,多次开展防溺水安全教育活动,且与家长签订安全责任书,但由于当地政府惯用息事宁人的方式处理"校闹",即使学生在暑假期间溺水死亡,家长也心存侥幸闹事索要赔偿。

(2)未扩大为"校闹"的组态分析

本章也分析了危机事件未扩大为"校闹"的组态(表4-11),学校管理到位和~社会不良示范是危机事件不扩大为"校闹"的必要条件,同理得到危机事件未扩大为"校闹"的三种模式。

表4-11　　　　　未扩大为"校闹"的组态

前因条件	未扩大为"校闹"的组态				
	1		2		3
	1a	1b	2a	2b	
风险管理	●	●	●	⊗	●
应急管理	●	●	●	●	●

续表

前因条件	未扩大为"校闹"的组态				3
	1		2		
	1a	1b	2a	2b	
行为主体价值取向		●	⊗	⊗	●
社会不良示范	⊗		⊗	⊗	⊗
损失程度	⊗	●	⊗	⊗	●
舆论助推	⊗	⊗			●
沟通效度		●	●	●	⊗
一致性	1	1	1	1	1
原始覆盖度	0.50	0.17	0.25	0.17	0.08
唯一覆盖度	0.33	0.17	0.08	0.17	0.08
总体一致性	1				
总体覆盖度	1				

①耦合消减型

这种构型包括1a和1b两个子路径，是危机事件处理的最理想状态，即学校风险和应急管理到位，降低事态进一步恶化的可能性；当地社会风气正，没有舆论的负面助推，为双方开展有效沟通创造了极佳条件，在内外因素的耦合作用下，不利因素的影响被削弱，积极因素的作用被增强，事态不致扩大。如案例1，学生意外猝死，教师及时在位并立即启动应急预案进行紧急救治，领导迅速到位联系家长，全程陪护了解具体情况，及时表示人文关怀。整个危机事件处理过程没有舆论助推，家长通情达理，对学校的处理工作比较满意，事件得到有效解决。

②沟通攻坚型

该类型包括2a和2b两个子模式，表明在风险和应急管理工作到位之时，即使行为主体价值取向不当，态度激进并希望获得不正当利益，学校仍能通过卓有成效的沟通策略缓和行为主体的过激情绪，打消其实施"校闹"的念头。刚性沟通容易诱发当事人消极情绪的强力反弹，而柔性沟通风格在弱化矛盾和舒缓冲突中更有助于解决问题。危机事件发生后，倘若学校能通过有效沟通说服行为主体转变思想观念，充分信任学校，愿意以平等协商的方式处理纠纷，能在很大程度上防止事态扩大。正如案例12，学生家长联合向学校施压换老师，学校针对他们提出的问题，通过调研、与家长约谈、摆事实讲道理等规范程序积极回应，最终说服家长，达成共识，有效阻断"校闹"发生。

③理性减震型

此模式表明，尽管危机事件给行为主体造成了不可逆性损失，并伴有舆论消极助推，但由于行为主体价值取向理性，意识到学校在尽力做好风险和应急管理工作的情况下应对意外事件承担有限责任，削弱了不可逆性损失带来的巨大冲击。再加上学校风险和应急管理工作到位，当地无社会不良风气，行为主体没有选择通过"闹大"的方式解决纠纷，危机事件未扩大为"校闹"。如案例3，学生在访学过程中发生意外事故，学校立刻启用应急机制处理后续问题，及时对当事人表示人文关怀，即使造成了不可逆性损失，舆论传播广泛，但家长知情达理，并未实施"校闹"。

3. 稳健性检验

为避免条件组态充分性分析的偶然性，需要对分析结果进行稳健性检验。本文采用集合论特定方法中的剔除案例法对组态分析结果进行稳健性检验。通过随机剔除四个案例，发现前因条件的必要性分析结果只有个别前因条件略有变化，最终结果无本质变化，组态分析结果相同或为未剔除前组态的子集，表明研究结果稳健。

（三）分析和讨论

危机事件是否扩大为"校闹"由多种因素组合所致，其中有些因素是学校可以有所作为的，如管理、沟通方面的改进，而有些因素则是学校无能为力的，如危机事件的损失程度、行为主体价值取向，这些不可控因素出现后，是否一定会发生"校闹"？同时，学校做好管理工作，是否就可高枕无忧，不会发生"校闹"？需要进一步分析和讨论。

1. 不可逆性损失就会导致"校闹"？

不可逆性损失主要由校园安全类危机事件所致，极易诱发"校闹"。部分家长法律意识淡薄，将责任"一刀切"归于学校，把不可逆性损失当作获利的手段，通过极端方式扩大事态。但本研究案例库中，造成不可逆性的危机事件有将近一半未扩大为"校闹"，QCA 分析结果也表明不可逆性损失与消极学校管理或社会不良示范组合才会诱发"校闹"。由此可见，单一的不可逆性损失并非"校闹"产生的充分必要条件，完善的风险和应急管理及有效沟通是削弱不可逆性损失冲击的必要手段。学校可以通过管理工作预防或减少危机事件可能造成的损失，有效沟通可以降低危机事件中的不利影响，推动事情和平解决。出现不可逆性损失，学校应重视它与其他因素的共振与迭代，做好风险和应急管理，最大限度地减少校方管理不当的责任，同时开展有效沟通与行为主体达成和解，避免事态扩大。

2. 非理性行为主体就会实施"校闹"？

经验表明，"校闹"实施主体通常是轻率的、冲动的或非理性的，会通过非制度化的过激方式解决纠纷。本研究也证实，行为主体价值取向消极是危机事件扩大为"校闹"的必要条件，但未扩大为"校闹"的案例中有一半的行为主体价值取向消极，表明尽管非理性行为主体与危机事件扩大为"校闹"的关联性较高，但并不足以成为其实施"校闹"的充分必要条件，沟通攻坚型即是例证。毋庸置疑，遇到理性行为主体有助于危机事件的处理，但在现实中，绝大多数行为主体在切身利益受损时都是不理性的。为此，学校要特别关注行为主体价值取向与其他条件的串联并发，采取恰当方式应对危机事件。行为主体价值取向无法在一朝一夕之间转变，但学校在与不理性行为主体交涉时，可以尝试"软"沟通策略，扭转他们的错误认知，减少他们对学校的不信任，审慎处理危机事件，切忌不顾法律原则以"花钱买平安"的方式平息事态。

3. 学校管理到位就不会出现"校闹"？

学校风险与应急管理到位有助于减少损失和次生危机。研究发现，那些未扩大为"校闹"的危机事件存在共性，即学校管理到位，但它只是危机事件不扩大为"校闹"的必要不充分条件，"校闹"的产生不仅涉及学校管理问题，还关涉一些难以把控的因素，如损失程度、媒体舆论介入、社会不良示范等。风险的不确定性是学校危机事件爆发的根源，即使学校做好管理工作，也无法完全避免危机事件的发生和扩大。本章一些案例也证实了这一点，虽然学校风险和应急管理到位，但是行为主体价值取向不理性，再加上社会不良示范和舆论消极助推，危机事件最终扩大为"校闹"。这表明，学校管理到位是阻止危机事件向失控状态发展的必要条件，行为主体价值取向、沟通效度、舆论助推、社会不良示范和损失程度等要素组合作用，与学校管理形成张力，致使危机事件扩大为"校闹"。即便如此，学校仍需做好必要的风险和应急管理，警惕其他因素的组合作用，优化风险预判和防范工作。

（四）结论与启示

本研究使用定性比较分析方法探究危机事件是否扩大为"校闹"的组态并发机制，结果发现：第一，行为主体价值取向不理性和沟通效度差是危机事件扩大为"校闹"的必要条件，学校管理到位和无社会不良示范是危机事件未扩大为"校闹"的必要条件。第二，危机事件扩大为"校闹"包含消极管理型、舆论助燃型和高损匹配型，学校管理缺位和舆论助推是滋生"校闹"的温床，不可逆性损失与学校管理缺位或社会不良示范中的任一因素组合就可能诱发"校闹"。第三，危机事件未扩大为"校闹"包含耦合消减型、沟通攻坚型以及理性减震型，内部学校管理到位和外部良好环境的耦合可以阻断危机事件扩大，有效沟通可以缓和行为主体价值取向不理性，行为主体价值取向理性可以消减舆论助推和不可逆性损失造成的不利影响。第四，尽管危机事件造成的结果无法预判、社会风气和行为主体价值取向无法左右，但可以通过学校管理到位和有效沟通阻止其扩大化。

本研究可以得出如下启示：首先，学校应形成全过程均衡的风险和应急管理机制。危机发生前，制定风险预案，配备安全设施，建立预警机制，及时排除隐患；危机发生时，积极规范应急管理工作，与行为主体开展有效沟通，主动表达人文关怀，正确应对第三方干预，做好舆论引导；危机结束后，做好经验总结，查漏补缺。其次，学校还要帮助利益相关者树立"闹"无法根本解决问题的正确意识，引导他们采取合法途径解决矛盾纠纷。再次，相关管理部门应严厉打击"校闹"行为，树立依法处理纠纷的典范，不对"校闹""软"处理，不助长社会不良风气，同时做好媒体舆论的正确引导和有效管理，避免其捕风捉影扩大事态。最后，家长要提升自己的认知水平，弥合认知偏差，与学校及教师建立长效联系和信任关系。

第五章

教育领域重要风险点例析

教育风险是一个动态性、前瞻性的可能状态，指向负向性的教育发展或个体成长。在中国的情境中，如何理解和界定教育领域重要风险点呢？风险既具有客观性，也具有建构性。按照卢曼（Nikolas Luhmann）的理解，只要有决策，就有风险，风险是无处不在的。然而，将何种事件予以优先考虑，纳入教育领域重要风险点，一定是主观选择的结果。在不同的社会情境中，人们对风险的主观选择并不一样。例如，道格拉斯（Mary Douglas）就曾指出，人类社会对重大风险的理解经历了三个阶段：一是社会群落边缘文化阶段，将自然灾害视为最大风险；二是市场个人主义文化阶段，将经济风险视为最大风险；三是等级制度文化主义时代，将社会政治风险视为最大风险。个人因选择不同比如公民办教育的选择、出国留学、选择不同专业等对未来职业收入的影响等经济风险不在本章研究之列。因此，教育领域重要风险点通常指教育内部有较大可能性威胁公共安全事关生命的、影响到社会稳定事关人民的或危及国家安全的重大决策、改革方案、政策实施、意识形态、教育质量、管理制度、教育廉政等关键事件，教育领域重要风险点即为容易形成教育重大风险的教育事件。群体性上访或网络舆情等往往既是其导致的危机现象也是危机形成的条件，而使风险生成危机的条件还有很多，不仅是这两个，从危害后果来讲通常还伴随着诸多复杂综合的隐性后果。教育改革发展过程中的不确定性因素及所积累的相关问题和内在矛盾都属于危险源（相当于"易爆物"），并随时可能遇到"触发"条件（"温度"或"氧气"等）而爆发（相当于发生"爆炸"现象），当然，即便爆炸发生了也不一定有较大的危害，还取决于爆炸物所处的环境等，从而决定可能危害的严重性程度。可能性与严重性都是有条件的，当我们对危害源与危害发生的条件把握清楚了，防范治理就会事半功倍。教育风险防范就是要我们充分思考其利害关系状态，主动出击，转危为机。因此，我们需要锁定教育领域重要风险点，重要风险点决定着风险的可能性程度与危害性程度比较高，即这些点（关键事件）有可能形成教育领域重大风险。还要通过分析研究这些重要风险点的危险源，揭示其隐藏的关键问题与内在矛盾，这才是教育领域风险点的隐蔽所在，需要加强研究发现相关主体或相关政策制度自身的脆弱性，以了解教育系统运营过程中脆弱的环节或者脆弱点的存在，以提高韧性，防微杜渐，切除根源。本章将从不同类型举例分析教育领域重要风险点存在的关键问题及应对策略。

第一节 国家安全视域下的教育领域重要风险点

对教育领域重要问题的敏锐捕捉、全面分析、问题发现与综合施策等能力是教育领域风险点治理的关键。国家安全视域下的教育风险点指向于教育领域的政治意识形态、文化价值观层面的不安全点，本节列举的七个方面的教育风险点，主要涉及：教育目标实施，教育价值取向，大学生宗教信仰，优秀传统文化，大学生学习投入不足、青少年科学兴趣下降与疫情新常态下的教育质量风险等，关乎教育培养什么样的人。这类教育风险点具有较强的累积性与隐匿性，会在较长时间后显现，需要我们从长计议，主动防范，系统治理，有利于国家长治久安。[1]

一 基础教育目标制导的主要问题及其防化

培养人是教育的本质，"为谁培养人""培养什么人"和"怎样培养人"是教育的根本问题。国家的教育方针、教育目的、各级各类学校培养目标、课程与教学目标及教学内容体系等如何确立，是国家确立教

---

[1] 倪娟：《教育风险：整体安全视域下的教育研究新视角》，《上海教育科研》2019年第5期。

育目标的实质问题，称为教育目标制导问题。教育目标制导需要政策依据、理论指导，也需要实践基础。中国特色社会主义进入新时代，培养人的时代背景和实践情境发生了变化，教育目标制导的理论与实践遇到一些新问题，如何立足国家的现实要求、体现时代发展的普遍特征、着眼人类未来发展的趋势是个值得反思与探讨的问题。

（一）基础教育目标制导问题的反思

1. 我国基础教育目标制导解决了什么问题

第一，新中国成立以来，教育目标制导在宏观上体现为"为谁培养人""培养什么人"和"怎样培养人"这一根本问题的回答。党和国家领导人根据我国社会性质和背景条件，立足我国教育实践的实际发展，在思想理论上对这一根本问题作出了明确的回答，体现为党和国家的教育方针，回应了教育目标制导的政治原则、理论基础和价值取向问题。

第二，党和国家坚持基本政治原则和根本价值取向，根据时代要求，立足社会发展，完善教育方针的理论表述，丰富教育方针的内涵，确立教育目的并具体化为人才培养目标、课程与教学目标等目标系列，为基础教育课程与教学改革提供了理论基础、政策依据和实践规范，促进了基础教育的宏观发展和中小学教育改革，回应了教育目标制导的政策依据、内容体系和实践指导问题。

第三，基础教育目标制导是重要的政治问题、重大的理论问题，也是学术研究的焦点问题，牵涉国家民族发展，关乎人民生活，体现社会诉求。学术理论界针对这一问题进行了广泛深入的研究，反思目标制导的经验教训和成败得失，明确了基本思想，形成了初步共识，更新了教育观念，探索基础教育改革发展的前沿问题，回应了教育目标制导的思想理念、学术共识和观点互鉴问题。综观基础教育培养目标及课程教学目标研究，学界逐步形成了如下共识：其一，在目标定位上，把培养"劳动者""建设者和接班人"与"人"结合，既要坚持政治性、民族性与实用性，又要注重普遍性、通识性和终极性；其二，在目标内涵上，注重培养人的品质、才智与素质结合，从突出政治思想品德或知识到素质的全面发展、多样发展和个性发展，强调了基础教育的全面性和丰富性；其三，在培养人的服务面向上，从突出培养人的阶级性、民族性到形成全球视野和世界历史眼光，面向现代化，面向世界，面向未来，既要培养建设者和接班人，培养担当民族复兴大任的时代新人，又要培养创造和享受文明幸福的中国人，培养走向世界历史的人，推动人类命运共同体建设，共同创造人类的美好未来。

2. 我国基础教育目标制导存在的主要问题

我国进入新的发展阶段，处于新的历史方位，社会主要矛盾发生了新变化，社会发展对基础教育提出了新要求，基础教育目标制导还存在着一些问题，主要表现在以下几个方面：

第一，我国基础教育目标制导体系解决了重大理论问题、政治方向问题和价值取向问题，但是这些问题的理论阐释、引导教育和贯彻落实还有待加强，人们对此的认识和理解还不够深刻。基础教育培养什么人，还需要对党和国家提出的教育方针进行深入的理论研究与阐释，特别是领会党的十八大以来习近平总书记的一系列讲话精神，阐释其深刻内涵和时代意义。

第二，我国基础教育目标制导的理论表述、政策要求、目标层次已基本明确，但是理论的普及程度、政策的落实情况和目标层次的清晰度仍有待加强，具体表现为：理论阐释未能推广普及，宣传教育还不能深入人心；政策规范束之高阁，难以落地，理解执行艰难；培养目标内容框架分解细化不够，目标内含界定不清晰；目标与课程、教学标准对接不严，缺乏对操作过程的规范指导。加之学校发展水平、教师专业素养限制及人们思想观念的制约，教育实践难以贯彻目标系统的要求，甚至偏离了目标方向。

第三，教育现实中存在目标制导的精英取向、知识为本和智能至上的倾向，人们的教育思想观念更新不足，应试教育大行其道，造成教育的"单向度"发展，制约着基础教育目标的实现。教育要培养优秀人才无可厚非，但基础教育培养目标的精英取向是需要反思的，精英取向、知识为本和智能至上的教育观念需要改变。人们在教育中往往把传授知识、培养智能作为教育的最高任务或唯一任务，这种观念在考试主导的教育体系下难以更改。学校在课程目标、教学目标上追求知识的高、新、难，在教学方式上满堂灌，在学生质量评价上以分数作为最高的评价标准，"全面发展"就变成了分数的增长和成绩的进步，个性发展是一种奢谈，同时蕴含着重大的教育风险。

基于以上认识，要加强几对关系的研究与阐释：一是培养目标定位的"劳动者""建设者与接班人""时代新人"与"中国人"及"人"的关系；二是培养人的民族特征、时代特征与"构建人类命运共同体"的国际视野及"为人类作出新的更大贡献"的使命意识的关系；三是教育目标制导的顶层设计与实践支撑关系，即研究如何把党和国家的宏伟设计落实到基础教育的具体实践中。由于基础教育目标制导仍存在一些值得探究的问题，目前还没有一种基础教育目标制导的替代性方案。我们需要通过理论阐释、思想观念批判和价值批判，改善和健全教育制度，积极引导教育实践，特别是要突出如下两个问题：深化主体教育，追求人格的健全；加强价值教育，追寻价值的整全。

3. 基础教育培养主体人格存在的问题

基础教育是为青少年打基础的教育，这个基础就是做人的基础，即培养独立的人格主体，致力于主体人格的健全。这既是基础教育的基本要求，又是教育目标制导的基本伦理原则。基础教育到底是培养"劳动者""建设者和接班人"或"人才"还是具有普适性的和终极性的"人"，不是非此即彼的问题，我们强调的是一个人们似乎有意无意忽视的基本前提，就是作为主体的人的人格问题。主体人格的独立与健全是基础教育的最基础的问题，是做人的基本伦理原则问题，也是基础教育目标制导仍需进一步解决的问题。基础教育培养人还存在不少问题，我们不在事实层面进行描述性批判，而要进行观念的反思与批判，进行价值批判。我们并非否定基础教育的成就，而是针对存在的问题，揭示基础教育培养的"人格"主体偏离了全面发展和自由发展，导致人格发展的不健全，主要表现为人格主体的独立性缺失和人的单向度发展。

第一，人格主体独立性缺失。"双重人格"，"巨婴"，缺乏责任感，虚伪势利，物质主义，消费主义，虚无主义等问题都是人格不能独立、没有自由的表征。青少年主体人格独立性缺失表现为：青少年不是学习与生活的主人，享受不到学习与生活的快乐；青少年缺乏独立思考能力，不能形成合理的为人处世原则，缺乏价值判断的原则；青少年受到的教育不全面、不协调，缺乏个性发展，缺乏自由个性和精神愉悦。

第二，人的单向度发展。教育要促进人的全面发展、自由发展、和谐发展，是我国教育目标制导的主要思想和价值方向，但现实中青少年的全面自由发展不普遍不充分，往往是片面发展，甚至是畸形发展。学生的单向度发展表现为知识发展至上、智力发展至上，道德发展、社会性发展、审美发展和个性发展被忽视。人们追求的是可见的分数、地位、物质、荣誉与实利，理想信念、道德情操、审美感受缺失，甚至为了功利追求丧失责任感、公共性与社会性的价值观。

（二）基础教育目标制导问题的化解

1. 基础教育要追求价值的整全

教育目标制导要进行价值审视与批判，基础教育追求价值的整全，提高主体的价值品质，加强价值教育，实现教育的整体形态的价值转换。加强价值教育主要在两个方面着力：一是在基础教育实践中加强价值教育，用全面合理的价值观引领学生人格形成和价值主体的确立；二是在教育理论层面反思教育理论品质与形态的问题，促进教育观念的更新。

（1）用全面的价值观引领学生发展

从教育实践的操作层面来说，基础教育要加强价值教育，用全面的价值观引领学生发展。无论如何界定价值教育概念，都说明教育实践需要一种不同于知识灌输的教育形态，价值教育正是顺应教育理论与实践发展的需要而提出的。价值教育针对的是把现代教育定位为科学知识教育的思维定向以及人的目的价值旁落的危险，是对现代知识教育不完备性的必要补充和完善，是对现代知识教育工具性和功利性的反拨和纠正。价值教育的任务是立基于人的生存目的意义，倡导顺应时代要求的、全面合理的价值观念，增进人的价值意识和价值信念，提高学生的价值素养和价值品质，用全面的价值观引领学生发展，提升学生的生命价值与人生境界。当前，基础教育中的价值教育形式还不完善，价值观教育内容也不全面，教育效果也没有得到根本的好转。加强社会主义核心价值观教育，以社会主义核心价值观来统领大中小学的价值教育，是当前和今后我国教育实践的一项重大任务。

（2）用价值教育的理论品质更新教育观念

新时代呼唤教育学理论体系的建设和更新，而解决培养什么人的问题就是教育学科理论建设的核心问题。因此，我们主张价值教育的思想理论旨趣是：确立价值主体的优先地位，形成全面合理的价值观念和价值信念，提高人的价值素质和价值品质；关注主体人格健全和生命丰富，培育学生创造和享受幸福生活的素质，培养担当民族复兴大任的时代新人；促进人的全面自由发展，加强国际理解，培养为人类作出新的更大贡献的能力，推动人类命运共同体建设。

第一，确立人的价值主体地位，这既是当今时代哲学命题，也是教育目标制导的理论前提。"主体"是近代哲学的理论基点，"主体性"是哲学的重大课题，也是马克思哲学的重大主题。近代哲学在确立了人的主体性同时又把主体性实体化，成为自明独断的、孤立无根的抽象主体，陷入主体性形而上学。康德区分了"认知主体"和"价值主体"，阐明了各自的空间与边界，论证了"价值主体"的优先地位。马克思哲学的主体性原则把"主体"首要地把握为"价值主体"，其内涵是"自由主体""目的主体"和"责任主体"，所强调的不是人作为形而上学实体的绝对和终极的中心地位，而是人不能还原为抽象权威和外在力量的自由与独立的价值，"当人成为'自由''目的'和'责任'主体的时候，很显然，这样的'主体'必然首先是'价值主体'而不是'认知主体'"。教育培养人必须有其理论原则和价值追求，防止人被物化以及生存的狭隘性和片面性，矫正单向的"知识教育""技术教育"的缺失，破除"认知主体"的统治与遮蔽，彰显主体人格的独立自由，形成全面合理的价值观念和价值信念，提高人的价值素质和价值品质。

第二，关注主体人格健全和生命丰富，增进创造和享受幸福生活的素质，培养担当民族复兴大任的时代新人。培养健全的人格和关注生命的丰富是基础教育最基本的和最普遍的目标内涵，创造和享受幸福生活是人的发展的最高伦理原则，增进学生的创造和享受幸福生活的素质是对教育的伦理要求，也是人的目的性的具体体现。基础教育不是"许诺"学生的未来生活，不是用某种物质的、消费的价值去"诱导"学生发展，而是要在社会现实中培养学会生活、创造生活和享受生活的人，培养追求幸福生活的人。培养担当民族复兴大任的时代新人，是基于人的社会性本质要求，是教育的国家性和民族性体现，体现了人的本质与国家意志、民族精神的融合。中国特色社会主义进入了新时代，实现中华民族伟大复兴是中华民族最伟大的梦想，培养担当民族复兴大任的时代新人是基础教育的使命。

第三，促进人的全面自由发展，加强国际理解，培养青少年为人类作出新的更大的贡献的能力，推动人类命运共同体建设，培养走向世界历史的人。马克思主义关于人的全面自由发展学说是确立我国教育目的的重要理论依据，是教育的理想，也是教育的现实要求。习近平总书记在 2018 年全国教育大会上提出的"德智体美劳全面发展"，丰富和扩展了马克思主义教育理论，对教育实践提出了新要求。党的十九大报告指出，中国共产党始终把为人类作出新的更大的贡献作为自己的使命。基础教育还要从人的全面发展理念出发，加强国际理解教育和跨文化教育，倡导责任、公正、平等、自由、包容、和解、人性等核心价值观，加强不同文明与文化之间的理解、尊重和互鉴，促进世界和平、合作与交流，着眼于培养青少年为人类作出新的更大贡献的能力，推动人类命运共同体建设，培养走向世界历史的人，共同致力于人类共同的美好未来。基础教育要引导师生体验世界多元文化，尊重其他民族和国家的历史和文化，提升思想境界与生命境界，在完善自己的同时把中国哲学的万物一体、天人合一的本体思想及其伦理意义推到一个新高度。

2. 培养健全的人格主体需要制度保障

当前要解决的迫切问题是把教育目标制导的理论、政策和制度与学校教育实践的具体运行操作对接起来，用合理的教育制度保障培养人格的健全。

第一，加强教育目标制导体系的贯通和连接，国家法规、教育方针、培养目标等宏观政策与教育管理制度、教育督导制度、招生入学制度等教育制度及学校管理与运行等制度要纵向贯通横向连接，加强政策落实、制度执行的督导与评价，建立完善教育制度的实施操作机制。

第二，加强教育制度与教育教学内容体系贯通和连接，把制度规定落实到教育教学实践之中，落实到课程体系之中。当前基础教育的课程体系设计还没有完全落实，入学考试与课程衔接不全面不紧密。因此，我们要全面落实国家课程体系，开齐课程，补齐短板，充实教学内容，改革各地的入学考试办法，推进素质教育。

第三，加强基础教育课程体系中的哲学教育和审美教育。基础教育太注重于"有用"，当下需要的是加强"无用的教育"，尤其是加强哲学教育和审美教育。哲学教育是形成青少年世界观、人生观和价值观的教育，是认识自我和社会的教育，是培养智慧的教育。哲学教育不是教人"有知",而是教人具有"无知之知";不是教人"有用",而是教人具有"无用之用"。将一些基本哲学思想和问题整合到相关学科之中,让学生学会基本的推理与判断,学习思想逻辑和辩证方法,让学生关注宇宙与人生、人类命运、自然与环境、真理和正义等重大宏观问题,让学生知道探索什么是真理和善,让学生探讨人在宇宙中的地位和价值,明确人的责任与使命。学校要引导学生初步掌握一种艺术活动技能,如绘画、唱歌、舞蹈、演奏乐器等,还要创造审美活动环境,让青少年具有健康的审美情趣和高尚的情操,形成积极健康、乐观澄明的人格形象。[1]

二 教育功利性取向的道德侵蚀风险及化解

在由农耕经济转向工业经济的过程中,"知识和教育""生产和消费""职业和收入"形成了紧密关联,教育功利性价值取向逐渐弱化、遮蔽、宰制了教育的其他价值选择,教育因此失去本真,受教育者因此"空心",一切教育理想的追求在它面前止步。在教育的经济功能不能否定而其功利性制导问题又凸显的情况下,如何发挥教育功能以避免教育异化成为不得不思考的问题。

(一)教育功利性价值取向的道德后果

教育的功利性价值体现于国家、学校与个体层面,也是教育价值的应有之义。从国家来看,国家竞争实则是经济竞争、科技竞争与教育竞争,国家通过举办教育提高人力资本,从而提高国家实力与国际竞争力。从学校来看,通过为各行各业培养所需要人才将潜在的劳动力转化成现实的劳动力,并通过育人质量获得社会认同。从个体层面来看,通过接受教育成为社会所需要的人,找到一份工作、从事一种职业。概言之,教育的功利性价值聚焦于促进国家经济发展、学校帮助受教育者具备更好地生存与生活的能力。除具有经济价值外,教育还具有政治价值、文化价值、道德价值和审美价值等。教育价值又可分为外在价值(工具性价值)和内在价值(非功利性价值),前者主要表现于教育为某种外在目的服务,相当于经济学中的"使用价值",后者主要表现于

---

[1] 吴亚林、王学:《追求人格的健全与价值的整合——基础教育目标领导的反思与建构》,《教育研究与实验》2020年第2期。

教育自身的本体性、内在性、超功利性。然而，各种价值在教育实践过程中并未得到合理实现，效用性、工具性和功利性价值取向占据了主导地位，甚至成为一种强迫的形式而走向了专制主义①，导致了不良道德后果：侵蚀受教育者的心灵，弱化教育者的自主责任，以致道德规范虚假、无效。

1. 侵蚀受教育者的心灵

当不让孩子输在起跑线上成为家长的共识甚至社会的常识，当"提高一分干掉千人"成为高中的励志标语，当分数成为问责学校、教师的主要指标，应试竞争就不只是教育的手段、策略，而成了教育的存在方式、师生的生活方式。为了在高考时能完美发挥，教学成了应试训练，阶段性考试成了预演，对高分的追求不允许学生有任何犯错的空间，因为每一分的失去似乎都关乎成败，关乎与名校的距离、收入的多寡与社会阶层的高低。未成熟的受教育者所承受的这种竞争压力在历史上是前所未有的，出现了"空心""冷漠""平庸"等现象，相应的心理与道德问题亦不容忽视。

2. 弱化教师的自主责任

教育是一项促进受教育者全面可持续发展的事业，面对心智尚未成熟的中小学生，教师肩负着特别的责任。然而，由于教师的劳动对象是人而不是物，其成功主要通过受教育者的成功来证明，学生的成绩是其工作绩效、薪级层次、职称晋升与自我实现的重要依据，学校教育的组织管理与评价切实地直接影响着教师责任的完成及其对学生的影响。从目前来看，成绩、升学率与科学成果分别成为考评中小学和高校及其教师的主要内容。一旦学校教育评价主要聚焦于某些被测量与评价的绩效指标上，就会"迫使"教师将真正的关注点集中在考评指标上，那些不被纳入考评的方方面面易被忽视、漠视，进而导致教师劳动异化、自主责任弱化。当教师的自主责任被弱化时，易使他们产生职业倦怠，消解他们的教育情怀、使命感与道德领导力。

3. 虚化了道德规范

"立德树人"是教育的根本任务，而一旦功利性价值取向在教育中

---

① 金生鈜：《规训与教化》，教育科学出版社2004年版，第44页。

切实发挥主导作用,将虚化应然的道德要求,甚至出现不道德的教育现象。我国当下的功利性教育存在"利己性",与利他的、集体主义的、人民伦理的道德要求存在张力或冲突,从而降低了道德教育的有效性。学生为升学、就业而学,而非以"振兴中华、服务社会"为志向;入党、参加社团并非出于神圣信仰,而是为了增加保研、找工作的可能条件①;他们不再崇拜"英模""领袖",而转向"三星"(歌星、影星、体育明星)、"平民偶像"(网红)。② 学校为了自身的利益,也不时出现反道德的现象。有的教师因成绩不良的学生拉低了班级成绩而对他们态度恶劣,在语言上"倭化"他们;有的学校为了升学率而集中优质资源对一部分"有前途""有希望"的学生进行重点培养,而对升学希望不大的学生进行"战略性放弃";③ 有的老师为了"上好"示范课、优质课、实验课,要求学生"共谋""做假"。在功利性教育中,应然的道德教育成了空洞的说教、形式化的表演。

(二)转向教育功利性价值取向的背后

功利性价值取向是教育对现代社会发展的回应,是理性在教育领域的泛化,它所导致的道德问题是经济理性代替道德规范的折射,凸显出经济理性在教育中的误用。

1. 现代教育依据理性而运作

现代教育不但将培养独立自主的理性人作为目的,而且将儿童作为教育研究对象,"科学的教育学"出现了,教育依照儿童身心发展的规律和社会发展的需要安排学制、设计课程与教学。现代国家之所以注重教育,是因为现代思想的初创者大都认为教育是国家的一种主要职能,每个国家的政府都把教育体系当作维护自己权力的主要堡垒之一。④ 相

---

① 钟道然:《我不原谅:一个90后对中国教育的批评和反思》,生活·读书·新知三联书店2012年版。

② 邱岩童:《高中生偶像崇拜与偶像参照效应的研究》,博士学位论文,天津师范大学,2020年;温海玲:《时势造偶像:解析青年偶像崇拜现象的变迁》,《中国青年研究》2008年第8期。

③ 徐江宝、徐娟:《不道德的学校生活及其德育影响》,《现代教育科学》2011年第1期。

④ 吴式颖、任钟印:《外国教育思想通史》(第6卷18世纪的教育思想),湖南教育出版社2002年版,第45页。

对于西方现代教育的发展，我国现代教育的诞生在关于人的假设及其教育实践与之不同，相较于西方个体主义的价值取向，我国更强调教育的社会本位主义。虽然在教育目的的价值取向方面我国不同于西方，但学制建设、课程分类设置、教学方法与教育组织管理等方面却汲取了西方经验，理性、效益亦成为教育运作的内在依据。

2. 工具理性成为教育规范

教育效益关涉"投入"与"产出"、"成本"与"收益"、"测量"与"评价"、"组织"与"管理"。其中，管理的规章制度、评价标准常常成为学校与教师教育教学行为的金科玉律。长期以来，由于我国教育推崇以物为基础的理性管理[1]，淡化了以人为基石的人本管理，致使功利主义和绩效主义成了我国教育的"大环境"[2]。理性管理将组织看作生产单位，在处理人与组织的关系上关注组织的效率和效用而不是组织中的人，标榜"伦理中立""价值无涉"。当这样的管理旨向、原则、技巧与高校学科评估、中小学追求升学率相结合时，在功利主义和绩效主义等工具思维诱导下，却使学科评估的应然使命失落、升学考试的合理功能异化，并对办学者、施教者、教育内容、教学方法与师生关系都产生了深远影响。

近些年来，学校教育更多的是被教育效能的测量所主导，而不是由教育理想、教育目的所主导。最终，教育重视的是"被测量的""可测量的""立见成效的"东西，而不是为了学生全面自由的、可持续发展。教育运作以高效益、实用性与可操控为目标，将学校组织与教育主体行为化约为管理的技术性问题，将个体划分为三六九等，将学校或教育主体操控成一组顺从的行为模式。[3] 换言之，教育测量与评价终究以"权力技术"（technology of power）或"道德技术"（moral technology）的形式，规训着每一个教育主体。

---

[1] 金保华：《论教育管理的伦理基础》，博士学位论文，华中师范大学，2008年，第140页。

[2] 廖婧茜等：《"新时代学科评估现代化的使命与责任"专家笔谈》，《现代大学教育》2020年第4期。

[3] 华勒斯坦等：《学科·知识·权力》，刘健芝等编译，生活·读书·新知三联书店1999年版，第135—140页。

3. 经济理性在教育中的误用

虽然现代教育的诞生有其理想追求，但在实际运行过程中由于过于注重功利以及相应的评价与测量，致使经济理性/工具理性占据了主导地位，窄化了教育内涵，抽空了道德理想，导致教育变质。无疑促进经济发展、增强国力、帮助学生具备谋生的知识与能力是教育应具有的功能。当教育的经济价值超越了其他价值，当经济功能、经济理性主导教育时，当学校依照经济学原理运作时，当教育者主要向评价者负责时，经济理性则盗用、削弱甚至取代了来自教育信念、教育理想的道德力量。经济理性泛化对教育造成的最大杀伤力是其非道德化力量，它在错误的方向上引导受教育者——生活的目标、意义、价值、幸福在于物质追求，削弱、宰制、阉割了个体对其他幸福源泉的想象力，进而使教育丧失了教育想象力，弱化对人性的关注与对灵魂的培育。

教育是"百年树人"的事业，"短平快"的经济理性与培养人的持久性、长期性是矛盾的；"投入—产出"式的经济运作要求可计算性、可预测性和可控制性，也许它适用于国家教育财政规划、学校财务管理，但面向未来的教育是复杂的、不可预制的和开放的；经济理性主要关注的是效益，而教育事业关注的是人的发展，"物质""生存能力"只是人发展的基础条件，人有超越于动物性的需要。"育德"是教育的灵魂[1]，是"受过教育的人"不同于"受过训练的人"的表征[2]，是"人师"区别于"经师"的根本所在。依据经济理性管理教书育人，是其运用的泛化，是跨领域的误用，是对教育功能的僭越。

（三）摆脱教育功利性价值取向的可能

对于教育功利性专制所存在的问题，人们越来越有更为深刻的认识，并在批判、反思中开启了超功利性思路。

1. 超功利性思路

在现代进程中，科学虽使宗教祛魅，却无法为人生提供意义。"上帝之死"后，以什么置换"信仰"、用什么充实"心灵"一直是悬而未决的问题。被引向世俗追求的个体，不但失去了宗教为人所提供的俗

---

[1] 朱小蔓：《育德是教育的灵魂 动情是德育的关键》，《教育研究》2000年第4期。
[2] 彼得斯：《伦理学与教育》，朱镜人译，商务印书馆2019年版，第8页。

世—天国、赎罪—获救的意义之链，还失去了生命的英雄维度。"人们不再有更高的目标感，不再感觉到有某种值得以死相趋的东西。"[①] 加之，现代社会注重法治而非德治，道德被驱逐于私人领域，自我的价值与生命的意义终因缺少更大范围的认同而陷入相对主义、虚无主义。

由于现代教育伴随现代社会诞生并发展，也因而出现了同样的道德后果。以列维纳斯的伦理思想反思教育，如要超越功利性，需重构对人的理解、教育的伦理基础。人作为社会性动物，个体绝不是"自足者"与"自决者"，而是在联合行动中、在关系汇流中建构与生成。教育只有认识到功利性专制对受教育者造成的异化及其道德后果，以"为他者"作为教育伦理的路向，以关系性存在处理教育关系，也许可使教育给个体与社会带来更大的福祉。"为他者"伦理启发教育可从这三个层面突破功利性。首先，引导受教育者意识到，人是一种关系性存在，接受教育的最终目的不仅是为谋自己的利益，而是在"为他者"中实现自我、成就卓越。"为他者"伦理是互惠的，它关乎社会的德性，关乎人们是否具备过有尊严的生活的社会条件。"为他者"并不等于牺牲自我，而是在"我"与他者的伦理性关系中，承认他者的先在性、他者性、他异性，根据所处境遇首先承担对他者的道德责任。其次，教育者应意识到，教育教学首先是一种伦理道德实践，教育者不仅是道德榜样，而且是受教育者的道德领导。后者不同于前者的地方在于，教育者不再预设受教育者必须成为什么样的人，而是关注学生的独特性、差别性、他异性，关注他们作为独一无二的新来者如何进入多元的、差异的世界以及应采取的教育策略。最后，教育要反思自身实践与运作的道德基础，并对其重构。由于现代教育存在的功利性问题究其实是工具理性专制所导致的，只有重构教育的德性基础，突破二元对立思维方式，让情感、信仰重回伦理才能培养实现人的完满人性。

2. 重构教育功能

重构教育功能一方面源自功利性教育发挥的主要是经济功能，遮蔽了教育的内在价值；另一方面源自新的时代—社会境遇对教育的新要求。

由于现代社会与自由资本主义相伴而生，以工业生产为主的市场经

[①] [加]泰勒：《现代性之隐忧》，程炼译，中央编译出版社2001年版，第4页。

济构成了现代人的主要生存方式，科技进步、机器生产、提高效率与科学管理相互缠绕推动社会向前发展。这意味着，教育功能的内涵要发生改变。如果说工业化时代，对个体的要求更多的是在生产流水线、科层制管理中发挥"螺丝钉"的作用，教育更多的是培养适应既有社会秩序的人。那么，在知识经济时代，随着科学技术含量与文化价值之于产品的重要性逐渐提高，消费更加个性化、智能化、多样化，人们的价值观、审美、性情与品位也会卷入经济活动中，对个体的创新与创造能力要求提高。加之，科技发展使在家办公成为可能，人们的工作与研究性学习、个性化消费紧密结合，工作与休闲、娱乐之间的界限模糊，个体的经济化、社会化与主体化过程是统合在一起的。在此意义上，个体作为经济主体不只是为自己谋利的理性人，而且是超越自我利益的人，经济模式的转变要求教育将其经济功能与其内在价值、个体发展结合起来；不仅要促进受教育者掌握知识、形成技能，还要着力培养他们的创造力与人文素养，对其主体化使其具有解放自我的力量。

3. 重组教育评价

如要实现教育功能新内涵，则需要改革教育评价，重组教育鉴别力。因为近些年来，我国教育评价强化了教育的功利性。面对新的时代—社会境遇，受教育者不但要适应当下的社会秩序，具备与之相应的基本的、确定的、系统的知识和技能，而且要走进更复杂的、不可知的、不确定的未来，并在其中生活与发展，他们要准备接受社会的改革和变化，要乐于接受他未经历过的新的生活经验、新的思想观念、新的行为方式，要具有专门知识与技能并愿意随时调整工作的心理基础与一定的跨学科素养，要思路广阔、头脑开放、尊重并愿意考虑各方面的不同意见与看法，要了解自己的存在状态、社会运作并对其存在的问题有洞察力以免遭遇新的异化，要相互了解、尊重、自尊并愿意为人类和平共处、改善自然环境做出自己的努力。教育要培养受教育者的这些素养，那种以掌握知识与提高学校地位为目的的、将学生分数与学校名次视为至关重要的评价方式已不能满足未来对教育的要求，需要创新教育评价方式以引领教育实践。

新的教育评价需要从关注教育结果转向教育过程、教育的内在品质、教育质量，由单一的评价方式走向多元的评价方式，进而需要将评价的权力下放、重组教育者的教育鉴别力。以结果为导向的教育评价把教育教学活动引向外在指标,侵害学生的主体性建构、师生主体间的深入对话以及相应的情绪感知与相互激发。教师作为一线教育者,他们对未来人类社会与世界及其对人才需求的理解与定位,对教育活动氛围、学生学习兴趣与学习困惑的感知、判断与回应,直接影响着学生的发展。换言之,教师对教育教学活动的组织管理、对师生关系的处理,只有从立足于现在面向未来的整体的教育愿景出发,从受教育者的整体发展状态出发,才能做出合理的判断与选择,因为"每节课,都和未来有关"。[1] 如此,就要赋予教师更多参与教育评价的权力,教师应具备综合判断教育教学活动的能力。

归结而言,教育是一种以培养人性、促进德性为特征的社会实践活动,却由于功利性价值取向专制,不但侵蚀了受教育者的道德发展,而且侵蚀了教育自身的德性。这种道德后果的出现,一方面与现代社会崇尚理性有关,另一方面源自科学理性与工具理性相结合对教育实践的宰制。随着人们对功利性教育所存在问题的深入认识,超功利的教育思路开始显现。与之相应,需重构教育的功能内涵与教育评价思路。[2]

三 当代大学生宗教信仰存在的风险及对策

宗教信仰是古今中外普遍存在的一种社会历史文化现象。我国是一个多民族、多宗教的国家,信仰不同宗教的人口总量较大。我国大学生宗教信仰问题不仅关系到大学生的健康发展,更关系到国家、民族的未来。面对宗教对大学校园的渗透,如何帮助大学生理性看待和正确处理宗教信仰,引导大学生树立正确的理想信念,已经成为刻不容缓的问题。

(一) 当代大学生宗教信仰的新情况及分析

第一,大学生信教比例较以往有所增加,对宗教负面性认识模糊。宗教信仰在大学生中的影响比较广泛,对于中外传统宗教的兴趣、通过宗教了解西方文化、在社会竞争中寻求宗教带来的心灵慰藉等都成为当代大学生信教数量增加、活动参与度提升的重要成因。需要注意到,当

---

[1] 吴非:《课堂上究竟发生了什么》,中国人民大学出版社 2015 年版,第 2 页。
[2] 王学:《教育功利性取向的德性反思》,《南京师范大学学报》(社科版) 2021 年第 2 期。

代大学生就业、学习等压力较大,有些学生在遭受挫折后,为了寻求心理安慰和精神寄托,非常渴望有一个群体来接纳自己,而宗教恰恰迎合了这部分大学生的心理需求。实际上,调查中呈现出大学生对宗教的中性评价较多,认为宗教是人生追求的一个方向,对宗教不盲目痴迷。但对宗教缺乏深入理解,未形成明确、客观、清晰的认识,对宗教负面性认识还是比较模糊,需要引起教育者的重视。①

第二,大学生参与宗教活动的目的差异较大,了解宗教的途径多样化。在"互联网+"的时代背景下,大学生作为使用网络的主要群体之一,其宗教信仰也呈现出新的发展特征。除了书籍、传单和人际传播等传统传播途径以外,网络媒体的影响力在不断扩大,影视、声像作品中虚幻、神话的内容明显较以前增加。网络为现代社会中的宗教团体和个人之间的交流提供了新的工具,大学生进行获得宗教传播信息的方式多样。调查表明,近三成的大学生表示有过定期或不定期宗教活动。关于参加宗教活动的目的可谓千差万别,绝大多数学生是出于好奇,少部分是为了学习宗教知识或放松身心,只有很少的学生是为了寻求神灵的庇护。②

第三,从信仰宗教种类选择来看,大学生信仰佛教的人数最多。信仰宗教在一定程度上是受社会文化的影响,在一项对大学生宗教信仰问题的调查研究中,大学生宗教信仰的种类基本上集中在三大宗教③。在有宗教信仰的学生中,信仰佛教者人数最多,其次是信仰伊斯兰教、基督教,信仰道教、天主教的比例较少。需要引起注意的是,基督教对大学生的吸引力不容小视,作为西方文化的代表,一部分大学生把基督教作为了解西方文化的一个窗口而逐步成为信徒。这从侧面反映出佛教为主的外来宗教本土化后的影响力与以基督教为主的西方文化影响力相互碰撞过程在高校学生群体中的呈现。

第四,大学生宗教信仰与民族因素有相关性。尽管宗教信仰和民族

---

① 岳宗德:《大学生宗教信仰状况调查分析及教育对策——基于河南省地方高校大学生的调查》,《学校党建与思想教育》2017年第3期。

② 张鸿燕:《"互联网+"时代下大学生宗教信仰问题研究》,《科技经济导刊》2017年第2期。

③ 李皖蒙:《高校大学生宗教信仰问题研究——以杭州和宁波部分高校为研究样本》,《赤子(上中旬)》2017年第7期。

属于两个不同类别的概念，但二者有着深刻的联系性。如信仰伊斯兰教的学生以回族、维吾尔族和哈萨克族为主，信仰藏传佛教的则以藏族学生为主①。大学生如果从小生活在有宗教氛围的家庭中，这些学生都多少有一定的宗教信仰倾向；约40%调查对象认为宗教信仰具有独特魅力，如佛教的"诸恶"莫做、"众善奉行"，基督教的"平等""博爱"，他们认为在宗教文化中包含一些对人类发展具有价值的道德准则，所以他们选择了宗教信仰。相对于汉族来说，少数民族更容易加入宗教行列，尤其是少数民族生活中的部分行为方式都是从宗教中筛选出来的。在调查中也发现，当代大学生在对宗教与邪教关系和区别的认识上趋于成熟，通过加强宗教知识的学习，能够正确区分、认识和辨别。

（二）大学生宗教信仰新问题的应对与化解

1. 规范高校宗教管理工作，建立高校宗教管理应对机制。大学生肩负的历史使命要求他们必须树立辩证唯物主义和历史唯物主义的世界观。作为公民的大学生有信仰宗教的自由，宗教信仰自由是我国公民的基本权利之一。因此，需要建立高校对宗教管理的应对机制，加强对校园网络、文化以及讲座的监督管理，引导大学生认清宗教信仰与马克思主义信仰的本质区别。突出以互联网为有效载体，净化宗教活动的环境。当前，尤其要注重全面加强马克思主义宗教观和国家宗教政策法规教育，建设抵制和防范校园宗教传播和渗透的"防火墙""保温墙""承重墙"②。

2. 加强校园文化建设，拓展信仰教育空间。开展丰富多彩的校园文化活动，营造一种文明、健康的文化氛围，以潜移默化地陶冶学生的情操，深刻影响学生的思想、观念和认识。通过构建和谐校园生活，提高学生同封建迷信及伪科学做斗争的自觉性，从而弱化宗教信仰和宗教组织在校园中的传播和发展。积极开展社会实践，让大学生走出校门、步入社会、实践真知，拓展自身的全面素质。③

---

① 吕素香、张德玉：《大学生宗教信仰问题与对策研究》，《思想教育研究》2018年第11期。

② 吕素香、张德玉：《大学生宗教信仰问题与对策研究》，《思想教育研究》2018年第11期。

③ 张鸿燕：《"互联网+"时代下大学生宗教信仰问题研究》，《科技经济导刊》2017年第2期。

3. 不断提升学生管理和教育质量水平，关心关爱全体学生，对不同类型的学生产生积极导向作用。宗教信仰问题的研究和解决属于思想政治工作范畴，而思想政治从根本上说是做人的工作，必须围绕学生、关照学生、服务学生。高校需要深入研究并予区分对待受宗教影响的学生群体，对于不同学生群体，引导和教育的对策也不同。对于宗教有着浓厚兴趣却又比较陌生的大学生，我们既要大力加强马克思主义宗教观的无神论教育，向他们普及宗教文化知识，开设宗教相关课程，去除他们对宗教的神秘感，使他们更加理性地对待宗教。通过建立完善的信教档案，对不同类型的学生给予区分对待。此外，要有针对性分层分类引导，尊重民族宗教信仰的特殊性和影响力，实现其爱教与爱国相统一。

4. 加强大学生心理健康教育，关注健康心理培养。加强和改进大学生心理健康教育是新形势下全面贯彻党的政策方针的重要举措，是促进大学生健康成长的重要途径。大学生面临的现实困境和精神困惑是信仰宗教的重要诱因，学生宗教信仰比例也随着年级呈现出一定的发展规律，如在忙乱中度过大一新鲜期后，大二学生遇到的各种适应性问题往往集中爆发，给了宗教渗透以机会，大二学生信教比例最高。[①] 当代大学生情感丰富而脆弱，必须深入研究并掌握大学生宗教信仰的心理机制和规律，根据大学生的心理特点，帮助大学生增强心理调节能力和社会生活的适应能力。

5. 正视宗教信仰在大学生中的影响和扩展，合理引导宗教信仰。应该正视大学生的宗教信仰，对其采取疏而不堵的态度，既不能视而不见，放任自流；也不必惊慌失措，一概否定。对宗教问题紧张、敏感而采用行政命令强迫大学生宗教信徒改变自己信仰的态度不可取；不承认宗教信仰在大学生中的影响和扩展而对大学校园里宗教信徒的潜滋暗长熟视无睹也是不正确的。一方面，也要认识到境外势力一直把大学生作为宗教渗透的重点，利用宗教进行思想渗透，离间大学生宗教信徒与党和政府关系；另一方面，要认识到绝大多数大学生宗教信徒的信仰只是一个信仰问题，并没有什么政治企图，应当尊重其信仰自由。国家尊重和保护宗教信仰自由的同时，要有针对性地开展对大学生的马克思主义

---

① 吕素香：《大二低潮现象原因与对策》，《中国高等教育》2015年第10期。

宗教观教育，注重培育他们的科学精神，使他们在国际国内"宗教升温"的大环境中处变不惊，自觉做出正确选择。

四 优秀传统文化进校园的风险与应对策略

中小学校作为传承优秀传统文化的阵地，如何在新时代回应国家民族关切，一直是基础教育改革的重点。为提高中华优秀传统文化进校园的育人效果，需要分析当前出现的不良态势，以防文化育人质量风险生成与演化。

（一）优秀传统文化进校园的可能风险

在坚定"四个自信"的指引下，中华优秀传统文化进校园已成为国家战略与教育诉求。教育部 2014 年印发《完善中华优秀传统文化教育指导纲要》[1]，就新形势下中华优秀传统文化教育提出明确要求。2017 年中共中央办公厅、国务院办公厅印发了《关于实施中华优秀传统文化传承发展工程的意见》[2]，对核心思想理念、中华传统美德、中华人文精神等涵盖重点进行了框定。教育部于 2021 年初又颁发了《中华优秀传统文化进中小学课程教材指南》，进一步明确了学段要求与学科安排。应该说中华优秀传统文化进校园的顶层设计是明确而系统的。一些学校在优秀传统文化进校园方面的实践中也积累了许多有益经验。

然而，为防落实不力、效果欠佳的状况，我们仍然要预测与分析中华优秀传统文化进校园在中小学实践推进过程中的可能问题，防止被泛化、窄化、固化、俗化与虚化等现象的发生。

在泛化理解方面，一是认为学科教学本身就是优秀传统文化教育，没有必要加以特别强调，导致部分学校并没有因"优秀传统文化进校园"意见而有所改变；二是自作主张把存在于中国的、过往的文化都当成中华传统文化，开发一些与文化相关的校本课程，有的价值取向存在

---

[1] 中华人民共和国教育部：《教育部关于印发〈完善中华优秀传统文化教育指导纲要〉》，http：//www.moe.gov.cn/srcsite/A13/s7061/201403/t20140328_166543.html，2014 - 3 - 28。

[2] 中华人民共和国中央人民政府：《中共中央办公厅 国务院办公厅印发〈关于实施中华优秀传统文化传承发展工程的意见〉》，http：//www.gov.cn/zhengce/2017 - 01/25/content_5163472.htm，2017 - 1 - 25。

问题，有的与国家课程实施完全割裂，导致增加学生的学习负担。

在窄化认识方面，一是将优秀传统文化窄化为某一种中华优秀传统文化；二是将学校优秀传统文化窄化为学校特色，举全校之力传承某个传统特色文化，以点代面，如京剧特色学校、剪纸特色学校等；三是将优秀传统文化具象化，简单理解为传统美德，如孝亲敬老、扶危济困、助人为乐等，并往往与节日、纪念日等相联系，给学生造成优秀传统文化是某一天或某一种行为的错觉，缺少日常教育教学的关联。比如，在重阳节那天举行大规模给父母洗脚仪式或安排到敬老院打扫卫生、为老人洗头捶背等。

在固化曲解方面，把传统文化"塞进"学校教育，表现为硬性塞入，不分优劣，泥古复古。有的学校经常搞一些百人甚至千人的大场面，如千人吟诵"三字经"等。

在俗化操作方面，一是在优秀传统文化的呈现形式上，戏说、穿越、小品、段子等方式使中华优秀传统文化变得好玩、通俗的同时，也使博大精深的中华优秀传统文化被以戏说的方式庸俗化；二是在与常规教学结合上打补丁，"补进"学校教育，在现行教育活动中某些环节，只是在德育课程中实施，由德育教师来推进，以偏概全，只作点缀。

在虚化设置方面，一是很多教师认为传统文化教学最多只是"副课""面子"工程，在一无标准二无教材三无评价的情况下，最多只是机械地执行上级指令，成了"嘴上喊、展示用、平时无"的课程；二是教师文化教育素养没有跟进，教师不具有将优秀传统文化与教学融合的专业水平。

出现以上问题的成因是多方面的，包括学校对于优秀传统文化的传承重视不够、教师对优秀传统文化认识不足、优秀传统文化进校园的内容方式研究不深、校园文化中的优秀传统文化基因不多、学生对优秀传统文化的认识不够等。教育管理者与教师自身如果缺乏深厚的中华优秀传统文化积淀和透彻理解，在贯彻决策部署时就可能"移位""走偏"，更罔论创造性地推动优秀传统文化进校园了。教师是优秀传统文化在校园落地的关键力量，如果绝大多数教师没有经过系统的中华传统文化教育及相应的教学法学习，本身就欠缺中华优秀传统文化的浸润，缺乏对经典的文化知识进行深入解读，真正的文化认同和文化自信就会打折扣。再加上参照体系不全，课程标准、行动计划、优质教材保障不足，相关评价缺位，也缺少教研机制、遴选机制、审议机制的必要跟进，导致中华优秀传统文化进校园工作成效大打折扣。

(二) 优秀传统文化进校园的应对策略

中华优秀传统文化在中小学的落地，必须融入于日常教育教学。当前，各地缺少结合区域特色、地方实际的"中小学优秀传统文化课程建设纲要"，实施情况的评价也没有跟上，缺乏基本的遵循范例及实施范式，质量难以保障。急需解决遴选不周导致的内容失范、研训缺失引发的认知偏颇、推进单维产生的配套不全、评价缺位背后的关联失序等问题。

1. 围绕内容方式，建立多级协同机制

中华优秀传统文化进校园，首先要解决好什么内容以什么方式进校园的问题。在文化内容与方式选择上既要处理好古今与中外的关系，也要结合中小学生不同年龄特点，实现优秀传统文化内容的创造性转换。按照时代特点和要求，对那些至今仍有借鉴价值但表现形式陈旧的文化元素加以改造，与学生当下的生活相融合，赋予其新的时代内涵和现代表现形式。

古为今用，坚守中华民族长期以来积淀的优秀文化价值取向，将这些中华传统文化的精髓与社会主义核心价值观有机结合，与实现中华民族伟大复兴的中国梦有机结合。

在国家层面，应明确规定进入中小学校园中华传统文化的具体内容，各地应当结合地域特色、人群认同，在"纲要""意见"指导下迅速细化研制出台地方相应的中小学中华优秀传统文化课程纲要，甚至是相应省级地方教材，对内容加以规范，明确哪些中华优秀传统文化必须进校园，哪些倡导进校园，哪些不能进校园。在学校层面，应进一步将传统文化实施方式创新细化，总体上要便于文化承载，利于生活表达，适于感受体验。

中华优秀传统文化走进课堂、走进学生的学习生活，在进校园的方式上要把握好两点：一是要选准融入点，避免广告式植入，避免营销式的宣讲，追求无痕衔接；二是要找准兴奋点，基于学生特点用心安排教学内容、增加参与兴趣，精心创设学习情境、切实加强实践体验，更多地采用案例学习、项目学习、游戏学习等学习形式。

2. 组织全员培训，提升文化育人水平

应建立轮训机制，强化对优秀传统文化的全员培训。全员培训必须进行系统谋划、分层设计、分阶段实施，目标上当前与长期相结合，内容上传承与创新相结合，方式上线上与线下相结合。

为了防止贯彻决策部署时"移位""走偏"，必须抓好各级教育行政机构负责人和中小学校长的培训，紧抓教育"传递链"上的关键节点，提高对于优秀传统文化进校园的认识与站位。同时，要加强对广大教师的全员文化培训，主要是增强文化认同、坚定文化自信，提升文化修养和人格境界，厚植师者应具备的文化底蕴，提高学校文化育人本领，增强对中华传统文化进校园的认知和理解。

在实践过程中，可以推出一批传承方式恰当、内容适切的中小学教育教学样板校，提供中华优秀传统文化传承方面的示范，"以点带面"推动中华优秀传统文化进校园。

3. 聚焦有机融合，形成文化育人氛围

将中华优秀传统文化融入课程、教材体系和现有学校载体中，如学科课程、实践活动、校园文化等，使其无处不在、无时不有，使课堂成为中华优秀传统文化的一个小"剧场"，使学校成为中华优秀传统文化的一个大场域。

在学科课程标准、教材修订中，增加或加强中华优秀传统文化内容比重，在保证学科特质的前提下，在课文选择、案例选取、背景介绍等方面考虑融入中华优秀传统文化。同时，鼓励各地各校充分挖掘和利用本地中华优秀传统文化教育资源，鼓励教师对教材进行适度的二次开发融入。

将中华优秀传统文化融入校园文化，融入环境营造、社团活动、仪式课程。使中华优秀传统文化与校园文化相得益彰，从而对学生的身心发展起潜移默化的作用。有机融合，方能确保中华优秀传统文化入人心。

要加强优秀传统文化教育教学的研究。比如，如何增强文化内容的教育性、趣味性、适用性，从书本走向学生生活。再如，如何改进文化进课堂的方式，充分利用互联网资源和现代信息技术呈现方式，包括通过课程基地学校的虚拟展厅、虚拟体验馆等形成线上、线下相互交织的课堂形态。在此基础上，丰富中华优秀传统文化学科课程的校本表现形式，使其课程化、学科化、生活化、多样化、时代化。

4. 善用专业评价，增强文化育人效应

要善用对于进什么与如何进这两方面工作的形成性评价手段，从专业上支撑中华传统文化在进校园后如何进一步进教材、进课堂、进头脑。专业性强的评价一定是与和风细雨般的文化育人相契合的，这样的评价应该是低压力的，强调过程性专业指导的，由学校综合性评价、教师发展性评价及学生表现性评价为主要支撑的。特别是基于学生的生活方式、行为方式、言行举止等开展的表现性评价将润物细无声地支持文化育人功能的落实，确保不仅进校园的优秀传统文化内容是丰富学生学校文化生活的核心载体，而且进校园的形式也是学生所喜闻乐见的，由此提高中华优秀传统文化进校园的育人效果。[1]

五 大学生学习投入不足的教育风险及化解

大学生是我国社会主义现代化强国的建设者和接班人，他们具有何种才干、学识和使命将直接影响中华民族伟大复兴梦想的实现，因此，大学生是国之重器，是堪当中华民族伟大复兴重任的时代新人。如今我国的大学生在学习上缺乏"内生动力"，这种现象不仅出现在学业成绩一般的大学生身上，也出现在成绩优秀的大学生身上。在一些本科院校中，大学生抄袭作业、旷课、迟到、早退、上课不听讲、玩手机、考前突击复习、考试作弊、课后沉迷游戏、胸无大志等现象屡见不鲜。这样的大学生毫无家国理想，更何谈担当民族复兴大任？我国本科教育存在较大质量风险，大学生学习投入不足是重要风险点。如何引导大学生刻苦读书，投入学习是一个亟待解决又具有深远意义的现实难题。

我国大学生学习投入不足现象，在教育发展水平不同的省份，无论是地方普通本科院校，还是"211 工程"院校都存在。我们根据学习投入理论，对影响我国区域型本科院校大学生学习投入的关键因素做了实证研究，研究结论可为我国同类本科院校教育质量风险的研判与治理提供实证依据。

---

[1] 倪娟:《优秀传统文化进校园的问题检视与机制建构》，《教育科学研究》2020 年第 6 期。

（一）大学生学习投入不足及影响因素分析

学习投入包括指向专业核心素养的"专业投入度"和指向通用基础素养的"综合投入度"。"校园人际交往""第二课堂"和"高中经历"这三个因素对两种投入度的影响均达到显著性，被认为是促进大学生学习投入的三类关键因素。每类关键因素由若干因子构成。对专业投入度和综合投入度均有显著性影响的因子是有效因子。"第二课堂"因素包含的有效因子最多，分别是"师生交谈""专业比赛""社会实践""科研项目"。

"校园人际交往"因素包含的有效因子只有"教辅老师"。而"专任教师"仅对专业投入度有显著性影响，且课外指导行为比课内教学行为的影响力更大。专任教师对综合投入度的影响不显著，说明专任教师总体上来讲对学习投入的影响有限，其原因与同伴文化对师生交往的缓冲作用有关。帕斯卡雷拉认为，同伴文化是影响学习态度的重要力量。当同伴中的行为规则与教师文化相一致，那么课外的师生交往行为就会加强，反之，如果两者相冲突，则师生交往一般仅限于教学场合，比如教室和实验室，与教师文化相冲突的同伴文化会减弱专任教师对学习投入的积极作用。在本研究调查的院校中，同伴交往对学习投入的影响总体不令人满意。大学生与舍友和同班同学交往过密对两种投入度均无积极作用。与校园里其他同伴交往过密仅对综合投入度有积极作用，对专业投入度则有消极作用。本问卷中另有一题："在校期间，除了上课以外，待在寝室或者家里（吃饭、睡觉等不计）的频率？"选择"很多""多""一般"选项的累计比例高达77%。可见，舍友或本班同学大多喜欢待在宿舍，与这样的舍友同学相处得越好，就越不可能外出参加各类活动，综合投入度就越小。

后勤职工是校园里容易被忽视的特殊群体，他们与学生朝夕相处，是大学生活和学习环境的组成部分。他们的工作态度和服务质量是学生实际感知到的大学环境，对大学生的综合投入度有显著性影响。

"高中经历"是学生入学前的背景因素。在高中阶段有突出表现者进入大学以后，他们的综合投入度和专业投入度均高于高中无突出表现者，且存在显著性差异。

(二) 大学生学习投入不足问题的化解对策

多年以来，我国本科教育质量提升的着力点都放在课堂教学上，要求有效增负，严把出口关，打造"金课"，淘汰"水课"。课堂教学固然是本科教学的主阵地，但"教得好未必学得好"。大学生是否真正投入学习才是优质课堂的根本所在。当大学生在态度上不想学，在情感上不愿学，即便坐在课堂上，也是"身在曹营心在汉"。在这种情况下，各种教育改革措施亦因"上有政策下有对策"而出现执行偏差。要提高大学生的学习投入度，必须转变学习态度，激发学习动机。本研究发现的"校园人际交往""第二课堂""高中经历"这三个关键因素可为相关工作提供依据。

首先，在高中阶段有突出表现的学生进入大学以后具有较高的学习投入度。因此，高校在录取学生以及培养学生骨干时，可适当参考他们的高中经历，重点关注高中阶段有突出表现的学生。通过培育优秀大学生骨干，充分发挥其率先垂范作用，在大学生群体中形成"头雁效应"，从而钻穿消极负面的同伴文化，打造积极向上的同伴文化，并将消极的同伴文化对专任教师积极影响的缓冲作用屏蔽。

其次，专任教师指导大学生参加形式多样的"第二课堂"活动，比如专业比赛、社会实践、科研项目、答疑解惑等，能够创造校园人际交往机会，拉近师生、生生的心理距离，提高大学生学习上的情感和认知投入。由于目前我国高等院校对专任教师指导"第二课堂"工作奖励激励政策的力度不够，很多教师指导"第二课堂"活动的积极性未被充分调动，能够在"第二课堂"得到专任教师指导的学生还为数不多，且进入"第二课堂"的大学生往往是学习投入度较高的学生，而那些学习投入长期处于低迷状态的学生则很难进入"第二课堂"。这类学生通常是"第一课堂"的"逃兵"，他们尤其需要在"第二课堂"中得到同伴认可和教师指导。专任教师在课后与他们进行交谈、鼓励与指导将比"第一课堂"的教育效果更为明显。据此，本章建议应将工作重心从课堂适度转移到课外，出台政策鼓励专任教师在"第二课堂"发挥与"第一课堂"同等的主导作用，"第二课堂"政策尤其要向处于学业危机中的边缘大学生倾斜。当所有大学生都投入学习，奋起读书，我国的本科教育方可人才辈出，中华民族伟大复兴的中国梦才能早日实现。[①]

六 青少年科学兴趣下降的教育风险及防范

世界在快速发展的同时给我们带来的挑战日益增多。21世纪以来，SARS、MERS、埃博拉等全球性公共卫生问题频发。2020年年初，新冠肺炎病毒席卷中国，乙型流感肆虐美国，东非蝗灾铺天盖地，澳洲山火连烧数月。同时应警惕还有其他潜在的环境、能源、资源、粮食、网络等全球性危机也在威胁人类生存。化解这些危机迫切需要大批科技人才，而兴趣是未来科学领军人才的必备条件。

（一）科学兴趣下降教育风险点的表现、原因与后果

1. 青少年科学兴趣下降的表现

我国基础教育长期过于强调对知识的熟练掌握，不少成绩出众的学生填写志愿时尚未真正认识到自己的兴趣所在，我国青少年并不热衷于从事科学工程类职业。这一比例低于世界发达国家水平。PISA2015调查结果显示，京沪苏粤等地区仅有16.8%的学生希望从事科学类事业（包括科学、医学、电脑、工程等），在72个参测国家（地区）中排名靠后。科学兴趣不浓，这是国家安全视域下涉及人才培养质量的教育重大风险点，当备受关注。较早意识到这一教育风险并率先行动的是美国。奥巴马就任总统之初，便颁布了《美国振兴及投资法案》以及"竞争卓越计划"。随后澳大利亚、欧洲等国家和地区都相继出台政策推进理工科教育，以提高青少年的科学兴趣，加强理工科人才培养。2019年6月，我国出台《中共中央国务院关于深化教育教学改革全面提高义务教育质量的意见》明确指出要加强科学教育。我们认为，加强科学教育首先要关注青少年的科学兴趣培养，提高科学兴趣是培育科学素养的前提。

我们通过调查发现，青少年的科学兴趣整体处于中等偏上水平。初中生的科学兴趣均低于小学生，差异达到极显著水平。从小学到初中，青少年的科学兴趣出现极为明显的下降趋势。另外，科学兴趣高的人数比例从小学到初中也呈骤降现象，高兴趣组学生比例减少一半。高兴趣组学生是未来参与科研攻关和国别竞争的核心人才，而具有高科学兴趣

[①] 龙琪、倪娟：《促进大学生学习投入的关键因素研究》，《教育学报》2020年第12期。

的初中生在同龄人中的比例竟然不到五分之一。科学兴趣不足制约了公众科学素养的提升,它已给我们敲响警钟,是我国义务教育阶段人才培养质量方面的重大风险点,我们应尽早关注。

2. 青少年科学兴趣下降的原因

10—14岁是树立科学理想的关键期[①]。为鼓励青少年从小立下"科技报国"的远大理想,培养科学兴趣是关键。国内外研究中,关于科学兴趣的影响因素已有许多揭示,比如家庭社会经济地位、父母教育背景、父母对孩子的期望、学校科学课程设置、科学课的教学方法、科学教师特征、学生的学习成绩、自我效能感等,以上因素大致可分为三类:家庭因素、学校因素和学生因素。青少年科学兴趣下降的原因既有自身成长的生理因素,也有学校教育和家庭教育的人为因素。已有研究告诉我们科学兴趣的形成机理是动态循环的。科学兴趣的养成由感性兴趣向理性兴趣逐渐转化,最终形成稳定而浓厚的理性兴趣。在感性兴趣和理性兴趣的形成中,家庭、学校和青少年要共同努力协同作用。如果缺少任何一个条件,科学兴趣的形成过程就会受阻或者中断,理性兴趣倒退至感性兴趣,甚至最终消失。

(1) 自身成长的生理因素

从小学到中学,青少年在身体和心理上发生巨大变化,生活圈在扩大,交往的人际关系越来越复杂。这些变化使他们的兴趣点逐渐由自然现象转移到人类社会。对于这一不可避免的自然规律,我们应当通过教育干预来减缓或消除这种自然下降趋势。小学生的好奇心很重,也很容易满足,任何一个未曾见过的科学现象都会满足他们的好奇心,产生兴趣。随着生活阅历的丰富,视野的开阔,能够满足他们好奇心的科学现象越来越少,任其自然的话,科学兴趣就会逐渐下降。

(2) 学校教育的影响因素

学校是青少年接受科学知识、开展科学实践活动、提升科学兴趣、提高科学素养的最主要场所。但是,学校理科教育能够有效保持住青少

---

① Archer, L., DeWitt, J., Osborne, J., et al: *Science Aspirations, Capital, and Family Habitus: How Families Shape Children's Engagement and Identification With Science*, American Educational Research Journal, 2012, 49 (5).

年的科学兴趣水平吗？我国理科教育改革现状如何？

①教学方式的问题。由于千百年来形成的教师中心制传统，再加上班级人数较多。我国中小学当下普遍采用讲授教学法，非常不利于激发学生兴趣，也不能为学生留下深刻印象。虽然早在2001年，国家就发出了第八次课程改革的动员令，但理科教育改革实践如履薄冰，课时少、实验教学缺失、培训质量不高等影响了理科的教学水平。

②评价方式的问题。纸笔测试是目前最主要的选拔制度，这种方式具有客观性、经济性、方便性等优点，减少了考试、选拔过程中的人为因素干扰。纸笔测试需要的是标准的书面答案，因此"学答"成了学生进入高一级学府的必备技能。纸笔测试最大的缺点是不能看出被测者的态度、综合素养及实践能力等，为了使学生有更多的时间去准备纸笔测试，学校往往压缩甚至舍弃教学环节中的实验活动。近年来，有关实验方法、实验技能的考核已引起一些教育行政部门关注，但实验考核的表现性评价还未真正得到应有重视。诺贝尔物理学奖得主李政道先生就曾告诫过："要创新，需学问；只学答，非学问。"

③教育评价的问题。一是基础学科语数外三门作为核心学科不利于理科学生的升学。我国目前的高考制度是基于强化基础性、增加选择性出发的角度；语文、数学、外语三门基础学科是必考科目，分值高，物理、化学、生物、历史、地理、政治等是选考科目，分值低。在高分值的三门大学科中，语言类学科占了两门，在语言学习方面有天赋或特长的学生在校成绩好，特别是女生明显占优势。而在理学学习方面有特长的学生因总分占不到优势，得不到鼓励，长此以往，会失去对学习包括科学学习的兴趣，这也带来十分严重的男生学习上升机会显著降低的问题。二是选科方式造成学生投机取巧放弃理科。基础教育课程改革和新高考方案都强化了学生的选择性，本来是让学生根据自己的特长爱好进行选择，更好地发挥学生的潜能。但拈轻怕重是人的本性之一，学习难度大、学习内容严肃的理科课程平时就是学生比较害怕的科目，在缺少合理引导的情况下，学生选择逃避理科。一些学校和家长，为了让学生在高考中获得好名次，在选科中采取田忌赛马的策略，动员学生选择轻松易学的科目，因此，逃避理科投机取巧已成事实。高考方案中选科方式直接导致了理科的弱化，也带来各地中考方案中理化等传统理科科目地位的降低，简单化照搬高考方案中学

科分值参考，有些地方物理、化学也成了选考科目，不再需要每个学生参加考试；有些地方物理在中考总分中比例极低，在总分高达700分的情况下，物理分值只有50分，化学只有30分；……在收集到的六十多个省、市（含地级市，部分省中考由地级市统筹）的中考方案中，物理化学这两个传统理科代表科目分值偏低，且有更加走低的趋势。

（3）社会家庭的影响因素

我国从先秦开始，即重思辨而轻技艺，到了汉代，儒家独尊而百家罢黜，"重政务、轻自然、斥技艺"的儒学传统独霸天下。直至被东西方列强用坚船利舰洋枪大炮轰开了国门，国人才幡然醒悟，兴起师夷技长的运动，接触现代科学。新中国成立以来特别是改革开放后，落后就要挨打的现实激励多少青少年走上了学好数理化的科技强国之路。近年来，我国的综合国力增强，制造业大国的地位渐稳，国人传统中的重文轻技风潮再次萌动。我国进入多元价值时代，人生观世界观还未形成的青少年易受外界的影响。娱乐明星光鲜多金的形象吸引了不少中小学生的羡慕，追星族盛行。近年来，参加艺考的人数逐年增加，其中不乏追星少年。科技工作需要长期辛苦的付出，远不及从事金融等高薪行业受欢迎。社会上流行这样一种说法：学理科，是辛苦建造现代化科技高楼的普通人；学文科，是轻松享用现代科技成果的精英。在这种价值取向的引导下，出现了高考状元扎堆报考金融专业的现象，以往最吸引高考状元的基础理科遭到冷落，做一个科学家的梦想不如多金高薪来得实在。

（4）科学技术本身的双刃剑作用

近年来，由于科学技术的迅猛发展以及人类在使用科技改造自然时的一些不当行为，致使科技的负面作用陆续显现。英国技术哲学家大卫·科林格里奇发现，一项技术的社会后果不能在技术生命的早期被预料到。然而，当不希望的后果被发现时，技术却往往已经成为整个经济和社会结构的一部分，以至于对它的控制十分困难。（《技术的社会控制》，1980）。环境污染、能源问题，使科学技术走下了神坛，也影响了部分学生对科学的兴趣和向往。

3. 青少年科学兴趣下降的后果

（1）公众科学素养难以提升

中学阶段是体现青少年对自然学科学习兴趣养成的关键时段。近年来，由于中学生对自然科学兴趣的减退，在可以部分选定考试学科的新高考方案陆续出台后，理科的处境十分困难。如2014年最先试点的浙沪两地出现了抛弃物理的风潮，广泛征求意见、深入开展调查研究，审慎研制、出台托底方案等。

（2）高端科技领军人才不足

青少年时期的学习兴趣对成年后择业的影响十分明显，特别是在追求自我实现的年代。对科学的兴趣不足，缺少理科思维，对于从事科学研究和技术性工作是致命的缺陷。有些学生，即使高考时选择了理科，但由于没有足够的兴趣，往往在大学时转专业或择业时转行。甚至一些参加数理化竞赛的学生，常抱有功利化的目标，当竞赛获奖帮助他进入一流大学后，由于缺少对科学持续稳定的兴趣，也抛弃基础学科，选择金融管理类专业学习。近年来，年轻人择业的首选不再是科研机构和工程一线，而是安稳有保障的公务员或薪资待遇一流的金融投资行业等。

随着科技的发展，全球化的时代逐渐到来，人才流动也从国内的农村流向城市、小城镇流向大都市而发展到国际化流动。基础教育阶段对外语的过度重视对国内人才的流失起了推手作用，国内的教授、工程师移民到欧美当司机的事情已不鲜见，缺乏兴趣是最根本的原因。

近年来，高中生直接参加国外高考人数逐渐增多，外国语学校和名校国际班成了家长、孩子的热捧，生源优秀，这些学生的目标多是国外名校。这使得孩子在小学、初中阶段过分强化外语学习，造成科学学习兴趣下降、人才外流的恶性循环。

（3）国家科技综合竞争力削弱

近年来，"钱学森之问"困扰着我国教育领域很多人，为什么我们培养不出大量优秀的创新人才？强邻日本不断拿下诺贝尔自然科学奖项，而我国至今仍然只有屠呦呦一株独苗。这一切，与青少年对自然科学的兴趣下降有密切联系。我国科技人员后备不足，技术工人严重缺失，已经影响到我国由制造大国走向制造强国的步伐。

（二）防范化解科学兴趣下降教育风险点的政策建议

青少年科学兴趣的下降已经对我国的教育、科研甚至经济带来了负面影响。如果任其发展，将造成理科人才培养失根、工程技术类人才不足、国家竞争力下降等严重问题。针对这种情况，应及时出台得力措施，扭转目前不利局面。

1. 深化基础教育改革

学校科学教育是培养民众科学素养的主要发源地与根据地。青少年科学兴趣下降是世界各国普遍面临的问题。早在 20 世纪 80 年代美国促进科学协会制订了使美国儿童适应科学技术和社会生活的发展变化的"2061 计划"（2061 年彗星再次临近地球），提出了未来儿童和青少年从小学到高中毕业应掌握的科学、数学和技术领域的基础知识的框架，制定相应的教育改革和革新工程。我国在 21 世纪之初也开展了"为了中华民族复兴，为了每位学生的发展"为主旨的第八次课程改革，取得了一定成效，但与科技的迅猛发展对建设者科学素养要求相比仍有很大差距，需进一步深化基础教育改革的落地。

（1）改革考试评价制度

在中国传统的"书中自有黄金屋"的观念影响下，为博取功名而读书的人不在少数，所以考试评价制度直接影响教育的走向。目前以纸笔测试为主的评价制度使教师学生过于重视书本知识等间接经验的学习，而忽视可使学生产生浓厚兴趣的直接经验的获得。因此，改变一考定终身的评价制度，促进评价方式多元化，是当务之急。

在目前的考试科目设置中，外语具有跟语文、数学同等甚至更高（如研究生招生考试）的位置。由于缺乏学习环境和生活经验，学生在外语学习上所花费的时间远比语文和数学还多，甚至从幼儿园起就开始外语学习，直接导致了其他学科学习的时间被压缩，学生参与实践活动的时间更是严重不足，影响了对自然科学等学科学习兴趣的培养。

改革开放初期，基础教育外语课程几乎为零，为了学习西方经验，强化外语教学是必须的。当今外语教育，无论是学校还是社会，已经处于过饱和状态，而且智能化翻译技术已趋成熟，没有必要把外语作为全体学生的要求。建议高考降低外语分值，并将设其为选考科目，让那些对语言有天赋的、感兴趣的、特殊专业语言需要的学生去学习，使学生有时间、精力打好科学文化基础。

（2）开放教师培养和准入、培训通道

新中国成立以来，培养中学教师的师范学院（大学）是分学科进行培养的，掌握的是本学科的专业知识，缺少跨学科的知识素养和技术素养。师范生当教师具有教学技能好等优点，但也有创新能力不足等缺陷。近年来，实行教师资格证制度，一些非师范生进入中小学，为学校带来了活力。但是，由于中小学教师待遇低，对综合性大学的优秀毕业生吸引力低，这些措施对提升教师整体素养仍嫌不足。

建议提高教师待遇，吸引曾在工厂、科研机构工作过的工程技术人员充实中学理科教师队伍。建议修改师范专业课程计划，强化实践教学，要有跟学科相关的工程实践经验（如化学专业学生必须有到化工企业见习或实习经验）；鼓励在职教师跨学科学习，扩大知识面，迎接综合课程的挑战。

（3）整合学科课程

自然界的现象是复杂的，自然科学认识的对象是整个自然界。学校课程应该关注学生未来的生活需要，与学生的生活实际密切联系，必须改变课程结构过于强调学科本位的现状。目前我国中学理科课程设置以分科为主，学科课程之间缺乏整合；教材以学科知识结构为主线，较少涉及综合性问题；教师的专业背景比较单一，擅长分科教学。

建议采取强有力的措施，设置综合理科课程，首先在初中阶段实施，并辅以教材、考试的配套改革，改变教育脱离生活实际的状况，提升学生对科学的兴趣。

（4）改革课堂教学方式，强化实践教学

"学校没有成功地抓住年轻人的兴趣，而且课堂材料的内容过于理论化、过多地强调记忆性的知识而不是对知识的理解"[1]。目前中学理科的教学方式以"讲、学、练"为主，教师讲授、学生学习，练习强化，对提高卷面成绩比较有效，但学生获得的主要是以文字信息和图像为基础的间接经验，直接经验与理论思维所占的比例很小，由此造成"间接经验膨大、直接经验萎缩、理论思维贫弱"的弊端，不利于学生今后的发展。

"致知在格物，物格而后知至。"（《礼记·大学》）实践经验是学生兴趣的源泉，也是真知的重要渠道。应强化物理、化学、生物等自然学科的实验教学，杜绝黑板实验、视频实验、虚拟实验替代的做法，重视

---

[1] 李曦：《青少年科技传播的困境与对策——2005年PCST北京工作会议综述》，《科普研究》2006年第3期。

以研究性学习为代表的综合实践活动的开展，开展情境性学习，保证学生深层次的认知参与，激发学生更持久、更稳定学习动机。

2. 营造激励学习科学的社会氛围

北大教授钱理群指出：所有教育的问题都在教育之外。近年来，部分人心态浮躁，资本炒作掠夺严重，传统优良文化失守，传媒庸俗化低龄化，给青少年带来了不良影响。他们在媒体上看到的是：演员演一部电影电视剧片酬千万元甚至上亿元（某明星补税金即高达八亿元），金融界精英操纵资本投资轻松获取亿万资产，很多人通过炒房得到暴利，依靠自己的学识、劳动挣钱的科研人员、工程师失去昔日的光彩。造成一切向钱看，很多孩子的理想是当明星，国家最优秀的人都去投入金融业的怀抱。长此以往，很难出国家建设和创新亟须的科学巨匠和企业家，不利于国家的长远发展。

历史上，只有实业兴国、教育兴国、科技兴国，过度娱乐只会误国。百余年来，在科学文明与中华传统文化交流激荡中，一代又一代中国科技工作者投身创新报国实践，"两弹一星"、载人航天、大国工程等彪炳史册。我们应该大力弘扬这种精神，提升科技工作者的社会地位和经济地位。让学生看到：科学知识丰富、科学素养高的人在社会中的地位高，实际收入也高，以增加对青少年学习科学的吸引力。要制定相关法律法规，弘扬实体经济，打击过度投机，弘扬科学家、工程师、企业家、教师、医护人员等一线工作者的敬业精神，加大科普宣传的力度，杜绝"娱乐至死"的奢靡之风。

3. 鼓励家庭加大对科技教育的投入

中国社会有重视教育的优良传统。现代家庭对孩子的教育尤为重视，上课外辅导班，请家教，培养兴趣特长等，家长乐此不疲。乐器、舞蹈、美术、外语、体育，都成为家长的热捧，唯独科学被拒之门外。究其原因，一是科学兴趣培养比较复杂，过程长、成本高、师资要求高，课外辅导机构对此缺失兴趣；二是与艺体类、语言类的兴趣特长相比，科技特长难以快速取得成效，也缺少展示的舞台。但近年来，随着家长文化程度的增高，对孩子科技兴趣的培养越来越重视，也愿意在此花费金钱和精力。

首先鼓励家长为孩子购买科普读物，从书本中认识自然界；其次提倡家长经常陪孩子参观科技展览、科技馆、天文馆、植物园、动物园等场所，在与科技、自然接触中产生兴趣；最后鼓励家庭设置"实验角"，为孩子认识自然、研究物体性质提供必备的物品和工具。在有条件的家庭，应该让实验角（室）与书房一样成为孩子成长的乐园。

鼓励家校合作，可以由学校提供实验场地、器材、师资，家长支付器材费用，从幼儿园到小学、中学，根据学生的年龄特征和兴趣特长，对热爱科学且业余爱好广泛的青少年进行特殊培养，为孩子提供课本以外的科学教育课程。

少年强则国强。青少年科学兴趣的下降是影响国家科技竞争力进而影响国家安全的重大隐患。20世纪，苏联人造卫星上天使得美国朝野震惊、深刻反思，开启了教育改革，拉开世界规模教育竞争的序幕。我们期望，当下我国出现的科学兴趣下降、理科人才缺失的危机，能引起足够的警醒，国家、社会、学校、家庭、孩子共同努力，为大国复兴做好人才储备。

七　疫情新常态下全球教育质量风险及防范

新冠肺炎疫情对绝大多数国家的教育常态形成巨大冲击，成了一个严重的教育危机。[1] 为帮助各国抵御这个危机，作为全球教育变革的领航者，联合国教科文组织（以下简称"UNESCO"）、经济合作与发展组织（以下简称"OECD"）、世界银行组织（以下简称"WBG"）发布了多个教育报告。面对已然到来的教育新常态，迫切需要立足教育风险的视角，[2] 揭示国际视野中的教育发展风险以及三大组织倡导的教育发展风险治理方式，支持我国的教育活动既能在风险时期中安身立命也能在岁月静好里竿头日上。

（一）疫情期教育发展质量风险的判断认识

1. 识别疫情期的教育发展风险

基于对疫情期教育状况的分析与支持，许多报告梳理了疫情期的教

---

[1] UNESCO：新冠疫情导致的停课情况全球监控，https：//zh.unesco.org/themes/education-emergencies/coronavirus-school-closures，2021-01-08。

[2] 倪娟：《教育风险：整体安全视域下的教育研究新视角》，《上海教育科研》2019年第5期。

育发展风险。教育质量和危机应对上的风险被公认为核心风险,从根本上考验了教育系统扎实和完善的程度。前者与教育系统每个分支都有关联;对后者,危机的泛在迫使教育应加强自身抗风险能力的建设。

具体风险置于学习机会、学习环境、学生发展和教师发展四个类别中。每个类别的风险都分为认识的和实践的两方面,它们共同关系着对两大核心风险的突破,彼此间也互相影响、产生协同效应。学习机会在认识上的风险主要存在于对机会公平的理解中,对每个学生学习需求满足的充分程度关系着教育公平的实现程度;实践上的风险表现在弱势学生的保障、学习条件的调配、在线学习的公平和对不公平现象的防范四个方面。

2. 疫情期教育发展风险的影响

大多数报告均认为,疫情完整地暴露了全球教育系统抗风险能力的欠缺,如果不能进行有效干预,风险转为危机的可能性会持续加大。因此,在判断疫情期教育发展风险的同时,许多报告结合即时教育现状从内容、技术、支持、管理、评价五个关键角度,梳理了这些风险可能产生的负面影响。各报告不约而同把影响分析的重心放在学生身心健康、教育公平、在线学习、教师发展、家校协同五个方面,既分析了它们受到的影响,又分析了它们产生的影响。

(二) 疫情期教育发展质量风险的治理展望

疫情期教育发展质量风险形势的严峻性催生了风险治理的迫切性。各报告的治理思路均以确保公平和提升质量为核心,在观念层面和行动层面体现了一定的共性,如图 5-1 所示。观念层面的共性聚焦在转变视角和增进理解上,指向教育系统抗风险能力的建设。视角的转变被作为当务之急。"疫情危机的经验教训是以机遇的形式存在的"。[1] 具备危机意识的教育认识要既能评估形势、预知危机,还能应对危机、削弱创伤,更能防患未然、挖掘机遇。行动层面的共性体现在学校重开、在线学习、学生发展、教师发展、家庭教育五个方面,致力于为具体的操作性策略提供方向导引。

---

[1] UNESCO. Education in a Post - COVID World: Nine Ideas for Public Action, https://unesdoc.unesco.org/ark:/48223/pf0000373717, 2021-01-08.

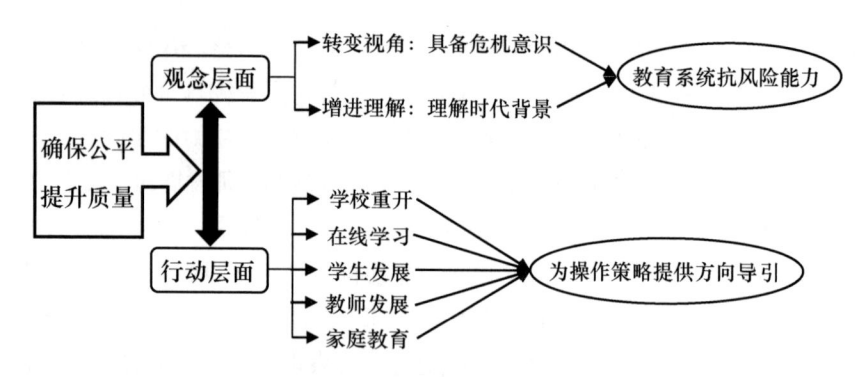

图 5-1　国际组织疫情期教育报告中疫情期教育发展风险治理
思路的共性

教育的可持续发展是全球共同愿景，也是各组织对疫情后教育的总体期待，它在"2020年全球教育大会"中被联合声明为"在后疫情时代让教育拥有可持续发展力"。① 围绕这一愿景，各报告中疫情后教育发展主张的共性在内容上可划分为三大维度、六大趋势，都表现出前瞻性、反思性、合作性和创造性四大特点，如图5-2所示。

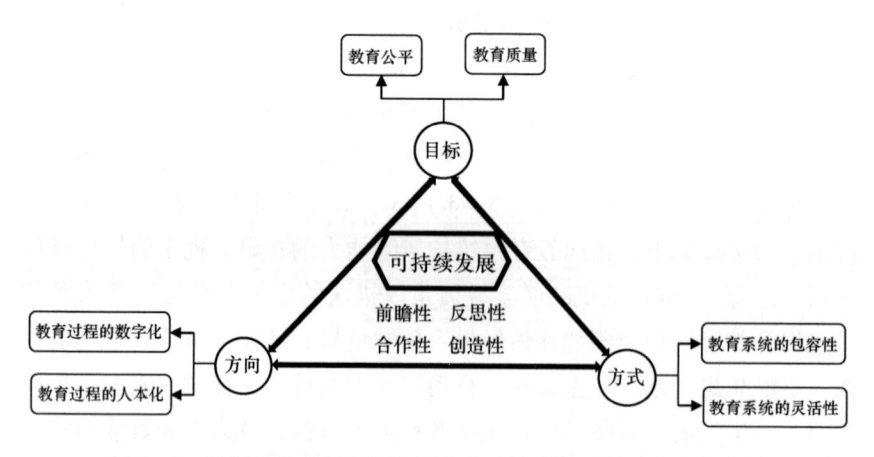

图 5-2　国际组织疫情期教育报告中疫情后教育发展主张的共性

---

① Save for Future Coalition, Averting an Education Catastrophe for the World's Children, https://saveourfuture.world/white-paper, 2021-01-08.

(三) 新常态下教育发展质量风险及其治理

教育风险是教育主体在采取一定的方式实现教育目标过程中生成的偏离主体愿望、造成潜在危机的可能性，教育发展风险是一种常态的、动态的教育风险。[①] 共同焦点表明：教育发展的目标和方式都正经历着巨大变革，也面临着诸多风险。对教育主体来说，需要通过对各类风险的治理把风险成为危机的可能性转化为实现发展的机会。教育风险的视角是前瞻性、反思性和创造性相统一的大局观，为了乘势而上，有必要以此为视角，从发展风险与风险治理思考疫情新常态中教育发展。

1. 新常态中教育发展的风险

共同焦点展现了教育发展在今后一个时期内的诸多风险。综合地看，这些风险可以归为观念偏差和行动不当两类，启迪着教育主体对各类中具体风险的梳理与理解。

（1）发展观念上的风险

优先发展教育已成为全球一致的理念，尤其在不确定性时期，教育先行是社会发展的基调。在这其中，教育发展观念的更新具有奠基性作用。但焦点表明，发展观念上的风险使得观念更新的科学程度和有效程度面临了不确定性，这些风险聚焦在主体对教育包容性的理解、对教育信息化的态度和对教育发展风险的认知三个方面。

（2）发展行动上的风险

教育发展行动与教育发展观念总是互相协同，因此，这两个方面的风险也存在着关联性。由于行动总在一定程度上是观念的反映，故而相较观念上的风险，行动上的风险具有滞后性和累积性，但会与观念继续发展时的风险产生叠加效应。从焦点可见，这些风险突出表现在迈向教育公平和高质量时学生与教师的发展方式以及教育与技术融合的实现策略两个方面。

2. 新常态中教育发展风险的治理

教育风险的治理整体可分为防范和化解两种方式，前者针对尚未出现危机倾向但有向之演化可能性的风险，后者针对已经表现出危机倾向

---

① 倪娟：《教育风险的识别、防范与治理》，《人民教育》2020年第8期。

的风险。① 焦点表明，治理风险的目标是获得发展，治理风险就是抓住机遇，观念偏差所带来风险的治理方式主要是防范，行动不当所带来风险则主要靠化解。三大组织的报告树立了教育发展风险治理的范本，既展现了规划时的总体思路和基本部署，又包括了实施中的方法要点与工作重心，它们跨类别、跨风险地对具体风险应对策略的设计整体形成方向上的引导。

（1）发展观念上风险的防范

"图之于未萌"是防范发展观念上风险的总体原则。由于观念的定位对行动的实施具有导向性作用，因此，防范发展观念的偏差是治理发展风险的第一要务，支撑着发展行动适切性的实现，故而，在观念层面秉承风险视角、树立防范意识应成为治理发展风险的顶层设计。

焦点揭示出，识别出发展观念上偏差后的首要任务是扭转这些偏差以预防它们酿成行动中的不良后果，而根本出路则是在思想上加强风险防范能力的建设。它们构筑了抵御教育发展风险的第一道防线，对包容地理解教育、恰当地看待教育信息化、充分地认知潜在风险三个方面的观念更新都形成着整体影响。

（2）发展行动上风险的化解

从焦点来看，尽管存在不同类型的具体风险，不同情境中的风险化解对策也会大相径庭，但这些对策在整体思路上具有一致性，表现在两个方面：一是都将对症下药和系统决策作为消解风险的主要方法，二是都把风险转为机遇的路径置于以多元共建和从长计议为核心。这些一致性作为创设具体对策时的思路原点，整体引领着兼备情境适应性具体化解对策的构建与实施。

对症下药和系统决策是风险消解的有效方法，补救已有损害、抑制继续恶化、消除负面诱因是基本任务。风险的消解需要充分理解不同风险的发生情境与机制，根据损害的威胁性、较之目标的偏离性，有的放矢地开发消解的流程与决策，对造成的损害进行补偿，并评估该风险继续负向发展的可能，继而实施相应阻断。在这样的过程中，应坚持实践

---

① 倪娟：《教育领域风险点：类型、后果、成因与防范》，《教育发展研究》2020年第9期。

思维，及时跟进当前的风险形势，也注意对决策有效性的判断，审慎地确定不同风险所需的消解。另外，由于同一风险往往有多个方面的表现，所以，不但要站在全局高度展开综合规划，还要通过逻辑一致的行动加以贯彻，方能达成对风险的全面排除。

多元共建和从长计议是风险转化的必由之路，探寻战胜风险的长久之道、构建不惧风险的教育环境、制定面向未来的教育蓝图是具体使命。教育的发展呼唤风险视域下的审视，与风险同在是教育发展的本质，主体间的团结协作和方法上的未来意识，守护教育的未来不被风险侵蚀。风险向机遇的转化需要共同体的协作和预见性的开拓，应当依靠群策群力危中寻机，并持续释放转化过程的创新力，最终，在增加风险成为机遇可能性的同时让这些机遇造就发展的红利，使得当教育发展情境从非常态到新常态再到正常态时，教育发展风险的治理能从背水一战到兵来将挡再到游刃有余。①

第二节　社会稳定视域下的教育领域重要风险点

影响社会稳定的教育领域风险点，涉及社会秩序，主要指资源配置不均造成的风险，与教育政策高度相关。比如中高考方案变革、学区划分调整、招生入学等政策引起的。因涉及整个阶层，易导致大规模集中上访行为，借助网络媒体催化，这类群体性事件一触即发。与社会问题耦合性强，且有突发性、频发性、弥散性、区域性、强关联性等特征。② 本节主要选择了"公民同招""集团化办学""多校划片"三个方面的政策实施现状及其存在的危险与隐患，提出风险防范的对策。

---

① 朱晨菲、倪娟：《教育风险视角下国际组织疫情期教育报告的内容焦点及启示》，《教育科学研究》2021 年第 10 期。

② 倪娟：《教育风险：整体安全视域下的教育研究新视角》，《上海教育科研》2019 年第 5 期。

一 "公民同招"政策实施风险及化解防范

义务教育是由国家予以保障的公益性事业,具有强制性、免费性、普及性等特点。义务教育阶段以公益普惠为主导,这是底线思维,也是基本要求。在优质教育资源相对不足的情况下,保证每个适龄学生都有平等享受优质教育资源的机会成为教育公平的基础。随着经济社会的发展,人民群众对教育的需求已经从"有学上"向"上好学"转变。2019年7月中共中央、国务院发布《关于深化教育教学改革全面提高义务教育质量的意见》(简称"《意见》"),标志着我国已经完成了"公民同招"教育政策的顶层设计,"公民同招"即公办学校与民办学校同步登记报名、同步招生录取、同步注册学籍。2020年起义务教育阶段"公民同招"进入全面实施阶段,《意见》对义务教育阶段公办和民办学校的招生作了明确规定,确定了"公民同招"的基本原则。

(一)"公民同招"政策实施现状及问题

任何政策的出台往往伴随着利益的调整,教育改革之所以艰难,关键在于涉及众多利益的博弈。"公民同招"政策不同于一般普惠性教育政策,普惠性的教育政策是让所有利益主体都获得收益,这种收益虽然不一定完全均衡、合理,却人人有份、雨露均沾,所以不会引起大的阻抗。"公民同招"是一种损益性的教育政策,也就是说是部分利益主体受益、部分利益主体受损,这就会遭遇较大的阻抗。这种教育政策剥夺了民办学校原先享受的招生"特权",影响到民办学校的既得利益,民办学校无疑是损益方,公办学校由于生源质量的提高,教育教学质量自然会得以提升,进而带动社会认同度的提升,成为"公民同招"的受益方。这种损益性的资源再分配是"公民同招"政策的重要特征。因此,有必要对"公民同招"教育政策实施过程中可能导致的风险进行研究分析,以作出相应防范,促进政策落实,提高政策实施效益。

1. 不同群体利益:受到的规范与调整

《意见》是一个纲领性的、原则性的意见,着重保障受教育者的教育机会公平,是关于"公民同招"的顶层设计,具有严肃性、权威性及普适性。但是,各地民办教育发展情况不同,"公民同招"的机械执行可能将部分民办教育扼杀在"萌芽"状态,进而影响社会资本进入教育领域，影响民办教育的积极发展。在实施过程中，由于操作上的疏漏，使公办和民办招生陷入混乱。比如，有的地区"同步"仅仅是指公办、民办同步报名，实际招生还是先民办学校进行摇号和面谈，之后公办学校才开始录取。由于监管的不到位或缺失，产生"暗箱操作""后门"等招生不公现象，导致"公民同招"政策"变形"，引发人民群众对政策的不满。民办招生既有自主权受限后，家长为求得进入优质公办学校的保底安全性考量，激发对学区房的诉求，导致学区房价的持续上涨。

对义务教育民办学校来说，作为受"公民同招"影响最大的利益主体，在失去提前招生、掐尖招生、跨区域招生等特权后，面临着与公办学校在"同一起跑线"上的激烈竞争，其办学风险随之加大。具体表现为以下方面：一是随着公办学校教学质量的提升，民办学校的办学优势逐渐削弱，对社会的吸引力随之减弱，致使局部地区民办教育逐渐走弱。二是由"公民同招"政策引发的义务教育民办学校萎缩将对其他学段的民办教育产生"寒蝉效应"，由于担心遭遇同样的政策改变，民间资本在投资教育时会有所顾忌或犹豫，进而影响教育的多元化发展，也会对教育领域的混合所有制改革产生负面作用。三是由于"公民同招"使公民办教育处于"同一起跑线"，为了提高教育教学质量，民办教育可能会进一步延长学生的在校时间、加重学生的课业负担，发展素质教育更为艰难。

对于义务教育公办学校来说，作为"公民同招"政策的受益者，随着生源质量的提高，公办学校的竞争压力得以减轻，但也面临着新的风险：首先，民办教育的萎缩必然导致公办学校的生源增加，公办学校的资源难以承载学生数量的急剧增加，受教师编制、学校场地、教学资源等所限，会给优质公办学校的管理带来较大的压力，学校原有的优质教育资源进一步稀释，教育安全隐患的概率也会增大；其次，随着优质生源进入的可能性增加，很多公办学校出于各种功利考量，在教育教学资源配置上会策略性出现或明或暗的不均衡现象，比如设置改换名头的"快慢班"、师资配置上重点向某些班级倾斜等，以满足优质生源家长的精英教育需求，进而吸引更多的优质生源通过学区房进入，将会引发教育过程的不平等，导致家长和社会的不满，激化家校矛盾；最后，

"公民同招"会使公办学校产生优越感和依赖感，认为政府会从教育公平的角度来调控教育结构，同时，生源质量得到改善后，有可能会弱化学校的教育教学改革，影响公办学校的改革创新。

对于学生和家长来说，"公民同招"给了所有学生入读民办学校的机会，保证了入学机会的公平，但并不是所有的家庭都从"公民同招"中获益，"公民同招"增加了部分学生的入学风险。对于一些成绩优秀且家庭经济条件好的学生本可以顺利入学民办学校，由于"公民同招"政策的实施，他们享受优质民办教育面临更多不确定的风险；"公民同招"将加重部分家庭的负担，一些精英家庭为了让孩子享受优质的教育，或许被迫走上海外移民路，使低龄留学人数激增，留学的低龄化将使学生不能接受系统的国民教育，对学生世界观、人生观的形成将产生重要影响；"公民同招"旨在给每个学生平等的入学机会，但部分民办学校会通过进一步上涨本就昂贵的学费，导致一些家境贫寒的学生仍然被排除在民办教育之外，甚至还会出现更多类似上海华二初中的"劝退信"事件，引发社会舆情。

2. 政策执行过程：伴随的各种走偏

"公民同招"除使相关利益主体面临一系列直接的风险外，政策执行过程中也会衍生出教育风险，这是由政策本身的性质决定的。"公民同招"作为一种管制性的教育政策，对学校的办学行为进行管制和约束。从博弈论的角度看，管制性政策属于零和赛局的政策，这种类型的政策常会使一方获利，而另一方失去利益。管制性政策具有强制性特点，在执行时常遭受到巨大的抗拒而产生争执，容易引起管制者及受制者之间的紧张关系。"公民同招"政策一出台立即在网络和各种媒体中引发"公进民退"的担忧和讨论，虽然李克强总理多次谈到，教育需要的是"有质量的公平"，公办学校需要赶上去，而不是把私立民办学校拉下来，[①] 但仍给外界压制民办教育发展的印象。管制性教育政策引发的"副作用"是客观存在的，这种"副作用"可能会立即显现，也可能会"潜伏"下来，对教育生态产生长期的影响。

"公民同招"属于教育行政对教育现状的一种干预和调控，是国家

[①] 毕正宇：《教育政策执行模式研究》，博士学位论文，华中师范大学，2006年。

教育意志的体现,具有"一刀切"的特点,不允许有地区、学校、利益主体凌驾于政策之外,政策的"刚性"执行要求会伴随以下一系列的风险,但是我们不能回避风险,只要我们分析全面、预防得当,会使得我们政策执行效果事半功倍,因此,要发挥我们的制度优势以更好地实现政策初衷。

(二)"公民同招"政策实施风险的防化[①]

1. 协调不同群体利益,避免执行之殇

对于政府和各级教育行政来说,防范化解"公民同招"带来的风险应在优质均衡、公开公平上持续用力。(1)推进义务教育优质均衡发展。人民群众"上好学"的需求与优质教育资源不均衡、不充分之间的矛盾是"公民同招"教育风险的根本来源,应进一步弥合校际之间的资源差异,通过义务教育集团化办学和城乡教师交流常态化等多措并举,不断提升公办学校的优质均衡水平才能有效化解"公民同招"引发的风险。(2)保证"公民同招"政策的全过程监管,确保同步招生、同步录取、同步注册,堵塞任何可能的"漏洞",杜绝任何形式的"后门",不仅要对民办学校可能存在的遴选、面试、掐尖招生进行监管,也要对公办学校里的各类重点班、实验班、快慢班、特色班进行监管,不仅要关注入学机会公平,更要关注学习过程公平。(3)对各地展开调研,结合各地民办教育实际状况,允许各地教育行政因地制宜出台实施细则,增强教育政策的韧性,如选择一些地区进行试点,给予民办教育处于"萌芽"或初创时期的地区在落实"公民同招"政策时给予一定的缓冲期或过渡期等。(4)深化教育改革,增加配套政策,从源头上推进入学机会的平等。比如推进"学区制""多校划片"等新政。

对义务教育民办学校来说,防范化解"公民同招"带来的风险应更多地从深化办学和教育教学改革、不断提升优质个性化教育资源供给水平方面着力。(1)深化办学模式改革,一是坚持差异化特色教育,充分利用民办学校办学机制自由、灵活的特点,推进特色项目、特色课程、特色学校建设。二是在办学策略上进一步向前后学段延伸,实施一

[①] 倪娟:《从"教育之制"到"教育之治":"公民同招"政策要义及实施风险防范》,《中国教育学刊》2020年第12期。

体化、一贯式办学。三是从规模扩张向做精做优转变，聚焦内涵式发展，使优质资源进一步丰富拓展。（2）加大课程改革力度，一是不断优化育人方式，改良民办教育生态，促进民办教育教学的高品质发展，摒弃消耗性的教育竞争，大力发展素质教育。二是充分发挥小班化、个性化教学的资源优势，精准把握每个学生的学习需求，为每个学生的学习提供"私人定制"般的服务。开发优质课程资源，提供丰富多样的课程"产品"，满足学生的个性化需求。三是加强对民办学校的监管，着力提高民办教育整体质量。促进民办学校的办学特色发展，关键在于课程的特色化，要加强民办学校校本化课程体系建设，将统编课程目标与校本课程目标有机融合，使校本课程不再独立于统编课程之外，将国家课程、地方课程和校本课程有机整合起来，形成学校的校本化课程体系。

对于义务教育公办学校来说，防范化解"公民同招"带来的风险主要应从以下几个方面着力：（1）不断增强优质教育资源的供给。教师是学校最重要的教学资源，通过强化师资培训、深化教学科研、注重岗位锤炼、建立教师专业发展共同体等多种形式，不断提升教师的专业化水平。（2）均衡配置优质教育资源，义务教育公办学校作为教育公平的实施主体，要杜绝任何形式的快慢班、重点班，避免优质师资配置的不均衡。（3）加强内涵建设，深化教育教学改革，不断提升育人水平，摒弃"等靠要"的消极办学心理，抓住政策机遇，以育人质量提升为核心全面加强学校内涵建设，以卓越的办学业绩赢得社会的认同。

对于学生和家长来说，防范化解"公民同招"带来的风险主要应从以下几个方面着力：（1）缓解教育焦虑、理性选择学校。"公民同招"使"二次选择"变成了"一次选择"，增加了家长教育选择的风险，尤其是一些学区内没有优质公办学校的家庭在选择民办学校时会产生焦虑，担心"摇号"不中，而丧失入学民办教育的机会。家长应根据孩子的学习基础、家庭经济情况等进行评估，在公办学校、民办学校间作出理性选择，避免从众心理和盲目选择；（2）尊重学生意愿、全面评估风险。部分经济条件较好的家庭可能会在民办学校不"中签"的情况下或直接选择出国留学，家长在选择出国留学时一定要充分征询并尊重孩子的意愿，需要对国外学校、相关机构、教学方式、生活方式、学习内容、可能遇到的困难等进行全面评估，避免因缺乏充分评估而滋生教育风险;(3)"公民同招"削弱了学生的多样化学习需求,为了促进孩子的优势发展,广大家长会选择各种形式的补习,从而进一步加重学生的学业负担和家庭的经济负担,这就需要广大家长树立正确的教育观,为学生的自主发展留下足够的空间,拓展实践育人方式,保证学生健康成长。

2. 统筹实施配套政策,提升治理之效

"公民同招"属于一种损益性的教育政策,这种损益性的教育政策要能达成较好的政策效应需遵循政策损益补偿规律。政策损益补偿规律是指在一项政策中受到损害的利益一方,应由其他的政策予以相应补偿,以保持社会利益关系的平衡。[①] 在本次"公民同招"政策实施过程中,民办学校无疑是受损方,如何进行有效的损益补偿?据《中国新闻周刊》报道,中国某一线城市拨给义务教育阶段公办校每年每人数万元,而对民办学校却没有任何拨款,民办学校与公办学校一样承担着义务教育的职能,对民办学校进行相应的损益补偿或享受公办学校的生均拨款标准势在必行。

"公民同招"是一次教育生态的行政调整,原则性、操作性很强。这种刚性的教育政策会衍生出很多"副作用",这就需要各地区在制定政策细则时能兼顾多方群体的诉求,留下一定的弹性空间,不搞"同招"内涵的"一刀切",以增强政策的韧性和"温度",以发现问题、积累经验、造就典型,在条件成熟后再向全国作出较为精准的不同类型的具体政策要求。可以设置一个"同招"政策上的缓冲期或过渡期,让各地区有一个提高认识、调整结构、逐渐适应的过程,避免暴风骤雨般的改革引发结构动荡。民办学校长期以来形成的提前招生、掐尖招生和跨区域招生"惯例"固然有违教育公平,也正是这种政策红利促进了民办教育的跨越式发展,但这种"惯例"是历史造成的,对这种不合理的纠偏需要发放"安民告示",设定改正期限,以逐渐"断奶"的方式解决,体现政策的"温度"。

任何政策的出台都不是孤立的,需要一系列的措施、法规、细则配

[①] 本刊编辑部:《以开放发展拓展教育资源,实现教育更高质量、更加公平》,《天津教育》2020年第5期。

套,需要进行全面和深度的风险评估,尤其应该把教育政策放到整个社会制度、社会治理以及文化等大背景下去理解,放在特定历史发展阶段下去理解,避免单维的政策变动引发负面的"蝴蝶效应"。"公民同招"政策的出台应伴随一系列基础组合拳:(1)给予民办学校"公民待遇",在拨款、示范性高中名额分配招生计划、师资培养等方面出台具体的配套实施细则;(2)对于选报民办学校后没有被录取,要重回公办学校就读的学生,应保障他们原有的合法权益,不能将他们一味地推向"边缘化"的公办学校,使惠民的教育政策演变成损民的教育政策,进而背离政策出台的初衷;(3)建立"公民同招"政策的执行情况、监管效度等的评估机制,及时纠正执行过程中的各种偏差,对政策实施效果进行客观评估;(4)建立民办学校分级管理机制,按照非营利性民办学校和营利性民办学校分类施策,探究混合型学校办学形态。

二 多校划片招生政策存在的风险及其防范

多校划片政策作为我国学区制探索中的创新举措,对于创新学区治理具有重要的价值,有利于促进就近入学,缓解择校热。但是多校划片政策作为阶段性补充政策,具有一定的不足:容易使择校变成择区;没有赋予利益相关人决策权力;缺乏程序公平和正义。如果不能识别与有效补偿政策不足,就会在实施一个新政的同时带来其他系列问题,这些问题通常需要教育政策研究人员加以认真调研才会发现。

(一)多校划片政策实施的价值

党的十九大报告提出,努力让每个孩子都能享有公平而有质量的教育,2016年教育部办公厅《关于做好2016年城市义务教育招生入学工作的通知》提出"在教育资源配置不均衡、择校冲动强烈的地方,根据实际情况积极稳妥采取多校划片"。2017年教育部办公厅《关于做好2017年义务教育招生入学工作的通知》提出"积极稳妥推进多校划片"(随机摇号、派位)。一些城市如北京、南京、武汉等相继开始在局部地区探索多校划片政策,多校划片政策作为我国学区制探索中的创新举措,对于创新学区治理体系具有重要的价值。但是多校划片政策发布以来引发多方争议,究竟是给"择校热"火上浇油,还是遏制学区房,促进学区制发展的一剂良药呢?

多校划片政策是义务教育学区制就近入学招生方式的改革举措。2013年，中共中央十八届三中全会发布《中共中央关于全面深化改革若干重大问题的决定》，明确提出"试行学区制"，2014年9月出台的《国务院关于深化考试招生制度改革的实施意见》提出"义务教育免试就近入学，试行学区制和九年一贯对口招生"。学区是地方教育行政部门为落实与推进义务教育的就近免试入学，根据公立义务教育学校的分布情况及适龄学生的分布状况，以户籍为依据对城市居民区的一种划分。我国学区划分以《义务教育法》规定的免试就近入学原则为宗旨，根据区域内学校情况、招生规模、适龄学生人数等情况制定，主要以街道或街镇行政区划来进行学区划分。例如北京市西城区以街道行政区划为基础，建设11个学区；海淀区按照街镇行政区划，将118所小学、78所中学划分为17个学区，对应29个街道。当前我国大多数城市都执行的是"单校划片"的入学政策。单校划片是指一个小区对应一所小学及初中，学校不选择学生，学生也不能选择学校。由于单校划片弊端凸显，如单一学校的生源区域存在一些缺陷，有的区域由于人口外迁已经"空心化"，户籍学生日益减少；有的区域由于历史原因，即使有户籍的孩子也不一定能就读家门口的学校。[1]

针对单校划片的弊端，在一些地区开始试行多校划片。多校划片中的"多校"，不仅是数量上多所学校的组合，还包括不同层次办学水平学校的组合，即学区内既有优质学校也有薄弱学校。多校划片是指一个小区对应多所小学及初中，只要户口及房产符合规定的学生，在入学时可以选择所在片区的多所学校中的一所报名。如果所报学校报名人数不超过计划招生数，那么报名的学生可以直接就读，如果超过计划招生数，则采用电脑派位的方式摇号分配名额，未被摇中的学生就近安排到区域内其他有招生计划的学校读书。多校划片实际上是学区制治理中贯彻就近入学的新举措，其遵循的治理逻辑是在相对就近入学的基础上，通过户籍（房产）和入学机会的"硬挂钩"，为学生提供同等的择校机会，促进义务教育起点公平，以此倒逼义务教育均衡。而学区制的政策逻辑与此不同，学区制政策试图通过缩小校际教育差距，通过优质学校

---

[1] 郭丹丹、郑金洲：《学区化办学：预期、挑战与对策》，《教育研究》2015年第9期。

帮扶薄弱学校，实现每所家门口的学校都成为好学校，引导居民自觉就近入学。多校划片政策实际上是在工具理性下，对就近入学方式的技术微调。多校划片政策只是过渡性政策，最终要通过义务教育的均衡发展来实现学生的就近入学。①

多校划片政策在理论上能够促进教育机会公平、促进相对就近入学，有效缓解学区房热。多校划片政策将热点小学、初中分散至每个片区，该政策的出发点就在于均衡教育资源，为学区房降温。小升初不再是一对一的关系，也就是说居住在某个区域的学生不一定读该区域的某一所学校，而是具有多种可能性，即便家长购买了名校所在的学区房，也不一定就能就读名校，还要在征集入学志愿的基础上，实行"电脑派位"。这就意味着即便具有学区房源，也未必能让孩子上名校，择校充满了不确定性，使家长认识到学区房投资存在政策风险，教育行政部门会根据学校学位、户籍、居民人数等动态调整划片，政策的变化可能导致学区房投资的失败，使家长购买学区房要更加理性。根据"2017中国居住小康指数"调查结果显示，37.9%的受访者表示多校划片政策的实行会改变自己购买学区房的意愿，16.7%的受访者表示会犹豫，另外，45.4%的受访者明确表示不会因此改变购买学区房的意愿。

（二）多校划片政策存在的风险

多校划片从一定程度上遏制了单校划片的弊端，但是也存在一些矛盾和问题，比如权力寻租、择校演变为择学区、打掉原来的学区房，催生出更多的"准学区房"、一些试点城市并未执行该项政策等。一个完整的教育政策规范包括目标、对象和措施三个要素。下面试从这三个要素来分析多校划片政策存在的风险。②

1. 政策目标难以达成：择校变成择区

多校划片是为了消解择校而出台的政策，一定程度上可以减少择校，但是实际上是一个治标不治本的措施，该政策有可能导致另一种类型的择校——择区。多校划片政策具有较强的博弈色彩，之所以引发争

---

① 熊丙奇：《理性评估"多校划片"政策的效用》，《上海教育评估研究》2016年第2期。

② 孙绵涛：《教育政策学》，武汉工业大学出版社1997年版，第26页。

议，是因为该政策想使家长感觉到政府是想让居民认识到即便买了学区房，也不一定上名校，由于入学的不确定性而打消购买学区房的做法。① 然而"推动'就近入学'这块多米诺骨牌的前因是奉行'精英主义'的'重点校'政策"。多校划片政策不能撼动导致"择校问题"的"精英主义"价值取向。② 在义务教育阶段实行的看似公平的"划区就近入学"，实际上对中上层阶层群体子女的就学是有利的。③ 择区入学和择校入学在本质上差别不大，都是为了获取更多的优质教育资源。"在地区间教育资源分配不均衡的现实面前，家长通过空间分异及户籍的争夺的方式来达成对教育资源和机会的选择，这是代际资本在空间中衍生的典型。故而，它无法避免以其他方式获得户籍，进而获得入学权力的工具理性行为。"④

多校划片只是扩大了学区房的范围，增加了学区房的不确定性，但是多校划片并未改变区域内教育质量，好学校和差学校同样存在，当择校的收益大于择校的成本，家长就有择校的动力。多校划片仍然采取学位和入学资格刚性挂钩，如北京市西城区要求凡是申请多校入学方式入学的学生，必须在相应学区有居民户籍或监护人拥有的房产。由于学区房具有特殊功能，因此在政策改变的情况下，依然具有市场。例如，对于片区内都是优质教育资源的小区，只要购买了学区房，无论上哪个学校都是好学校，这些地方的学区房价格就不会受到多校划片政策的硬性规定而回落。在多校划片政策下，有可能将学区房热从点状呈现催生成片状呈现，原本不是学区房的小区有可能由于周边学校和优质校合作办学、教育联盟等成为新的学区房。

2. 政策对象规范不全：利益相关人共同治理缺失

从政策文本来看，多校划片政策对"解决谁的问题"规范的比较

---

① 熊丙奇：《"多校划片"要因地制宜》，《商周刊》2016年第7期。
② 王强、杨连子：《我国"就近入学"政策价值合理性缺失及改革思路》，《中国教育学刊》2014年第10期。
③ 陈友华、方长春：《社会分层与教育分流——一项义务教育阶段"划区就近入学"等制度安排公平性的实证研究》，《江苏社会科学》2007年第1期。
④ 王代芬、王碧梅：《"买房择校"：被定格的教育机会》，《教育学术月刊》2016年第4期。

明确，即对户籍处于"教育资源配置不均衡、择校冲动强烈的地方"的适龄儿童。但是与"就近入学"政策一样，多校划片政策对由"谁来解决问题"这一对象规范的不全面。从就近入学政策的文本梳理来看，相关的政策文本只是提及由地方各级政府及教育行政部门来实施就近入学，没有提到家长及其他监护和有关的社会组织。多校划片政策沿袭了就近入学政策的思路，将多校划片的责任主体认定为区（县）级教育行政部门，虽然也提及发挥社会、居委会的作用，但是并未将家长、社区、居委会看作重要的决策力量。在多校划片政策中只是规定了其他利益群体参与划片或片区调整工作机制，至于如何参与，在参与中的地位等问题并未作出说明。根据以往学区划片经验来看，地方政府往往不愿意采取民主决策机制进行划片，"教育部门官员担心听取居民意见，会是一个没完没了的过程，吵闹不休，怎么也不可能让所有人满意。因此，干脆就不听意见，而就由行政部门'快刀斩乱麻'。甚至有的地方，临到学生要入学时，才公布方案，并要求立即执行，说是避免家长炒学区房"。①

我国当前的学区不是独立的法人，学区听命于上级教育行政部门，缺乏实质的管理权。国外学区治理的一些经验值得我们借鉴，美国学区治理强调的是"自治"，在美国学区是独立的一级教育行政管理单位，不隶属于地方行政机构，与地方政府之间不存在领导与被领导的关系。美国学区管理机构是学区委员会，学区委员会的成员由当地居民选举产生，委员会的成员由一定比例的非教育行业人员构成，学区委员会的成员一般是兼职的，他们是不领薪酬的志愿者，学区委员会每月定期召开会议，并设有审议会，供民众参与审议会讨论教育问题。②从美国学区治理的经验中，我们可以看出美国学区治理强调共享共治的理念，明确了学区的问题"由谁来解决"，教育行政部门、街道、家长及社区成员等都是决策的主体，共同治理学区。

---

① 熊丙奇：《理性评估"多校划片"政策的效用》，《上海教育评估研究》2016年第2期。

② 王悦、王雁：《美国学区制管理的体制及其启示》，《教学与管理》2016年第6期。

3. 政策实施操作性差：缺乏程序正当性

教育行政部门发布的多校划片政策相关的文件并未对多校划片进行相关程序的规定，只是提出了一些原则性的建议，对于如何科学确定划片方式，合理确定片区范围，信息公开以及相关的保障措施等问题规范得不够明确，措施不够具体，操作性不强。从以往学区划分的实践来看，教育行政部门在划分学区的过程中，很少向社会公布学区的相关数据、划分学区的原则等。据中国社科院法学所发布的《中国政府透明度指数报告》（2016），对我国100个县级政府网站观测评估发现，仍有半数左右评估对象未公开本年度义务教育划片信息，多数评估对象的随迁子女入学信息公开不到位。45家县级政府未公开本年度小学划片信息，52家县级政府未公开年度中学划片信息。[1] 公开义务教育划片的地区，也存在信息入口隐蔽、更新不及时等问题。令人啼笑皆非的是，对于有购房需求的人，了解学区划分信息最常用的渠道竟然是房产中介或者中小学校的招生简章，由教育主管部门统一发布学区划分信息，成为市民集中的诉求。[2]

在单校划片政策下，学生越区上学的可能性不大，多校划片政策如果缺乏相应的配套监督问责机制跟进，在学校教育资源分配不均衡的情况下，很有可能出现暗箱操作，以及"权学交易""钱学交易"，出现"后门生""关系生""条子生"，凭借社会关系、权力和金钱，逾越规则获得紧缺的教育资源。[3] 而作为多校划片的重要措施"电脑派位"，只是从起点上考虑了教育机会公平，电脑摇号在多大程度上促进教育公平，值得深思。"摇号"入学对学生来说给予了他们读优质学校的机会，但是"摇号"忽略了因材施教，运气成为关键因素，有可能成绩差的学生进了名校，享受了优质师资，增加了学习压力，成绩较好的学生进入差学校。[4] 此外，实行电脑摇号，也极有可能依旧存在权势交易。

---

[1] 万静：《半数县未公开义务教育划片信息》，法制日报2017年3月21日第6版。
[2] 王钟的：《入学划片得让公众看明白才行》，《中国教育报》2017年2月24日第2版。
[3] 杨东平：《试论教育腐败》，《北京大学教育评论》2003年第2期。
[4] 孙玉婷：《基于教育公平视角看天津市小升初"摇号"政策》，《现代教育科学》2016年第8期。

(三) 多校划片政策风险的防范

基于以上分析可以发现，尽管当前推行多校划片的政策初衷是好的，但政策本身固有的局限及政策实施过程中新问题的出现，都需要我们对之进行审视和思考，才可能有效防范。

1. 合理划片，探索"租购同权"

各地在实施多校划片时，不能搞"一刀切"，应该结合本地区的实际情况，综合采用单校划片和多校划片，在教育严重不均衡以及择校热严重的地区实施多校划片，在教育资源均衡的地区，已经形成稳定的单校划片则不需要强制推行。多校划片要按照相对就近入学的原则，科学论证片区范围，不能舍近求远。是否采用多校划片，要根据学位供给情况、户籍、居住年限等综合考虑，在一些城市如北京、上海的一些地区早已实施多校划片，未来应逐步推进多校划片，扩大参与多校划片的学校学区的数量和比例，使更多的学生享受到优质教育资源。

在学生的入学条件审查上，教育部门要联合街道、公安等部门审查学生入学资格，加强对实际居住地的审核，对于实际居住条件不符的，不能作为入学资格条件，要针对过道房、车库房、空挂户等进行重点核查。各地要积极探索"租购同权"，以居住地取代房屋产权证作为入学条件之一，改变学区划片对房屋产权证的硬性要求。2017年，广州市发布《广州市加快发展租赁市场工作方案》中提出"赋予符合条件的承租人子女享有就近入学等公共服务权益，保障租购同权"。"租住同权"从一定程度上可以改变户籍和就近入学刚性挂钩的限制。对于拥有本地户籍的无房户来说，其子女原本只有户籍这个单一的就近入学依据，现在还可以通过租房获得就近入学的机会，增加了就学的选择性；而对于非本地户籍的进城务工、人员来说，为他们的随迁子女在租住地附近接受义务教育提供了政策保障。值得一提的是，在多校划片政策下，"租购同权"并不意味着租赁住房就能上名校，对于"租购同权"要有合理预期，入学"租购同权"政策尚处于探索阶段，相关的教育配套政策还需逐步完善。①

---

① 汪明：《对入学"租购同权"要有合理预期》，《中国教育报》2017年8月29日第2版。

2. 健全学区治理，划片程序公正

要健全学区管理和监督机制，避免人为的腐败，电脑派位的可信度、学区划分的透明度均会影响多校划片的效果。在具体操作上，强化多校划片工作程序和内容的公正性，提升多校划片结果的公信力。美国学区设立有学区教育委员会，学区教育委员会的成员都是由当地社区民众组成的，学区教育委员会在决策的所有环节都有选区居民的参与和意见反馈，由家长、学校等人员共同参与学区的重大决策。法国在学区设立了各种审议机构，比如区域高等教育研究审议会、大学区学校配置委员会、大学区人事管理协议会、大学区行政管理协议会等。学区所有的教育决策都要由审议会审议通过，这种制度降低了决策的风险。借鉴国外学区治理经验，学区的划分不能仅仅由教育行政部门作出决策，也要让家长参与学区的划分过程，保障家长及儿童的权益得到表达和尊重。

学区治理应该凸显多元治理，以协商的方式来表达多元主体的诉求，建立学区委员会，由教育行政部门、学校、街道、家长等共同负责学区重大决策，实现学区的共同治理。健全学区教育审议咨询制度，保证家长、教师和各阶层代表参与学区治理。学区划分要举行听证会，并提前通知利益相关人听证会的时间，使当事人做好准备。由学区督导、家长等利益相关人联合形成监督体系，对摇号的公正性、透明性进行监督，杜绝暗箱操作。教育行政部门有必要及时、透明公开学区划分信息以及划片的基本原则，要让群众的知情权得到满足，了解划片的依据、程序。

3. 发展特色学校，创办微型学校

区域内发展特色学校可以有效促进多校划片政策的实施，使学生不是为学校质量而择校，而是基于学校特色择校。首先，培育现有学校的特色。大力发挥每所学校的资源优势，鼓励学校基于学校的已有文化底蕴创建特色化办学模式。当优质学校处于主导地位，向薄弱学校输送文化和价值观，薄弱学校的文化特色就无法开发。学区内学校之间的合作要由教育质量差距向办学特色差异转化，注重各校发挥自身的办学优势，将各校之间的个性化差异转化成合作学校之间的公共资源。① 其次，可以在学区内发放教育券，教育券是指政府将生均教育经费发放给每个学生，学生可以按照自己的需求选择入读的学校并支付教育券。学校可以凭借挣到的教育券向政府索请资助。教育券制强调自由竞争，在教育中引入竞争机制，各校为了争夺教育券，必然会力求办出品牌和特色，以免被淘汰。最后，创办微型学校。政府要赋予微型学校高度的自主权，鼓励微型学校办出特色，成为个性化培养的精品学校。美国的特许学校、英国的自由学校等都在微型化、特色化办学方面做出了探索。② 美国近年来出现了特许学区，改变了传统的学区工作模式。特许学区是由特许学校（或合同制学校）组成的学区。特许学区没有严格的地理界线，并不一定按照行政地域来划分，只是把地理位相对靠近的特许学校，从传统的学区中单列出来，由一个新的管理实体统一管理。③ 英国特色学校在发展中呈现出了"以科带校"的发展模式，个性化的课程设置，特色学校在与其他学校分享经验和与社区合作中实现了双赢。④ 借鉴美、英特色学校的发展经验，我国在学区制的实施中可以建立"教育特区"，将有条件实施自主管理改革的学校单列，允许建立类似特许学校这种进行学校自主管理的学校。特色学校的发展应在满足国家课程与教学的基本要求的基础上，发展特色学科，以学科为中心带动学校整体发展，重视学校与社区的合作。

4. 辐射优质资源，精准扶持薄弱学校

只有片区有优质学校或者优质学校的辐射学校，才有可能实现多校划片政策的初衷，让片区内的学生享受优质教育资源，降低"电脑摇号"所带来的受教育机会的运气成分。优质学校要发挥龙头作用，对周围的学校产生辐射效应，实现学区内教育资源的共建共享。在学校硬件建设方面，行政部门应该精准扶持硬件条件薄弱的学校，给予财政支

---

① 吴华、戴嘉敏：《从"差距合作"到"差异合作"：发达地区县域义务教育均衡发展的新思考》，《今日教育》2010 年第 2 期。
② 冯建军：《划片入学需要琢磨的几个问题》，《中国教育报》2016 年 4 月 26 日第 9 版。
③ 冯大鸣、赵中建：《美国学区管理体制改革的第三里程——特许学区的产生原因、运作特征及经验评析》，《教育发展研究》2004 年第 4 期。
④ 常宝宁、高绣叶：《英国特色学校发展的绩效与启示》，《比较教育研究》2012 年第 3 期。

持,使片区内的学校在硬件水平上大体相当。其次,促进学区内师资力量共享。教育平等包括起点平等、过程公平以及结果公平,多校划片从一定程度上保证了机会公平,但是对于实现义务教育公平来说更为重要的是接受同等质量的学校教育。择校更多的是择师,要使教师在本人自愿的基础上通过跨校兼课、支教、走教、轮岗、师徒结对等方式促进教师交流,使教师从"学校人"转化为"学区人"。

多校划片政策不是孤立的政策,还要辅以学校联盟,名校开设分校等扩大优质教育资源的举措,大力促进薄弱学校的改进。当前在学区治理中具有一些值得推广的扶持薄弱学校的经验。第一,龙头校模式。学区一般以一所优质学校为龙头学校,与若干所同学段相对薄弱的学校进行合作,依托龙头校的资源优势,通过龙头引领、强校帮扶弱校,共同发展。代表性的经验有西安市的"大学区制"、广西万秀区的"1 + X + Y"模式,武汉市"中心校"模式等。第二,委托管理模式。委托管理是由教育主管部门把所属的薄弱学校托管给社会机构或其他的优质公办学校进行管理,授权托管方学校承担起办学主体的责任,从而提高薄弱学校教育水平。代表性的地区有上海市浦东区。第三,集团化办学模式。集团化办学是以品牌学校为核心的学校之间在产权上相互结合而形成的教育联合体。一般是品牌学校通过合并薄弱学校或开办分校而形成的庞大教育组织,其内部实行统一管理,对外是一个法人。这些学校由于合并或开设分校,进行了产权的整合,并以产权为纽带形成紧密的联合。①

综上所述,多校划片政策是一个阶段性的政策,是从顶部重新设计义务教育资源分配,从技术上缓解择校热。促进义务教育均衡发展,疏导家长择校需求,最终需要的是抬高底部,办好家门口的每所学校,让家门口的每所学校都是优质学校。②

---

① 蔡定基、黄威:《义务教育均衡发展视野下的学区集团管理模式探析》,《全球教育展望》2011 年第 11 期。
② 娄元元、倪娟:《多校划分政策存在的问题及政策研究》,《当代教育科学》2018 年第 7 期。

第三节　公共安全视域下的教育领域
　　　　重要风险点

　　威胁公共安全的教育领域风险点，涉及社会保障，一般指治安、消防和交通（游学和社会实践过程中导致的）不安全的可能性，也包含公共卫生与公管管理的安全问题，如校园食品安全等，容易引发伤亡事件。其中，消防和交通易引起群死群亡，造成重大教育公共安全事故、校闹事件。还包括其他的个体突发事件，如学校中的霸凌、婚恋事件、学生心理问题，等等。[①] 本节选择了学生心理安全问题、公共卫生事件应对、校园欺凌三个方面较为普遍存在问题展开分析研究。

一　中小学心理健康安全危机及其化解对策

　　疫情时代，中小学心理健康安全教育治理，要强化底线思维，增强忧患意识，时刻防范心理健康安全重大风险。经由目前形势研判，常态化疫情防控期间，心理健康安全风险将长期持续存在，亟须各级党委政府高度重视，并实施有效的干预措施，减缓心理问题的发展态势。

　　（一）中小学心理健康安全危机的现实表现

　　1. 心理健康筛查、预警和评估机制整体缺失

　　当前，无论是国家层面，还是各省级层面，中小学心理健康状况评估要求尚未得到常态化。需要对学生心理健康状况持续跟踪和动态评估，摸清学生心理危机发生发展规律，及时发出预警，有效地做好心理辅导和危机干预，才能避免与减少危机发生。

　　2. 心理健康安全教育长效机制建设严重滞后

　　（1）教育政策落实不力

　　国家出台了系列关于中小学心理健康教育工作的指导性文件，如《中小学心理健康教育指导纲要》（2002，2012 修订）、《给全国中小学

[①] 倪娟：《教育风险：整体安全视域下的教育风险研究新视角》，《上海教育科研》2019年第5期。

校新学期加强心理健康教育的指导建议》（2020）等，但大部分省份在政策贯彻落实方面总体而言实施不力，大多缺乏系统完善的顶层设计和实施规划，关于如何开展中小学心理健康安全教育没有统一规定，缺乏刚性的心理健康教育实施要求，基本没有科学有效地推进心理健康教育的工作文件。

（2）社会协同体系缺乏

一是国家省市县校各级上下协同工作整体机制尚未形成。省、市级心理健康教育指导中心或研究中心等统筹管理部门仍不健全。各级教育部门开展的心理健康教育工作混杂无序，没有形成一盘棋。在实践过程中，基层心理健康教师缺乏必要的专业引领与指导培训，心理专业教师队伍建设未得到足够重视。

二是对家庭心理教育缺乏系统设计和有效专业指导。从实践层面看，孩子的心理问题主要来源于家庭亲子关系，但亲子关系又与学生学习有密切关系，家校协同心育的良好工作格局并未形成。

三是社会校医警法等一体化协同育人体系尚不健全。心理健康安全是系统工程，需要多部门协同发力。造成心理问题和安全事件的因素是多方面的，问题发生之后产生的社会影响也是多方面的，可能涉及伦理、法律、医疗、经济、教育等多个社会子系统，需要理清学校、家长、医院等各有关主体的安全责任边界，协调好多个部门的关系，明确权责，健全法规，避免出现管理"盲区"，避免学校教育连正常教育惩戒权都缺乏保障，从而使得教育工作畏首畏尾、负担过重。

3. 心理健康安全教育整体工作水平不高

（1）课时安排呈现随意性

虽然有些省份在省级层面出版并免费发放了心理健康教材，但缺乏必要的课时保障，教材使用率不高，不少学校心理健康课与班会课、班团队活动糅合在一起，没能形成系统的课程体系，心理健康教育效能大打折扣。

（2）心育实践缺少专业性

一是专业教师数量不足、水平不高。目前在小学阶段基本没有心理健康专职教师，在初高中阶段，国家文件要求配备 1 名专（兼）职心理健康教师，但不少学校的老师并非心理专业出身，且是兼职，很难有效开展各种类型的心理健康教育活动。二是缺少心理课程实施标准以及相应的课程实施情况的督导评价。

（3）专业支持没有系统性

绝大多数省份在省级层面没有专门机构统筹全省中小学心理健康教育科研工作，也缺乏专职心理教科研人员，市县也没有配齐，导致一线教师也缺乏开展心理健康教育教学研究的常态机制。省级教科研单位对心理健康安全教育研究不足、重视不够，相应研究支持也不够。心理教师培训进修的专业提升机会欠缺，实战技能训练很少，辅导经验不足，效果不好，危机处理时几乎派不上用场。

（二）中小学心理健康安全危机的化解对策

1. 特殊时期启动精准干预

加强疫情时代师生心理健康安全教育，提升师生的心理健康水平和安全意识，重点关注特殊学生群体，采取全员化监测与预防性干预。

（1）建立常态化监测工作机制

当前情况下，要求各省根据自身实际情况，迅速组织对全体学生的心理健康安全状况普查，及时转入危机干预。教育部应加强定期开展心理普查和危机筛查的制度建设，建立动态追踪学生的心理健康状况数据平台，对中小学生心理健康发展趋势做出预判。

（2）完善省市县校四级监测体系

要求各省尽快建立省级层面中小学生心理健康安全状况监测中心及分支网络，搭建省市县校四级监测体系。省监测中心做好监测工作的规划统筹和专业指导，研制省级中小学生心理健康监测政策文件、监测工具和评估标准，建设心理健康安全风险档案数据库，建立心理危机预警监测大数据平台。市级层面做好监测工作的组织实施，县级层面加强对监测工作的监督执行，校级层面具体实施，全员参与。

2. 建立省域层面的中小学生心理健康安全教育的整体工作机制

（1）构建维护中小学生心理健康安全教育的横向社会协作机制

一是完善学生心理援助系统。系统建构、全员介入、组合联动，建立高校、医院、法院、公安、中小学学校等多方面参与的综合团队，形成学校、社区、家庭、媒体、医疗卫生机构等联动的心理健康服务模式；二是推动政府立法，制定《心理危机干预安全责任边界》文件，引入第三方心理危机责任评估和处理机构,减轻学校压力;三是建立心理健康安全教育资源的沟通交流和共建共享机制,探索以片区为基本单位建立心理健康安全教育工作网络的实施路径,完善心理健康服务体系;四是加强促进心理健康安全教育的家庭和社区环境建设,营造良好的外部环境和教育生态,促进家校协同教育、提升家庭教育质量。各级教育行政部门要加强家校协同方面的相关政策研究和制定,加强政策引导,同时建立家庭教育专业指导师的培训和资质认证系统,出台相关课程标准和资格标准,建立家庭教育指导师资源库。应开展常态化家长培训,依托家长学校,各县区和各校根据实际情况制订家庭教育培训方案,形成常态化培训机制,提升家庭教育质量;五是加强特殊时期媒体的宣传引导,管控负面宣传报道,加强正面引导。

(2) 完善省市县校一体的心理健康安全教育纵向长效工作机制

提高心理健康安全教育管理的组织化程度,尽快建立上下统筹的长效工作机制。第一,建立省级中小学心理健康安全教育指导中心,负责心理健康安全教育工作统筹规划和具体实施,督促各省出台制定省级层面的《中小学心理健康安全教育工作指导意见》《中小学教师心理健康安全教育职业技能标准》等规范性文件,使各级各类学校开展心理健康安全工作有据可依。第二,加强专业引领。在心理健康安全教育指导中心下设两个专业委员会,提供专业支持和政策建议,并作为专家库成员参与指导工作。一是监测中心委员会,负责中小学生心理健康状况监测中心日常工作;二是专家指导委员会,负责制定心理健康教育的课程、教材、师资认证和培训、学校督导、家校合作等专业标准和实施指南,组建省级心理健康专家库,搭建心理健康安全教育专业资源和典型案例的研究共享平台。第三,建立"市—县—校"三级协同工作体系和心理危机预防体系。将心理健康安全教育和危机预防工作纳入常规工作,规范开展,持续推进;各级教科研机构和教研室要设立专职人员负责,设立专项课题,加强研究与指导力度。

3. 提高中小学校心理健康安全教育整体水平

(1) 切实提升学校心理健康课程实施效果

一是保障课程实施。出台省级心理健康安全教育课程实施纲要,心理健康教育课程要进课表,保证课时;各类心理健康教育主题活动要系统设计实施计划，实现活动的常态开展。二是面向全体学生。要针对不同情况的学生开展符合其身心需要的心理健康教育。三是强化专业引领。在国家相关指导文件基础上组织专家研制符合本省实际的心理健康安全教育课程标准、设计心理活动实施方案，保证心理健康教育活动科学有效开展。

（2）加强心理健康安全教育师资队伍建设

一是建立心理教师专业化准入制度。各省可根据自身实际情况，在借鉴广东省和浙江省心理健康教师证书制度的经验基础上，制定符合本省需求的心理健康教育教师的职业资格标准和分级认证体系，或由教育部组织专家进行论证，研制全国层面的相关标准和认证体系。二是加强专兼职教师队伍建设。增加专职教师数量，保持专职教师队伍稳定，扩大兼职教师数量，同时增强全体教师参与心理健康教育的意识和能力。三是加强培训和督导，提升教师心理辅导水平。在师范生培养和入职前培训中要重视心理健康教育知识、技能和素养的培养；专职教师要系统化培训，全面掌握心理健康教育知识和技能；班主任和其他教师加强心理健康教育轮训，保证全员参与培训。培训要注意知识和技能相结合，重视典型案例的学习和研讨交流，强化实践技能；加强对心理辅导教师的定期督导，开展省级心理教师辅导技能大赛，提升心理辅导能力；重视教师家庭教育指导能力的系统培训，使教师具备开展家校沟通和家庭教育的专业能力。四是建立维护教师心理健康的有效机制。定期评估教师心理健康状况，给予教师心理支持和激励，防止因教师心理问题给学生造成负面心理影响。

二 中小学校园欺凌风险的成因及应对策略

校园欺凌指一名学生长时间并且重复地暴露于一个或多个学生主导的负面行为之下。校园欺凌事件给学生的生理和心理上造成了极大伤害，很多学生在遭受校园欺凌后产生了应激反应。国内现有研究表明，中小学阶段是校园欺凌事件的高发期。中小学校园欺凌事件严重危害中小学生的身心健康，扰乱了正常的教育教学秩序，已经成为严重的社会问题。近年来，校园欺凌事件越来越多地出现在大众面前，引起人们的广泛关注。

（一）中小学校园欺凌的影响因素分析

中小学校园欺凌受到社会、学校、家庭、个人等多方面因素的影响。

1. 社会因素

社会文化日趋多元，信息内容的庞杂和获取信息途径的多样化，致使青少年的价值观受到影响和冲击。网络信息相关法律法规的不健全是导致校园欺凌肆意生长的重要原因之一。目前，我国尚未针对校园欺凌专门立法，对于校园欺凌事件的处置多以《预防未成年人犯罪法》《刑法》等为依据，针对性和操作性较弱，直接影响学校对校园欺凌事件的处理和大众对于欺凌行为的认知。一些媒体通过欺负、嘲笑等方式来取悦观众，获取流量和收视率的同时，也起到了负面的导向作用。

2. 学校因素

学校是学生成长发展的重要场所，学校层面的管理和教育不到位是校园欺凌发生的重要原因。

（1）安全教育和德育成效的缺失。学生的大部分时间是在学校度过的，学校是学生学习和生活的主要场所，对学生的生命安全负有重要责任。然而，一些学校片面追求升学率，重智育，安全教育、德育严重缺失，导致学生缺乏安全知识，自我保护能力不足。部分学生品质低下，以欺凌他人为乐。

（2）处置措施不到位。调查显示，学生在受到欺凌后有60%的人选择默默承受，这其中的原因不乏学校的处置措施不到位，让学生认为"报告了"也没用。王华强、姚真的调查显示，在欺凌行为发生后，学校采取的处理方式多以批评、处分为主，处理得较轻，没有对欺凌者起到震慑作用，导致问题和矛盾得不到根本解决。学校法制教育的缺失导致师生的法制观念薄弱，预防和治理工作无法有效进行。

3. 家庭因素

家庭对于人的一生的成长影响深远，家庭环境、家长的教养方式及家庭结构等，都是影响中小学生是否卷入校园欺凌的重要因素。

（1）不和睦的家庭环境氛围。有相当一部分欺凌者在父母的吵闹、暴力中成长，心理易失去平衡，易把对家庭的不满转移到学校的人际交往中，从而出现欺凌行为。儿童如果在充斥着暴力、父母关系紧张的家庭环境中长大，那么耳濡目染了父母之间总是以暴力等非理性的方式来处理问题，就有可能在潜移默化中形成了以暴力、敌对的方式应对问题的习惯。

（2）不科学的教养方式。家庭教养方式对子女道德品质的形成有很重要的影响，从某种意义上讲，父母教养方式集合了父母的教养观念、教养行为及其对孩子的情感表达方式。家长的教养方式、解决问题的方式深刻影响着孩子的人际交往模式，父母不恰当的教养方式会对孩子的身心发展造成不可逆的影响。

（3）不完整的家庭结构。有研究表明，单亲家庭的孩子攻击行为的发生率明显高于双亲家庭的孩子。相比之下，单亲家庭孩子身上更易出现焦虑、挫折感、愤怒等情绪问题。此外，隔代家庭、离异家庭和重组家庭中的孩子出现欺凌行为的也远高于核心家庭。

4. 学生的性格特质

在校园欺凌事件中，有三类人——欺凌者、被欺凌者和旁观者。学生的性格特质也是影响校园欺凌的一个重要因素。欺凌者一般霸道、冲动、暴躁、易怒，自我控制能力极差；被欺凌者在社交中敏感、焦虑和缺乏自信，性格被动、消极、服从，比其他人更容易受到欺凌；而旁观者则因为害怕自己卷入而受到欺凌者的报复，选择漠视，间接地对被欺凌者造成伤害。

（二）中小学校园欺凌事件的应对策略

1. 法治观念的树立与宣传

一是明晰相关机构的权利与职责。当发生有重大伤亡的身体欺凌事件时，教育行政部门应当按照有关规定及时向相关部门报告。公安机关涉及未成年人权益保护案件，保障他们的合法权益，并根据需要设立专门机构或者指定专人办理。在欺凌案件中，尽管大部分的欺凌者都是未成年人，若其伤害造成了被欺凌者的重大损失，公安机关可要求其监护人承担赔偿责任，责令他的家长或者监护人加以管教，必要时也可由政府收容教养。

二是明确教师惩戒权，构建和谐、安全校园。出台政策保护教师的惩戒权，规定教师惩戒权的实施条例，如何监督和制约教师使用惩戒权、如何维护学生的权益等都是在实施程序中需要考虑的因素。对于规范学校教育有重大意义，教师惩戒权的实施程序必须面面俱到，包括在哪种情况下实施什么样的惩戒教育。

三是强化法治化治理的宣传、落实与督查。全面开展校园欺凌预防整治各项工作，需要进行大范围、大规模、大力度地宣传，充分利用报刊、电视、微信、专栏、政务公开栏等各种宣传工作平台，积极向各级各类报刊撰写和报送有关校园欺凌作品和信息，也可以与各地区电视台联办和制作抵制校园欺凌节目，重点宣传法治化治理校园欺凌事件，培养法治意识。

2. 构建多方合作治理平台

一是合理适度表现的平台搭建。为孩子们搭建满足表现欲的平台尤为关键。学生们在探索正确价值观人生观的道路上，不可能总是一下子做出最正确的选择，必然会出现思想受阻的情况。与治理校园欺凌的宣传相结合，学校组织学生开展以拒绝校园欺凌为主题研讨，也可以选择通过各种形式的表演号召全体师生拒绝校园欺凌，例如关于抵制校园欺凌的朗诵、情景表演、舞蹈、唱歌、小品等多种形式。通过不同形式的满足表现欲的平台搭建，提高学生自控能力、移情能力和社交能力。

二是中小学生交友平台的搭建。调查发现，人际关系不好的学生更容易被校园欺凌所困扰，帮助广大中小学生搭建各类交友平台极为重要。学校可通过"榜样带动"的方式来开展各类主题性活动，鼓励交友困难的学生参加，使学生能被优秀学生带动，鼓励支持同学们之间优质的带动行为发生。活动开展应多样化，例如体育活动、实践性活动、体验性活动等。班级里教师发展性格活泼、乐于助人的同学为帮扶人员，促进友好相处的班级氛围的形成。在为孩子提供交友平台时，家长也不能怠慢。积极与孩子共同参加各类亲子活动。

三是心理健康教育平台的搭建。通过开展心理健康专题教育、建立心理咨询室、密切家校合作关系和充分利用各方资源完成分层次分类别开展心理健康教育的平台搭建工作。为了开展心理健康专题教育，可利用学校课程开设主题心理健康教育课，应当尽可能多地采用各类活动形式。学校开展心理辅导工作时必须在学生知情自愿的基础上进行，心理教师必须遵守职业伦理规范，保护学生的隐私，严格遵守保密原则。

3. 预防、处理程序体系构建

一是预防体系的构建。校园欺凌的预防体系应从个人、家庭、班级、学校和社会五个方面进行全方面构建。国家每年都应有专项拨款用于解决校园欺凌等问题，资金主要用于早预防、早发现、早处理校园欺凌问题。学校应当配合国家的各类政策，积极开展关于校园欺凌的教育活动以及志愿者等活动，使学生在各类活动中能树立替他人着想、相互尊重、帮助他人、珍惜生命的观念。教师也要注意观察学生的生活及学习状况、人际关系的细微变化，定期跟学生进行心与心的交流并记录。家长注意采用正确的家庭教养方式，为孩子营造温馨的家庭环境，尽可能限制孩子过早接触暴力电影、游戏。中小学生不仅应当从自身能力以及自制能力提高自己，更要注重自身对外界的沟通，消除自身自卑、孤僻等消极心理，构建和谐的人际关系。校园欺凌网络咨询平台的建立也应当逐步开展与完善，学生或监护人除通过电话咨询外，也可以通过网络、电子邮件等多种方式进行求助。

二是处理程序体系构建。当校园欺凌发生后，应当按照流程、采取适当的方法来平息事件，保护被欺凌者、处罚欺凌者。处理校园欺凌一般事件，应当从四个阶段依次进行事后处理：询问安抚阶段、核实记录阶段、处理教育阶段、整体回访阶段。在核实过程中，应当掌握核实技巧，特别要对欺凌发展细节进行仔细的核实。尽量让欺凌者独自陈述事情发展细节，同时相关各方不可掺杂个人情感。处理教育时应当公平公正地对待每一位学生，尤为重要的是应当最大可能地保护被欺凌者，注重其双方心理变化的咨询辅导。事发之后密切关注欺凌者和被欺凌者的日常表现，并定期进行私下谈话询问近况，若发现学生与发生校园欺凌事件以前行为习惯相差较大，应当及时与家长进行信息的共享并请求心理教师的协助。

要想做到社会、学校、家庭、个人的完美配合，更是要求我们全体社会人员拥有坚决抵制校园欺凌的意识，只有群策群力，校园欺凌才能逐渐从我们身边彻底消失。消除校园欺凌是一项长期而又艰巨的整治过程，需要社会各界普遍的关注、重视与支持。

第四节　综合影响视域下的教育领域重要风险点

从国家安全、社会安全、公共安全三者内涵及关联看，国家安全会包含一些社会安全，而社会安全内涵着公共安全，研究教育风险时，为便于更有针对性地研究其特征及其防范机制，我们可以将教育领域的风险点各有侧重地进行以上三个分类，但仍有诸多教育风险无法单纯地归入某类，可以取三者相互关联的视角对教育领域风险予以研究。然而，当前中国社会矛盾的复杂性决定了中国社会教育风险的关联性与综合性，很少有单一来源或单一影响的教育风险，对教育风险因素及特征的研究也要有整体观照。在分析过程中与研究结论上都应当体现这种整体观照。梳理我国教育领域不同层级、不同类别上的结构性发展进程中的复杂风险，涵盖我国教育改革发展过程中的一些重大风险，如教育现代化风险、大学生毕业就业风险、学校综合治理风险、留守儿童与外来务工人员子女教育风险、教育改革的一些风险，通常由于教育发展的质量与速度之间的矛盾、教育与社会供需结构性矛盾等，具有累积性、复杂性、叠加性和弥散性等特征。①

一　高校评聘制度对于青年教师发展的风险②

（一）问题提出：高校青年教师是被动且平庸的一代吗？

1917年11月7日，马克斯·韦伯（M. Weber）在其"以学术为志业"的著名演讲中提道，"学术生涯是一场鲁莽的赌博。如果年轻学者请教一些做讲师的意见，对他给予鼓励几乎会引起难以承担的责任。如果他是名犹太人，我们自然会说'放弃一切希望'"。毋庸置疑的是，

---

①　倪娟：《教育风险：整体安全视域下的教育风险研究新视角》，《上海教育科研》2019年第5期。

②　任可欣、余秀兰：《生存抑或发展：高校评聘制度改革背景下青年教师的学术行动选择》，《中国青年研究》2021年第8期。

当今学术环境的激烈与残酷程度绝不亚于甚至更胜于韦伯所处的时代。20世纪90年代，我国大学引入审计、竞争与问责等新管理主义思想，在教师评价与聘用方面，计划管理模式下的合格评价与终身制被量化为主的绩效评价被"非升即走"的灵活聘用所取代。

青年教师作为改革的重要利益相关者，其对改革的回应既是透识宏观改革成效的重要窗口，亦成为青椒群体学术职业生活的微观写照。然而，当今学术界，尤其是新闻媒体对青椒群体持集体悲观的态度，"工蜂""学术民工"成为他们的代名词，"以学术为志业"越来越成为一个虚无缥缈的美好愿景。诚然，在政策出台早期，这种结构主义的制度中心观有利于剖析青椒群体面临的集体困境，但随着研究的不断深入，加之我国不甚成熟的制度文化，对制度的分析应该深入制度背后的利益主体、从行动者与制度互动的角度展开。基于这样的判断，有必要从微观层面着手全面刻画青椒群体的多元样貌，深入分析青年教师是如何应对管理主义改革的，哪些因素影响了他们的行动选择，只有洞见他们学术行动选择的背后逻辑及发生机制，才能对青椒群体"去污名化"，并实现微观向宏观的转变，深刻理解当今教师管理制度改革的困境所在。

（二）研究设计

1. 理论基础

本研究的理论基础包括社会学理性选择理论与共同体理论。青年教师的学术行动选择是个体理性计算的结果，亦受到外部共同体的制约。科尔曼（J. S. Coleman）作为理性选择理论的集大成者，认为行动系统中包含行动者、资源和利益等三个基本元素。利益构成理性行动者的基本动机，理性人的目的是使自己的利益最大化。高校教师具有"学术人"与"经济人"的双重身份，从理论上讲，教师既有满足个人正当需求的物质利益，又有寻求自主、学术真理与使命（calling）的价值利益。资源是行动者的必要物品，缺乏资源行动者便失去了行动能力。教师的资源可被理解为在学术场域中拥有的资本的数量与结构，包括经济资本与文化资本。教师的经济资本指影响他们物质生存状况的资本，诸如薪酬及福利待遇、家庭经济条件、科研经费与奖励等。文化资本指教师的学识与能力、可见的学术成果、学历、文凭和称号等。此外，瑞泽尔（G. Ritzer）认为个体的偏好不是一成不变的，外在的社会制度通过提供积极与消极的奖惩措施以鼓励某种行动和抑制其他行动。共同体理论认为学科和高等教育机构是教师学术身份的重要来源，构成他们学术选择的外部约束，学科和大学分别通过为教师提供具有文化导向的规范、价值以及具有强制性的评聘制度左右教师的学术选择。

2. 研究方法

陈先哲发现相较教学研究型与教学型大学，学术锦标赛制在研究型大学的扩散程度最大，基于此，本研究通过方便性抽样选取处于东部地区的研究型大学 S 大作为案例。引入新管理主义改革是其建设世界级综合研究型大学的关键战略的一个组成部分。为提升教师的学术生产力，早在 20 世纪 90 年代后期，S 大意向国际接轨，在教师晋升上强调国际期刊发表；2012 年引入"非升即走"制度，确立专职科研岗位；2020 年正式确立准聘——长聘机制。S 大的一系列改革举措折射出当下"双一流"高校教师管理制度改革的缩影。

本研究将青年教师定义为 40 周岁以下选择"专任教师路线"的大学教师，通过分层抽样、滚雪球抽样选取 18 位青年教师作为研究对象（具体背景见表 5-1），并对他们进行一对一的半结构化访谈。所有受访者均有（过）专职科研经历，访谈的内容包括他们对改革的态度、"非升即走"阶段的应对方式及影响他们行动选择的因素等。在访谈结束后，研究者对访谈资料进行编码、提炼、归纳和总结。

表 5-1　　　　　　　　受访教师基本信息

序号	编号	性别	职称	学科
1	J1	男	副教授	人文学科
2	J2	男	副教授	人文学科
3	J3	女	助理研究员	人文学科
4	J4	男	助理研究员	人文学科
5	S1	男	助理研究员	自然科学
6	S2	男	副教授	社会科学
7	S3	男	副教授	社会科学

续表

序号	编号	性别	职称	学科
8	H1	女	（离职前）助理研究员	人文学科
9	Z1	男	助理研究员	人文学科
10	T1	男	副教授	自然科学
11	T3	男	副教授	自然科学
12	Z2	男	副教授	社会科学
13	L1	男	副教授	人文学科
14	X1	男	副教授	应用科学
15	X2	女	助理研究员	自然科学
16	X3	女	助理研究员	应用科学
17	D1	男	助理研究员	自然科学
18	D2	男	副教授	应用科学

（三）青年教师差异化的学术行动选择

教师同时处在"有形学院"的大学组织和"无形学院"的学科共同体中，尽管组织与学科共同体本质上并不是矛盾的，但受到新管理主义改革的冲击，学科共同体与组织提供了两套截然相反且存在冲突的话语，究竟是坚持学术初心，做自己感兴趣的研究，还是做更具有"表现性"，利于自己晋升的研究？究竟是教书育人还是挣"工分"？究竟是学术创新还是学术创收？青年教师的行动选择既有相似之处，也因他们自身的利益结构、资源特征的不同而有所差异。根据青年教师在评聘制度下的行动选择差异，可将其分为四种类型，现对其分别进行阐述。

1. 妥协与规训：谋求生存的权宜者

全员聘用制的推行改变了高校教师"能上不能下、能进不能出"的固定编制，工作的不确定性大大增强。权宜者因面临不愿流、不敢流甚至不能流的流动阻力而具有较高的职业期望，从入校的第一天起，"留在S大"便成为他们头上的紧箍咒。正因如此，他们更多出于工具理性的角度认同学术职业仅仅是"一份工作和一份例行公事"。L1直言："每个人心里面都有一个所谓的学术标准，对学术的某种突破，但不是说我就一定要为它奋斗终生。"

强烈的生存需求加之有限的资源使得权宜者的晋升之路困难重重，顶级期刊和国家课题成为横亘在他们面前的"两座大山"。为了顺利晋升，他们采取了一系列只讲求最大化实现生存目标的策略性行为，彰显了行动者"强大"的理性计算能力。具体而言，他们减少教学投入、投身科研工作；将原本完整的上乘之作拆成多篇文章发表，放弃艰深又耗时的研究选题；迎合国家与学术市场的偏好，偏重对研究的包装与推销；有意识地"抱大腿"，借助顶尖学者的符号资本增加文章发表的成功率。

上述某些行为已经严重影响学术研究质量，但这些被规训的教师倾向于重构自身行为的价值内涵使其变得正当化。他们或全部归因于外部制度，X1 表示："灌水只要是没错，没有被撤稿，就算是灌水，只是它的价值不高而已，对不对？我觉得没有什么问题。我觉得本质上并不是说老师有多大问题，他只是在这个环境下，你不得不要做这个事情。"或从工作伦理的角度赋予这类功利主义行为合理化的意义。L1 认为这是一种"责任心"的体现，"这个事情安排给我了，不管怎么样，我接下来了，我又没有表现出强烈的拒绝，我不只是做，要把它做好"。正如齐泽克（S. Zizek）所言，当代意识形态的核心机密并不在于它掩饰了事情的真相及其相应的利益关系，因为"真相"可能早已被人洞悉或者已经无关紧要，"幻象"才是保证当代意识形态得以运作的基础。即便教师已经意识到部分"真相"，但还是选择利用合理化的"幻想"建构真实。

2. 厚积而薄发：先生存后发展的变通者

许多怀有学术情怀的教师依旧秉持以知识的研究、创新、整合与传播为己任的价值观，具有求真务实、崇尚自由、勇于探索的学术品质，管理主义与专业主义的割裂使他们表达出困在"理性牢笼"的疲惫感。但另一方面，他们的原生家庭或伴侣无法提供良好的经济来源，养家的重任落在他们肩头，这突出表现在男性教师身上。"我现在有孩子，以后小孩上学，你还要还房贷，各种压力还是蛮大的。"（S2）因而，他们更加看重稳定教职带来的物质性回报，"除了工资以外，其他的东西可能还有很多。有头衔以后，你可能到其他地方去做个讲座，可能又会有一些额外的收入，多出来的钱不是一点"（S2）。

加之个体的学术资本难以支撑自己的学术情怀，这类教师倾向于将自己的学术信念潜藏于心，并采取"先生存后发展"的间断平衡策略，以资源作为中间的传导机制实现生存与发展的过渡与转换。S3 是这类教师的典型代表，他一直对教学活动充满浓厚的兴趣，一系列荣誉足以证明他在教学上的出色表现，但在"非升即转"的制度束缚下，他坦言："我可能没有办法去做我真正喜欢或者我觉得很有价值的东西，我肯定要做一些能快速出成果的东西。"评上副教授之后他降低了对自己的科研要求，投入更多的精力在教学工作上。评价标准的单一使得像 S3 一样有志于教学的教师面临上升渠道窄化的困境，为此，他在一次院系调研中直接向校长表达了对考核体系的不满。"我其实就想很本分地做一个老师，我甚至都没有想过我一定要升上副教授，可是因为 S 大的政策，我必须升副教授。"这种略带挑战制度的冒险行为或许是 S3 一直都想尝试的，但缺少副教授的加持使他之前多少有些顾虑。幸运的是，他在 S 大结识了一群热爱教学的同道中人，在彼此的支持与鼓励下，他们找到抵御科研为大的力量。

3. 顺从与平衡：生存发展兼顾的协调者

由于无法按照既有的学术标准展开工作，协调者产生一种鲍尔（S. J. Ball）所说的"本体论上的不安全"。"我们做事情是出于'正确'的原因吗？我们怎么知道？"约阿斯（H. Joas）等指出，越是处于危机情境中，行动本身才越会成为反思的聚焦。当这类教师遭遇本体论上的不安全时，他们会越发反思自己的行为。传统的学术价值观，如追求真理、崇尚自主、超越功利、勇于创新成为教师进行反思的重要参照，这帮助学者定义他们是谁以及他们应该追求什么。J3 表示："当我决定不妥协的那一刻，就是它让我想清楚我真正追求的是什么，我真正追求的是我自己的学术方向。"

反思性调节使协调者与改革保持了审慎的距离，良好的家庭背景，没有婚姻、家庭和经济压力的束缚使得他们更加注重工作的精神回报而非物质回报，宁愿面临流动的风险，也不愿以牺牲学术标准为代价换取 S 大稳定的教职。J3 表示："这两三年比如说我要是妥协，为了迎合他的一个评价体系，去写一些短平快的东西，我觉得对我的人生来说是一种浪费。再加上我没有这样的一个生存压力，如果评价体制和我的研究兴趣发生强烈冲突的话，我会坚持我的兴趣。"

在行动表现上，他们采取的是"共时平衡"的行动策略，既要力争获得稳定教职，又要努力实现自己的学术抱负。在有限的时间和繁杂的工作的冲突下，他们变得"审时度势"，会主动拒绝和回避一些非必要的、其他的工作任务。此外，他们是更加具有变通性与能动性的，通过翻译、变通政策灵活地将个人认为关键的、有价值的研究内容"塞到"外部资助项目中，以保护他们的主导利益与价值观。"因为算是命题作文，可能他们（资助者）已经有一些想法了，觉得你要往这个方向去做，其实我自己也是有一定的权力能够去决定它未来可能还要做哪些。"（J3）教师还会通过提高自律促进教学和科研的协同发展，兼顾研究的质量与速度。但必须承认的是，对于仍处在专职科研期间的青年教师来说，抵制与协调势必会牵涉他们更多的时间与精力，甚至以减缓晋升速度为代价。

4. 以学术为志：能力超群的悬浮者

认可机制是科学制度中的重要组成部分，学者的学术活动围绕如何获得认可展开。相较组织的制度性认可，悬浮者更加看重学科共同体的主观评价（诸如口耳相传的声誉、学术地位以及专业期刊的认可）与客观的同行引用水平。T1 表示："生存就是在学术领域里面有一定的话语权，就是你自己研究的东西在国际上是不是你说了算。比如说你研究一个问题，取得了一些成果，那么国际同行在涉及这个问题的时候，都会引用你对吧？都会把你的研究成果拿出来做点评，如果相关的一些问题涉及合作的时候还会想到你，我觉得这就可以。"

丰富的文化资本与较小的生存压力使得悬浮者更易实现学术目标。即便在"层层加码"的晋升要求下，他们也能拥有同伴竞争中的比较优势。"像你刚刚提到评副教授的基本要求是 8 篇 C 刊，我个人评估，我可能一年就能完成这个任务。"（Z2）此外，作为学术翘楚，同水平高校早已主动向他们抛出橄榄枝，相较其他"非升"教师的向下流动，悬浮者更有可能实现平级甚至向上流动。"就算学院里我留不下来，去外面我也不怕，因为我已经有保底，有其他的 offer，是吧？这个时候你担心什么？"（T1）

在行动表现上，悬浮者不像仍在"及格线"边缘苦苦挣扎的同辈那样被动地转换研究方向，而是拥有较高的研究自主性。"从我个人的经验来看,没有因为说为了更方便发表论文去改变自己的研究轨迹。"(Z2) 此外,他们甚少因追求研究速度炮制学术价值不大的灌水文章,因为这对他们获得制度性认可的增益不大,反而有损于他们在学术界的声誉与认可。"大家都认识你对不对?知道你已经做了一件很好的工作,但是你如果再灌水的话,就会觉得很没面子,对不对?所以对自己在这方面还是有一些要求的。"(T1)

(四)个体学术行动选择的背后逻辑、产生机制及良性转化的可能性

1. 个体学术行动选择的背后逻辑

依据理性选择理论和共同体理论,青年教师的学术行动选择是个体利益、资源以及外部共同体等综合影响下的产物。不同类型的青年教师拥有的利益、资源、受到的外部约束与学术行动选择之间的关系如表5-2所示。

表 5-2　　　　　不同类型教师的理性行动逻辑

关系 身份类型	利益 生存需求	利益 学术信念	组织制度激励强度	学科共同体规范内化程度	资源	学术行动选择
谋求生存的权宜者	强	弱	大	小	不足	高度主动顺从:生存理性
先生存后发展的变通者	强	中等	大	中等	不足	中度被动顺从:生存理性先于发展理性
生存发展兼顾的协调者	弱	强	小	大	中等	较低度被动顺从:效用理性
能力超群的悬浮者	弱	强	小	大	充足	低度被动顺从:效用理性

从表5-2可以看出,对于谋求生存的权宜者来说,传统的学术价值观已经被管理主义话语取代,他们转而认同"学术活动仅仅是一份工作和例行公事",对学术职业的功利主义需求非常强烈,但受制于个人

学术资源不足，完全积极顺从管理主义规则，这一行动选择具有"生存理性"的特点。先生存后发展的变通者表达了对稳定教职的强烈需求，同时依旧秉持传统的学术信念。但由于自身资本匮乏，不得不暂时后置学科共同体的规范，优先适应组织要求，其行动选择具有"生存理性"先于"发展理性"的特点。生存发展兼顾的协调者具有"以学术为业"的远大志向，尽管面临较小的生存压力，但鉴于文化资本的匮乏，不得不顺从并依附于组织，只不过这种顺从是较低程度的，与抵制混杂在一起，其行动选择具有"效用理性"的特点。能力超群的悬浮者具有极高的学术追求，渴望获得学术共同体的认可，极小的生存压力与超群的学术实力使他们在行动上自主超越制度的"单向度"指标，拥有更高的学术自由，其行动选择也具有"效用理性"的特点。

2. 个体学术行动选择的机制分析

青年教师以自身的利益为中心，在大学组织制度与学科共同体规范的约束下，基于自身经济与文化资本的可控性，在利益最大化原则的牵引下做出理性的学术行动选择。

（1）以学术为生（业）的利益构成青年教师学术行动的直接驱动力

尽管从理论上讲，青年教师兼具"以学术为生"的物质利益与"以学术为业"的理念利益，但这不是一成不变的，且在不同的教师身上具有异质性，这构成教师差异化行动选择的直接驱动力。

青年教师的理念利益深受教育背景与价值观的影响。尽管我国学术职业缺少"为知识而知识"的学术专业精神，但是年青一代学者生长于20世纪80年代，赶上了高等教育国际化浪潮，尤其是S大引进的青年教师，大多具有长期系统性的海外学习经历，经历了高强度高标准的科研训练，深受西方成熟的学科共同体精神的熏陶。J3直言在美国接受的严格的学术训练使她不可能为了生存压力而轻易转换研究方向。除谋求生存的权宜者外，其余教师持有中高强度的学术信念，这成为青年教师抵御新管理主义、保持相对独立性的重要精神来源。

青年教师的物质利益受到个体婚姻、家庭、可替代性工作选择等因素的影响。随着常态雇佣关系被非常态雇佣关系所取代，"工作不确定性的普遍化"越发凸显,学者获得稳定教职的时间不断延后,很有可能与成家、生育等家庭生命周期中的一系列相互衔接的重要时间重叠,因而他们的职业发展极大地受到恋爱、家庭、生育的影响。权宜者与变通者在上述"黏力"的影响下不愿流、不敢流甚至不能流,具有极高的生存需求。协调者与悬浮者受到的掣肘不大,职业忠诚明显高于组织忠诚,对职业流动持更加开放的心态。此外,受到我国"别尊卑,明贵贱"的传统思想以及学术劳动力市场的"35岁限制",加之学术职业后备军的激增,高水平大学的大部分"非升"教师面临高质量职业选择不足的尴尬境地,这使得对于大多数普通教师来说,学术职业具有较强的"锁定效应"。与此相对的是极少数声誉卓越的青年教师(本研究中的悬浮者),傲人的学术绩效使得同类型高水平大学早已主动向他们伸出橄榄枝,由于具有丰富多元的替代性工作选择,他们对S大教职的期望值相较于其他三类教师更低。

综上,不同类型的教师具有差异化的利益结构。权宜者的学术信念弱,生存需求强;变通者的学术信念居中,生存需求强;协调者和悬浮者的学术信念强而生存需求弱。"利益"是理性行动者行动的基本动机,理性行动者采取行动是实现与自身偏好相一致的目标,但行动者采取怎样的行动受到外部制度规范与个体掌握的资源的影响。

(2)满足个体生存需求的组织制度诱发青年教师的顺从行为

依据共同体理论,青年教师处于学科共同体和大学组织的双重共同体内。尽管学科共同体和大学组织本质上并不是矛盾的,但受到新管理主义改革的影响,经济、效率和效能等管理逻辑和市场逻辑跃升为大学主导的制度逻辑,而崇尚自主、追求真理与学术使命的学科逻辑日趋式微,且有前者替代后者之势。即便宏观上大学组织的推力再大,学科共同体的拉力再小,青年学者也不一定选择顺从组织制度,这是因为作为"理性人"的青年教师总是将自身的利益需求置于首位,而非外部力量的约束。但是聘任制改革的推行将青年学者置于高度流动性与不确定的学术劳动力市场,"活命"还是"使命"成为他们不得不面对的两难困境。

由于终身教职标志了一系列诸如工作条件、收入和福利待遇等有形资源,对处于特定人生阶段的青年教师极具诱惑,且对志于学术的教师也异常重要，这是因为他们要想实现学术理想，必须以获得学术职业的安全与稳定为必要前提。因而，对所有处于"非升即走"阶段的青年学者来说，以终身教职为标志的生存需求毋庸置疑地居于首要地位，"非终身教授最盼望的是在名牌大学当教授；显而易见，其他有吸引力的、可供选择的东西都是第二位的"。而终身教职具有高度特殊性，只有大学组织才有授予权力，因而，理性的青年教师在生存需求的激励下形成对大学组织制度的普遍性顺从，以换取组织内部各种资源，包括生计、事业、地位、荣誉和职业安全等。但这并不意味学科共同体处于失灵状态，对于协调者与悬浮者来说，学科共同体发挥着重要的文化导向作用，而对学术信念薄弱的权宜者来说，学科共同体发挥着"不进行学术造假"（X1）的底线约束作用。

（3）青年教师拥有的资源总量影响其顺从程度

无论不同类型的教师的利益特征有何差异，在居于首位的生存需求的激励下，青年教师在制度面前展现出一致性顺从。加之当前教师评价采取基于结果的"后验评估"，教师如何达标不被干涉，因而在一定的政策空间下，理性的青年教师基于自身资源总量形成分化的顺从行为，体现了具有差异性的理性策略。

在经济资本方面，布迪厄说，"能倾向冒险立场从事原创性研究的那些个体，是一些具有足够的经济资本而能够'远离必需品'、从而可以藐视物质关切的人"。尽管S大的工资待遇整体缺乏对外的竞争性，但能力超群的悬浮者凭借其出色的学术表现被授予S大一系列青年人才称号，与同辈相比拥有可观的课题经费与经济收入；协调者中的一些教师具有良好的家庭背景，有赖于家庭支持而免于生存压力，另一些教师处于"一人吃饱，全家不饿"的单身贵族状态，而权宜者与变通者既没有足够多具有货币价值的学术成果，又受到家庭的诸多羁绊，因而经济状况不佳。

在文化资本方面，当前的教师管理制度是一个以"绩效至上"为主流价值取向的制度安排。绩效恰恰是个体文化资本的物质化表现，尤以可比的科研硬指标为代表。毫无疑问的是，当前层层加码的晋升标准、"非升即走"的考核方式对青年教师提出了更高的科研挑战，但是由于S大对待新进教师"重筛选轻培养"，希冀教师展开激烈的内部竞争以实现自我淘汰，因而对青年教师提供的学术资源非常匮乏。J3 直言，没有学科平台、没有数据支持、没有团队的"光杆司令"状态使她很难产出好的科研成果。S 大居高不下的淘汰率直接反映出，除极少数悬浮者外，绝大多数有待成长的青年教师目前还不具备与制度抗衡的足够的文化资本。

综上，不同类型的教师具有不同的资源结构与总量。变通者与权宜者拥有的文化资本和经济资本均少，资源总量少；协调者拥有的经济资本较多，文化资本少，资源总量居中；悬浮者拥有的文化资本和经济资本均多，资本总量多。

3. 不同类型青年教师之间良性转换的可能性

在明晰不同类型青年教师的学术行动逻辑及发生机制后，更具有教育价值和实践意义的是积极推动权宜者、变通者与协调者转化悬浮者。图 5-3 表明不同类型的青年教师在大学场域中所处的位置以及他们各自可能的理想发展轨迹。利益是作为"理性人"的教师采取学术行动的根本驱动力，而资本的数量和结构决定了青年教师在大学场域中的位置，继而形塑了他们的行动走向。要想使得前三类教师转化为悬浮者，需要从个体利益特征和资源结构及总量两个方面着手。路径Ⅰ表明要大力降低权宜者的生存需求，最大限度提升他们的学术信念，并大幅增加他们现有的文化与经济资本。路径Ⅱ表明要大幅度降低变通者的生存需求，适度提高他们的学术信念，并给予他们充足的文化与经济资本。路径Ⅲ表明院系乃至高校要给予协调者可供其长远发展的学术环境与学术资源，增强其文化资本。

（五）结论与讨论

1. 结论

本研究通过对某"双一流"高校 S 大的 18 位青年教师的访谈发现，以新管理主义为特征的高校教师评聘制度使青年教师的学术生活充满了不确定性与压力。尽管青年教师是高校场域中相对弱势的群体，但他们不是被动且平庸的一代，在如何应对改革这一问题上既有相似之处，也存在一定程度的分化。

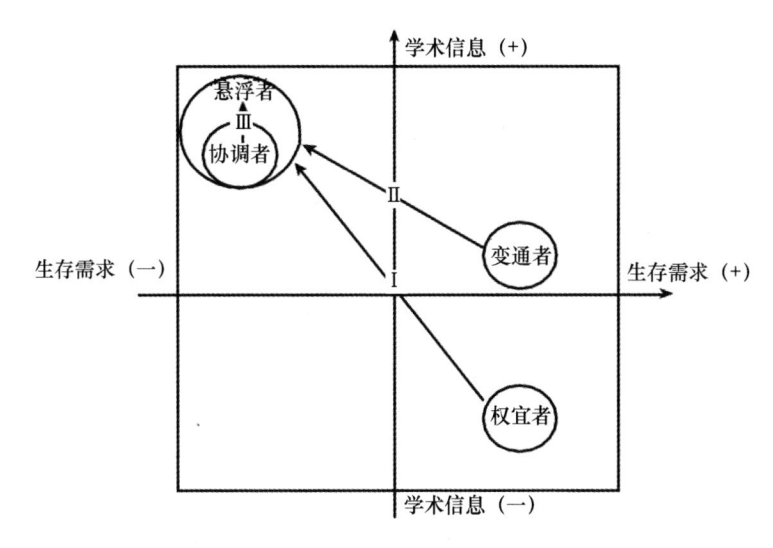

图 5-3 大学场域中不同类型青年教师的位置

注：纵坐标轴测量的是教师的学术信念的相对强弱，横坐标轴测量的是生存需求的相对强弱，图示圆形的面积代表教师拥有的资源的大小，大方框代表大学场域，图中黑箭头象征着前三类青年教师日后理想的行动和发展轨迹，Ⅰ、Ⅱ、Ⅲ分别表示权宜者、变通者以及协调者向悬浮者的发展路径。

青年教师所处的特定的人生与职业阶段决定以稳定教职为标志的生存需求是所有青年教师的首要需求，组织提供的稳定教职是高度特殊主义的，因而相较于学科共同体，组织对青年教师产生更强的激励。相应地，依附性是青年教师与组织的主要关系，顺从是他们面对制度要求的主流选择。宏观层面的顺从并不意味着悲观与无助，青年教师的利益结构与资源特征影响其顺从程度，由此形成谋求生存的权宜者、先生存后发展的变通者、生存发展兼顾的协调者与能力超群的悬浮者四类教师，分别展现出介于生存理性与效用理性之间的微观学术行动选择过程。尽管学术信念与资源成为青年教师与制度进行周旋、博弈与协商的"重要武器"，但这种抵制仍是高度个体主义的，宏观层面的制度缺陷致使所有青年教师在理性计算下被不同程度地卷入达标竞赛中。教师个体的理性并未带来社会效用的最大化，反而使教师个体、整个高等教育系统陷入"绩效悖论"中，因而要想从根本上改变青年教师的生存环境，使高校中的权宜者、变通者、协调者转化为悬浮者，需加强共同体内部的制度建设。

2. 讨论、启示与展望

以往研究利用理性选择理论解释教师之所以按照评价指标形塑自身是为了追求绩效最大化。诚然，绩效是学术场域中最具流通价值的"货币"，追求绩效最大化亦符合教师"经济人"的逐利特征，但"经济理性"的原始假设对解释处于特定阶段的青年教师的行为显得力所不逮，且忽视了教师的双重身份。本研究发现，对处在"非升即走"阶段的青年教师而言，其面临的首要问题是生存问题，因而他们不仅热衷促进个人绩效最大化的知识生产活动，更加追求获得个人绩效的代价最小化，甚至在二者发生冲突时选择后者，因而其行动选择具有"生存理性"而非"经济理性"的特征。其次，尽管协调者与悬浮者并未完全脱离基本的生存需求，但同时没有彻底被生存需求捆绑，他们追求的是包括生存需求、学术发展在内的主观上的满足，即效用目标，而非单一的绩效目标或生存目标，因而其行动选择具有"效用理性"的特点。

此外，不同于以往研究认为身处管理主义变革下的学术人员已经丧失了选择自由学术的话语权，要么选择参与，要么选择退出，也不像西方学者的判断那般乐观，认为他们敢于利用"弱者的武器"直接挑战制度。本研究发现尽管从宏观上，我国高水平大学的青年教师处于弱势地位，但在微观层面，他们并非软弱、被动且无助的一代，相反，他们具有高度的创造性、职业热情与批判性，展现出感人的英雄主义。尽管他们很少敢于直接挑战与抵制制度，通常通过隐蔽且生活化的方式进行私下吐槽与逃避，但他们不止于宣泄情绪，更善于解决问题，通过变通政策、提高自律、时间管理等一系列"反求诸己"和"向内用力"的方式在个人偏好与制度要求之间寻求平衡，总体呈现出"依附式自主"的特点。

萨缪尔森提出的"合成推理的谬误"认为，对个人来说是对的，对于宏观和社会来说未必是对的。尽管青年教师确定了清晰的目标并为之奋斗，甚至不惜"刳肝以为纸，沥血以书辞"，带来学术产出激增的同时却因终日饱受淘汰的压力而产生精神上的极度紧张，失去了从事教育工作的真正意义；高校尽管换来了学术排行榜上的名次提升，却落入创新能力不足、后续发展动力不佳的困境；整个高等教育系统尽管呈现出表面的学术繁荣，但原创性不足、学术灌水和造假等"社会失范"问题层出不穷。依据本研究发现，要想使得青年教师从"生存理性"跨越到"效用理性"，乃至更高层次的"发展理性"，促使权宜者、变通者以及协调者转化为悬浮者，需要高校组织乃至整个高等教育系统形成合力，从学术信念和资源两大方面着手改善青年教师的生存现状。首先，加强学术共同体的内部制度建设，重植学术至上的学科文化，强化学术人的身份归属感，增强青年教师的学术信念。其次，高校应按照一流学术标准评估候选者的学术实力与未来的发展潜力，按需择优，避免不必要的内卷。入校后为青年教师出台专项资助，适度提高青年教师的工资待遇，强化薪酬的保障功能。最后，健全人才聘用机制，全面提高高等教育系统内部的开放性与流动性。设置相对开放的聘用周期，取消人才聘用政策中刚性的年龄限制，使青年教师从追求工作稳定的单一的组织忠诚转变为更加重视职业和学科忠诚。

本研究归纳出的四类青年教师是基于某"双一流"高校 S 大的个案发现，必须承认的是，即便同属于"双一流"高校，各高校的制度环境可能千差万别，因而本研究结论不做过多推广。此外，研究发现教师的利益特征以及拥有的资源是左右他们学术行动选择的关键因素，后续可以利用来源多样、数量可观的样本数据进行实证验证。

二　大学毕业生就业风险及其防范化解措施

就业是民生之本，是安国之策。大学生作为祖国未来的建设者和接班人，其就业状况不仅关系到个体及其家庭的切身利益，而且事关中华民族伟大复兴中国梦的实现。自 21 世纪初，高校大学生群体逐渐进入就业难度显著增加的时期[1]。由于 2020 年年初开始的新冠肺炎疫情的影响，以及疫情有效控制后的常态化防控，"史上最难就业季"的就业难现象成为教育业界乃至全社会关注的热点和难点问题，成为教育领域的重要风险点之一。大学毕业生就业难的原因是复杂且多方面的，还需要政府、高校、家庭、学生的长期的互相配合和共同努力。

---

① 马小青：《浅析"90 后"大学生就业问题及对策》，《时代金融》2020 年第 6 期。

(一) 大学毕业生就业问题的风险分析

1. 社会因素：人力资源供需结构的变化

根据教育部、人力资源和社会保障部的数据，2020 年全国大学生应届毕业生共计 874 万人，相比 2019 年增加 40 万人。① 我国的经济发展模式也逐渐从追求数量转向更加注重发展质量，进入社会经济高质量发展时期的产业结构的不断优化，② 促使用人单位对人才的需求不断地改变和提高。逐渐放缓的经济增长速度与急剧增加的毕业人数，大学毕业生在就业过程中的供需矛盾更为突出。2020 年新冠肺炎疫情的暴发对大学生就业带来较大冲击，大多数企业取消了"校园秋招计划"，应届毕业生就业形势严峻。③ 另外，一些社会舆论和网络媒体对不同的社会分工和职业的看法和偏见，会对大学生择业观和就业观的形成构成一定的影响。也有研究表明，伴随着新冠肺炎疫情等重大公共事件的长期影响，也会促使人们的观念态度和价值取向发生变化。④

2. 学校因素：人才培养方式的局限

多数高校注重理论知识的传授，而缺少为学生提供动手操作和创新实践的机会。目前的高校人才培养方式与新型的市场需求之间仍处在脱节的状态。需要指出的是，由于高等教育整体资源的不均衡，引起的人才培养方式的局限和培养成效的差异，⑤ 也反映出高校人才供给侧与社会作为人力资源需求方之间的调适不够，直接导致一部分高校学生在校期间学习到的知识不能直接应用到实际工作中，而用人单位需增加用人

---

① 《2020 届高校毕业生将达 874 万人》，https：//baijiahao.baidu.com/s？id = 1648958019553768896&wfr = spider&for = pc，2019 - 11 - 01，2020 - 08 - 28。

② 秦玉友：《从高速增长迈向高质量发展——新时代教育内涵发展战略转型》，《南京师大学报》(社会科学版) 2019 年第 6 期。

③ 《积极应对疫情下的就业大考》，https：//news.gmw.cn/2020 - 02/25/content_33587294.htm，2020 - 9 - 7。

④ Ahsan D A, "Does Natural Disaster Influence Peo - ple's Risk Preference and Trust? An Experiment from Cyclone Prone Coast of Bangladesh", *International Journal of Disaster Risk Reduction*, 2014, (4).

⑤ 徐海燕、贾晓明：《农村大学生就业的困境与出路》，《重庆社会主义学院学报》2007 年第 3 期。

成本来重新培养毕业生的这部分能力。① 这就造成了作为人力资源需求方的用人单位不愿意录用应届毕业生，如出现企业"技术创新型人才用工荒"和大量毕业生"就业难"两者并存的现象。尤其是农村学生"就业难"问题更加突出，家庭教育投资无法获得回报，"读书无用论"等消极价值观念在农村地区重新抬头。另外，高校就业指导的内容和形式尚不能满足高校学生发展的需要，导致大学毕业生在毕业时的市场竞争力不强。目前的高校课程缺少对学生成体系且有针对性的就业指导培训、就业心理辅导以及综合素质培养，由于新冠肺炎疫情防控要求的"云课堂"为主的大学生课程学习方式，也给大学毕业生的就业及职业发展等方面带来不确定性。

3. 家庭因素：大学毕业生的就业目标定位

学生个体的家庭环境对高等教育及就业等成绩的需求之迫切达到空前，这也无形中增加了大学毕业生的求职要求和压力。代际传递效应对大学生就业产生直接而深刻的影响，父母资本储量的不同决定其子女的受教育水平、就业能力水平不同，最终导致大学生在就业环节上目标定位和实际目标达成等方面的显著差异。② 有研究表明，家庭环境会影响大学毕业生的就业目标：父母从事的职业及对其对职业发展前景、社会地位、工作环境、经济地位等的思考都会直接影响子女的职业选择。③绝大部分父母希望子女可以找到一份稳定、体面且收入颇高的工作，极倾向于选择机关或事业单位。这不仅推波助澜了"公考热""考研热""考编热"等社会现象，也潜移默化地扼杀了大学毕业生开拓创新尝试创业的动机和机会。

4. 个人因素：个体的教育成就需求

当代大学生教育成就需求和就业价值观正在随着社会的转型发生着深刻的变化：一是教育成就需求被充分激发和强化，作为主体自身因素成为影响大学生就业的决定性因素，主要体现在大学毕业生对自我认识

---

① 马小青：《浅析"90 后"大学生就业问题及对策》，《时代金融》2020 年第 6 期。
② 张春连、蒋雨潇、但佳丽、杨从会、杨荣宗：《父母对大学生就业影响的代际传递研究》，《中国集体经济》2021 年第 6 期。
③ 张亮、刘素萍、徐秀芳：《90 后大学生就业困境分析及解决方案》，《科教导刊》2016 年第 9 期。

和定位过高，所掌握的专业基础知识、专业技能掌握不精与较高的就业预期之间的不相匹配，心理承受能力和抗压能力明显不足，自身就业竞争力弱。二是大学生缺乏对自身职业的长远规划，对自己的最佳发展方向不够清晰，极易产生从众心理，缺乏对就业具体目标选择的多样性，设定的就业目标过于单一。三是由于大学毕业生在就业"求稳"与"求变"上的思考出现新的认识和价值判断，择业倾向由"求稳"向"求变"过渡，以理性选择为主导，开发性和效率意识浓重。[①] 突出表现在部分大学生毕业上在择业关键过程和环节表现出不自信和力不从心，对工作待遇和环境的过高要求与其自身"硬件"水平之间的差距较大，无法对接相应的录用条件。尤其是大学生在就业价值观方面，面对市场化的就业环境以及疫情风险的冲击，个体出于风险偏好、风险规避等因素倾向于所出保守的决定，以适应高风险的社会环境，进而更加倾向于稳定性高的工作以保证收益。[②] 近期在全国范围内出现的"公考热""考研热""考编热"就是这种现象的集中反映。而这些大学生在求职过程一旦遭遇挫折时，往往易产生退缩、依赖、自卑以及偏激等诸多心理问题，最终造成自愿性失业。

(二) 大学毕业生就业风险的防范对策

综上分析可以看出，我国大学生就业问题实际上既与全社会长期存在结构性矛盾息息相关，也与较短期的新冠肺炎疫情冲击有着密切关系。据此，我们认为应该在以下四个层面进行改进，建立形成"国家—学校—家庭—个人"四位一体的联动机制，在新时期大学生就业问题及风险化解方面形成合力。

1. 国家层面：发挥政府引导优势，创造新兴产业岗位

政府作为大学生就业工作重要的组织者和推动者，应积极主动地通过政策引导，促进大学生就业。通过不断加大就业优惠政策，鼓励大学毕业生去基层、去中西部欠发达地区、去中小微企业工作；继续实施各

---

① 罗涛：《金字塔底层的创业机会与价值实现：以城市外来工创业的多案例为线索》，《江汉学术》2019年第4期。

② 段锦云、王重鸣：《创业风险决策框架效应特征研究》，《心理与行为研究》2010年第2期。

种促进大学生自主创业的"绿色通道"。各级地方政府要根据本地区高校人才培养的特点及方向，有针对性地提供就业信息和就业岗位。此外，各级地方政府还应大力开展相应的就业培训和就业指导，引导企业事业单位接纳在校大学生进行实习实践，增加大学生的工作经验和社会经历。辩证看待新冠肺炎疫情及常态化防控时期的产业发展，因为它既是人类目前面临的一次重大危机，也是一次科技革命与产业变革的爆发期，疫情期间和后疫情时代业已成为科技创新的助推器和数字化转型的重要契机。国家和各级政府正在将新经济作为就业的增长点，必然创造更多就业岗位和机会。

2. 高校层面：推进高校供给侧改革，加强学生就业指导

高校人才培养模式要进一步紧跟国家发展战略，在国家大力建设以供给侧结构性改革为主线的现代化经济体系的框架下，以供给侧改革的新思路开展大学生的就业工作。高校在加强学生就业指导过程中需要强化就业服务意识，加大服务就业指导的力度，采取分类指导，以便精准施策。第一，深化教育教学改革工作。高校以市场需求为导向，以学生发展为根本，不断调整其专业设置、课程设计及教学方法。着力培养学生的动手实践能力，提高学生的专业技能水平。第二，健全就业服务体系。充分利用政府、校友、行业协会等各方资源，积极开拓大学生的就业市场；加快就业信息网络建设，利用新媒体技术开展就业指导服务工作；实行全程化且有针对性的就业服务指导，推进就业指导队伍专业化建设，将就业指导教育贯穿于整个大学过程。第三，加大政策宣传力度，引导学生树立正确的就业观；发挥校园文化的育人功能，提高学生的自身素质。第四，加强校企合作，搭建企业和学校的供需桥梁，建立校企对接的协同育人机制，从而培养适应企业需要的大学毕业生。[①] 对于新时期高校毕业生中的农村毕业生、贫困家庭、身体残疾、心理问题等特殊群体需要格外关注，努力做到"一人一策"，实施"一对一"服务，促成更多困难毕业生就业。

3. 家庭层面：转变就业旧观念，树立家庭教育新思想

家庭是人生的第一所学校，父母的教育观和人生观都会在潜移默化

---

① 马小青：《浅析"90后"大学生就业问题及对策》，《时代金融》2020年第6期。

中影响大学生的就业取向和就业能力。这就要求父母要学会放手，学着培养孩子独立生活以及适应新环境的能力，这将在无形中增加孩子的未来竞争力，成为其不可替代的就业优势。同时随着时代的发展，父母的择业观和就业观也需要与时俱进、科学合理。父母要客观清楚地认识自己的子女，了解其与工作岗位的匹配度，避免一味地将自己心目中理想工作的条件灌输给孩子，例如高薪、稳定、高待遇等。父母还要学会接受孩子所做的就业选择，对其给予充分的支持、理解和鼓励。这样孩子才会从容地找到满足自己内心需要和未来职业发展的就业岗位，与此同时获得极高的就业幸福感。

4. 学生层面：准确择业就业定位，提升学生个人实力

现阶段大学生要梳理正确的就业观念，主动到艰苦岗位建功立业。首先需从"天之骄子"的优越感中走出来，根据就业市场的需要来准确定位，避免"眼高手低"的就业心理和"人才高消费"的就业现象。清楚梳理在就业环境中自身的优劣势和综合实力，在校学习期间努力提高自身专业知识技能、练就过硬本领。注重锻炼自己的沟通、组织、领导、应变、团队协作等能力。其次，大学生提早做好职业生涯规划，增强自己的创新创业意识，主动扩大自己的就业渠道。最后，要不断提高自己的抗压能力和心理承受能力，要学会用良好的心态面对就职过程中的各种变化和打击。通过参与就业岗位，主动到用人单位进行工作锻炼，提高自身的综合素质。

此外，全社会应该以宽容的态度对待和接受大学生的多种就业选择，对去基层工作和积极创业的大学生给予充分的鼓励和肯定。弘扬社会主旋律，营造健康的就业氛围需要全社会共同长期努力。主流媒体应对大学生就业中的正面典型事例进行大范围的宣传报道，及时消除负面报道带来的不良影响。

三 职教政策试点的问题解析及其改革建议[①]

政策试点是指正式政策和制度出台之前，在小面积、小范围、小

---

① 崔志钰、陈鹏、倪娟：《职业教育政策试点：逻辑特点、问题分析与改革建议》，《西南大学学报》（社会科学版）2021年第5期。

规模内检验政策方案的合理性、可行性和科学性而进行的政策活动。[①]政策试点不仅广泛应用于政治、经济、科技、社会治理等领域,也在教育领域得到了越来越多的应用。职业教育由于和经济社会的密切联系,随着类型教育地位的确定,其政策试点也更为普遍。政策试点正日益频繁地应用于职业教育的各项改革中。以国家意志为轴、以由点到面为径、以上下联动为态成为职业教育政策试点的基本逻辑。综合专项相互交织、探索示范互为补充、要素激励配套跟进成为职业教育政策试点的基本特点。

(一) 职业教育政策试点的问题解析

1. 从试点效果看,政策试点与政策推广间存在效果落差

从职业教育政策试点效果看,应该说都取得了较为理想的效果,以现代学徒制试点为例,从前两批的试点情况看[②],共有试点单位368家,通过对目标任务完成情况[③]、工作成效、创新点、资金到位和执行情况等的评估,验收通过356家,验收通过率高达96.7%。正因为收到了良好的试点效果,教育部于2019年5月发布《关于全面推进现代学徒制工作的通知》,在全国范围内推广现代学徒制,政策推广效果还有待实践检验。

表5-3　　　　　　　现代学徒制试点完成情况一览[④]

试点批次	试点单位数	通过验收	暂缓通过验收	不通过验收	延期验收
第一批	165个	124个	32个	3个	2个
第二批	203个	232个	2个	1个	2个
第三批	194个	—	—	—	—

---

① 徐成芳、闫义夫:《"政策试点"在改革创新中的四维功能论析》,《领导科学》2018年第5期。

② 注:第三批现代学徒制试点还没开始验收。

③ 注:目标任务完成情况根据各试点单位提交的实施方案和任务书。

④ 数据来源于:教职成司函〔2018〕187号"关于公布现代学徒制第一批试点验收结果和第二批试点检查情况的通知";教职成司函〔2019〕97号"关于公布现代学徒制第二批试点验收结果和第三批试点检查情况的通知"。

从以往的政策试点情况看，政策试点与政策推广间存在效果落差，主要表现在两个方面，一是政策试点大多较为成功，二是政策推广效果受限，甚至表现为"一试点就成功，一推广就失败"的"试点综合征"。为什么在政策试点与政策推广间存在如此效果落差？可以从以下几个方面加以分析：（1）试点样本的局限性。由于试点采用严格的"申报—遴选"制，这样就确保参加试点的职业院校都是同行中的翘楚，在办学的诸多方面处于领先地位，而一旦政策推广后，不同层次、水平的职业院校按照这些优质学校确立的试点"范例"实施，自然会有很多的不适应；（2）试点营造的"小气候"。职业教育政策试点，教育行政部门不仅给政策，也给资金，为政策试点提供了大量的额外资源，创造了一个相对有利于试点的环境，增加了试点成功的机会。一旦全面推行，试点的"小气候"将不复存在，自然会经历更多的"风雨"。（3）试点的运行机制。随着试点机制的日趋成熟，不但有试点源头的"申报—遴选"机制，过程中的"年检—整改"机制，也有试点结束时的"验收—退出"机制，有的试点还建立了周报、月报制度，加上社会关注度高、各级政府较为重视，试点院校面临只许成功、不许失败的压力，这就保证了试点目标的高达成度。一旦回归日常，失去试点的整套机制，失去各级政府和社会的关注，其推广效果自然会"打折"。

2. 从试点推进看，少数试点与多数观望间存在行动落差

从职业教育政策试点推进看，呈现出踊跃参与、整体推进的态势，一方面由试点机制倒逼所致。试点过程中推行的年检制、退出制、通报制等机制确实发挥了重要的促进作用。以现代学徒制政策试点为例，第一批试点单位165个，通过验收的为124个，通过率75%，这对试点单位产生了巨大的触动，到第二批试点单位验收时，除有特殊原因外，基本上都通过了。另一方面缘于各试点单位抢先争优的积极姿态。由于试点机会的来之不易，获得试点机会就意味着站在了先发位置，各试点单位自然会开拓创新、积极作为，努力形成全国领先的试点样本和案例，以进一步确立优势、赢得话语权。

从以往的政策试点情况看，少数试点与多数观望间存在行动落差，主要表现在两个方面，一方面是政策试点的有序推进，少数被选中的试

点单位根据相关文件的要求进行改革探索，一片热火朝天的场景；另一方面是大多数没资格申报试点或申报试点而未选中的单位采取观望的态度，没有采取相应的行动，呈现"这里的黎明静悄悄"的场景。为什么少数试点与多数观望间存在如此大的行动落差？可以从以下几个方面加以分析：（1）试点的遴选机制。既然是政策试点肯定不是面向全体的，参与试点的只能是少数单位，关键在于这种试点遴选机制直接将大部分单位排除在外。（2）试点的政策待遇。参加政策试点的单位都会享受到一些政策倾斜，受到各级领导的关注，也会得到中央和地方的奖补资金，这实质是一种资源的优先分配。非试点单位如果自行开展试点探索，显然不会得到任何政策倾斜和资金支持。无论是现代学徒制试点、1+X证书制度试点还是其他政策试点都是需要经费投入的，在无任何激励的情况下，大多数非试点单位采取观望的态度也在情理之中。（3）试点的风险承载。政策试点都含有一定的风险，试点单位由于有强大的政策支持、坚实的各类保障、鼓励探索的容错免责机制等，不仅稀释了试点风险，也免除了试点的后顾之忧。如果非试点单位自行进行探索，不但要承担由此产生的风险，而且会陷入孤立无援的境地，这也是很多非试点单位奉行"拿来主义"的重要原因。

3. 从试点内容看，专项试点与综合试点间存在逻辑落差

从职业院校政策试点内容看，有专项试点也有综合试点，呈现相互交织的试点样态。专项试点与综合试点间是否存在一定的逻辑关系，存在怎样的逻辑关系——包含、递进、并列、因果、从属……，这种逻辑关系是否清晰明确，这些问题都需要作出明确的回答。只有确定相应的逻辑关系，政策试点才不会突兀、摇摆，而变得自然、可预期。从以往的政策试点情况看，专项试点与综合试点间存在逻辑落差，主要表现在以下几个方面：（1）专项试点呈散点状分布。众多的专项试点间难以串成"珍珠项链"，零散而欠缺体系性，有的甚至出现前后多次试点的现象。（2）综合试点未进行系统分解。综合试点呈现整体性、宏大性的特点，需要进一步落细、落实。（3）专项和综合试点"联系不紧"。一是专项的试点成果没能成为综合试点的成果，二是综合试点"无视"相关专项试点的展开，形成了专项试点与综合试点"两张皮"、相互平行的现象。为什么专项试点与综合试点间存在这样的逻辑落差？可以从

以下几个方面加以分析：（1）概念界定模糊。对什么是专项政策和综合政策存在模糊认知，尤其是当下的专项政策试点也日益复杂化，涉及的主体日益多元化，逐渐呈现综合化的试点趋向。（2）缺乏统筹设计。专项试点与综合试点间缺乏"彼此关照"，这与顶层设计时的全息图谱欠缺有关，职业教育的改革试点至少应包括"三张地图"，一是职业教育政策的全景图，二是各类试点的分布图，三是试点运行的进展图，这就清楚地标明哪些政策已经成熟，哪些政策需要试点，从而使政策试点具有可预期性。（3）融合机制缺失。现实中重复试点、交叉试点、试点成果难以"迭相为用"的根本原因在于融合机制的缺失，这种融合机制的缺失其一在于没有理顺各类试点的逻辑关系，或者说试点时忽视了政策整体与局部、前后左右的关系，缺乏一种"联系"意识。其二在于没有准确把握单项与整体的逻辑关系，关注"树叶"忽视"森林"，缺乏一种"拼图"意识。

（二）职业教育政策试点的改革建议

1. 在试点条件上，应创设常态化的政策环境

当前，职业教育政策试点资格存在"一票难求"的现象，"抢着试点"已成常态，这固然是一种可喜的现象，说明单位参与试点的积极性高涨，这种积极性相当程度上源于试点政策所营造的"小气候"。为什么非要设置严苛的试点单位遴选条件，为什么非要审核确定试点名额，难道不在官方公布试点名单中的单位就不能试点吗！这种专为政策试点营造的"小气候""小环境"是否可以持续，也就是当政策试点结束、进行大范围政策推广时，这种"小气候""小环境"能否直接转变为"大气候""大环境"。事实上，这种"小气候""小环境"仅适用于政策试点阶段，如果我们将这种"小气候""小环境"比作"温室"的话，政策试点可以在"温室"下健康生长，一旦到"大自然"中，失去了恒温、恒湿和足够的肥料，其能否正常生长自然会存在疑问，这也是政策试点与政策推广之间存在效果落差的根本原因。

为了弥合政策试点与政策推广之间的效果落差，应创设常态化的政策环境，这种常态化的政策环境主要包括以下几个方面：（1）试点样本具有广泛的代表性。试点样本不是遴选出来的，而是随机生成的。应该在符合条件的所有单位中，按照普适性原则随机生成。（2）摘除试

点附带的荣誉"桂冠"。参与政策试点并不是一种荣誉，也不是一种"头衔"，而是一种使命，一种为中国职业教育改革探路的使命，这一使命并不是赋予少数职业院校的，而是赋予所有职业院校的。这就需要改变当下事实存在的"试点就是领先""试点就是地位"的认知，摘除试点附带的荣誉"桂冠"，让政策试点走下"高贵的神坛"，成为职业院校的运行常态，即每个职业职院都在进行相应的政策试点，政策试点成为一个普遍性的"政策产品"。（3）回归自然的试点"气候"。职业教育政策试点似乎已经形成了一个惯例——以资金为重要杠杆，每一项政策试点都会有一定的资金支持，国家奖补、省市配套。试想，如果现代学徒制在全国所有职业院校、所有专业推广，各级政府是否还能有如此多的经费注入。回归自然的试点"气候"，并不是说不需要经费注入，只是经费的注入不在试点前或试点过程中，而是在试点后，可以根据试点的最终成效进行奖补，从而确保试点过程中的自然"气候"，让政策试点切实回归以政策为杠杆的试点形态。

创设常态化的政策环境，意味着政策试点不一定会成功，成功与失败都将成为政策试点的常态，政策试点不应忌讳、担忧试点的失败。我们可以通过对成功与失败样本的大数据分析，确定政策的最终推广范围，避免"大水漫灌"式的推广，实现政策推广的"精准滴灌"，切实破解"一试点就成功、一推广就失败"的政策应用顽疾。

2. 在试点推进上，应形成整体性的进阶机制

如何消弭少数试点和多数观望间存在的明显行动落差，如何规避政策试点推进中的重复试点、交叉试点、碎片式试点等现象，关键在于形成政策试点推进的整体性进阶机制：（1）系统设计政策试点项目。围绕职业院校办学和人才培养全过程，明确职业院校高质量发展的政策供给，根据供给政策评估的风险系数确立预设的政策试点清单，分轻重缓急有序推进，形成政策图谱和试点政策图谱，这种预设的政策试点清单与在实践中生成的试点清单共同构成职业院校办学和人才培养全过程的政策试点"拼图"。这种整体设计和统筹安排既可避免政策试点的一哄而上，也可避免政策试点的"喧宾夺主"和"旁枝斜出"，使职业教育政策试点变得更可预期、更有节奏、更易行动。（2）单项政策试点的进阶设计。具体到单项政策试点，应避免简单地重复扩大试点，努力寻

求进阶式的试点推进。比如现代学徒制试点，在顶层设计时分三批试点，从三批的试点方案看，试点内容基本相同，只是一种简单的试点样本的扩大，以至于第二批试点还没完全结束就开始在全国全面推进现代学徒制，第三批试点也就失去了该有的试点意义。如果把每一批次试点形成的成熟策略或做法汇聚起来，作为下一批次试点的基本遵循，下一批次试点时增加一些前一批次试点时发现的问题或作一些更深层次的探索，形成一定的内容进阶，就能将政策试点逐步引向深入。在政策试点过程中，应及时公布各类试点资源、适时发布试点成果，便于非试点单位吸纳、应用，变"少数试点、多数观望"为"少数试点、多数边学边试"，将试点、吸收、转化、推广有机融合。（3）综合政策试点的分解设计。对于综合政策试点的推进应把握好两个方面，一是将已进行的单项政策试点有机融入综合政策试点，避免另起炉灶、浪费资源、重复试点。二是将综合政策试点分解为若干单项政策试点，融入政策试点"图谱"，有序推进。避免囫囵吞枣式试点而引发的"消化不良"和"无法落地"。综合政策试点并不是一个试点，而是若干试点的集合，与多个单项试点不同的是，综合政策试点更加注重试点结构的完整性、试点内容的系统性、试点推进的协同性。

形成整体性的进阶机制，意味着政策试点不再呈现无规则的散点状，而是呈现一种有序的"拼图"，不再局限于简单的由点到面、由少到多的扩散，而是一种持续的改进式的扩散。从这个意义上说，政策试点在取得初步成效后，在推广的过程中仍处于持续不断的改进、优化中，这就将职业教育政策从"试点时的动态、推广时的静态"演变为"试点时的求变与推广时的应变"。

3. 在试点内容上，应进行适时性的评估反馈

政策试点不能局限于试点内容、试点任务的完成，也不能局限于对政策试点本身的效果评估。为了避免着眼试点内容的、完成任务式的政策试点，需要建立全程、全时的适时评估监测机制。（1）建立前测和后测机制。以办学水平和人才培养质量为总标尺，剔除无关因子的干扰，完成对政策试点效果的前测和后测。当下很多政策试点注重试点后的评估验收，却忽视了试点前的数据采集，忽视了试点前后的数据对比，尤其忽视了聚焦办学水平和人才培养质量的数据对比，制约了试点

效果的彰显。（2）全过程适时评估反馈。政策试点过程中的周报、月报、年报是必要的，更为重要的是这些周期性的报告不仅要聚焦成果也要聚焦问题，成果要及时总结推广、边试边改，问题要客观呈现、继续探索。政策试点不应满足于试点结束后的一次性推广和一次性问题解决，而应成为一个不断发现问题、解决问题的过程，成为一个不断总结经验、推广经验的过程。（3）从后测向长期监测转变。完成试点任务只是基本的，如果众多试点单位只局限于围绕试点任务展开行动，而缺乏完成试点任务后的进一步跟踪，是远远不够的。建立中高职贯通"立交桥"是重要的，让学生知道哪条桥更便捷、更高效更是重要的，这就需要对每一试点项目建立起长期监测的机制。

政策试点已经成为职业教育治理的重要组成部分，日益频繁地应用于职业教育的各项改革中，常态试点而非"温室"试点、系统试点而非零散试点、始于试点而不止于试点应该成为职业教育政策试点的基本价值取向。

四 随迁子女家庭教育质量问题及提升策略

（一）进城务工人员随迁子女教育的政策背景

2019 年联合国教科文组织发布最新《全球教育监测报告》[①]，该年度教育监测报告的主题为：移民和地区人口流动与教育。报告指出，中国教育中潜藏的危机便是地区人口流动所带来的留守儿童的教育风险。报告显示，2008—2014 年，中国留守儿童数从 5900 万人增长至 6100 万人，这其中有 2300 万人是年龄尚在五周岁以下的幼童。研究显示，父母外出对孩子学习有显著的负面影响。在母亲外出务工的家庭，孩子在语数英上表现较差，且更有可能出现抑郁症状。报告指出，留守儿童教育风险可能不仅仅体现在学业成果上，自我概念（seft‐concept）和其他的心理问题也同时存在。寄宿学校可能存在的虐待事件以及其他暴力事件得到了大量媒体的关注。自 2016 年起来，各省市开始施行寄宿学校行动，数据显示，这一行动和实践是卓有成效的，（Beijing Normal U-

---

[①] 《2019 提全球数据监测报告：移民、流离失所与教育：要搭建桥梁，而不要筑起高墙》，柏林：联合国教科文组织，2018 年。

niversity，2009），但同时，这些学校也存在着教务人员不足和设备缺乏的问题。

　　这份报告指出的问题，党中央、国务院对此高度重视。各地普遍建立了以居住证为主要依据的入学政策，绝大多数省份随迁子女与当地户籍子女享有同等的义务教育阶段的入学政策。随着进城务工人员生活水平不断提高，许多进城务工人员不再把孩子留在家乡，通常随之流动到他们工作所在地上学。随着城镇化进程的加快，进城务工人员随迁子女的总量迅速上升，2020年义务教育阶段随迁子女人数达到1429.7万人，比2015年增长了62.6万人。2020年，85.8%的进城务工人员随迁子女在公办学校就读或者享受政府购买学位的服务。我们国家义务教育阶段有89.2%的学生在公办学校就读，85.8%已经非常接近89.2%了，说明留守儿童问题基本得到解决，外来务工人员随迁子女的受教育水平整体得到提高。但是当下外来务工人员子女家庭教育问题又凸显出来。苏联教育家苏霍姆林斯基说过："家庭教育好比植物的根苗，根苗茁壮才能枝繁叶茂、开花结果。"可见，家庭教育对学生的学习、成长和成才是极为关键的。[①] 进入新时代，保障随迁子女健康发展成为备受关注的话题，相应的随迁子女家庭教育质量水平提升问题成为研究和实践的热点。

　　进城务工人员随迁子女（以下简称"随迁子女"）是随父母进城上学、户籍不在暂居地的儿童。随迁子女由于父母实施家庭教育的教养方式、教育资源配给以及社区环境等改变，往往带来随迁子女在心理和生理上的深刻变化。进城务工人员随迁子女家庭教育质量和水平较低，相应的家庭教育问题较多，主要表现在：一是家长教育理念偏差。部分家长持有错误的成才观，对于子女的学习兴趣、人生发展方向选择不理解、不支持，或对孩子寄予过高期望值，缺乏对子女科学的学习发展规划和指导。二是家长榜样作用缺失。部分家长身染不良的道德品行，如酗酒、赌博、举止粗鲁等，家长在家庭教育中权威地位逐渐削弱。三是亲子情感交流不足。随迁子女相对于城区学生常常面临着更多的困惑，如学习的压力、社会交际的障碍、人生发展的迷茫等，进城务工人员群体往往

---

① 黄文琴：《刍议高中生家庭教育存在的问题及对策》，《中学教学参考》2021年第5期。

由于文化水平较低且忙于生计，难以跟上孩子在学习、精神上的需求。

（二）随迁子女家庭教育质量的影响因素

随迁子女的家庭教育质量受多种因素影响，清楚了解这些影响有助于我们更加有效地开展家庭教育指导。目前，影响随迁子女家庭教育质量水平的主要有以下因素。[1]

1. 父母受教育水平

家庭是随迁子女城市化的初始环境，家庭内部因素直接影响家庭教育质量，进而影响随迁子女身心健康发展。父母受教育水平直接决定着家庭教育的方式和质量水平。随迁人员群体中受到高等教育的比例低于城镇平均水平，很多随迁人员出于对自身的文化水平、职业状况、经济收入和社会地位的不满意，多数家长都非常重视对子女的教育，把改变命运的期望寄托在子女身上，这种较高的期望易导致亲子矛盾冲突。同时，他们对子女的教育期望也有功利化、现实的一面，很多随迁人员因无法承受较高的子女教育成本，而对子女的期望值降低，较低的期望导致家长放松甚至放弃对子女的家庭教育。

2. 亲子交往方式

由于父母大多劳动时间过长，影响到家庭教育的成效，主要表现在：用于家庭教育的时间相应减少，在家庭教育上付出的精力更加有限，良好亲子关系难以形成，亲子情感交流不足等。与城市居民相比，许多进城务工人员的收入依然偏低，物质条件有限，难以为孩子的健康成长提供一个良好的环境。当然，也有部分进城务工人员在家庭收入方面比较高，但这类家庭在孩子教育问题上普遍存在物质投入有余而精神关怀不足的现象。

3. 相关政策因素

随迁子女家庭主要来自农村。以户籍制度为核心的一系列社会政策，使他们被视为"特殊公民"。户籍制度派生的职业排除政策使进城务工人员只能做本地人不愿干且待遇较低的工作，给随迁子女留下不平等的印象。户籍歧视常常给随迁人员及子女带来心理上的伤害，部分随迁子女无法理解户籍制度深刻的社会体制原因，拒不接受或不理会父母

---

[1] 潘小清：《进城务工人员随迁子女家庭教育指导》，《课程教学研究》2019年第2期。

的教育，也影响到父母家庭教育的权威地位。

4. 社区环境

良好的社区环境是提高家庭教育质量的重要外部条件。由于缺乏相对稳定的社区环境，随迁子女的社会化和城市化过程被多次中断，造成了其子女社会化和城市化的不充分状态，无疑增加了家庭教育的难度，导致家庭教育无法顺利进行。

随迁子女家庭大多居住在房租低廉或就业方便的城市边缘地区，这些地区房屋的基本设施比较匮乏，社区环境相对落后，黄赌毒危害较大，生活在其中的随迁子女容易受不良环境影响。

(三) 随迁子女家庭教育质量的提升策略

1. 政府为随迁子女家庭教育质量发展提供政策支持

各级政府要高度重视随迁子女的家庭教育质量问题，通过行政立法、政策制定实施等举措调动社会积极性，健全高质量的"学校—家庭—社会"合力提升机制。加强社区家长学校、家庭教育指导服务站建设，为随迁子女的家长提供公益性家庭教育指导服务；充分发挥学校主导作用，办好随迁子女家长学校、开好随迁子女家长会，密切家校联系、加强家校合作、促进家校共育。为随迁子女较多的学校，如流动人员子弟学校、城中村学校，举办教师培训和校长培训班，提升办学人员的管理能力和家庭教育指导水平。

2. 完善社区服务，为随迁子女家庭教育提供社会支持

建立进城务工人员社区服务中心，为随迁子女家庭提供社会服务。健全家庭教育宣传引导，强化家长监护主体责任，引导家长树立科学育儿观念，切实履行家庭教育职责，加强与孩子沟通交流，培养孩子的好思想、好品行、好习惯，理性帮助孩子确定成长目标，克服盲目攀比。发挥区域社会资源如图书馆、博物馆、科技馆、文化馆、展览馆、美术馆、体育馆（场）等社会公共文化体育设施以及历史文化古迹、爱国主义或者优秀传统文化教育馆（地），向随迁子女免费开放，定期开展面向随迁子女的公益性教育活动。

3. 开展分类和个别指导，为随迁子女家庭教育提供专业服务

随迁子女家长文化和教育水平差异大，家庭教育指导要取得实效，必须考虑到这些特殊差异，采取不同的分类教育指导策略。面向全体家

长的辅导解决全体家长的共性问题，分类指导则解决部分家庭的同类问题，使教育更有针对性和实效性。个别辅导是随迁子女家庭教育指导的基本特性。因此，在分类辅导的同时，也要进行个别辅导，尤其需要对一些有特殊需要的家庭制订相应的指导方案，实施个别指导，给予人性关怀。如通过个案工作或小组工作，协助随迁子女家长正确认识和发展自我，纠正心理和行为方面的偏差。

4. 加强社区治理，为随迁子女成长营造健康积极的生活环境

加强社区管理，为随迁子女家庭创造健康、安全、卫生的社区环境。加大对社区建设的投入，安排好流动人员的社区生活，包括居住、医疗、教育等工作。邀请随迁子女家长参与社区管理，促进社区居民了解和沟通，消除与社区其他居民的隔阂。组织各种文化或其他健康文明的社区活动，增强社区文化的亲和力和吸引力。

综本章上述讨论，教育领域风险点的防范应当基于以下三对矛盾来统筹施策：一是人民对教育优质资源的期望与教育发展不平衡、不充分之间的矛盾；二是人民群众对教育的公平与优质的诉求，与教育治理体系能力不足之间的矛盾；三是坚持走中国特色社会主义道路与西方敌对势力干扰破坏之间的矛盾。

首先，要坚持政治正确、确立思维底线。防范教育风险，我们要确立思维底线：一是坚持"四个自信"，坚持正确的政治方向。把教育系统改革作为教育风险防范化解的关键之招。既要防止随心所欲乱作为，更要防止怕风险而出现的畏首畏尾不作为；二是坚守育人方向正确，坚持落实"立德树人"教育根本任务，确保生命安全，追求教育质量安全；三是坚守公平与质量底线，坚持教育公平的基本政策，确保受教育权利，积极稳妥推进教育基本公共服务均等化，同时不断扩大服务范畴，追求优质均衡。

其次，要推进综合改革、提高治理能力。教育风险的防范根本在于推进改革的深化，不能因为改革过程伴随风险而止步不前，通过改革来促进与社会转型的互适性。一是应当主动适应社会转型。要积极争取国家投入，扩大教育资源供给，提高人民群众对教育的获得感；要通过各方面信息的充分沟通，广泛凝聚共识，使得社会各界增加对教育的信心，增加社会信任，提升关键多数对教育的容忍度。二是积极稳妥推进

系统改革。即便社会对教育的投入增长不成问题，教育系统自身的惰性也急需纵深推进改革，以提高教育韧性，降低少数关键人群的脆弱性。加强思想政治引领、大力释放教育系统创新创造活力；加大力度完善教育改革发展中长期规划，促进教育供给侧改革，提升教育质量和扩大教育优质资源。

当然，教育风险防范必然会面临两大难题。教育系统和它所服务的社会之间的互相适应所面临的最大难题之一是确定教育在社会各项发展中的优先次序，且要以有效行动确保其优先发展地位的落实。第二个同样困难的问题是，当教育实际产出与确实目标不符时，要能把握住真实现状，努力防范风险于未然。

最后，建立防范机制，加强风险教育。当前，国家层面已开始加强教育风险研究但仍处于起步阶段，教育风险的基础数据库尚不完备，教育主体重视程度普遍还不高，系统防范机制尚未真正建立。需要国家层面指导与督促教育行政部门建构教育重大决策风险评估机制、系统预警机制与应急处置机制；要督查各级各类学校推进教育风险防控体系建设，以及推进风险教育进学校课程内容的试点工作。可结合行为主体对教育风险点进行排查，从常规监测转向系统预警，构筑教育风险"防火墙"，建立教育风险防控协同机制。把握过程性、多元主体性、沟通协调和持续互动四个关键点，从教育风险管理制度的建立转向教育风险治理能力的提升与治理体系的完善。①

---

① 倪娟：《教育领域风险点：类型、后果、成因与防范》，《教育发展研究》2020 年第 9 期。

第六章

教育风险的治理模式

教育风险的分类多样，既有按照安全视角分为的国家安全风险、社会安全风险、公共安全领域以及多重安全风险，又有依据风险来源分类的"原发型"风险、"关联型"风险与"诱发型"风险，前文已经做出了详细的分类与描述，此处不再赘述。本章旨在通过对典型案例的分析，提炼风险治理模式，以期为教育风险防范化解提供科学有效的方向指引与范式借鉴。

第一节 教育风险治理模式分类与适用范围

随着工业革命4.0时代的到来，我们似乎正面临着世界越来越平的基本轮回[1]。该趋势下信息的交流与传递越来越迅速，文化的碰撞与冲突越来越显性，教育领域的风险因全球化更容易被发现。与此同时，随着教育风险的发现，其治理过程也被更好的实践经验予以揭示。正因如此，研究者从前期搜集的139个教育风险治理的现实案例出发，依据风险治理的过程梳理提炼成多种模式，并分为"域外借鉴、本土转化"实现自周洽的嫁接模式、"内部协同、系统运转"实现自组织的靶向模式、"外部代偿、规范提效"实现自适应的溯源模式，以及"策略组合、多模并行"实现自循环的融合模式。

---

[1] ［美］托马斯·弗里德曼：《世界是平的》，何帆等译，湖南科学技术出版社2006年版，第5页。

一 模式分类

（一）分类依据

模式通常是某一类事务解决具体做法的方法论，其需要将客观具象的各个案例的一般方法按照具体步骤整理、提炼为程序化的范式。可见，模式的确定意味着实践经验自下而上归纳提炼，进而验证、弥合乃至修改理论的中间层面。正因如此，风险治理模式的生成依赖于教育风险治理案例的广泛搜集，且其模式提炼与划分必不可少地会融入研究者的"主位视角"与"本土经验"。经过上百个教育风险治理的案例梳理，本章针对教育风险治理模式的划分依据为风险治理程序中呈现出主要特征的异质性。具体而言，嫁接模式的教育风险治理过程中并非起初就对风险源进行研判，而是侧重于初步分析历时态或共时态下相关教育风险治理的相似性。该模式的现实样态呈现出了注重治理经验积累、比较借鉴与转化应用的特性。靶向模式与溯源模式的教育风险治理与嫁接模式截然不同，这两种模式需要首先研判风险源，如果风险源是来源于教育系统内行为主体需要使用靶向模式，而风险源如果源自教育系统的外因则采用溯源模式。靶向模式侧重于对教育系统内的层级分解与风险爆发关切点的锚定，并依据分析结果建立应急缓冲机制、合作协商机制与监管约束机制等，因而呈现出了层级分解、定点突破与多点施策的现实样态。溯源模式由于风险源更多地来自外部，其侧重于在追溯外部诱变量及其影响程度的基础上，最大限度地控制外部变量促使其稳定，并针对无法控制的诱变量，采用现有资源的充分利用的方式进行替代性补偿。实际上教育系统中发现的大多数风险案例采用的治理方式为融合模式。采用融合模式进行教育风险治理的风险源来源复杂，系统内生性与外部诱变性的来源同时存在，其既存在先有经验的转化应用、内部源头的靶向突破以及外部变量的解析代偿。

（二）具体类别

"嫁接"一词原指植物的一种无性生殖方式，即将一种植物的芽或者枝转接至另一植株上，从而改良品种，让其生长壮大的人为栽培方式①。而嫁接模式延伸至教育风险领域的治理模式提炼中，则代指说明将某一区域过去治理教育风险类似案例的成功经验，参考借鉴、转化应用至本区域内教育风险的防范化解，从而使涉及风险的各方面妥善解决，且教育内部各事件自我周洽的过程。嫁接模式的教育风险治理方式中既存在从外域经验发现而采取的预见性措施，也存在危机发生时而采取应急性的补救措施。该模式的采用一方面需要平时积累大量历时态与共时态的治理经验，另一方面需要在使用中注重经验转化应用的适切性。首发性的教育风险由于其难以找到适合的经验，因此不适用于该模式，该模式具体的适用范围详见下文。

教育风险治理的靶向模式重点在于打靶定向，是围绕教育系统内隐风险中极易爆发问题或者冲突的关键节点进行位置锚定，然后根据其进行定向处理的治理方式过程。换言之，靶向模式的特点在于能够分析其靶标位置所在，并进行重点的攻关。根据协同理论来看，序参量才是改变系统稳态的关键所在，系统后期期望达成平衡协调的状态都应围绕着序参量作改变。因而，靶标位置的确定需要对教育系统的层级进行逐步剖析，并分析清楚其影响程度的主次，以方便后期的定向治理。定向治理的重点攻关过程既包含教育危机爆发后的关键点补救，也包含了爆发前关切点的缓冲机制确立，内部的多元协商与系统运转，更应当包含涉及关键节点内相关教育内部主体的问责与督导约束。靶向模式的特点在于能够清晰地理出教育系统内部风险爆发的关键所在，并根据关键点进行合理施策。外源性的教育风险治理对于该模式并不适用，该模式详细的适用范围见下文所述。

"溯源"一词的本意来源于追溯源头。教育风险生成更多的并不由教育本体性的内生问题所塑造，而是由于其受到外部的政治、经济、社会与文化等多方面影响而生成。因此，对于此类风险追寻外部促使其诱变的源头体现得至关重要。根据结构耗散论的观点来看，外部条件的变化会促使教育系统内部的资源缺失、运行受阻，乃至导致系统稳态的失衡无法协调运转。该治理过程中需要溯源到底是怎样的外部变量促使了

---

① 彭奕欣、魏群、徐向忱、何立千等：《中国中学教学百科全书：生物卷》，沈阳出版社1990年版，第44页。

内部系统的状态变化，并对外部诱变量进行分析与干预。实则并不是所有的外部诱变量都会促使系统发生了失衡，只有其中较为重要的熵流突破阈值时，才能役使系统内部呈现出一种稳态失衡。正因如此，此类风险治理中应首先分析外部的重要诱变量，调节能控制的部分诱变量，使之平衡稳定并回溯到原本的状态，而对于内部无法控制、回弹的变量应摸索现有资源，充分开发进行代替性的补偿，简称为代偿。

教育系统的现实案例中除了存在风险源头为原发性、诱变性的教育风险，还存在内外风险源二者综合的教育风险。因此，融合模式的教育风险治理必不可少，其为上述三种模式中两种或两种以上模式的综合。该模式在治理教育系统的综合风险时，一方面需要多渠道、立体式的风险信息跟进，以方便对类似教育风险的处理和解决；另一方面，根据布朗芬·布伦纳的生态系统理论，需要对教育生态系统中的宏观系统、中观系统与微观系统进行全面、逐层的分析，探求外部系统的诱变量，以及中观系统和微观系统中的内部变量。在解构系统的基础之上，分析各个变量对系统内部的功能变迁，从而将靶向与溯源模式同时使用。最终，通过预演、实践与调适采用对策在教育系统中的赋能能否满足所需达成相应的功能进行判断，合理地构建自循环的教育系统。该模式并非以上三种模式的简单综合，其更具有广泛性与综合性，需要借助风险治理的系统智慧进行精细剖析、精确研判与精准施策。

二　适用范围

（一）教育风险治理"嫁接模式"的适用范围

1. 可借鉴性：类似案例的历时态存在

教育风险治理"嫁接模式"的适用范围分别在于类似案例的"嫁"和本土迁移应用的"接"两点。其中，类似案例的"嫁"说明了适用于该类治理模式的教育风险应当具备可借鉴性。换句话说，使用该类模式的教育风险并非首发性教育风险。虽然教育学科的发展历史迄今不过短短百年的历程，教育思想的变迁以及教育实践的发生却经历了两千多年[①]。无独有偶，风险之所以在当下被人们广泛关注讨论，更多的并不

[①] 瞿葆奎、郑金洲、程亮：《中国教育学科的百年求索》，《教育学报》2006年第3期。

是因为众多教育风险刚刚发生，而是由于去中心化的媒介赋权加快了事件的报道、观点的对峙与文化的碰撞，以及随着人们对社会生活、精神文明的更高追求，从而让教育系统的风险更多地被发现与治理。正因如此，历时态存在的教育风险类型多种多样，首发性的教育风险并不多见，多数的教育风险都可以在经验中找到类似的案例，其中同样包含了风险解决的相应策略。因此，"嫁接模式"的使用强调搜集整理相关治理案例，并充分挖掘、合理借鉴先前经验，进而更好更快地进行教育风险治理。值得注意的是，嫁接模式的使用范围并不局限于本地域历史的经验积累，其还可以吸纳进外域的相关实践经验。但是在实践过程中，均需要应差异化的时代背景与本土化的实践问题进行合理的调试，对教育风险的经验进行增减、参合、改易或者融化。

2. 可转化性：本土迁移的共时态应用

本土迁移应用的"接"说明了适用于嫁接模式治理教育风险的另一范畴，即教育风险不仅要在历史中寻找到过类似的案例与治理经验，还要面向当下的风险进行共时态实践应用。换而言之，采用该类模式治理的教育风险应该是先前经验可转化的。追溯中国教育科学百年变迁的历史可以发现，中国教育学科是西学东渐的基本产物，但是比较借鉴西方的教育理论时，往往会和我国的教育实践中产生某种摩擦或是张力。教育风险治理亦会发现其存在本土实践的基本特色与时代特性。正因如此，不管是对于域外教育风险治理的舶来品，还是本地域历史教育风险治理的遗留物，我们都应该在探寻到类似案例的基础之上，深入剖析类似案例与当下风险爆发的诱因是否相同、实质是否相近，还有治理手段是否有效，从而研判治理方式运用到当下的教育风险事件的可转化性。教育风险治理主体在使用该模式时，通常仅注意到了已有治理风险案例爆发表象的相似性，而忽视了其在生成的风险源、识别的风险点与管控风险的手段等实质的近似性，进而致使教育风险的治理失效。综上所述，采用嫁接模式进行治理的教育风险不仅需要具备已有经验的可借鉴性，还应当满足本土迁移的可转化性。

(二) 教育风险治理"靶向模式"的适用范围

1. 内生性：内层熵流的阈值突破

诚如上文所述，教育风险治理的靶向模式通常是应对教育系统内部阐发的危机事件进行风险识别、响应与化解凝练梳理而来，其侧重于风险点的定向解决。因此，该模式的使用范围必须满足风险的内生性，即该教育风险是原发型的。在实际的教育管理中，往往由于教育系统内部的偶发事件，致使熵流的定向循环或交互状态被改变，从而促使教育系统内部的热力学平衡被打破，导致其出现了一种混乱无序的状态。此处的偶发事件虽然是陡然间发生的，但其更多地是由教育系统内部隐匿许久的漏洞所致。诸如校园安全风险、课程教材内容与实施风险等一系列的教育风险，这样的风险其实在教育主体的周边潜藏，人们平时若对之不加关注、不予预警，习以为常地处理此类事情，可能会爆发影响更巨大的危机。由此可见，靶向模式的教育风险治理多应用于"灰犀牛事件"上。值得关注的另一个侧面是，偶发事件让人们得以关注到熵流的改变，可在此状态下系统稳定的阈值已经被突破，风险已然演化成了危机。此类潜伏性极强的教育风险大多受教育系统内责任主体的风险意识不强、风险辨别能力较弱以及风险督管制度的缺失等多方面影响，进而演化、爆发。总之，靶向模式治理的教育风险一般情况下适用于教育系统中内生的风险问题，且内生风险致使系统内部熵流的运行状态改变，进而突破平衡态阈值。

2. 混沌性：教育系统的无序耗散

除了教育风险具备内生性以外，靶向模式治理的教育风险还应当满足混沌性这一基本特点。混沌，顾名思义就是指模糊一片的状态。此类教育风险在爆发前，整个教育系统内部各子系统运转有序，似乎达成了系统内部的高效协同运转。然而，随着教育系统内部某一漏洞的偶发事件来临，整个系统往往会乱成一团，且随着危机演化调查与风险防范化解的深入，更多的问题被揭示，最终呈现出教育系统无序耗散的基本特点。正如结构耗散理论所强调的那样："系统内部存在着非线性相互作用。"[1] 在教育系统表面呈现出平衡态和近平衡态时，系统内部自生、反馈与监管势力的此消彼长构成了系统内部平衡的波动，原因在于破坏干扰了内在的稳定有序。当教育系统内部经历某种偶发事件，风险的演

---

[1] 资武成：《"大数据"时代企业生态系统的演化与建构》，《社会科学》2013年第12期。

化通常是由系统内部平衡以外的波动激化而诱发的。如香港修例风波下爆发出的教育系统内部课程教材的开发与实施风险，这虽然感觉是外界偶发事件的影响，但更多的深入研究表明其是香港教育体系内部早已存在的爱国主义情怀的渗透缺失、多元文化理念的理解缺乏与意识形态领域的管控缺陷所致①。危机爆发前看似祥和实则漏洞百出，爆发后潜藏的更多风险会被揭露出来，混沌性体现的十分明显。此类"灰犀牛事件"爆发后教育系统呈现出无序耗散状态。靶向模式就是针对这一类型的教育风险，对此找出关键节点的靶标，再进行层级剖析，以准确有效地进行风险治理。

（三）教育风险治理"溯源模式"的适用范围

1. 外源性：突变激发的稳态失衡

与靶向模式适用范围不同的是，教育风险治理的溯源模式适用于外源性的风险，即风险治理中的"黑天鹅事件"。此类风险虽然同样难以预测，但非教育系统的寻常事件，往往是教育系统外部的事件导致了整个教育系统内部的重要变更、连锁反应，乃至系统整体性的颠覆。教育的发展随时受到社会政治、经济、文化、卫生等多方面的影响，当外部环境向教育系统输入新的理念或技术时，会为教育这一开放系统增加熵流。该熵流的引入给教育系统内部带来两个问题，一是在教育系统中如何吸收融入该熵流，以确保自身适应时代环境的改变；二是教育系统内部应该迭代流出什么熵流，以确保系统的平衡稳定。以上两个问题的解决过程在教育系统中存在明显的拮抗作用，即教育执行主体观念的稳定内隐塑造了其外部熵流难以快速吸纳、巧妙融入与更新迭代的外部新的理念或技术。如新冠肺炎疫情影响下的大中小学线上教学风险事件，该风险系难以预测的外部公共卫生安全突发事件，深刻介入了整个教育系统，急需打通与网络技术、人工智能交互的最后一公里。此时，从外部原因溯源，深入分析其影响教育系统的深度与广度则显得尤为重要。一旦外部产生突发事件或教育改革新理念进入时，溯源模式的治理会从内部失衡的状态中找到突变点，并追究其根本原因。可见溯源模式强调对突变点的解析、外部诱因的追溯，从而为现有体系的稳定找出替代性补

---

① 郑宇飞：《香港教育刮骨疗毒任重道远》，《北京日报》2020年8月21日第3版。

偿，便于对教育系统中外源性的风险进行治理。

2. 缺失性：资源利用的瓶颈限制

外源性的教育风险在影响教育系统内部产生突变与稳态失衡的同时，带给教育系统最深刻的影响就是资源缺失的面貌会呈现出来，溯源模式恰恰也适用于这一特征类型的教育风险治理。外部熵流进入教育系统意味着某一新的理念或技术落入其中，此时执行主体的观念更新、技术培训与行为规训等问题便浮出水面，而在此之后的惯习改变、资本配置与氛围营造无一不涉及资源的开发利用。依据网络社会所强调的社会运行实质，即从各种社会资源信息所形成熵流在网络中流动来看，原始教育系统未引入新的熵流前，其对外部资源的争取开发、内部各子系统资源协调配置均井然有序，而熵流的引入表明了开放系统受到了新兴资源的介入或者是新需求下资源的开发与变更。因而，有学者指出"输入资源熵流，不仅可以维持社会系统耗散的需要，而且还有利于支持和加速社会系统的有序化过程"[①]。溯源模式在外溯原因之时，便会依据系统诱发的突变点追寻其突变的原因，在突变点与外部熵流的中间地带审视其背后的资源配置与利用问题，根据资源缺失，寻找更多的外部资源，并依现实情况得出增加替代性补偿的策略。由此可见，适合溯源模式治理的教育风险应当存在资源的缺失性。

（四）教育风险治理"融合模式"的适用范围

1. 综合性：内生与外源兼役使重构

实际的教育风险案例中发现更多的是综合性、复杂性的教育风险。此类教育风险的爆发既缘于内生的自身漏洞，也受到来自外部性突发事件（或新兴理念、技术等熵流）的介入影响，具有内生与外源兼役使重构的综合性。产生这一现象的原因较为复杂，大体可以归结为教育系统的层级庞杂、易受到外部各类因素的影响。根据生态系统理论，教育生态系统大体可以分为师生依据课堂互动的微观系统，学校环境中包含硬件设施、行政人员、文化环境等要素构成学校的中观系统，家长、社区、教育主管部门等包含在内的外层系统，乃至国家层面的宏观系统。

[①] 陈至杰、陈建新：《基于社会熵增效应的和谐社会理论初探》，《华南理工大学学报》（社会科学版）2007年第3期。

风险隐藏未爆发时，系统内部协调运转且各系统间相互交流、反馈与支撑，达成平衡态。然而，中观系统与微观系统的漏洞构成了教育风险发生的内源性成因，外系统与宏观系统的引导、介入与干预调控是复杂的外源性动因。综合性的教育风险更多的是各系统内部稳态失衡，系统间的交互作用难以协调运转生成的，如校园欺凌的教育风险，其生成原因既有班级文化建设、学生管理等学校内部的漏洞，也起因于家庭关爱的缺失、社会关注度提升等方面的原因催生[1]。教育风险治理的融合模式作为上述三种模式的综合版，其中既可以包含了溯源模式的从外部因素追溯，构建替代性补偿，也能够包含了靶向模式的对教育系统内部的关键点标定、查漏补缺，因此该类模式适用于对层级间复杂交错、成因多种来源的教育风险的治理。

2. 广泛性：本土与外域均普遍发生

融合模式中所融合的不仅只有溯源模式与靶向模式的融合，其也可以融合嫁接模式。我国的很多教育风险并非在国外无踪迹可寻，国外的校园欺凌等教育风险同样存在。因此，融合模式除了适用于具备内生与外源兼役使重构的综合性教育风险治理外，还适用于在本土与外域普遍发生的，具有广泛性的教育风险治理。纵观国内外教育学科建设的历史浮沉，通过学者们长期以来对教育学现象的描述、规律的探讨，其基本的普适性理论的轮廓已经初具雏形。为了人们能够更好地适应并改造社会，国内外教育实践中产生过许多共通的现象与案例，众多教育风险并不是仅在当下产生，也不仅在我国被发现，因此广泛发生的教育风险可以融入嫁接模式予以解决。以校园欺凌风险为例，爱尔兰、芬兰、韩国等国家均发生并探讨过治理该风险的相关措施，借鉴和比较外域经验，拿来调适后进行本土化的嫁接使用成了一段时间内我国解决该风险的有效措施。由此可见，当某种教育风险同时存在广泛性，以及内外役使重构的综合性时，应当采取该模式。值得注意的是，该模式并非上述两种或三种模式的简单叠加，应针对具体风险事件对上述三种模式中的步骤进行综合使用，寻求重点突破。

---

[1] 邹红军、柳海民、王运豪：《概念·成因·治策：我国校园欺凌研究的三维构景——基于相关文献的述评》，《教育科学研究》2019 年第 7 期。

第二节　非首发性教育风险治理的嫁接模式

教育风险及其治理自人类社会教育行为的发生始，便与人们的教育实践、研究或改革过程相伴而生。历时态的历史变迁与共时态的域外实践中积累了大量的教育风险治理经验，那么这些经验是否可以用于本土教育风险的治理呢？研究者在教育风险治理案例的梳理基础上，提炼了教育风险治理的"嫁接模式"。该模式的提炼也印证了部分学者所述的"真正的管理知识来源于现实中的成功经验"[1]。嫁接模式的采用一方面需要平时积累大量历时态与共时态的治理经验，另一方面需要在使用中注重经验转化应用的适切性。

一　模式详述

（一）探寻备用的区域外部经验

无论是从我国《学记》的降生计算，还是西方赫尔巴特《普通教育学》的诞生算起，教育学中各类基本问题的探讨、泛在理论的思辨以及实践经验的提炼均也走过了千百年的历程[2]。历史的演进一方面让人们更为理解教育学的基本属性、科学规律与艺术特征，但另一方面也越来越凸显了教育学中难以调和、二元对峙的多重矛盾，即育人周期的长期性与效果判断的急切性、时代发展的未来性与教学实践的当前性、教育改革的迫切性与群体观念的稳定性。正因如此，教育风险在历时态的教育改革变迁中被更多得展现出来。人们在应对教育风险时采用的实践智慧与方略提炼依然为我们今天提供了可循路径。"嫁接"模式作为教育风险治理的基本模式之一，就是强调"域外借鉴、本土转化"，且其

---

[1] 刘文瑞、慈玉鹏：《经验学派比较管理研究的经典之作——评戴尔〈伟大的组织者〉》，《比较管理》2010年第1期。

[2] 吴定初、张鸿：《关于中国教育学源头的探讨——〈学记〉为"源头"之客观性分析》，《四川师范大学学报》（社会科学版）2005年第6期。

首要方式就是探寻适切的区域外部经验。域外经验的探寻不仅需要从国内外不同区域间共时态的风险治理经验中予以查找，还应当对不同区域的历时态教育风险案例的治理资料中进行发掘。

虽然历时态中有关教育风险的案例庞杂、类型多样，但是并未对之进行详细的分类整理、完整记述以及资源库建构，因而导致众多风险治理智慧的流失。正因如此，探寻备用的区域外部经验，首先需要注重搜集挖掘各地域历史上教育风险案例及其防范化解策略。其中不仅包括了各地区教育行政部门所记录的风险已经显性化成为危机的案例搜集，还应当尽可能地补充收集那些防微杜渐，将潜藏的教育风险萌芽扼杀于襁褓中的案例。其次，由于教育风险中的"黑天鹅事件"与"灰犀牛事件"普遍存在，可见其治理过程中的及时性、针对性与有效性体现得至关重要[1]。因此，在案例搜集完成后需要根据当下发生或潜藏的教育风险的类别，进行详细复盘记录、"成因—策略"的纪要与经验智慧的总结。详细的复盘记录是解构治理策略的基础，而同类教育风险中治理策略背后体现出来的更为抽象的智慧，作为治理的引领方向则更为重要。最后，为了方便职能部门快速地调用相关档案，应当构建教育风险案例库的网络资源与初步筛查系统。技术革新带来的存储、搜索与预判，可以帮助人们在海量的案例数据中进行深度挖掘，以及便于快速调用相关经验。

（二）研判风险生成本质的相似性

面对当下某一教育风险筛选出部分备用案例及经验时，嫁接模式才刚进入其关键性的一步，即研判教育风险生成本质之处。所谓研判风险生成本质的相似之处就是透过风险呈现出来的表征，寻找当下面临教育风险成因的本质内核是否与备用案例的成因一致。为何需要研判风险生成本质的相似性呢？因为防范化解策略的提出需要依据风险背后的生成原因予以针对性地解决。而往往表象相同的教育情境下，其触及的本质内核并非一样[2]。例如同样是招生录取的社会安全风险，有些是由部分

---

[1] 倪娟：《教育风险的识别、防范与治理》，《人民教育》2020年第8期。
[2] 丁奕然、吕立杰：《论教法定势的二重实践样态及其固化突破策略》，《教育学报》2019年第3期。

考生钻了招考政策的漏洞受大众关注而诱发；有些则可能受到当年招生计划的变动而引发；还有一部分是由于权力干预造成个别学生的违规录取而激发。正是由于教育风险生成存在"多因一果"的特性，存在太多相关性因素的特性，在参考备用案例的经验进行本土转化的过程中，一定要深入研判风险生成本质的相似性。

首先，需要根据备用案例的表象，联系现实尽可能多的去深描、展示其背后的成因。大多数教育风险的生成是多个原因所导致，既包含了监管不足、制度漏洞等方面主要动因，经济利益、权力博弈等方面的根本原因，也有社会关注、舆情报道等方面催化诱因。因此，尽可能多的描述、解释其背后的可能原因，有助于理解风险的生成机理，进而做出治理策略的判断选择。其次，让相关决策者与领域专家对遴选出案例的成因记述进行归纳式编码，并确保多元主体协商一致。具体编码时应当严格按照质性分析的方式进行二级或三级编码，且还需要结合原因编码查看该案例的治理策略中是否对应建立了应急保障机制或预警防范机制等。该过程既是以多主体的共同识别来保障备用案例生成原因的精准判断，也是对以往经验的成果与不足之处进行深层次分析。最后，通过备用案例的成因编码检视与当下案例生成本质的相似性，从而确定适切性的相关治理策略。综上所述，研判风险生成本质的相似性是为了以成因为切入点，研究备用案例中治理策略对解决当下教育风险的适切性。

（三）面向本土问题域的变式应用

当备用案例中适切性的策略被整理出来后，其并不一定能够直接用于当下所产生教育风险的防范化解。不管之前整理出的策略多么完备适切，其践行过程仍旧面临着该策略难以运用至今时今日所发生的教育风险治理中这一窘境。实则，时代的异质、地域的差别与制度的差异等均会导致外域策略使用的效果迥然不同[1]。其实不仅教育风险领域如此，任何教育学的域外经验与策略，都需要直面本土问题域进行调整、完善方能发挥最佳的效用。正因如此，在明确了相关治理策略的适切性后，应当面向当下教育风险所处的本土问题域进行变式应用。这点提示了我

---

[1] 李荣安、苏洋、刘宝存：《制度化与语境化：比较教育研究的辩证法》，《比较教育研究》2017年第9期。

们应当不仅明确当下的教育风险背后呈现出了怎么样的问题，更应该探讨其中哪些问题是与当下时代背景、所处地域与制度特点密切相关的，面对此类本土化的问题，可以采用增删、调适，乃至重组先前策略，让其本土化的转化后进行应用尝试。此外，本土转化的应用过程中需要不断修订、尝试，在实践中不断检验，进而完善整个教育风险治理体系。

面向本土问题域的变式应用，首先需要明确本土视域下教育风险治理的目的性，即该教育风险治理为了达成何种目标表现。各类教育风险治理的目标虽然大体相同，不是为风险遇见后的初步应急缓冲，就是为完成"图之于未萌、虑之于未有"的预见，但是其目标的具体表现差异较大。只有明确了目标应该有的具体表征，才方便判断、选择或者调适策略进行预演的有效性分析。其次，应针对目标预演策略的本土化使用结果，推演下相关策略实施后可能会带来什么样的结果。推演结果的获取可以是经验丰富的专家咨询研判，可以是小规模群体走访调研的结果，也可使是依托相关模型的数据测算。再次，依据预演结果对先前策略进行调试、重塑与应用。预演的结果应当与预期结果进行比较后，明确这样的治理措施是矫枉过正，还是未见成效，并对策略进行调整，并通过多轮预演寻求最佳方案。最后查漏补缺，完善整个治理体系，并形成经验汇总整理入库，以便于下次同类风险的治理。

二 案例解读

（一）案例详述

案例：我国中小学生性教育薄弱的内隐风险及其治理

风险表征：全球范围内，青少年学生的意外怀孕、艾滋病感染以及遭受性侵害的问题越发凸显。我国中小学学生因性教育不足或缺失引发的各类风险案例也时有发生，下面仅以两则案例说明其具体的风险表征。案例一：在某短视频平台上，初中生丽丽（化名）为了吸引更多网友关注，从而获得更多的经济收入与粉丝人气，不惜做出一些低俗的举动。其中包含了暴露自己身体的隐私部位、拍摄爸妈的隐私照片等，这一方面反映了中小学生性健康知识的匮乏，另一方面也说明了学校、家庭，乃至社会教育中性教育的薄弱导致了女孩的性观念有所偏差。案例二：据福建省某妇产科 L 姓医生的透露，其于 2017 年 8 月接诊了一个小姑娘小萍，该女生为在校高一学生，接诊时十六岁，已经孕期 14 周，要求终止妊娠，同时患有严重的阴道炎。家长带小萍做完人流后，小萍躲在家里以泪洗面。学校为了消除这件事带来的不良影响，让小萍转学并开除了致使其怀孕的男同学。从小萍自己的表述可以判断，其起初觉得性行为比较神秘，想体验下新鲜感，之后又多次偷尝禁果，且并未做好安全措施，最终导致了这一局面。

风险危害：我国性教育薄弱的内隐风险主要造成的危害，包括身体与心理两大危害。就身体上的危害来看，主要会带来女性学生的早孕以及性病在青少年群体中的蔓延。《中国青少年生殖健康调查》表明（其调查对象近半数为中小学生），在有性行为的少女中，21.3% 有过怀孕经历，4.9% 有过多次怀孕经历，其中选择人工流产者超过 86%[1]。从这一数据中不难发现，中小学女生的早孕现象已经并不鲜见，其带来了女生个人身体上的折磨，还有背后家人的痛苦与无奈。除此之外，导致女生早孕的男生也常常在逃避责任中失去了理解自身家庭责任的机会，而性病在青少年群体中的蔓延则带来更为深远的社会影响。目前，全球青少年每年新感染艾滋病的有 260 多万例，几乎每一分钟就有 5 名青年男女被感染[2]，这仅是艾滋病的感染情况，而像淋病、湿疣等其他疾病的认知，据报道中小学不足 40%，大多并不知道什么是合理且安全的性行为，进而导致了性病在中小学生中的进一步蔓延。

而此类风险造成的另一类危害便是心理的创伤，乃至家庭的破碎。中小学学生性教育的薄弱不仅会造成当事者的生理健康风险，而且可能诱发后续一系列的心理问题。目前看来，小学生主要是由于性知识薄弱所带来的风险中包含了难以有效识别猥亵性行为，缺乏自我足够的性方面保护知识，随着其年龄的增长往往会逐步意识到，从而给自身留下较为严重的童年阴影。中学生主要是不当性行为的发生通常会使其变得轻薄、丧失自尊、产生负罪感等，而对性病、怀孕的担心又会形成很大的

---

[1] 曾燕波：《青春期性教育问题与探讨》，《当代青年研究》2016 年第 2 期。
[2] 肖扬：《青春期性教育：全球青年发展的重要议题》，《中国青年研究》2000 年第 5 期。

心理压力①。中学期间性行为的发生通常伴随着欺骗、撒谎等不诚实的性格，导致人格的玷污和退化。纵容轻率和放荡的性行为会导致学生各方面意志的衰退，导致其沉溺于性行为带来的快感等方面。此外，青少年时期性行为对以后的婚姻也有严重的影响，如旧习惯妨碍了与配偶的适应、婚后自控能力弱的习惯不易纠正、容易对配偶产生不忠倾向，进而造成离婚、家庭的破碎等。

风险成因：上文所述发生的中小学生的性教育风险其成因大多由我国性教育薄弱所致。从宏观上来看，其于国家、地方层面相关的教育政策有关。纵观我国的性教育发展历程，其改革开放以来经历了大致以下三个阶段：1978—1993 年处于面向生理知识的性卫生教育阶段、1994—2006 年是面向解决社会问题的性健康教育阶段，以及 2007 年至今是强调性关系、梳理正确性观念的安全教育阶段。由此可见，我国性教育是随着时代的变迁与进步不断发展的，然而现实涉及性教育的国家政策文件中，很少能看到显性化的表达，通常会以"青春期教育""卫生教育"和"健康教育"等代替。综合以上所述，不难发现我国性教育虽处于不断发展的上升期，却并未独立化提出与显性化表达，仍旧融合在健康教育与道德教育之中。

从微观层面来看，性教育途径与渠道的单一闭塞与中小学生的好奇心理相矛盾也是诱发此类教育风险的重要原因。实际上，多数中小学生在问及该问题时，父母羞于启齿、学校缺乏相关课程设置，加之网络、社会上难以搜寻到相关性知识或性行为视频、录像时，其会更加让学生好奇。据报道 74.5% 的学生愿意学习性知识，反映性知识的需求在青少年群体中广泛存在。通过学校和父母等正规途径获得性知识较少②。在某中学调查数据表明，只有不足 1/5 的学生从父母那里获得了有关性知识，有 58.2% 的男生和 45.1% 的女生性知识不是通过学校的正规途径获得的，接受信息渠道单一的他们，通常在夸张的视频熏陶下产生了错误的性观念。除此之外，中小学生同伴间的私下秘密讨论、缺乏有效

---

① 杨素萍：《从安全性行为到"性纯洁"——论美国性教育策略的变革》，《外国中小学教育》2007 年第 6 期。

② 刘世娜：《青少年性教育现状的调查和展望》，《继续医学教育》2017 年第 9 期。

引导，以及社会舆情对性行为发生后涉及道德等方面的斥责等环境因素也极易造成性教育薄弱的风险。目前，我国大多数人还不能完全正视与性有关的问题，社会难以提供良好的性教育和性文化氛围。长期以来，社会上存在着"无师自通""封闭保险""诱导刺激"等错误观念和过时观念，这些都给中小学生开展性教育带来了困难，且增加了类似风险的发生频率。

风险治理：性教育薄弱引发的教育风险在世界其他国家也发生过，如美国早在20世纪80年代的调查中就表明：15—19岁青少年怀孕率为9.6%，其中绝大多数为中学生，是第二名4.5%（英格兰和威尔士）的两倍多，接近性自由程度较高的荷兰（1.4%）的七倍，自彼时起美国对于性教育薄弱诱发的风险就进行了大量的经验积累[1]。因此无论是在整体治理此教育风险时，还是各区域、学校治理此教育风险时均大量参考并借鉴域外经验。其中，为了合理规避风险爆发、演化为显性危机层面，我国的基层公共社区、医院等宣传教育中都或显性，或隐性地渗透了"ABC性教育"内容（A：避免婚前性行为；B：对配偶或一个性伴侣保持忠贞、不搞性乱；C：正确使用安全套）。该内容源自联合国艾滋病规划署，其是为了有效防止青少年广泛产生和出现的性问题与困惑，提倡从性生理知识入手，使青少年获得正确的性健康和生理知识，消除当前的性危机，进而逐步培养正确的性观念[2]。

除在校外教育中采取相关措施进行风险规避外，我国在学校教育中也参考或借鉴了多国经验，下文就以英国与日本的学校性教育经验为例作简单介绍。如英国的中小学性教育采用了"家校合作、督管协商"的基本方式。一方面，英国在国家课程方案中规定其作为必修科学课程进行学习，并在各类专家充分研讨的基础上进行了性教育大纲的确定；另一方面，在性教育大纲实施之前会充分与家长进行沟通后，进行适切性调整后才能实施。此外，英国各中小学还可以根据各自的学情、校

---

[1] Jones E F, Forrest J D, Goldman N, et al, "Teenage pregnancy in developed countries: determinants and policy implications", *Family Planning Perspectives*, Vol. 17, No. 2, 1985, pp. 53 – 63.

[2] United Nations Educational, Scientific and Cultural Organization (UNESCO). HIV and Sexuality Education, https://en.unesco.org/themes/health – education/hiv – sexuality – education.

情，适当增加有针对性的内容，如性健康、人与人的关系、情感释放、肢体语言等①；同时要制订详细课程方案与实施细则，以便于家长及监督部门检查。再如日本自第二次世界大战以来就在中小学教育中实施开展"纯洁教育"。为保持青少年的身心纯洁，日本学校通过"性学习"和"性指导"的方式让学生掌握正确的性生理、卫生和科学知识，尤其注重性文明、性伦理和性道德教育。基于性作为人格的基本组成部分这一基本观念，日本将性教育目标确定为尊重人的精神，追求男女平等和自由，形成符合社会规范的行为，以及高尚的人格。②

我国在充分借鉴上述等国家相关经验后，于 2008 年颁布了《中小学健康教育指导纲要》旨在培养学生的健康意识，掌握健康知识和技能，从而促进养成健康的行为和生活方式③。该纲要对中小学校健康教育的学习目标和内容做出了明确的规定，其中包含了隐私和身体完整性、青春发育期、价值观与性、性与生殖解剖及生理、艾滋病病毒和艾滋病的理解、爱及恋爱关系等多方面的性教育相关内容④。此外，为了契合我国学生的生理与心理发展特质，在广泛调研与深入分析的基础上，纲要明确了性教育内容的设置上的层次水平，为不同发展水平的学生提供了适合其年龄的教育内容，真正做到了在学校课程的统整进阶、适切连贯。在实施方式的具体保障中，各地方与学校也参考借鉴了外域经验，采用师资培训、家校共育、校本课程、场馆研学等多种多样的形式，进行了资源开发与保障，从而降低性教育薄弱带来的风险。

（二）案例分析

1. 以经验审视与成因探讨研判风险

上述案例属于教育领域中涉及学生未来发展的教育潜在性风险，此

---

① 薛二勇、盛群力：《英国"性与恋爱"教育国家标准述评》，《比较教育研究》2007年第10期。

② 石国亮、鲁慧：《国外青春期性教育模式及其启示》，《中国青年研究》2008年第12期。

③ 中华人民共和国教育部：《中小学健康教育指导纲要》，人民教育出版社2009年版，第4页。

④ 聂慧敏、余小鸣：《中外性教育相关政策指南比较》，《中国学校卫生》2019年第5期。

类风险处理不当易引发公共安全危机，降低未来人才的社会竞争力。实则，该类风险的治理在国内外历史上均有过发生，相互之间的借鉴必不可少。该案例中巧妙运用了教育风险治理的嫁接模式，将探寻备用案例经验与成因的相似性探讨融合于一起，用于研判该风险与类似风险本质的相似性。当中小学相关案例爆发与国内调研结果反馈后，性教育薄弱诱发的风险表征被直观呈现出来。此时，借由文献梳理以及相关领域专家的建议，为教育风险治理者提供了备用案例。然而，备用案例的治理策略并不能直接使用，需要对其适用性进行分析后方可使用。因此，上述教育治理的主体一方面回溯了英国、日本与美国其他主要国家此类风险的成因，另一方面以详尽的调查研究分析发现该风险的成因，并将二者进行了相似性分析。上述案例成因分析从宏观、微观两个层面出发，结合大量国外相关资料与前期国内中小学学生调研数据，并且结合教师或家长的深度访谈所形成的资料，结合追溯到的国外主要发达国家性教育薄弱诱发的风险实际情况，发现我国发生的性教育薄弱风险在本质上具有高度的相似性，这些风险的成因都包含了教育政策中疏漏相关考量、教育途径与渠道的单一闭塞、社会环境中缺乏对加强性教育的良好氛围等多重原因。可见，该风险的治理巧妙且恰当地运用了教育风险治理的"嫁接模式"，探寻到域外备用案例，并进行了详尽的风险本质相似性分析，从而完成了以经验审视与成因探讨研判风险的过程。

2. 以本土改造与策略补充管控风险

通过上述的案例不难发现，当风险治理主体在明确了联合国相关文件、英国和日本等国家的性教育经验应当可以作为治理该类风险的有效方略时，并没有贸然使用，而是对该治理策略进行了本土改造与完善。因为照搬照抄经验一方面不一定能适用于本土现时态下产生的教育风险，另一方面不利于策略丰富性的增加，长此以往极易生成经验固守的茧式退化样态。此案例中风险治理主体结合相关专家的意见与前期的调研结果，在多元协商、充分论证下明确了校内、校外加强性教育的基本方式。通过在社会教育中加强"ABC性教育"的环境建设，调整明确国家课程中性教育的具体地位与内容安排，从而在整体上把控、规避并治理性教育薄弱带来的教育风险。除此以外，该风险治理的《中小学健康教育指导纲要》还补充说明了教育师资建设、教学资源建设、注重评价与督导等保障策略，且让各地区或学校可以因地制宜选择各类教育形式，从而使得风险的治理策略更具有落地性、科学性与可推广性。由此可见，风险治理嫁接模式在使用过程中注重已有策略的本土改造，基于风险发生的实际情形进行补充与完善。在充分论证科学性、适切性与系统性的基础上，予以进行风险治理策略的实施与修正。诚然，通过该案例的分析也可以发现，嫁接模式使用中存在着一些关键性的问题，需要通过保障性策略予以解决，如备用案例向何处找，风险本质相似性研判与策略本土转化应用的科学性如何保证，这些问题将通过下文的保障策略予以补充说明。

三　保障策略

（一）风险案例的平台搭建

如何快速且高效地找到想要参考的教育风险治理的备用案例？这一方面依托于案例汇总的平台搭建，另一方面需要有信息快速挖掘技术的支撑。教育风险治理案例平台的搭建是历时态经验的有效积累，便于后续发生类似风险时快速应对的首要保障。如果没有了该平台下汇集的备用案例与实践智慧，很有可能发生相同风险时浪费大量的时间、人力与经济成本，教育风险治理的嫁接模式也无法迅速且高效地使用。风险案例的平台可以分为实体线下平台与虚拟线上平台两个部分。为了便于风险治理备用案例的查询、满足案例使用的伦理要求，且注重部分机密风险案例的保密性。教育风险案例平台的搭建，应当让各省、市、区的教育行政部门在日常工作中进行征集与汇总，并且调出相关部门对教育风险治理的历史事件档案一并纳入。在搜集整理较为全面后，将各个案例按照风险表现、风险危害、风险成因与治理对策等内容的统一格式进行分类别的汇编梳理，以方便后期的快速查阅。无论是教育风险案例的网络平台，抑或实体的纸质档案平台，应该能够做到国家、省、市之间信息的层级管控，追溯查询。而对于教育风险治理案例平台的后续管理，必然要采取权责分明的部门负责制，指派专人进行教育风险治理的定期搜集、成效跟踪与记录汇编工作，并对该部门进行合理且必要的督管。除此之外，要按照机密程度对风险案例进行分层次的开放，如有面临风险治理想要搜索其中的机密案例时，应当联系责任部门进行评估后决定是否给予查阅者相关权限。

(二) 信息挖掘的技术支撑

当教育风险治理案例的平台建立完善后，如何在实际发生类似风险时迅速找到，这还需要信息挖掘技术的有效支撑。此处信息挖掘的技术支撑包括了查询平台的有效选择、检索规约的集成清洗以及信息要点的挖掘评估三个方面。首先，面对着国家、省、市级各种各样的教育风险治理案例平台，选择合适的平台至关重要。平台的选择应该有限考虑所需治理风险发生的范围与地域，一方面应当从发生范围考量，从国家级、省级或市级的平台库选择，另一方面需要尽可能寻找本区域内或临近区域的治理经验，从而保障治理策略的适用性。如某一区域高考新方案实施时极易遇到风险，此时即可采用临近、试点省份的相关经验。其次，当选择到合适的数据库以后，在进行检索时需要规约检索的范围，并对检索的结果进行集成和清洗。教育风险治理案例的检索建议采用分类的层级方式，根据需要解决的风险类型进行快速定位，并针对类似风险集成后的治理案例集，按照风险危害与成因等方面的相似性实行案例清洗，锚定出风险本质相似的案例。最后，应对筛选出的治理案例挖掘出相关的信息要点，即有哪些风险治理的措施、采取此类措施的目标是什么，以及措施采取后的风险治理成效如何，以便于进一步评估治理措施是否值得参考借鉴。总体而言，教育风险治理案例的信息挖掘需要严密性较强、复杂度较高的信息挖掘技术。正因如此，加强教育系统中的风险治理案例的检索培训，提升相关治理主体的信息挖掘素养则体现得至关重要，这同样应该成为保障采用嫁接模式有效治理教育风险的关键要点。

(三) 建立鉴别转化的智库

从上文的叙述中不难发现，教育风险治理的嫁接模式中无论是风险本质的相似性研判，还是面向本土教育风险进行变式应用，均需要进行合理、准确的研判。与此同时，教育领域的风险与经济、管理等领域的风险有明显不同之处，其风险的研判大多无法基于数据的模型预测进行判断，需要依托于经验丰富的专家给予判定建议，因此建立教育风险鉴别转化的智库体现得尤为重要。教育风险治理专家智库的建立，微观上可以让外域的风险治理措施再次使用的有效性得到科学合理的鉴别、评判与转化，宏观上提供了多元化的民主决策、壮大主流舆论，凝聚社会共识，进而防止风险进一步发酵扩散①。具体而言，智库的建立应当首先遴选不同领域的专家成立教育风险治理的学会机构。该学会机构应当广泛搜寻危害国家安全、社会安全、公共安全以及多重安全等教育风险领域治理专家，根据专家学者的治理经验与专业所长进行分类，以方便遇到某类风险时准确找到相关专家。其次，智库应当给予专家备用风险治理案例历史经验的全部权限，以方便专家进行研讨交流、学术研究以及应急关联。再次，当遇到相关非首发性的教育风险时，应当将相关外域经验检索完成后报送专家，展开智库研讨会，让智库专家完成该风险治理的决策咨询要报，并呈送风险治理的相关部门。最后，让专家定期对其擅长教育风险点进行摸排，嫁接相关经验查看是否存在漏洞，且给予治理完善的方法，进而让嫁接模式的教育风险治理从遇见走向预见。

第三节 内生性教育风险治理的靶向模式

教育系统内部潜藏着教育执行或承受主体司空见惯、难以觉察的各类风险。此类风险大多为原发型风险，其虽不易被发现，却会大概率诱发教育系统的危机，该类风险的广泛存在也导致了教育领域的"灰犀牛事件"频发②。在我国新时代着力防范化解重大风险的号召下，上述教育风险也在本土智慧的介入下，循证改进的实践治理过程中不断集成着中国经验，生成了具有东方智慧的治理模式。然而，当下对于此类原发型教育风险的治理模式尚缺乏研究。因此，研究者借助自组织的相关理论为透镜，审视了前期课题组搜集的相关教育风险治理案例，依据风险治理的演变过程，梳理提炼出了此类教育风险治理的"靶向模式"。③

---

① 吴艳东、米倩倩：《中国特色新型智库的意识形态功能：主要表现及实现路径》，《社会科学文摘》2020年第6期。
② 倪娟：《教育风险的识别、防范与治理》，《人民教育》2020年第8期。
③ 丁奕然、倪娟：《自组织理论视域下教育风险治理的"靶向模式"》，《现代基础教育研究》2022年第1期。

一 模式详述

(一)锚定于爆发点、推进应急缓冲

如前文所述，靶向模式治理的教育风险为教育系统内生的"灰犀牛事件"，该类风险具有随时随地性与潜藏性。正因如此，此类风险在没有出现部分偶发事件的情况下很难被人们所察觉，而一旦出现偶发事件后，风险已经爆发为危机。所谓危机是危险与机遇并存，一方面风险前教育内部各系统协调运转的表象被打破，且由于偶发事件导致的熵流改变，整个系统呈现出了混乱无序的状态，若治理不好则该教育系统面临着崩盘的危险；另一方面危机的爆发让原本存在的漏洞一一暴露出来，为原有体系的查漏补缺、优化调整提供了机遇。因此，靶向模式治理教育风险的要义在于，抓住偶发事件诱发的教育风险显性化、爆发性过程，进行定点、系统且合理的治理施策。然而，系统治理的前提应当是如何面对混乱、复杂的非平衡态，锚定风险中的各类爆发点，进行应急的补救与缓冲，从而为系统、科学的治理提供较为稳定的外部环境与较长的治理时间。

锚定爆发点、推进风险治理的应急与缓冲，基于偶发事件产生的熵流状态改变，观测当下已然造成和预测未来可能导致的教育正常工作、人际交往心理与社会舆情报道等多方面的影响，进而对不良影响与扩散效应进行尽可能地消除或降幅。具体而言，第一，一方面需要深入了解偶发事件及其详细过程，给予统一的解释与回答，防止舆论的扩散；另一方面应当深入了解该教育事件承受相关主体的具体危害、主观感受与未来做法，寻找出熵流状态改变的路径。第二，基于以上实际情况了解，一方面可以采用经济、政治、法律与心理等多方面手段对风险承受主体进行援助弥补、情感同化与行为督管等；另一方面应深入分析偶发事件承受主体的认知、情感、意动与实际行为，研判当下的教育危机等级以及未来的基本走向，锚定其爆发的关键点在何处并分析如何将负面影响到最低。第三，基于研判出风险未来可能的等级，应对爆发点设置多套应急缓冲方案，从而为风险的扩大爆发设置缓冲地带。该过程中尤其注重信息渠道的畅通与应急组织的完善，以便于减少管理中不必要的能量消耗①。

(二) 定向系统治理、优化运行机制

在取得了稳定的外部环境与较长的治理时间后,就应当分析偶发事件成因,此时即进入了此类内生性教育风险的定向系统治理与优化运行机制的过程中。在实际的教育风险治理过程中,考虑促使风险治理的及时有效,该过程可能与上一过程同时发生,但理论上看该过程需要达成较好的状态则需要以上过程为基础。根据相变理论与协同学来看,影响系统演化的因素往往有许多,但起支配作用的可能只有少数几个变量,这些起着主导作用的变量测称为序参量②。序参量的改变役使着系统中其余变量的改变,让系统演进为平衡态或者近平衡态。正因如此,根据风险中出现的偶发事件寻找系统中的序参量则尤为关键,该序参量在内生性的教育风险系统中更多地指向了配套制度、组织结构、信息渠道与人为因素等方面。进而可言,靶向模式治理的关键就在于打靶风险爆发的序参量,再进行定向系统治理,从而优化运行机制。

定向系统治理、优化运行机制这一过程主要包括了四个步骤,即根据偶发事件综合分析列举其生成的种种原因,对各类成因进行归纳整理并透视出共通性的重要成因(即序参量),验证序参量探寻的准确性并推演序参量造成的全部影响,以及进行序参量的调适促进系统达成近平衡态。首先,风险治理的主体应该仔细考量偶发事件产生的各类成因,成因的分析可以通过多元主体的介入商议评判,进而得到较为全面的原因,以免遗漏。其次,对各类成因进行归类分析,探讨出役使系统解构的序参量。此处值得注意的是各类原因归类后,不断向深层透视就能够分析找出表象背后的根本成因,因为序参量应当是关键的少数,是牵一发而动全身的。再次,将初步确定的序参量反向验证,并推测其还可能会促成什么样的影响。内生性风险显性化的偶发事件仅能代表此教育风险产生的一类危害,并不一定会穷尽序参量役使下可能会塑造的各类危害。为了从根本上系统性治理,此步骤是有备无患、系统治理的靶向模

---

① 任佩瑜、张莉、宋勇:《基于复杂性科学的管理熵、管理耗散结构理论及其在企业组织与决策中的作用》,《管理世界》2001年第6期。

② 刘建波、李柏洲:《企业进化系统的序参量探讨》,《中国科技论坛》2005年第4期。

式所必需的。最后，采取相关策略事件促使序参量改变，以便于系统优化运行。此步骤是否真正达成自组织的协调运转，应当通过类似或相关偶发事件发生的概率是否大幅降低进行确证。

（三）完善各类制度、强化约束监管

序参量如果仅是一时改变，过段时间后又恢复成原来状态，那么靶向模式的治理必然不能达成其最佳效果。实则，风险治理不仅需要考虑上述风险爆发时的应急缓冲，风险治理的系统优化，也应该考虑风险治理的有效保障、一劳永逸。因此，采用靶向模式进行治理风险后的行为规约与资源保障等成了需要思考的问题。如白居易所言："圣人之本，在乎制度而已。"可见确立行之有效的制度则可以将序参量改变的定向状态予以文字方面的显性化呈现。然而，光有制度的确立却不践行同样无法确保优化后教育系统的回弹，风险再次爆发成危机。正如明代张居正曾言："天下之事不难于立法，而难于法之必行。"所以靶向模式进行教育风险治理的最后一步应当做到完善各类制度、强化约束监管。制度的完善与监管的约束和治理后的系统一直围绕着优化后的系统熵流状态，实现各系统间协调的非线性作用，久而久之包含忧患意识与人群基础的安全文化便会被有效形塑。

详细说来，各类制度的完善应当既包含人员资源制度、职责奖惩制度、资源保障制度等，还应当包括质量管理制度、协调配套制度与进修培训制度等多个方面。如香港修例风波下诱发的课程教材中爱国主义教育实施匮乏的风险，其实则是教育系统漏洞塑造的内生性风险，该教育风险治理的后续制度保障就是完善教科书的送审制度，并制定香港国安法相关教材及课程大纲，用以促使青少年内化的家国情怀。此外，制度的完善不仅要包含风险发生地的制度确立，对于普遍意义上存在的教育风险应当将制度上升至市级、省级乃至国家级层面，从而防止类似风险的扩散与复制，做到防微杜渐，将其扼杀在萌芽之中。而风险治理的约束监管应该包含学校内部领导机制的分级负责与整体推进，内部稽查活动的常规开展与突击检查，外部引智介入的周期评估与意见反馈，以及更多创新性监管活动的开展。

二 案例解读

（一）案例详述

案例：校园食品卫生安全风险系列及其综合治理

风险表征：校园食品卫生安全风险一直存在于我们身边，其属于典型的教育内生性风险，下面仅以两个案例表明该类风险呈现的实然表征。案例一：9·12 山东纪台食物中毒事件：2014 年 9 月 12 日，山东省寿光市纪台镇第二中学小学部 57 名学生，在食堂就餐后中毒，其中 4 名学生一直未愈进京治疗。后期调查表明，学生食物中毒的原因是学校馒头机因故障导致机油泄漏，学生因食用了被矿物油污染的馒头而导致呕吐和肠胃不适[①]。案例二：灌阳县中学生饮用水中毒事件：2014 年 9 月 13 日，灌阳县民族中学上百名学生因身体不适送医院就诊，其中 48 人住院，6 人转到桂林市大医院救治。事发后，当地相关部门立即展开救治和调查，发现出现症状的学生大都喝了名为"优氧活泉"的桶装水。随后，厂家负责人唐某因涉嫌生产销售不合格食品被灌阳县警方刑事拘留。截至 9 月 19 日下午，该校仍有 8 名学生在医院治疗[②]。

风险危害：近年来，在全国范围内发生多起学校食堂中与食品安全有关的事件，很多学校的食堂都存在着安全隐患。相对于大学食堂，中小学食堂的就餐时间较为集中，人员密集，需要大规模的采购、加工和烹饪食材，因此每一环节都要保证食品的安全，不得有疏漏。此类风险势必会破坏学生的身体健康，其具体表现为身体摄入营养的缺乏、身体正常功能的紊乱、智力下降，严重者会危及生命等。随着身体健康的危害，身体功能受损等方面会给学生带来一些心理上的变化，导致其产生自卑消极的情绪，进而引发心理问题。除此以外，食品安全风险的偶发时常还会带来学生、教师与家长的恐慌情绪，易造成公众对学校教育系

[①] 中国新闻网：《山东 57 名学生因食堂馒头机漏油中毒 4 名未愈学生转院》，http://www.chinanews.com/sh/2014/11-08/6762751.shtml，2014-11-08，2020-11-03。

[②] 广西新闻网：《灌阳一中学学生疑似食物中毒后续水厂赔偿 9.4 万》，https://www.sohu.com/a/43425875_119928，2015-11-22，2020-11-03。

统和政府的不信任，从而影响社会的稳定与长治久安。

　　风险成因：校园食品安全问题主要来自学校内部，一方面是学校与上级部门的监管不力，没有重视学校的食品安全问题，缺乏有效的监管与督导，另一方面是学生食品安全意识淡薄。青少年时期的儿童在食品消费中易出现心理急切的现象，且尚未具备良好的辨别能力，同时社会对食品安全知识的教育和宣传缺失，致使中小学学生在食品安全方面的关注度与洞察力不够，进而导致风险爆发。此外，由于食堂内经营主体或者执行主体的安全意识与责任意识薄弱，其在食品生产与加工过程中没有引起足够的重视，会致使相关内生性漏洞的出现，进而诱发校园食品安全风险。

　　风险治理：如若该风险爆发成为危机，即发现校园出现食品安全事故，应及时上报校、医院采取积极措施，并保护原料、工具、设备和现场，配合卫生行政部门调查和处理。在具体监管上首先需要明确学校和教育部门在食品安全监管上的首要责任。一方面，通过建立、健全以校长为第一责任人的食品安全责任制，严格落实学校相关负责人陪餐制度，提高学校食堂"明厨亮灶"覆盖率，以可视化的方式进行监督。既要做好饭菜的质检和卫生的制度保障，也要对食堂出入人员进行核查。另一方面，要落实督导检查，学校或上级主管部门应联合市场监管部门开展整治食品安全问题督导检查，且食品安全监管等相关部门应形成常态化的抽查、监管机制。落实校园食品安全专项整治任务，严肃查处不履行学校食品安全管理责任、不落实学校食品安全措施、引发食品安全事件或食物中毒等事件的学校和单位，依法追究相关人员责任。

　　为了提升学生的食品安全意识，还应当加强健康教育。将食品安全与营养健康知识纳入健康教育教学内容，鼓励学生、教师和家长参与校园食品安全监管，提高学生的食品安全意识和防范能力。加强学校食堂从业人员卫生安全培训，进一步普及食品安全知识、营养科学知识，提高安全与营养并重的配餐能力。此外，还要健全食品安全监管的制度体系。坚持预防为主、全程监督、属地管理、学校落实的原则，督促地方和学校深入贯彻落实《学校食品安全与营养健康管理规定》，把管理体制、学校职责、食堂管理、外购食品管理、食品安全事故调查与应急处置、责任追究等方面规定落到实处。通过多种渠道、形式，加大校园食品安全专项整治和食品安全知识宣传力度，争取学生和家长等社会相关方面支持，让公众真切感受到专项整治的力度和效果。

（二）案例分析

1. 由偶发事件透视潜在隐患

由以上的校园食品安全风险治理案例不难发现，该类风险由于长期存在于人们身边，难以进行识别。而偶发事件（即食品安全事故）发生后，才会发现此处存在漏洞或隐患，如上文两个案例就是安全事故发生，有学生进入医院治疗，并在调查核实后找到其中存在的食品制作机器漏油及饮用水安全问题。然而这些都是问题的表象，偶发事件的背后深藏着蓄谋已久的必然，其中真正存在的隐患应该值得进一步审视。由此可见，相关风险治理措施的采取正是对潜在隐患发现后进行的响应。学生、教师等相关人员的食品安全意识薄弱，学校食品安全的监管职责不明确均是潜在漏洞，只有锚定出这些问题才便于将风险的治理前移，通过定向治理的措施，杜绝食品安全事故此类偶发事件的发生。

2. 以约束监管强化制度落实

内生性风险背后隐患的存在往往是制度的落实不到位所致。上文的食品安全风险，如果责任落实到人、监管到位且做到有效督管，那么相关隐患就会在偶发事件产生前被解决。当下，国家层面应对校园食品安全风险制度也已经确立，于2019年教育部就联合国家市场监督管理总局、国家卫生健康委员会令下发了《学校食品安全与营养健康管理规定》，且印发了《教育部解决学校及幼儿园食品安全主体责任不落实和食品安全问题整治方案》，可见相关制度已经基本健全[①]。那么，教育风险治理的主体就应当采用常态化的约束与监管来强化制度的落实，从而针对教育系统内部的隐患定向施策。正如上文案例中，采用学校相关负责人陪餐制度、食品安全监管等相关部门应形成常态化的抽查、监管机制，从而落实校园食品安全专项整治任务。这一定向的治理过程也恰恰实现了靶向模式所强调的完善各类制度与强化约束监管。

---

① 中华人民共和国教育部：《守护校园食品安全 打牢健康中国根基》，http://www.moe.gov.cn/fbh/live/2019/51525/sfcl/201910/t20191029_405721.html，2019-10-29，2020-11-13。

三 保障策略

（一）风险识别的能力提升

靶向模式对应于治理内生性的"灰犀牛事件"，由于此类风险长期存在于人们周边，具有深层潜藏性，因此定向治理该风险前的风险点识别至关重要。然而，实际教育风险治理主体却时常对教育系统中潜在的风险点熟视无睹，正如上文相关校园食品安全风险的案例中，其中看似是由于一两次操作的失误（机油泄漏），实则是日常对此安全隐患没有重视或是风险排查没有很好地识别到相关风险点所致，可见靶向模式打靶定向的前提保障应当就是提升风险治理主体的风险点识别能力。具体而言，应该提供日常身边隐患诱发教育风险的案例，让教育行政部门、学校内部的教育风险治理主体参与学习。该学习过程可以让相关负责人员进入学校等教育系统中进行案例介绍、深入剖析与关键点识别的教师培训，也可以邀请专家实地进入学校进行风险点的摸排与现场教学，让风险治理主体能够跟随专家的脚步做中学，从而促进自身风险点识别能力的提升。由于人的认知经验常常会受到自身生活经验等多方面的限制，因此可以偶尔借由第三方辅助进行教育系统内部风险点识别的方式，将其关注到的问题呈现给风险治理主体，以促进识别能力的提升与下次的风险治理改进。除此之外，还应当辅之奖罚分明的评价方式进行风险点识别的考核，对于能够更快、更准确地检查出更多潜在风险点的人予以奖励，在经验的分享与交流中促进整体风险识别能力的提升。

（二）督管机制的健全强化

正所谓"取法于内，获益于外"，采用靶向模式治理教育风险时，除了在系统内部需要加强治理主体的风险识别能力，也应当在外部进行监管约束用于确保更多地风险点被发现与治理。如上文所述的案例中，如果经常有食品监管部门介入、教育行政部门的风险排查，那么以上的校园食品安全风险就不会发生了。因此，在靶向模式治理内生性的潜藏教育风险时，应当强化督导与监管机制。督导与监管机制的确立与实施，一方面有助于明确教育系统内部潜藏风险的发展情况，以便于风险点排查、识别与化解形成长效管理；另一方面将倒逼责任的落实，从而以权责分明的管理体系进行治理的分级推进。具体而言，第一，需要相关部门主动介入落实常态化的监管活动,并寻找到相应的负责人与之对接,进而便于风险的治理与改进。第二,采用学校外部引智建言与上级部门调研督查相结合的方式,对内部潜藏风险点的发现、监控与防范提供更迅速、更准确、更科学的建议。此处应当确保专家教育风险治理擅长领域的多元性,各主体、部门与环节调研的全方位性以及建议汇总吸纳的及时性。第三,教育风险发生系统自外而内确立问责机制,将相关责任落实到人,以便于督管结果反馈后优化解决。既要追究对潜在教育风险漠不关心的态度行为,也应该追究随处检查,盲目摸排潜在漏洞的行为;既要追究执行主体直接责任,也要追究相关负责领导的管理责任,以确保督管机制的有效落实与长效实施。

(三) 治理文化的环境建设

无论是风险识别能力的提升,还是督管机制的健全强化,其保障靶向模式治理成功的目的均在于唤醒教育风险治理主体的忧患意识,培植其对于日常隐藏漏洞敏锐的观察力,以及塑造其教育风险治理常态化的良好习惯。那么,除了内外部硬性的制约监管,是否可以采用更为柔性的方式促进这些目标的达成呢?正如部分学者所述,治理文化作为一种非正式制度在国家治理中发挥着潜移默化的影响[1]。治理文化的成功营造是通过多元化外部环境的渲染,将教育风险潜藏于身边的理念形塑教育群体共通的行为,促进其稳定观念的内隐。具体而言,一方面可以通过建设教育风险治理的网络平台、宣传板报以及教育内部的媒体平台,载入教育风险潜藏身边及其危害的案例,从而改善行政人员、教师与学生等多方面的风险规避或治理意识;另一方面,学校或教育行政部门可以召开教育风险治理的会议,并且汇编风险治理文化大纲、教师与行政管理人员应学习的教育风险文化手册,从而其将治理文化内化于教育风险治理主体的行为中。此外,还应该对治理文化的环境建设提供相应的经费保证,通过组织相关的公益活动、风险案例的展览参观、一起来寻找风险漏洞等活动,从而在文化层面唤醒教育风险治理主体的忧患意识。总而言之,全方位、立体化的治理文化环境建设为风险治理窗口期

---

[1] 苏荟:《供给侧改革背景下大学治理的挑战与策应》,《当代教育与文化》2017年第4期。

的前移提供了深层而持久的文化力量,进而为靶向模式治理的内生性风险由"遇见"走向"合理规避、有效防范"提供了可能。

第四节 外源性教育风险治理的溯源模式

教育系统中会偶发一些小概率,却极具冲击性的风险。此类风险大多为外源性因素诱发的风险,其不仅难于发现、难以预测,且大概率诱发教育系统的颠覆性危机,亦可称为教育领域的"黑天鹅事件"。"黑天鹅事件"的偶发会致使教育系统处于无序状态,而治理过程则是系统由无序走向有序的过程。为此,借助早已在教育扶贫、大学治理等教育领域广泛应用[1]、阐释系统由无序走向有序的协同学理论,进行风险治理模式提炼则较为适切。协同学理论由哈肯(Haken)创生,适用的系统应具备开放性、远离平衡态与内部各要素存在非线性相互作用等特点[2]。教育作为一个开放系统,课程教学、督导管理与社会支持等要素间存在非线性作用,且教育风险爆发为危机时,系统必然处于非平衡态。鉴于此,研究者以协同学理论为视角,结合相关案例,提炼出该类教育风险治理的"溯源模式"。[3]

一 模式详述

(一)外部诱变量的追溯与干预分析

溯源模式适用于治理的教育风险为外源性的"黑天鹅事件"。该类风险并非时刻存在于我们身边,而是由于外部突发性的不寻常事件可能导致整个教育系统的变化,如理念驱动改革诱发教育目标落空的风险、突发公共卫生事件对高校教学、学生就业风险,以及突发自然灾害等事

---

[1] 骆聘三:《走向善治的契机:大学内部治理中的协同机制建构》,《湖北社会科学》2020年第3期。

[2] [德]哈肯:《协同学——大自然构成的奥秘》,凌复华译,译文出版社2001年版,第15页。

[3] 丁奕然、倪娟:《协同学视域下教育风险的"溯源模式"研究》,《湖北社会科学》2021年第5期。

件对教育系统运行风险等。此类风险由于成因的不寻常，且通常难以预测，所以其在治理模式上与靶向模式存在较大差异，其治理目标需要对外部诱发突变熵流进行合理的融合与内化，以让教育系统内部达成对外界环境的自适应状态。由于外部事件的出现极不寻常，成因的探寻则较为容易，但是该外部诱因如何作为熵流导致整个教育系统产生风险的过程却难以探明。因此，溯源模式中虽然凸显了对外部诱变量的追溯，但该追溯过程重点并不在于寻找到成因源头，而是需要顺着追溯的过程复盘、递推并明确出诱变量的干预路径，从而方便于下一步通过教育系统变革内生的代偿进行应急处理与精准施策。

虽然是需要追溯外部诱变量，但也应当从教育系统内部出发分析清楚教育系统自身应对外部熵流可以融入、内化并调整的广度与深度。因此，溯源模式首先需要根据当下学校教育系统内部的混乱状态分析其受到了社区、家长乃至社会等哪些方面的影响。该过程需要依据当下呈现的异化样态，进行顺藤摸瓜式地系统且深入分析。其次，应将社区、家庭、教育行政部门等按照一定的逻辑顺序分为宏观、外部、中观与微观等子系统，并分析外部熵流如何诱发各子系统间非线性作用（即前一步骤分析得出的影响）。换言之，就是明确原先教育系统中非线性作用哪些是由于突发非寻常事件而产生的，影响的程度有多深，且随着事件持续影响可能会造成的发展态势。最后，根据判定出非线性作用的影响程度分清该教育风险应侧重解决的主次方面，并分析清楚哪些方面是教育系统可以解决的，而哪些只能去被动适应。总之，此处对外部诱变量的追溯与干预分析是风险治理主体对外部突发重大、非寻常事件如何影响风险产生、显性化进行剖析的过程，其作为溯源模式治理教育风险中基础且必不可少的步骤而存在。

（二）摸索现有资源的开发或者代偿

外部因素致使的教育风险在经过对诱变量的分析后，大多发现当下教育系统无法及时应对，而由风险爆发为危机的根本原因在于教育系统自身的相对稳定性。实则，无论是教育的执行者还是教育接纳的能动主体，其思维观念在社会政治、经济与文化的快速发展中往往存在相对稳定性。当外部突发重大事件到来之时，教育的主体通常会因为惯性的影响很难改变自身适应外界的环境，进而诱发众多的教育风险[①]。详细说来，当教育理念、技术的变革驱动到来时，抑或是外部不寻常的事件发生时，教育主体无法充分消化吸纳新讯息，表现为无法充分开发利用现有的教育资源或合理探寻新的资源助力自身快速适应。正因如此，当分析清楚了外部诱变量熵流的进入与流径后，应当先在教育系统内部充分挖掘现有资源进行部分功能的替代性补偿，简称代偿。代偿的出现一定程度上缓冲了风险的爆发，也是当下让风险治理快速响应并治理风险，走向近平衡态的有效措施。

重大突发事件的到来常常对教育系统的变革提出了较高的要求，此要求下资源的介入不可能一步到位，缓慢的适应过程会使得一些教育风险爆发。可通过以下三步进行开发或代偿，第一，应依据之前的溯源外部诱变量造成教育风险的路径，明确需要填补、偿还的关键漏洞。该过程中不仅需要分析已经发生危机的漏洞，更需要监控有可能因突发事件持续发酵的连锁反应生成的漏洞。如在新冠肺炎疫情诱发的高校教学与就业风险上，除了要分析清楚风险诱发的线上教学与线上招聘会等方面缺乏先前经验的显性漏洞，还要为新冠肺炎疫情可能诱发的学生心理风险、网络舆情风险等潜在漏洞加以关注。第二，摸索对关键漏洞的补偿，一方面需要对能够快速且合理利用的新资源进行分析，另一方面需要教育风险治理主体充分发挥自身的实践智慧，在现有资源的供给下，充分利用实现代偿。第三，根据替代性补偿初步进行的结果，观照危机事件影响的持续时间与后续进展，进行补偿策略的调整，从而在缓冲期内达成教育系统内部自适应的近平衡态。

（三）进行合理精准施策与外部回应

当内部的教育系统经过前两步的治理后，教育系统内部已经基本融化了熵流，生成了近似平衡态的运转体系。然而，值得注意的是更多案例显示重大突发事件结束后，其对教育系统持续性的影响要么仍旧存在，要么引起了教育系统中主客体的反馈。如泥石流、大地震等对中小学教育的影响是持续的，当地的更多教育工作者开始思考，灾后的教育资源介入时该如何分配、使用，以及平时的教育系统中应当存在何种机

---

① 陈敬朴：《观念的变革与教育价值观的导向》，《南京社会科学》2000年第12期。

制更好地应对自然灾害等问题。由此可见,如何更好地从教育系统内部更为精准地施策,并对外部影响进行回应成了关键所在。诚然,合理的外部回应与精准施策不仅便于该教育风险的现时态治理,如向外部争取资源、防止外部风险的加剧扩散,而且该做法再次溯源到了风险发生的源头上,即使外部突发事件不可避免、难以预见,但其可以在下次遇到的时候协调统一地应对、充分利用资源,以便于让教育系统内主体有更好的适应能力。

为提升主体对环境适应能力的合理精准施策与外部回应,需要从多个方面共同进行。首先,应研判重大突发事件导致的风险对承受主体造成的影响。教育风险治理主体应当对风险承受主体进行跟踪性地访谈或问卷调查,以便于将其不良影响降到最低,并为精准施策提供依据。其次,依据调研结果和溯源出外部诱变量的影响路径与作用程度,对新介入的资源进行合理配置与充分利用。此处需要注意将新资源放置到合理、急需的环节中,已经有替代性补偿的系统中可以暂缓。最后,在教育系统达成近平衡态后,加强对此类重大事件诱发风险治理的经验探讨与学术研究。这主要是对先前资源使用与代偿的情况进行归纳整理,介绍风险治理过程中进行补偿的优质经验,并说明该风险治理中仍旧缺乏的资源,从而为更好地治理进行外部反馈。此外,在学校或教育主管行政部门等多个层面,确立突发风险的联防联控机制,并注重以后对教育内各个子系统进行信息互通、资源开发与漏洞填补等方面的全面摸排、实时监测与后勤保障,以期再次遇见时达成统一领导下的精准施策。

二 案例解读

(一)案例详述

案例:高校应对重大突发公共卫生事件的风险治理[①]

风险表征:2019年底突发的新型冠状肺炎疫情对我国各行各业正常生产与人们的生活秩序造成了巨大冲击。2020年1月27日,教育部

---

① 彭召波、倪娟:《高校应对重大突发公共卫生事件的实践和经验——以江苏省为例》,《中国高校科技》2020年第5期。

发出通知，要求各地大中小学校推迟春季开学时间，具体开学时间等待各地教育行政部门的通知，并于1月29日发出倡议：利用网络平台，展开"停课不停学"。对于高校而言，开学时间的延迟，各种招生就业考试延迟的消息层出不穷。疫情之下对高校教育系统造成众多风险，以下就以应届毕业生的就业风险予以说明：疫情影响下高校最大的风险就在于毕业生就业难，影响社会稳定和谐。2020年应届高校毕业生有874万，一方面由于疫情影响很多行业萎缩，缩减了大量员工招工计划，另一方面春招的延迟与网络招聘导致线下面不了试，线上面试很难了解公司需求，毕业生无法面对面与公司交流，录用结果也总是失败。此外，还有部分应届毕业生秋招期间拿到了录用但不满意，还想再挑一挑，结果万万没有想到此次连一个保底的录用都没有。

风险危害：新冠肺炎疫情造成了部分高校学生难以就业的表象，但实际上也致使很多学生出现了心理方面的问题，如过度关注疫情内容，注意力涣散、不能集中精力做其他事情，引起的认知困惑；受后真相环境下虚假新闻和舆论引导影响情绪波动较大，以负性情绪为主，如恐惧、焦虑、抑郁、孤独、愤怒、绝望、歧视等。相关抽样调查显示，33.61%的学生有焦虑情绪、31.97%的学生有抑郁情绪、13.93%的学生压力过大[1]。此外，部分学生还存在行为异常，如反复消毒、洗手、量体温等强迫行为或者过量烟酒、孤僻疏离、过分依恋网络等不良适应行为，甚至部分学生产生了自杀的行为倾向。这对于学生未来的健康发展、未来人才的积极储备与国家社会的长治久安都带来了众多潜在风险。

风险成因：新冠肺炎疫情这一突发重大、公共卫生事件的产生是对我国应急治理体系和治理能力有效性的一项挑战，其作为一种外源性因素给教育系统也带来了一些风险。全国各地高校在这一冲击下，正常的高校教学、招生就业秩序被打破，该"黑天鹅事件"导致了学校教学进度受影响、应届毕业生的就业难、学生心理问题出现、网络谣言渗透学生群体影响社会稳定等一系列风险。以上风险的成因确实是外源性的

---

[1] 任翰林、李翠、张青：《新冠肺炎疫情下大学生心理健康状况及防控策略的有效性》，《心理月刊》2020年第17期。

疫情原因，但其背后却反映出学生、教师与学校等一系列应对主体的风险适应能力薄弱。详细说来，首先是新冠肺炎疫情带来的巨大威胁和潜在隐患，高校生极易由此产生的不安全感和不确定性引发了心理异常；其次是高校生对公共卫生突发事件的认知有失偏颇，主要是部分大学生的医学知识储备不足，听信网络谣言等极易出现心理波动甚至过激行为；最后，由于社会竞争压力大、就业岗位的减少、家庭和学校对高校生的期望却并未减少导致学生产生各种问题。在重大疫情中，他们的日常外部环境秩序被打破，个体认知能力、心理素质受到挑战，认知特性、社会适应性和心理个性受到影响，如无法适应社会大环境而引起自身心理问题等。此外，还可能是由于现代教育技术、网络通信技术的使用尚未熟练掌握，难以跟上教学进度与自己的学习计划所致。

风险治理：加强统一领导：高校坚决贯彻落实党中央决策部署，按照教育部和省市系列防控部署要求，着力落实疫情防控工作，将其作为首要工作，加强统一领导，时刻谨记师生生命安全，科学推进并落实防控举措。如东南大学迅速成立由党委书记、校长任组长的疫情防控暨应急处置工作领导小组并下设多个工作组，先后下发《东南大学应对新型冠状病毒感染肺炎疫情工作方案》《关于贯彻落实教育部视频会议精神加强教职工疫情防控工作的通知》等多份文件通知，多次召开专门会议研究部署学校疫情防控工作，细化实施方案，周密统筹安排；严格实行领导带班、一线指挥，做好值班应急处置、记录和交接工作，建立起党委书记、校长和分管校领导、各二级单位主要负责人、执勤岗位人员的联防联控责任体系；编发《疫情防控期间学校工作动态》，及时通报并协调处理相关工作。

科学施策、防控结合：根据江苏省新冠肺炎疫情防控工作领导小组的统一部署和省教育厅、省卫生健康委组织专家编写的《江苏省学校防控指导手册》的规范要求，江苏各高校迅速研究制订新冠肺炎疫情防控工作实施方案，以及留校、提前返校、开学进校、教学、餐饮、防控、宿舍、环境卫生、隔离观察等疫情防控系列预案，将防控工作落实到各个部门、具体到每个环节、压实到个人肩头。如南京医科大学专门研制的《新型冠状病毒肺炎防控期间师生返校工作方案》精确把握学校"开学前、开学时、开学后、疫情突发时"四个关键时间节点，精准锁定"本科生、研究生、国际学生和港澳台学生、教职工"四类重点人群，围绕"信息摸排、健康监测、校园管控、物资保障、隔离观察、日常教学、宣传引导、环境整治"八个重点方向，建立一套科学规范、易于操作的标准体系。[1]

大力科普宣传：高校利用微博、微信、抖音、快手等新媒体矩阵，向学生大众普及疫情相关知识以及心理疏导相关内容，并树立了一批疫情防控期间表现突出的先进典型，帮助师生了解疫情相关知识，保持身心健康，引导师生服务贡献社会。苏州卫生职业技术学院作为医药卫生类院校，主动参与疫情群防群控，充分利用微信、QQ 等平台，科普新冠肺炎相关知识，并引导师生和家长相信科学，以正确的态度和方式面对新冠疫情，不轻信谣言；微信公众号推送《权威发布！新型冠状病毒肺炎最新疫情》《新型冠状病毒肺炎知识及就医流程篇》《携手战"疫"，致苏卫人的一封信》等 20 余篇。南京医科大学高度重视健康教育和科普宣传，努力发挥好健康教育思想库、智囊团作用。中国工程院院士、校长沈洪兵教授领衔编写了《新型冠状病毒感染的肺炎及相关呼吸道传染病防治知识 130 问》，针对公众关注的新冠病毒"怎么防、怎么治、怎么管、怎么帮"，向大众普及防治知识，被百姓称为"战疫宝典"；2 月 1 日，"战疫宝典"的科普电子书《新冠肺炎防治知识 130 问》在网络发布，推出当天的阅读量就达到 6 万余人次。

突出在线教学：自江苏省新冠肺炎疫情防控工作领导小组学校防控组，印发关于做好 2020 年春季学期延期开学期间在线教学工作的指导意见以来，全省所有高校开展了形式多样的在线教学，稳步扩大覆盖面，不断丰富在线教学内容，提高在线教学实效，确保在线教学质量，努力实现在线教学覆盖所有的专业、所有的班级、所有的学生。江苏省教育厅协调性能可靠、资源丰富、业内口碑好的教学平台免费开放汇聚 160 个国家级职业教育专业教学资源库、13228 门课程、电子图书等数字资源 400 多万条、在线试题 200 余万道等优质资源，覆盖高校全部公共基础课程和 80% 以上的专业核心课程。在满足课程开足开齐的基础

---

[1] 张思玮：《一本"口袋书"中的高校复学"锦囊"——专访〈高等学校新型冠状病毒肺炎防控指南〉主编陈翔、胡志斌》，《中国科学报》2020 年 3 月 17 日第 7 版。

上，省内高校还以多元方式做好线上教学"不掉线"的保障工作。学校领导在线巡课。如南通大学校领导在开学第一天通过屏幕实施监测学校当天课程的相关数据和动态，并随机抽取课程进行在线观摩，了解其课程实施及内容规划等。举办线上开学开班仪式。各高校借助网络平台，联结各地学子，开展线上开学、开班仪式，增强在线教学的"仪式感"。培训提升在线教学技能。各高校克服重重困难，通过教学平台、分发手册等方式开展教师培训，提升其在线教学技能。

注重就业指导：面对特殊的就业形势，江苏高校普遍确定全员参与、全程指导、全方位拓展、全面覆盖的就业指导工作思路。如江苏食品药品职业技术学院通过大数据分类管理、线上信息同频共振、校企合作共同发力、一对一就业经纪人等举措，打出了一套就业指导组合拳，精准帮扶学生就业工作。学校毕业生通过线上线下招聘会达成就业意向的约占60%，订单班培养签订就业协议的约占15%，自主创业的占3%，进一步深造的占22%。学校每年都会对就业大数据进行调查统计，这次疫情突袭，学校就业创业指导中心掌握的这些大数据在学生就业工作中发挥了大作用；在数据系统助力下，针对不同就业类型毕业生进行分类指导和个性化定制服务，为毕业生送政策、送指导、送信息。学校通过校企共建的大学生职业测评与规划平台，充分了解每一位毕业生的不同情况，进行智能化供需匹配；专职就业导师开展一对一学生就业精准辅导；积极开展线上宣讲、网络招聘活动，推动线上面试、签约和就业手续的办理，打通毕业生与用人单位之间的"最后一公里"。

（二）案例分析

此类案例中的做法很多看似杂乱无章，却构成了一个系统完善的整体。其治理过程大抵遵循了分析外部诱变量，溯源其造成相关影响，并针对教育系统自身需要提高外部诱因的适应性，进行替代性补偿与精准施策。应对此类极少可能发生的"黑天鹅事件"诱发的教育风险，可以发现各所高校的应对措施各不相同，但归纳整理后可以发现其均是在应对外来风险，进行各类资源开发进行替代性补偿。如大数据的辅助就业、校企合作平台深化、线上课程的丰富多样，均是在能够开发的资源中进行充分利用，用以弥补原有平衡态中的各类线下资源利用，从而达成系统融化熵流的基本目的。而案例中科普宣传的加强、科学施策的防控结合，则是针对溯源后的关键点，进行了合理的精准施策与外部回应。这一系列的做法便于在下次遇到此类外源性风险的时候协调统一地应对、充分利用资源，以便于让教育系统内主体有更好的适应能力。

三　保障策略
（一）溯源推演的科学完善

从上文的表述中不难发现，溯源模式在处理外源性"黑天鹅事件"风险时，一直进行着外部难以预测事件与现实危机样态中的演化对接。该推理论证的对接过程既存在着从现实危机（异化）样态向外部诱因的正向溯源推演，也包含了由外部诱变量向教育中各个子系统呈现出现实样态的逆向溯源推演。只有整个溯源推演过程完成了，才便于了解外源性教育风险演化的详细过程，进而对精准施策治理提供依据。例如，上文的江苏省高校应对新冠肺炎疫情的风险时，也大抵采用了现实样态与疫情变量间的推演溯源过程，并基于此明确了后续治理的有关措施。由此可见，提升风险治理主体的溯源推理能力，使溯源推演过程变得更为科学系统是溯源模式有效治理教育风险的关键所在。详细说来，这一方面需要让教育风险主体进行深入的数据调研、走访观察等搜集到实证且丰富的相关证据。该措施既可以为溯源提供证据基础，也能够明确当下受外部因素影响程度最为明显的内部变量；另一方面应当给予教育风险治理主体进行推理论证的基本范式培训，让其明确溯源过程需要的证据、推理与主张三个基本要素，并采用相关历时态的外源性案例对他们进行实战训练。此外，当溯源推演过程完成后可以借助于教育风险智库的建设，引进多元化、经验丰富的专家帮助其修正，进而得出准确且全面的溯源推演过程。

（二）资源信息的把控谋划

外部诱变量引发的教育风险大多是由教育系统内部无法快速更新迭代、适应所致，且这一状态在现实中大多表现为因应新变化的资源缺失，需要进行代偿。然而，不管是相关资源缺失的发现，还是现有资源进行替代性补偿的充分开发均离不开风险治理主体对资源信息的把控谋划。正如上文所述案例中，各个高校的风险应急与管理部门都进行了充分的资源开发，有采用大数据进行就业信息弥补、供给的，有充分使用线上系统、短视频等进行教学与科普宣传的。这均依赖于教育风险应对主体对资源信息的整体把控、科学谋划，才为风险治理达成近平衡态、将影响降至最低提供了可能。详细说来，资源信息的把控谋划首先需要风险治理主体在日常的教育工作就能够对现有资源和外部可利用的资源了然于心，可见采用溯源模式治理教育风险应将治理主体明确为对本区域内资源信息的掌握比较全面的。其次，在风险治理的过程中需要进行充分的资源调查，用于明确已掌握资源的可使用程度、外围资源的可开发利用程度与因应风险是否匹配，即能否利用其进行替代性补偿。最后，加强风险治理主体的资源信息谋划能力培训，一方面采用优秀治理案例宣讲、现场专家介入督导等形式进行培训，另一方面按照风险原生性、衍生性与再生性的资源开发程度，进行相关案例的解读与填充，汇编开发资源进行风险治理代偿的实施手册，便于其在操作中使用。

（三）评估反馈的持续深耕

如同上文在模式详述中所表明的，溯源模式在后期仍需要回到外部诱变量的源头上，一方面看其需要检视外部诱变量是否持续存在，另一方面需要明确该诱变量是否存在改变的可能。此外，溯源模式在初步治理教育风险后还需要关注平衡态对教育系统变革带来了哪些更为深远的意义，外部诱变量过后系统已经达成的近平衡态是否应该持续。以上种种问题的解决依赖于风险治理中评估反馈的持续深耕，一方面需要评估外部诱变量持续的时长，从而便于对资源进行合理分配与开发，另一方面还需要评估诱变量改变后的影响范围与程度，这需要在外部诱因改变前就做好评估，并给上级部门做出反馈，从而做到"防变量"。以上种种评估反馈不仅应当让治理主体填写外部影响风险产生的评估表，并按照风险持续的事件完成经常性评估与上级部门反馈，从而便于后续治理中策略的调整，谨防风险的范围进一步扩大；还应让主管部门组织相关人员或专家进行风险评估的整理提炼与学术研究，从而完成对该类风险治理的前瞻性思考，即外部诱变量过后系统已经达成的近平衡态是否应该持续，进而将风险爆发的危机由"危险"转化为变革的"机遇"。

第五节　复杂性教育风险治理的融合模式

除上述教育风险的解决外，教育系统中还会发生一些内外关联型的复杂性的风险。此类风险由于其成因兼有内生与外源，且影响的范围广泛、难以治理。因此，在治理此类教育风险的过程中，应当整合、融化与创造性使用上述三种模式，并注重风险信息的获取与更新、治理方案的及时推进等。基于此，研究者结合相关案例，分析、提炼出该类教育风险治理的"融合模式"，以期为综合复杂性教育风险的治理提供科学有效的方向指引。

一　模式详述

（一）多种渠道、立体式的风险信息跟进

融合模式作为上述两种或三种模式的共同使用，其在具体的风险治理过程中并不是随意使用，而需要模式间良好的交互。由于融合模式治理的教育风险具有非首发性、成因既有内生也包含外源等多种特性，因此其在治理过程中尤其需要注意风险信息的搜寻、整理与更新。换言之，复杂性教育风险更易受到各方面、多渠道的影响，具有更强的不可操控性，因而需要在过程中进行多渠道、立体式的风险跟进。跟进过程需要在强力且统一的领导下进行，注重采用新闻报道、访谈编码与数据调研等多种方式全方位地揭示教育微系统、中系统、外系统与宏观系统内部的作用，以及系统间的非线性作用关系。如果风险信息跟进做得不够及时、彻底或全面，那么风险治理主体就可能无法对三种模式中具体措施进行有效筛选与整合，可能会面临风险治理后再次爆发的情况。

风险信息的跟进包括了风险案例库中类似治理案例的查询与析出、内生性漏洞的排查与检视以及外源性突发事件诱发系统突变的逆向溯源等多个方面。该跟进过程可以将发生的综合性风险化解为各类风险，并针对各类风险采用风险信息记录表完成信息跟进。其应当包括风险编号、具体表征描述、危害等级、具体成因、记录责任人、类似案例与治理措施，从而确保搜集的信息尽可能详尽、完整，并把责任落实到人。可见，采用融合模式治理复杂性的教育风险需要投入多方面的人力、物力与智力支持。在各个分解后的风险完成全部填写后，需要将相关信息采用多重渠道、立体化的方式进行整理，进而绘制出该风险的整体图景。该教育风险生成图景的绘制过程中，需要将记录表各方面的信息整理汇总后，由智库或专业人士进行全方位的审视后作出研判。智库人员构成应当尽可能多元化，详尽考虑风险治理的复杂性、"牵一发而动全身"，力图还原真实且详细的风险生成过程。同时，治理主体应依据已经寻找到的信息，把握风险治理的底线思维进行风险应急管理，为各种模式中有效策略的析出与融合治理提供时间保障。

（二）多种模式的策略比较、优化与融合

当教育风险生成的历时态与现状的共时态图景已经被勾勒出来后，如何将治理各类方式整合为有效的治理体系则成了关键所在。此时需要将发生的教育风险按照三种治理模式进行完整的推演，得出相关的策略。然而，三种模式治理教育风险得出的措施之间或多或少存在着一些重复交叉，此时多种治理模式下策略的比较、优化与融合就体现得尤为重要。不同模式应对教育风险得出的多种治理策略既可能存在多个策略解决一个成因，也可能存在多个策略治理的均是教育系统中某一方面。因此，根据上述风险信息跟进得到的风险图景，将三种模式得出的全部策略锚定到各个子系统与成因中体现得尤为重要。当多种异质性的策略同时存在于该风险发生的某一个方面时，就需要比较不同风险治理策略的优劣势，生成最优化的方案，从而构成融多个治理模式于一体的精准、完备的治理体系。

具体而言，首先完成嫁接模式治理中的风险本质相似性分析，然后选择出较为合适的备用策略填充在风险信息绘制成的图景中；其次，按照靶向模式或溯源模式的步骤，寻找到教育系统内部的漏洞填充、外部诱变的替代性补偿等预设策略，同样放置于整个风险的图景中。再次，针对教育风险图景中某一方面集中了多个治理策略之处，征询专家意见对策略间进行横向的比较分析，分析响应风险成因的针对性、治理的科学性与实践可操作性等多个指标进行评估，从而筛选出最优化的措施。值得注意的是，此处的最优化策略并不是十分完满的策略，而是寻找到现有智慧下便于操作，且达成有效治理的性价比最优策略。最后，将筛选出的全部策略件构成一个完整的治理体系，进行风险治理的预演并调整。该步骤中可以生成2—3套治理体系，从而在综合复杂性教育风险的治理过程中保留备用方案，以便治理主体进行合理选择或根据当下的治理成效进行相关策略的瞬时补充。

（三）赋能与功能的双向交互、整体推进

在治理措施的整个体系已经架构完善后，教育风险治理主体就在实际治理过程中进行统一领导与合理应对，完成赋能与功能的双向交互、整体推进。教育风险治理的组织架构一定呈现赋能与功能型相结合的组织架构，赋能机构是"梁"，强调风险治理中的宏观把控与赋权增能，功能机构是"柱"，强调风险治理中的措施质性与及时调整[1]。只有二者达成了双向交互，才能够在统一领导与细节调整下做到教育风险治理的整体推进。不同于前几种模式较为递进式的治理逻辑和单一的治理主体，"融合模式"应对的是综合性、复杂性的教育风险治理，其风险治理的环节较多，面向群体不同，且易受到多方干预与影响，此时治理过程中如不注意加强统一领导，并激活相关治理主体的积极配合与自主调适，就难以做到融合模式风险治理的分级负责、整体推进。

详细说来，应该在制度上理顺、明确赋能机构与功能机构的职责关系，充分发挥二者积极性。首先，一方面要在明确整体顶层设计的基础上，进行合理规划布局，将得出的最优化治理方案统筹协调、整体推进，督促落实等方面的职责；另一方面，要给予治理主体备用方案，以及一定的调适、创生治理策略的权利，以便于其依据自身的治理智慧发挥主观能动性，也更好地发挥整体的指导协调作用。其次，风险治理的整个领导小组要将教育风险治理的各个环节进行责任分配，按照"分级负责、以专业领域管理为主"的原则进行分配，并进行及时的督导与管理，从而给予更为专业科学的建议。最后，各个风险治理主体还需要对上一步骤得出方案进行治理过程中的成效与问题及时反馈，并作出自身可能的治理建议或行为。总之，在赋能与功能双向交互、整体推进不断

---

[1] 李季：《健全国家应急管理体系 防范化解重大风险》，《行政管理改革》2020年第3期。

融合的治理模式下，才能够较为系统、全面地防范化解此类综合复杂性风险。

二 案例解读

（一）案例详述

案例：校园欺凌风险系列案例及其综合化治理

风险表征：校园欺凌（School bullying）指在校园内外学生间一方（个体或群体）单次或多次蓄意或恶意通过肢体、语言及网络等手段实施欺负、侮辱，造成另一方（个体或群体）身体和心理伤害、财产损失或精神损害等的事件[①]。校园欺凌事件并非最近才频繁涌现，只是近年随着网络的普及化而越来越多地进入公众视野中。根据2014年至2015年媒体曝光的43起校园欺凌事件来看，从小学到高中均有发生，其中小学生的占25%，初中生的占42.5%，高中生的占32.5%[②]。而相关研究者在2016年对全国29个县的104825名中小学生进行抽样调查发现，学生欺凌发生率为33.36%，其中经常被欺凌的比例为4.7%，偶尔被欺凌的比例为28.66%[③]。此类事件的发生不仅给学生、家长，乃至教师的身心健康造成危害，还可能造成触碰法律风险、社会舆情危机等，下文仅用两个案例予以说明：

案例一：19岁的女孩付明明（化名）戴着冰冷的手铐站在法庭中央静静地等候宣判，这个看似柔弱的女孩，半年前在学校却是个"女霸王"。她为人性格直爽、仗义，总是为朋友两肋插刀，打架非要打赢才肯罢休，从小就是"圈子"里的"大姐大"。刚刚进入大学，被分到523宿舍的她要求室友要以"付姐"与她相称，而同学中有人与她的意愿不一致，便会恐吓该同学，并宣称要找人收拾。她在大学期间行为我

[①] 沈祖仁、张勇、王姣：《90后群体校园欺凌行为的特征、原因及其影响的横断面研究》，《现代中小学教育》2020年第9期。

[②] 李芳霞：《校园欺凌行为状况调查及干预策略研究》，《宁夏社会科学》2017年第3期。

[③] 姚建龙：《防治学生欺凌的中国路径：对近期治理校园欺凌政策之评析》，《中国青年社会科学》2017年第1期。

行我素，经常闲聊生事、教训同学出气，并对同学下手狠毒，曾经教训同学时按住脑袋磕头、鞋跟碾手、垃圾桶扣头上、讹诈财务等①。

案例二：12月8日深夜，一篇名为《每对母子都是生死之交，我要陪他向校园霸凌说NO!》的文章在微信朋友圈等平台流传，撰文者以自述的方式讲述了年仅10岁的儿子在北京市海淀区某小学所遭遇的欺凌事件。文章中，儿子在学校的某男厕所里被同学欺负，把厕所里含有尿液和脏纸巾的垃圾桶倒扣在儿子的头上；儿子一时情绪波动较大，被诊断为"急性应激反应"。而在该家长与学校和涉事同学的家长交涉的过程中，学校的对此事的态度为"过分的玩笑"，并劝阻家长放弃"处理惩戒施暴孩子""让施暴者的家长道歉"等相关诉求②。随着公众对事件的讨论和发展，网上又传来相反声音，有网友爆料是所谓被欺凌的孩子，是家长通过关系将孩子硬塞进学校并且要求学校多加照顾，但到了四年级班里换了老教师不吃那套，这孩子有落差，家长就要求换班主任学校不干就结了梁子。这次的事儿是孩子上厕所小便不小心尿到了那个扔纸篓的孩子身上，所以那个孩子生气才把纸篓扔他身上，家长借题发挥而已。事后两个孩子和家长都道歉了，但是这孩子家长找到教委给学校施压要求全校开大会批评那俩孩子，学校不予同意，于是就有了这篇文章。12月10日中午，中关村二小对此事作出回应：本着保护好每一位未成年孩子的合法权益，特别是事件中提到的受伤害的未成年人原则，学校还将持续努力，力争达到多方认可的结果。针对近期网络上出现的关于我校以及相关事件的不实言论，将保留通过法律途径追究相关主体责任的权利③。

风险危害：校园欺凌风险带来的首要风险是对学生身心健康发展权利的侵犯，其包括欺凌者与被欺凌者两个方面的危害。对于欺凌者而言，不仅造成他人身心受到伤害，同时对自己的学业和生活也会带来严

---

① 黄晓宇：《校园女霸王殴打同学宿舍称霸被抓时神情傲慢》，https：//news.163.com/16/1128/01/C6U2T37D000187VI.html，2016-11-28，2020-11-21。

② 新浪司法：《京中关村二小"霸凌事件"》，http：//news.sina.com.cn/sf/zhuanti/2016/zgcexxybl.html，2016-12-08，2020-11-23。

③ 新浪司法：《北京中关村二小"霸凌事件"》，http：//news.sina.com.cn/sf/zhuanti/2016/zgcexxybl.html，2016-12-08，2020-11-23。

重的影响，如学业上难以继续维持，财力上要做出补偿性支出等。此外，欺凌者的凌辱、施暴行为极易受到社会（家长、学校、社区等）的鄙夷，在此种社会认同感缺失的情况下，进一步发展会增加其犯罪的可能，造成社会更大的安全风险。对于被欺凌者而言，不仅要忍受身体上出现的伤残，还要克服此事带来的自卑、懦弱等心理问题，给被欺凌者的生活带来严重影响。被欺凌者与其余正常儿童相比，往往具有较低的自我认知或自我效能感。尤其在长期遭受同伴的羞辱又无力自卫时，他们极易产生对现实世界的不信任，进而引发其人际交往障碍、辍学或厌世行为等。除此以外，任何校园欺凌事件或大或小，都会分散教师与行政管理人员的精力，扰乱学校正常的教学活动，诱发不良后果。而校园欺凌事件的扩散与发酵往往会引起更具危害的连锁反应，首先其会引发学生家长恐慌，进而影响家长工作、生活；其次，其极易导致家长对学校不满，影响校园声誉，导致某些学校的信任危机；最后，随着事情的进一步扩散会致使社会公众反应强烈，极大地降低教师的整体社会评价，引发某地区教育系统内部的洗牌。若不加以及时治理，该风险轻则导致不良社会风险的产生，不利于社会主义核心价值观的践行，重则可能衍生出社会治安动荡等更大层面的危害。

风险成因：校园欺凌作为一种攻击行为，对于个体来说具有稳定的特质，这实则与生物学基因表达与激素水平调控等特性密切相关。托马斯于1956年研究提出了三种气质类型的婴幼儿，即易适应环境的孩子、难适应环境的孩子和慢适应环境的孩子。相关研究发现，难适应、慢适应气质的婴儿易哭闹、生活没有规律、易紧张、不易安抚，该特质处于稳定状态，使儿童期更易表现出攻击行为[1]。除开生物学本体的影响因素外，学校作为学生社会化行为养成的主要场所，也是绝大多数校园欺凌事件发生的场所，其中校园文化、师生关系、班级氛围、伙伴关系与学业成绩等都会影响校园欺凌行为的发生。相关研究表明良好的班级氛围、融洽互助的同学关系可以降低欺凌行为的发生率[2]；教师积极主动

---

[1] 周念丽：《学前儿童发展心理学》，华东师范大学出版社2014年版，第98—99页。
[2] 李芳霞：《校园欺凌行为状况调查及干预策略研究》，《宁夏社会科学》2017年第3期。

应对欺凌事件，时刻关注学生的学习和生活也会降低校园欺凌产生。此外，家庭作为学生个体发展中的重要社会支持环境，家庭环境以及教养方式可能会影响孩子在校的"欺凌行为"，如果家长在家庭中对孩子的温暖较少，经常以负面情绪面对孩子，对孩子出现的攻击性行为放任不管，或者是在教育中采用专制型的教养方式，会导致孩子更多地参与到欺凌事件中[1]；相反，在一些过高家庭亲密度的家庭中，孩子过多地依赖和自己父母的关系，缺少和同龄人的交流和玩耍，则容易成为被孤立与被欺凌的对象[2]。

除教育系统内部的内源性因素外，社会环境、地域文化、大众传媒等外部因素也可能诱发校园欺凌的风险。随着社会的发展，多元化的价值观正在冲击着缺乏是非判断能力的少年儿童，社会中出现的漠视弱者、奉承强者的现象，会助长学生欺凌行为的发生。正如相关学者所述："学校通常是周边邻里环境和社会环境的反映"[3]，如果社会环境包含自由、平等、支持、亲密、安全、认同感等元素，就能减少校园欺凌现象的发生。其中，大众媒体对青少年成长起着"涵化"作用，青少年时期的学生具有很强的模仿能力，但尚未具备一定的辨别能力，网络中的暴力、血腥游戏不加以筛选将会导致青少年无意识的模仿，从而增加了校园欺凌事件的发生概率[4]。

风险治理：美国心理学家布朗芬·布伦纳提出了社会生态系统理论，他认为，人类生活的环境由若干相互联系、相互作用的系统组成。根据上述的成因分析等方面不难发现，校园欺凌事件的形成受到个体、家庭、学校、社会等多个层面教育系统的相互影响和干预。从教育生态系统的角度提出风险治理中各个系统的基本措施，在学生个体层面，从

---

[1] Whelan Y M, Kretschmer T, Barker E D. MAOA," Early Experiences of Harsh Parenting, Irritable Opposition, and Bullying – Victimization: A Moderated Indirect – Effects Analysis", *Merrill – Palmer Quarterly: Journal of Developmental Psychology*, Vol. 60, No. 2, 2014, pp. 217 – 237.

[2] Olweus Dan, "Familial and Temperamental Determinants of Aggressive Behavior in Adolescent boys: A Causal Analysis", *Developmental Psychology*, Vol. 16, No. 6, 1980, pp. 644 – 660.

[3] 吴桂翎、辛涛：《校园暴力研究的回顾与前瞻》，《中国特殊教育》2009 年第 6 期。

[4] 李芳霞：《校园欺凌行为状况调查及干预策略研究》，《宁夏社会科学》2017 年第 3 期。

综合素养的提升入手,使学生客观理智的应对欺凌事件。当冲突事件发生时,学生能够合理控制自己的情绪,客观理智的应对;能够从多角度分析看待问题,通过沟通等友好的方式解决。当遇到力量悬殊的欺凌时要学会自我保护,通过机智策略摆脱困境。当别人或自己面临或经历欺凌时,要在第一时间和家长、老师沟通。学生通过自我保护等方式来免于和减少欺凌事件的发生。

在学校层面应该从以下方面努力:一是成立校园欺凌干预援助的专门机构,建立早期预防—及时发现—积极处理欺凌事件的干预系统;二是提高教师对每位学生的关注度,充分认识到欺凌的危害性,并采取手段来预防与干预;三是加强对学校关键地点的巡查,如教室、操场、厕所及上学放学时段的重点路段等,减少欺凌发生;四是通过开设人际交往课、情商提升教育、生命教育等课程,提高学生人文素养;五是建立学校心理辅导中心,以筛查和干预的方式来减少或杜绝校园欺凌的发生,并通过心理疏导的方式给予受欺凌者相应的援助,使其重拾自信、并建立正确的认知。在家庭层面应首先建立良好的亲子关系,通过父母的情感支持,让孩子感受到父母支持和关爱,获得安全感,并产生面对问题的勇气;其次应做到当子女遭受欺凌,要冷静分析情况,与学校密切联系并主动配合其做好相关调查、处理工作,不可情绪用事,无理取闹。面对欺凌要换位思考,敢于承担责任,理性交换意见。再次,尽量争取欺凌事件的线下实质性解决,当维权遇到困难,应该理性思考,沉着应对,谨慎使用网络发声,不可情绪化使用现代媒体,以避免事态扩大给相关人员带来次生伤害。最后,对孩子多一点关爱,加强规则意识的教育培养孩子健康的人格,才能建立良好的社会秩序[1]。

由于外部社会媒体是影响校园欺凌舆情的重要力量,因此在社会层面媒体应引导社会监督、政府加大司法监管力度。电视和网络暴力会增加欺凌行为的发生率,对儿童攻击性的影响主要涉及观察学习中的间接强化、认知的改变和敏感性的降低。[2] 因此要为儿童创设良好的网络环

---

[1] 宋雁慧:《网络时代女生暴力的理论分析》,《中国青年研究》2016年第1期。
[2] 李芳霞:《校园欺凌行为状况调查及干预策略研究》,《宁夏社会科学》2017年第3期。

境，一定要加强对大众传媒的监管、审核力度。同时，从作品创作的源头倡导输出适合于儿童发展的作品，既满足儿童的需要也能够为儿童的发展树立正确的导向；家长也要从影视作品的筛选环节监督引导儿童观看有益于成长的节目。此外，根据儿童发育发展规律和社会发展需要，政府应及时修订未成年人保护法和反家庭暴力法，以法律的强制性来加大校园欺凌和家庭暴力司法干预力度，切实保护未成年人。

（二）案例分析

1. 内生性与外源性的诱因系统控制

以上的校园欺凌风险治理时采用了大量的策略，其中既有针对内源性漏洞的靶向治理，也包含了外源性变量的溯源控制。比如，在教育系统内部对学生个体成长要注重自我防护与遇到问题的及时反馈，对家庭教育方面建立良好的亲子关系、人格特质合理引导、不要通过网络随意发布信息，对于学校教育则采用了关注校园欺凌事件、重点区域预防、相关课程设置、校园欺凌事件突发处置站建立等措施；因应外部诱变量，在社会层面则通过健全立法、加大社会传媒的监管、通过良好的影视作品等予以警示。这些做法的得出看似简单，实则融合了教育风险治理的靶向模式与溯源模式，并且都是在一步步实践中寻求本土地域的改变而生成的。详细说来，该治理方案中采用靶向模式识别系统内部的漏洞，采用学校加强心理健康教育、强化学校日常管理与应急补救、定期开展排查等多种方式来进行定向打靶治理；在溯源外部诱变量时，其构建了内部的心理健康代偿机制，并努力消除外部变量的影响，如在2017年12月，由教育部、中央综治办等十一个部门联合印发《加强中小学生欺凌综合治理方案》，为外部良好社会环境建立作出了指导意见，而易烊千玺主演电影《少年的你》上映收获广泛关注等具体做法，将外部变量的影响降到最低。

2. 域外经验与本土实践相结合

以上的校园欺凌风险治理方式看似是基于本土成因的合理施策，实则也参考与借鉴了部分外域的校园欺凌风险治理经验。校园欺凌风险治理的相关学者在前期进行了大量的引进与译介，为该风险治理融合嫁接模式奠定了基础。如新西兰治理该风险主要采用设置预防性课程、举办反欺凌主题活动、塑造和谐民主的校园文化等[①]；爱尔兰则采用保护易受害儿童、开设预防课程、创建反欺凌信息网站等；英国在治理该风险时采用预防与应急处理并重的方式，一方面设立专门机构——教育标准局负责监督校园欺凌问题，学校要培养学生群体认同感以有效地避免校园欺凌事件发生，另一方面从应急管理风险角度进行事件本身的处置与安置受害学生[②]。当下我国各地域与各层级治理主体在治理该风险时，均或多或少进行了参考。还有不少治理人员在我国前期发生过的校园欺凌风险治理案例中探寻了相关经验，并进行了本土化的转化，如以中关村二小事件为案例进行的舆情风险处理等[③]。总而言之，该风险治理中充分融合了风险治理的嫁接模式、靶向模式与溯源模式，并在各类策略中进行了详细地选择、组合与调适，才最终形成了当下我国各地域、各层级校园欺凌风险治理的较为有效的局面。

三 保障策略

（一）治理心态的缓急并进

由于融合模式治理的教育风险较为复杂，且影响因素相互嵌套，因此在治理过程中往往不能一蹴而就。可见，不同于其他三种治理模式，采用融合模式进行教育风险治理时需要一个关键保障，即缓急并进的治理心态。正如部分学者所述的治理应该在轻重之分和缓急之别的基础上协同推进[④]。如校园欺凌风险治理的案例中，影响社会稳定性舆情风险是重点，学生身心健康发展的风险是较为急切需要解决的。实际的教育风险治理中，时常出现因风险爆发的恶性事件导致治理压力较大、心态急躁的情况发生，进而导致了采用融合模式治理时的失效。心态的好坏通常决定了治理主体所处的状态，以及其治理的高度，良好的心态有

[①] 刘杨、李高峰：《新西兰中小学反欺凌行动探析》，《比较教育研究》2019年第10期。
[②] 高露、李彬：《英国中小学校园欺凌治理政策与实践路径》，《中国人民大学教育学刊》2019年第2期。
[③] 邹红军、柳海民：《校园欺凌中的网络舆情演化及其应对——基于"中关村二小校园欺凌事件"的个案研究》，《教育发展研究》2018年第12期。
[④] 刘祖云：《贫困梯度蜕变、梯度呈现与创新贫困治理——基于社会现代化视角的理论探讨与现实解读》，《武汉大学学报》（哲学社会科学版）2020年第4期。

助于教育风险治理时做到有的放矢。何以培养缓急并进的治理心态呢？具体而言，首先，需要在此类教育风险的分析中突出区分各个环节的轻重缓急，以便于治理主体做好自身的心理预设；其次，在风险治理过程中不要过多关注风险带来的负面影响，以免自身心态受外部影响变得较为急躁；最后，加强对风险治理人员的心理培训，采用团体辅导的形式，结合讲解教育风险治理中那些因心态急切导致治理效果不佳、时常反复的案例，给予治理主体良好的心态引导。

（二）应对组织的多元统一

融合模式将之前介绍的多种模式进行使用，需要按照三种模式的步骤进行操作，得出众多治理措施，众多措施筛选的有效性与操作的可落地性则需要多元统一的组织进行保障。多元统一的组织既可以保障得出的风险治理措施更为全面详尽、多样适切，也可以保证在统一而强力的领导下完成治理决策的筛选、推进与调适。正如上文校园欺凌的风险而言，不同背景的治理主体得出的策略各不相同，有爱尔兰、英国等国外经验的借鉴，有监管、法律等实际漏洞的弥补，还有舆情报道、文娱环境等外部因素的控制，在进行具体风险治理并防止风险再次发生时，需要统一领导的迅速且科学的判断。详细说来，教育风险治理应当首先设置多元化、合理化且管理层级分明的应对部门，一方面让各环节的风险问题能够得到有针对性的解决，另一方面能够在统一领导下更具治理的全局观念，避免"头痛医头、脚痛医脚"。其次，需要做到利险担当的权责分明，既需要给下属治理风险的各部门赋权增能，充分调动其治理的积极性，也应给各治理部门负责人按治理成效予以奖惩。最后，应当完善各治理主体之间的信息沟通与反馈渠道，其包含了治理部门与相关智库间、各治理部门间的沟通渠道，也包含各个治理主体部门与统一应对上级部门间的及时反馈、指令下发与信息交流。总之，采用融合模式进行复杂性教育风险治理时，应当做到在多元主体积极建言、协调治理基础上，发挥我国社会主义制度的统一战线优势。

（三）专业队伍的补充建设

无论是融合模式治理风险中需要完成的多种措施的比较、筛选与优化组合，还是风险治理初步完成后，根据初步成效的治理方案调整都依赖于建设风险治理的专业队伍。重大、复杂教育风险治理专业团队的补充建设,一方面可以帮助我们在遇到复杂性教育风险时所选择策略的研判、建议与仲裁,另一方面还可以为提升我国防范化解重大教育风险的能力,为推进教育治理体系和治理能力现代化作贡献。专业队伍的补充建设应做到如下几个方面,第一,寻找教育风险治理经验丰富的实践专家与充分掌握风险治理理论与原则的社会学、管理学等理论专家,并整理汇总专家库名单,形成专业队伍的现有梯队;第二,需要充分利用历时态教育风险案例库中案例,以备教育风险治理相关人员能够吸取经验,提升风险应对能力[1]。还可以用现时态教育风险治理培养人才,在治理过程中采用师徒结对的形式,为后续人才的培养与队伍的建设提供保障;第三,给予教育风险治理专业人员良好的工作环境,包括硬性设施、薪酬体系与奖励机制等,在物质与精神的双重激励下留住并吸引更多专业人才,从而促进教育风险治理队伍的完善。此外,还应当设置教育风险治理专业人员的考核标准,采用纸笔测验与模拟风险治理过程等方式,对相关专业人员进行年度考核与淘汰优化,从而促进专业队伍的更新建设。

---

[1] 倪娟、张雅慧、张楚然:《风险社会中教育治理能力的困境与突破》,《江苏高教》2020年第11期。

第七章

教育风险的治理体系

教育风险治理体系主要由体制、机制和法制三个方面构成，教育风险治理体系建设必须以先进的治理理念为指导，充分发挥每一治理主体的作用，切实做好教育风险的预警研判、决策评估、防控协同，强化每一治理主体的防控责任，切实防范和化解教育风险。

第一节 教育风险的治理理念

在教育风险治理时，应秉持过程思维、推进多元共治，提高战略思维、把握教育全局，增强历史思维、梳理教育脉络，提高辩证思维、理性看待问题，增强创新思维、创造性的分析和解决问题，增强法治思维、将风险治理置于法治框架，保持底线思维、从最坏处着眼争取最好结果，持续系统思维，加强多元主体间的沟通与协调，实现多元主体的整体联动，着力防范和化解重大教育风险。

一 教育风险治理的基本逻辑

教育风险同社会风险一样，具有广泛性、隐蔽性和累积性等特点，这就决定了教育风险的防控职责绝不是少数的教育行政或单位领导所能承担的，需要建立一个庞大、立体的风险防控网络，实现从风险管理向风险治理转变。风险管理是一种自上而下的刚性模式，存在着明确的主体（管理者）与客体（被管理者），管理者对被管理者的行为进行管理以实现风险管控。对于教育风险而言，所有的行为主体都是风险源，管理者也是风险源，采用通常的管理模式必然使部分风险源"逍遥网外"。风险治理强调多元主体的共同管理，包含自上而下、自下而上及横向流动多种模式，也就是所有的行为人既是治理主体，也是治理客体，从而形成群防群治的风险治理局面。

治理有四个特征：（1）治理是一个过程，强调治理的过程性；（2）治理过程的基础是协调，强调治理的协同性；（3）治理涉及公共部门和私人部门，突出治理主体的多元性；（4）治理是持续的互动，强调治理的主体交互性[①]。结合治理的基本特征，在教育风险治理时应把握以下四点：（1）教育风险治理是一个过程，这就说明教育风险治理的复杂性、长期性，是一场"持久战"，不可能"毕其功于一役"，不可能通过"运动战"、几场应急活动来消灭风险，应将教育风险治理融入日常的教育教学工作中，成为教育生活的一部分；（2）由风险管理转向风险治理，最核心的变化是治理主体多元化，每个主体既是风险的制造者也是风险的治理者，所有与教育相关的人都是教育风险治理的主体，让每个人都明确并分担相应的风险职责，承包好各自的风险"责任田"，将少数人的风险转变为所有人的风险，实现风险的自我管控；（3）在建章立制落实主体责任的同时，加强多元主体间的沟通与协调，使职、权、利、险有机统一，不再依靠大一统的规章制度、风险应急预案等"以不变应万变"，更多地采用调研式、查访式、摸排式等风险应对方式将静态的风险管理转变为动态的风险治理；（4）摒弃"一言堂"的领导"讲话"模式、任务布置模式，走向"对话式"的合作互动模式、相互监督模式，实现多元主体的整体联动。

教育自身发展与社会发展的不协调，教育改革成效的不显著，优质教育资源的严重稀缺，教育自身的要素、结构与其功能的动态变化，应对教育风险的经验能力不足等都是教育内部的风险源。我们迫切需要增强风险意识，建立健全教育风险防控各项制度，努力缓解教育领域存在的各种风险。从某种角度讲，教育风险的防范能力是完善教育治理体系及推进治理能力现代化的一个重要方面。

---

① 周大鸣、陈世明：《城市转型与社会治理》，《公共行政评论》2017年第5期。

二 教育风险治理的基本原则

近年来，教育风险呈现频发、群发态势，教育领域群体性事件不断出现，呈现出一些新特征、新趋势。习近平总书记总体国家安全观的基本思想同样应成为教育风险治理的基本原则。

（一）坚持战略思维

所谓战略思维就是对事关全局的、长远的、根本性的重大问题的思维，在教育风险治理中坚持战略思维就是要从全局、长远的、根本的视角来看待教育风险，谋划教育风险的防范和化解，而不是就事论事、头痛医头脚痛医脚，治标不治本。在教育领域把握战略思维的基本原则应做到以下几个方面。

1. 坚持用长远眼光前瞻性地看待教育风险

教育风险成因复杂、种类繁多，其中很多教育风险是改革过程、发展进程中的风险，是与教育改革发展紧密伴随的，改革本就意味着风险和挑战，本就是一种利益的调整。用长远眼光来看待教育风险就是要有"大处着眼、小处着手""立足当下、着眼未来"的战略眼光，不断增强工作的原则性、系统性、预见性、创造性，跳出眼前，从长远看眼前，把眼前需要与长远谋划统一起来①，在时间上对可能出现的风险要有预见和整体把握。

这种长远眼光其实就是一种预见性，这种预见性就是不断提高工作前瞻性和针对性，见问题于未萌，防隐患于未然，也即托马斯·莫尔所说"智者宁可防病于未然，不可治病于已发"②，任何一种教育教学改革如果没有全面的预见性，必然会处于极大的风险之中。比如，当下因区域教育布局调整而时有群体性事件发生，区域教育布局调整是教育改革发展的应然与必然，关键是在进行区域教育布局调整时，教育行政首先着眼的是不是百姓的利益，能不能让百姓公平地享受到优质的教育资源，有没有方便百姓上"家门口的好学校"，而不只是考虑区域经济的发展情况和人口的流动趋势，这种长远的眼光就是在方便百姓入学的前

---

① 《提高防范化解重大风险的思维能力》，《湖北日报》2019年2月16日。
② 王涵华、华石、倪平：《名人名言录》（第5版），上海人民出版社2009年版，第90页。

提下，着眼于区域教育资源的优化配置，做好区域各类学校的布局，避免因为区域教育资源短缺而引起入学难问题，也要避免因教育资源配置不均衡而引起人民群众的不满。

2. 坚持用全局眼光整体性地看待教育风险

教育是一个民生工程，而且是最大的民生工程，教育事业发展关乎经济社会发展全局，这就需要用全局的眼光系统而整体思考教育风险，"不谋全局者，不足以谋一域；不谋万世者，不足以谋一时"，对于教育领域的风险如果不从全局的角度考虑问题，即使能化解一个又一个的风险，也是微不足道的，新的更多、更大的风险也会接踵而至。这就需要跳出局部从全局看局部，在把握全局中兼顾局部。

这种全局眼光其实就是一种宏观的、整体的视野，站在战略高位、价值高点、整体高度来观察、思考和处理问题。常观大势、常思大局，对大局了然于胸、对大势洞幽烛微、对大事铁画银钩。尤其是教育行政的各职能部门在出台政策文件时，应该有全局观，不能局限于本部门、本学段的范畴，应站在教育系统全局统筹考虑，甚至要站在经济社会全局全盘考虑。比如，当前普遍存在的"择校热"问题，引发这一问题的原因是多方面的，这一问题的解决显然不能依托行政命令、一味地强制执行，应站在区域教育整体均衡发展的高度，统筹城乡教育、义务教育和非义务教育，整体把握教育资源的配置，通过经费拨付、师资配备、硬件添置等方式，采用城乡教师合理流动、义务教育集团化办学等途径来实现。这种宏观视野当然也包括放眼国外，合理借鉴外国相对成功的经验和做法，如在教师资源的均衡配置方面，日本的一些做法就非常值得借鉴。60多年前，日本的"教师定期流动制"就对教育均衡取得显著成效，以其规范性、稳定性、有效性而闻名于世。以东京为例，其《实施纲要》明确规定，流动的对象可分为：（1）在一所学校连续任教10年以上的老教师，以及连续任教6年以上的新任教师。（2）为解决定员超编而有必要向外流动者。（3）在区、市、街道、村范围内的学校及学校之间，如教师队伍在结构上（专业、年龄、资格、性别比例等）不尽合理，有必要调整流动者。另外，对于任教期不满3年的教师、57岁以上60岁以下的教师、怀孕或休产假期间的女教师、长期缺勤的教师等，《实施纲要》规定不应流动。因制度的系统性和合理性，保证了流动的有效性，也真正实现教育均衡。当我们还在为择校热而发愁，他们反在推动因需择校，因为学校特色已经形成。当前，日本以法令形式将公立中小学"择校制度"列为学生就学的一种方式。

3. 坚持用深邃眼光深层次地看待教育风险

教育风险产生的原因往往并不是表象的，很多是深层次的问题，有的教育风险是历史原因长期积累所致，这些风险之所以长期积累是因为一直找不到好的解决办法，或者解决的难度相当大，或者解决问题本身面临极大的教育风险，因此一直久拖不决。所谓深层次地看待教育风险就是既要有"不畏浮云遮望眼"的战略思维，不为事物的表象所迷惑，又要有入木三分的问题穿透力，透过现象直插问题本质。

风险在未转变成危机前很多是相对隐性的，这时我们能否未卜先知般地感觉到危机的来临，即便在风险转化为危机时，我们是否"火眼金睛"般地从复杂的危机表象中看清危机发生的本源，这就取决于看问题的深度。比如，香港的修例风波从表象上看，是一些反对派和激进势力利用游行集会，举行各种形式的抗争活动，直至引发暴力冲突，以反对港区政府修订的《逃犯条例》。在表象上《逃犯条例》似乎是风险的根源，于是香港特区政府决定取消《逃犯条例》，也就相当于掐除了风险源，按照常理风波应该迅速平息。现实情况是修例风波不仅没有平息，反而愈演愈烈，这就说明《逃犯条例》并不是这场风波的本源。如果我们透过这一事件用更为长远的眼光来看，就会发现问题出在很多香港人尤其是香港年轻人对国家、民族的认同上，而这一问题的根源显然在香港的教育，尤其是香港的中小学教育，反映出香港对中国历史、中国文化和中国国情记忆等方面的教育严重缺失。

坚持教育风险治理的战略思维就是要站在战略的高度，清醒认识和高度警惕教育领域及其与教育领域密切相关的经济社会、科技文化等各种外部环境所存在的重大风险，"不畏浮云遮望眼"，既不惊慌失措，也不熟视无睹，而是始终坚持战略眼光，保持战略定力，"任凭风浪起，稳坐钓鱼台"，把握好事物发展方向和风险可能走势，以"治大国如烹小鲜"的治理能力来认识和处理教育领域的各类风险。

（二）坚持历史思维

所谓历史思维就是在面对和处理教育风险时善于从历史过程、历史逻辑、历史必然和历史合理性中寻找风险治理的策略①。教育风险治理要从以往的历史中学习治理之策，从教育风险发生发展的基本规律中把握风险未来趋势。

1. 用历史的眼光看待教育风险

所谓历史的眼光就是坚持用马克思主义的历史观和方法论，善于运用历史思维分析现状、认清趋势、探索规律、启示当下、把握未来，自觉按照历史规律办事②。用历史的眼光看待教育风险就是面对教育风险时先溯源——摸清风险的来源，善于从历史的脉络中寻找到风险的源头。

在教育风险治理时，我们尤其要回看、要比较、要远眺，因为历史、现实、未来永远是相通的。回顾历史是为了把握现在、开辟未来，现在是连接历史和未来的桥梁。比如，关于高考改革，这是社会关注的热点问题，在确定高考改革方案时，首先要回顾高考改革的历史，比较历次高考改革的成功经验和历史教训，明确高考改革的目标与朝向，既要传承以前的高考改革成果，又要站在新的历史起点上对原有不合时代要求的内容、方式等进行变革，既要综合听取理论研究者的意见，又要深度吸纳基层实践的声音。这样才能既减少高考改革可能引发的"震荡"，又能有所创新与突破，既能仰望星空又能脚踏实地，真正使高考制度与时俱进、稳中有进。遗憾的是，一些地区高考频繁改革，甚至创下十年八改的历史纪录，这种频繁的改革不仅使高中教学无所适从，也引发了社会的广泛质疑，成为滋生教育风险的源点。"历史是最好的教科书，也是最好的清醒剂"，如果我们不顾历史，就可能在理想与现实之间找不到平衡点，就可能会走弯路，进而引发教育风险。

2. 用历史的经验审视教育风险

历史是一面镜子更是一个记录仪，忠实地记录每一个瞬间、每一个事件，也会记录下每一个历史人物，历史不容篡改，历史也不容回避，以史为鉴可以知得失，历史也会给未来类似事件的处理提供鲜活的案例

---

① 本书编委会：《以习近平同志为核心的党中央治国理政新理念新思想新战略》，人民出版社 2017 年版。

② 强卫：《培育科学思维提高执政能力》，《人民日报》2013 年 8 月 15 日。

和有益的启示。历史是前人的"百科全书",重视历史、研究历史、借鉴历史,从这本教科书中看成败、鉴得失,是风险治理的重要思维。研究教育风险治理的历史过往,了解教育风险防控、化解的一个个鲜活案例,考察在教育风险防控中的成败得失,有利于我们运用历史智慧推进当下的教育风险治理。

用历史的经验审视教育风险,一方面当我们遇到与历史相似的教育风险时,我们有了"前事之师",可以更加从容地应对,另一方面当我们遇到历史上未曾有过的教育风险时,我们可以从历史的经验中总结、提炼出应对教育风险的一般原则。比如,在新的教育政策出台前一般要选择部分地区或学校试点,这已经成为一种常态化的做法,然而现实中却存在"一试点就成功、一推广就失败"的"试点综合征",如何避免"试点综合征"的再次发生,我们必须仔细审视历史上的教育政策试点,审视其中的每一个环节,会猛然发现原来在教育政策试点时,往往会挑选一些优秀的学校,这就使试点学校不具有普遍的代表性。为了取得真实的试点效果,我们应该随机选择试点样本,使样本保持足够的代表性,能覆盖不同地区、不同类型的学校,这就是从历史的政策试点中获得的重要启示。

3. 从历史大势中把握教育风险

把握历史规律、认识历史趋势,善于从整个历史发展的大趋势中来把握当下和未来。对于教育风险而言,我们不仅要从教育的规律和教育改革发展的趋势中来认识、识别教育风险,更要从社会发展的规律和普遍趋势中来认识和看待教育风险。历史潮流,浩浩荡荡,顺之则昌,教育领域的风险治理自然也应顺潮流而行,不可逆潮流而动。这就需要明白什么是历史大势、历史潮流,我们都明白,人民是历史的创造者、是推动历史发展的根本动力,因此我们要办人民满意的教育,以人民为中心办教育,不违背人民意愿,不做人民不欢迎的事,顺应人民群众意愿就是顺历史潮流,这就需要我们精准把握人民需求,将党的教育意志与人民群众的利益和意愿有机结合。

在教育风险治理中,我们要站稳、站牢人民立场,我们出台的任何一项教育政策,归根结底是为了人民利益的,理应得到人民群众的拥护,但事实上很多政策的出台正是引发人民群众不满的"导火索",成为教育风险的源头。比如，2020年某省高考在科目选择时出现了集中弃选化学学科事件，全省有一大批普通高中为了保证升学率干脆不开设化学学科，有的四星级高中学校为了保证本科率在学生选科时刻意诱导学生避开化学，在学生眼中，理化选择的组合无疑是在一大堆尖子生当中进行竞争，于是网络论坛上各种谣言盛传，各地群众集体上访事件频发。如果我们从历史的大势中来看待弃选化学事件，就会发现在政策出台前没有充分考虑到各类群体的利益，一方面是对政策出台前和出台后没有进行解释、引导或解释、引导的力度不够，导致人民不理解，致使报考化学的考生偏少；另一方面是发现问题后，没有采取及时的补救措施，导致政策执行时陷入被动。

（三）坚持辩证思维

辩证思维是承认矛盾、分析矛盾、解决矛盾，善于抓住关键、找准重点、洞察事物发展规律的思维方式①。教育风险本就是矛盾的结合体，教育风险治理本就是分析矛盾、解决矛盾的过程。

1. 坚持一分为二地看问题

一分为二看问题就是看问题要全面理性，既要看到问题有利的一面，也要看到问题不利的一面；既要看到优势，也要看到不足和劣势。在看待教育风险时，我们应明白风险是一种可能性，是转化为危机或机遇的可能性。我们既要看到风险演变成危机的巨大挑战，也要看到化险为夷、转危为机的可能性。

风险总是与机遇相伴随，教育创新本身就意味着风险，我们不能因为风险的存在就裹足不前，有些改革发展中难以避免的风险需要鼓励大家直面挑战、敢于担当作为，因此，需要进行理性的评估风险。一分为二地看待教育风险就是既要看到风险有害的一面，也要看到风险可能带来的积极变化，既不谈风险色变，也不视风险为无物，善于化危为机。比如，当下因师德师风问题引发的网络舆情不断出现，这些网络舆情固然对教育和学校的声誉造成了较大的负面影响，在对待此类风险时，教育行政部门或学校是采取大事化小、小事化了的态度息事宁人，还是以此为典型案例，作为加强师德师风建设的突破口，让每个教师明白师德

---

① 参见晓山《当干部就得有本领》，党建出版社2018年版。

师风是一条不可触碰的"高压线",进而形成师德师风建设的一整套体制、机制,将师德师风的网络舆情转化为学校师德师风建设的载体和抓手。

2. 坚持抓主要矛盾和矛盾的主要方面

主要矛盾和矛盾的主要方面是对事物的发展起决定性作用的方面,把握主要矛盾和矛盾的主要方面应抓住三个关键点:(1)在不断总结反思中增强抓主要矛盾的自觉意识,通过抓主要矛盾来带动其他矛盾的解决。(2)不断增强对事物本身的深刻认识和把握,找准和抓住"中心""环节"和"重点"。(3)在实践中学习,在学习中实践,不断增强抓主要矛盾的能力和水平,并且在抓主要矛盾时注重矛盾的主要方面。

教育风险虽然复杂多样,但任何教育风险都是矛盾的综合体,把握住主要矛盾和矛盾的主要方面也就成为风险治理的重中之重。例如,针对义务教育公民同招政策引发的教育风险:民办学校优质生源下降引发的办学危机、公办学校因生源增加引发的教学资源不足、学生因无法二次选择而影响个性化教育,等等,这一系列的教育风险皆可能因公民同招政策而出现,公民同招政策是引发此类教育风险的主要矛盾,但公民同招又是从源头上保证教育公平的必然选择,这就要求我们在把握公民同招政策及可能引发的教育风险时,应该找准和抓住"中心""重点",重点在哪里?在于优质教育资源的不均衡引发"择校热""民办教育热"。在推进公民同招政策时,尤其要抓区域优质教育资源均衡这一"中心"和"关键",如果区域教育资源都优质均衡,"择校热""民办教育热"自然消解,公民同招引发的各类风险也会随之消解。

3. 科学把握事物之间的联系

事物是普遍联系的,教育风险也是普遍联系的,我们不能孤立地、静止地看待教育风险。事物之间的联系是多样的,有本质联系和非本质联系、直接联系和间接联系、内部联系和外部联系、必然联系和偶然联系等,不同的联系决定着事物内部和事物之间不同的存在状态和发展趋势。事物之间的联系也是有条件的,条件对事物的联系起着支持或制约作用。因此,在教育风险治理时应把握风险内外的普遍联系。例如,当前中小学中存在的欺凌事件,大多发生在校园内、学生上学或放学途中、一些教育活动中，由老师、同学或校外人员蓄意滥用语言、躯体力量、网络、器械等，针对学生的生理、心理、名誉、权利、财产等实施的达到某种程度的侵害行为[①]。对待校园欺凌我们往往只关注欺凌者和被欺凌者之间的直接关系，只注重孤立的一个个个案，却忽视了从校园欺凌的各个方面如环境条件、制度设计、活动开展、师生和生生交往等方面来看待和处理校园欺凌。

（四）坚持创新思维

在教育风险治理时，坚持创新思维就是以风险问题为导向，在分析研判各类风险因素、各种风险情境的基础上，在吸收借鉴历史经验的基础上，拓宽新的问题视野、寻找新的问题思路、寻求新的解决办法。例如，对于高校意识形态风险，中央和各高校都较为重视，也采取了一系列的举措，意识形态领域风险治理取得了较好的效果，但对于中小学意识形态风险存在认识不够、方式单一、措施不力的情况，如何强化中小学意识形态风险治理就不能只是照搬照抄高校的经验和做法，应针对中小学的特点和中小学生的认知规律寻求一些新的途径和方法，比如利用中小学生"亲其师信其道"的特点，加强教师的师德师能和意识形态建设，将意识形态教育融会贯通于各类课程中，与学生的日常活动课程相衔接等，只有不断优化意识形态教育方式与拓展意识形态的教育渠道，才能构筑起意识形态教育的铜墙铁壁。

（五）坚持法治思维

健全教育风险治理"全方位"制度体系，充分展现防范化解教育风险法治逻辑，需要坚持法治思维，一是要有法治眼光来看待和审视教育风险，二是用法治手段来处理和化解教育风险治理难题，三是不断优化教育风险治理环境。在教育风险治理过程中，必须坚持"法无授权不可为"的基本原则，坚持守住底线、不越红线、不碰高压线，使教育风险治理始终处于法律框架的轨道中。

加强教育风险治理的制度建设是加快构建教育改革发展急需、人民群众期待、符合实际的教育风险制度体系的基础，形成全方位、立体化、系统性的教育风险防范的制度体系。一是一切按章办事，通过修订

---

① 参见王茹、王美丽《家庭教育给孩子成长的力量》，青岛出版社2019年版。

完善现有制度、根据需求补充新的制度、使风险治理的全过程都有制度的基本遵循；二是落实责任追究制度，在教育风险治理时，既要做到制度面前人人平等，不允许有制外特权，落实好责任追究制度，对风险治理不力、治理过程失范的责任主体进行追责；三是强化对制度执行的监督，这里要解决好由谁监督、如何监督的问题，构建起多层次、全覆盖的制度执行监督机制。

加强教育风险治理的程序正义，法治思维的重要特点就是注重程序正义，程序重于实体，也就是在教育风险治理过程中，我们采取的每一举措、每一步骤都应符合程序正义。比如，对于常见的"校闹"，如果不加以及时制止，可能引发大规模聚集性事件，给学校正常的教育教学秩序造成影响，在制止和处理"校闹"过程中，我们既要坚决果断，更要符合程序正义，一切依法依规办理，绝不能"花钱买平安"，切实维护教师和学校应有的尊严，努力将可能对学校和社会带来的负面影响降到最低。法治手段因其自身具有的制度化、常态化、程序化等优良特性，在风险治理体系中具有特殊的价值和地位，因而也成为教育风险治理的基本准则。

（六）坚持底线思维

教育风险治理坚持底线思维，并不是要拘泥于底线思维，而是既要防止突破底线，又要兜底保护，凡事从最坏处准备，充分认识风险，做到心中有数、了然于胸，确立风险可能带来的能够接受的最大止损点，在此基础上，排查各种潜在风险，找出安全与风险、常态与危机的分水岭，采取各种措施，做好充分准备，应对风险挑战，守住各种风险的底线，牢牢把握风险治理的主动权，精准施策、靶向发力，努力争取最好的结果。

教育风险治理中的"底线思维"就是认真评估风险，从最坏处出发来看待教育风险，并且接受这种最坏情况。教育风险治理的底线就是避免教育风险演变为教育危机，一方面强化对"害"的预防，另一方面增加对"利"的思考，化害为利、化险为夷、转危为机。教育风险治理的最大风险就是看不见风险，就是看不到风险的潜在危害性，看不到风险可能演变为危机，这就需要我们高度重视底线思维，充分估计教育风险可能带来的危害，全面评估教育风险治理可能遇到的困难，把问题看得更严重些,把困难估计得更充分一些,在此基础上,努力寻求化解风险的路径和方法,做到遇险不慌、遇难不乱。同时,也要看到教育风险向教育机遇转化的可能性,在风险治理过程中,应采取各种措施尽可能促使教育风险转化为教育机遇。比如,针对"公民同招"政策可能引发的教育风险,我们要有底线思维,科学评估"公民同招"政策实施后的最坏结果,同时也看到公民同招对现有招生制度的秩序重构也是区域教育质量提升、教育资源优化配置的一个契机,通过公民同招政策的落实及一系列配套政策的出台,促成区域教育的优质均衡发展。

(七) 坚持系统思维

教育风险治理是一项系统工程,通过建立健全风险研判机制、决策风险评估机制、风险防控协同机制、风险防控责任机制,统筹考虑各种治理因素,注重风险的源头治理,跟踪风险的动态变化并积累经验,形成风险系统治理网络。

教育风险与其他领域的风险一样,人们往往在风险效应比较明显的时候才可能对它有所感知,这就使风险的源头难以及时发现并有效控制。正因为这种隐蔽性,风险扩散的过程难以准确跟踪和监控,这就使风险以潜藏方式散播开来,不易为人所察觉。坚持风险治理的系统思维就是要加强风险预防机制建设,以风险点为中心,全面把握引发风险的系统性要素,做好风险治理。风险在源头产生,以后会随着时间迟滞和风险系统的放大作用逐渐集聚起来,向周边不断扩散,源头治理就是发现风险于未萌,阻断风险传播于无形。

教育风险治理是一个试错和改错的过程。风险因子的交互作用呈现出立体复杂性,这使得人们难以建立起完整精确的因果关系。只有当某个系统呈现出周期性变化时,而这个周期性变化往往需要相当长的时间来认识,这也是认识风险发生、发展规律的一个过程。风险的系统治理就是寻找一条不断适应风险变化的治理之路,借助大数据分析系统和以往的应对经验来辅助风险决策。

三 教育风险治理的基本要素

教育风险治理主要包括治理体制、运行机制和配套法制,治理体制就是在教育风险治理过程中建立起一套集中统一、坚强有力、政令畅通、快速高效的指挥机构；运行机制就是在教育风险治理过程中建立起全流程的风险预警研判机制、决策风险评估机制、风险防控协同机制、风险防控责任机制，实现教育风险治理的制度化、程序化；法制建设就是在教育风险治理中要秉持法制思维，做到有法可依、有法必依、执法必严、违法必究，不断健全教育风险治理的法律、法规和规章，努力使教育风险治理逐步走上规范化、制度化和法制化轨道。

(一) 教育风险治理的体制建设

教育风险治理的体制建设就是要进一步明晰政府、社会、学校、家庭多元主体协同治理的责任，保障多元主体在教育风险治理中的参与权、决策权和监督权，实现教育风险多元共治的局面。教育风险多元共治主要包括四大特征：（1）多元主体，教育领域的风险治理一定是多元的，凡教育风险的每一要素都应纳入其中，这种多元并不意味着肩负相同的治理职能或责任，而是人人有责，其责任与在风险治理中承担的角色相对应。（2）开放、复杂的共治系统，各治理主体间并不是孤立的，而是一种相互融合、开放并包的关系，这种开放性是指风险治理总是基于一定的环境，并且与环境中的其他系统进行着联系或信息交换。这种复杂性是指多个行为主体之间具有明显的层次结构，共同参与教育风险治理，其中政府在教育风险治理中起着总揽全局、协调各方的领导作用，学校在风险治理中起着主力军、主阵地作用，社会在教育风险治理中起着双重作用，一方面起屏障作用，通过社会舆论和社会组织的协同参与抑制风险的滋生和蔓延，另一方面也可能成为风险产生的"温床"，家庭是教育风险治理的第一道防线，也是教育风险治理的重要参与方。总之，通过多元主体的共同参与、主动关联，形成教育领域多层架构、网状联结、功能融合、优势互补的新型治理主体系统。（3）以对话、合作和集体行动为共治机制，各治理主体既是风险的"制造者"也是风险的"治理者"，这就需要建立起对话沟通的平台，在实现自我管理、自我服务、自我教育、自我监督的同时，形成教育风险治理人人参与、协同治理、统一行动、人人尽责的良好局面。（4）以共同利益为最终产出。在教育风险治理中，各相关主体虽然肩负着不同的责任，却有着共同的利益诉求，这种共同的利益诉求就是并不希望风险演变为危机，而是治风险于未萌，这为风险主体的协同治理奠定了基础。

教育风险的多元治理主体包括四个层面，即政府、社会组织（公益性和互益性）、各类学校和家庭。

在风险治理的四个主体层面中，政府处于主导地位，一方面政府部门制定的各种教育政策对学校的教育教学产生直接的指导作用，如果教育政策本身隐藏风险，则学校在执行教育政策时就会显露出来。比如，"公民同招"这是一个带有一定教育风险的政策，在政策执行时风险就会显露出来，如使部分民办学校陷入办学困境，热门公办学校因生源增加而引发教育资源供给不足等；另一方面政府部门尤其是各级教育行政部门对学校办学具有检查和督导责任，应能及时发现学校可能存在的各类风险，并给出针对性的意见和建议，如果教育行政部门检查和督导流于形式，就可能引发教育风险。

社会组织是社会存在的"细胞"，严格意义上说，家庭也是社会组织的一种，社会组织在教育风险治理中处于协同地位，是重要的参与方。学校与其他社会组织有着千丝万缕的联系，很多社会组织本身就是学校的校外教育基地，如烈士陵园、科技馆、文化馆、名胜古迹等。社会组织之所以成为教育风险的重要参与方，是因为社会组织也承担着相应的教育功能，与学校教育有着互为补充的关系，整个社会环境、社会氛围对学生的影响是巨大的，尤其是学校周边的社会环境，教育风险治理如果脱离社会组织和社会因素一定是不完整的，也一定是有"漏洞"的。

各类学校成为教育风险治理的核心主体。这是因为：一方面学校是教育风险的重要发生场域。据调查，超过80%的教育风险发生在学校，或因学校的因素而发生，比如，校园欺凌、学生意外伤害、校闹、学生非法聚集等；另一方面学校安则教育安，教育安则社会安，学校的安全与稳定是社会安全与稳定的重要保证。据调查，学校的风险与社会风险有着千丝万缕的联系，存在着相互的影响与渗透，学校教育风险在一定的条件下可能转化为社会风险，社会风险也会深刻地影响学校教育风险。

我们总是形象地将家庭看成社会的"细胞"，其实家庭是孩子的第一所学校，父母是孩子的第一任老师，家庭教育是整个教育体系的重要组成部分，随着家庭教育立法进程的加快，家庭教育的功能将会得到进一步凸显。孩子的性格、性情、秉性很大程度上是由家庭教育决定的，孩子的家庭经历、遭遇往往会深刻地影响孩子的一生，而家庭教育的缺失也是引发教育悲剧的重要原因。比如，湖南益阳沅江泗湖山镇东安垸村发生的一起命案，六年级学生吴某康因被怀疑吸烟，不满母亲陈某对他的管教太严，在被母亲殴打后，用刀刺死了母亲。因家庭教育问题引发的教育风险呈日益增长态势，关于家庭教育立法的呼声也越来越高。2021年7月，中宣部、中央文明办、中央纪委机关、中组部、国家监委、教育部、全国妇联印发了《关于进一步加强家庭家教家风建设的实施意见》，强调了以建设文明家庭、实施科学家教、传承优良家风为重点，突出少年儿童品德教育关键，推动家庭家教家风建设高质量发展。

纵观当下教育风险治理的体制建设，依然存在着部门职责不清、关系不顺，协调机构的权威性不足、关联度低等问题，导致教育风险治理体制难以发挥出应有的优势。明确职责、理顺关系，对治理体制进行必要的调整和优化成为教育风险治理的首要考量。

(二) 教育风险治理的机制建设

机制是指各要素之间的结构关系和运行方式。教育风险治理机制也就是引发教育风险的各要素之间的结构关系和各要素在风险治理过程中的运行方式，教育风险治理机制关键在于学会分析风险、善于评估风险、积极预防风险、规避和转嫁风险，教育风险治理机制体现在教育风险治理的全过程，主要涵盖过程管控、风险预警、风险决策、协同防控、责任分担、防范化解等多个方面。

1. 风险过程管控机制

教育风险都有相应的生命周期，涵盖风险潜伏、萌芽、爆发、扩散、波动、缓解、平复等阶段，如何准确判断风险处于哪个阶段，如何密切跟踪风险的演变过程，如何采取有效措施使风险朝着我们期望的方向演化，这就需要对风险过程进行人工干预和管控，避免风险的自然演化，也就是我们应该采取措施使风险的生命周期不完全展开，将风险遏制于潜伏或萌芽阶段，避免风险的爆发和扩散。

风险的过程管控是一个动态的过程，动态的管控过程离不开稳定的管控机制，风险的过程管控机制体现在以下几个方面：(1) 教育风险数据库建设。教育领域风险点不仅种类繁多而且极为隐蔽，风险信息来源复杂，仅凭风险治理主体的主观认知难以挂一漏万。因此，加强教育领域风险数据库和相应的风险治理系统建设，一是硬件建设，包括风险信息的数据采集点，如各种红外、远外探头，各种数据监测设施等；二是人员配备，如学校层面配置安全员、保安、学生安全委员等，丰富风险信息的收集渠道；三是软件建设，开发或引进风险治理系统。只有完善风险数据库建设，才能形成教育领域风险点图谱矩阵，完成教育风险的全息监测。(2) 教育风险识别程序指南。准确识别风险是一个技术活，涉及风险特征的理解和把握，由于风险往往较为隐蔽，尤其是处于潜伏或萌芽阶段的风险更是不易被人发现，需要专业的知识和专门的技术人员。而当下无论是在各级各类学校还是在社会、家庭或政府层面，都缺乏专业人员，在风险治理主体缺乏"火眼金睛"的情况下，就需要我们形成一套教育风险识别程序指南，也就是让每一个非专业风险治理主体都能凭借指南完成教育风险的快速、准确识别。(3) 教育风险评估研判标准。教育风险的评估研判涉及风险性质的判定、风险发展的概率、风险的危害等级等，可以说风险的评估与研判是否精准对风险治理成效将产生决定性影响，一旦研判失误，不但会给风险治理形成困扰，而且可能导致严重后果。当下，很多教育风险之所以演化为教育危机，与治理主体的风险研判失误有密切关联。(4) 教育风险的应对方案。在风险识别和研判的基础上，为了推动风险的化解，必须制订周密而翔实的应对方案，避免风险治理的盲目性和随意性，使风险治理有章可循。这种教育风险应对方案的制订可以分为以下几种情况，一种是风险应急预案。对一些较为常见的教育风险制定预案，一旦发生立即启动预案，保证风险应对的及时响应。二是风险应急机制。主要包括响应机制、动员机制、物资调配机制，类似于某些国家或地区的"紧急状态法"。三是风险治理方案。对已经出现的风险，在信息收集、专家论证的基础上，形成应对方案。

2. 教育风险预警机制

实现教育风险治理、防范化解重大教育风险和应对突发事件，关键在于对教育风险的早发现、早研判、早报告、早施策、早化解，这就需要将常规性、基础性的风险监控向集监控、预测和响应在内的系统预警转变，及时监测正在发生的威胁，预测即将发生的威胁，便于快速地做出响应，实现动态适应，从而化被动安全为主动安全。2017年，国务院办公厅印发《关于加强中小学幼儿园安全风险防控体系建设的意见》。《意见》从学校安全风险防控的总体要求、风险预防体系、风险管控机制、事故和风险化解机制、领导责任和保障机制五个方面进行了系统设计和全面规定[1]，提出要健全学校安全预警和风险评估制度，建立动态监测和数据搜集、分析机制，及时为学校提供安全风险提示，指导学校健全风险评估和预防制度。

从常规监控转向系统预警是教育风险防范的"先手棋"。所谓系统预警也即对所有的风险点整体摸排实现全面预警。它包括人工预警研判系统与机器预警研判系统。人工预警研判系统需要由教育风险研究专业人士与行政人员、实践人员三方共同进行舆情会商，对信息进行真假判断核查，凭经验初步研判，表明态度及行动做出响应。教育领域的风险点种类繁多、性质各异，各级各类教育行政部门及各级各类学校职能分工各有不同，只是进行常规监控难免挂一漏万。因此，还需要机器预警研判系统的建立，完善教育风险数据平台支撑机制，构建教育风险点信息基础数据库，运用大数据等现代信息技术，进行事件采集、数据挖掘、智能事件关联，实现各类风险信息的整合与共享，在对风险性质、发生概率和严重程度做出准确判断的基础上划定预警区间、设定预警信号。比如，在学校层面，将排查的风险因子分级分类纳入数据库，形成班级管理、学生工作、教学教务、心理咨询、公寓管理、餐饮管理等多部门齐抓共管的集学生、教师、后勤等系统于一体的学校教育风险预警系统，建立全天候、多渠道、立体式、畅通便捷的预警信息发布平台，为学校的安全生成一张"防护网"、构筑一道"防火墙"。当前，教育风险基础数据库尚不完备，教育风险预警系统机制尚未真正建立，导致教育领域的社会突发事件不断出现，高考选科、中考改革、教育均衡、学生减负等教育热点时常将"茶杯里的风暴"演变为现实社会的"龙卷风"。随着教育改革向纵深推进，教育利益的深度调整，缺失风险系统预警机制保驾护航的教育改革也将面临更大的挑战，建立教育风险系统预警机制十分迫切。

---

[1] 焦新：《盘点2017教育改革20项新政》，《中国教育报》2017年12月28日。

3. 教育风险决策机制

通常来说，教育风险决策机制有两层含义：第一，教育风险决策本身可能带来的风险，也就是教育风险决策本身就意味着风险，比如，为了化解高考弃选化学这一难题，在决策时提出的决策方案本身会引发风险。第二，在教育领域风险已经形成的情况下，采取有效的风险决策来应对风险，以追求风险的化解。教育风险决策要从风险源出发，全面评估风险可能的演化，通过避免、降低、缓解、转化或留存风险，形成科学合理的风险应对方案。

对于教育风险决策本身可能带来的风险，由于涉及多元主体且与环境条件有着密切关系，这就需要厘清教育风险决策本身的一些关键问题：(1) 凭什么决策，决策始终与风险相伴随，如何降低决策风险，必须明确决策的依据，也就是决策者究竟应该凭什么做出决策，做出决策的理由是否确实充分，决策绝不是一个主观判断的过程，而是一个根据充足证据进行论证的过程，降低决策本身的风险关键在于决策的证据是否确实充分，证据始终是决策的基本要素，降低决策本身的风险首先在于决策证据的收集上。(2) 由谁决策。决策应该属于谁的权力范围，或者说谁有权力做出决策，这涉及决策的主体问题，应坚持集体评议、集体决策的原则，在决策时可以坚持民主集中制原则。为了避免决策主体的单一化，避免可能存在的决策强权和独断专行，应进一步规范决策主体。(3) 如何评估决策风险。如何评估决策可能引发的风险，应全面评估决策的利益相关方的损益情况，把握相关利益主体之间的利益、需求、偏好以及情绪，建构起化解价值和利益冲突的机制。(4) 如何规避决策风险。应做到决策主体多元化，决策过程民主化，决策依据充分性。

如果教育风险已经形成，也就是教育风险已经成为现实威胁的情况下，如何评估风险并通过决策以化解风险，也就是如何建立一套对现有风险的评决策机制，关键在于提高风险决策者的风险意识和风险决策水平，这可从以下几个方面来考察：(1) 提高风险决策者的风险分析能力。风险决策者把握风险的能力主要体现在如何识别风险源，如何确定风险源的风险类型和风险等级，如何根据风险源和环境条件来对风险进行准确的评估等方面，风险决策源于风险分析，风险分析与风险决策者的个人风险素养息息相关。（2）建立风险决策的协商机制。风险决策的过程是一个民主决策的过程，这就需要建立一种协商机制，对风险的存在及演化可能进行分析、综合，大家都基于证据说话，通过民主的协商讨论机制，寻求最优化的风险化解方案。（3）建立风险决策判断机制。在充分协商的基础上，由主要决策者作出风险判断，形成风险处理方案。

分析、协商和判断及其相互作用是决策风险评估机制运转的主要方式。分析是生产知识的起点，协商是知识、偏好和需求的交流，判断是最终决定，在三者的共同作用下，进一步完善风险防控机制，决策风险评估质量才能得到不断地提升。

4. 风险防控协同机制

教育领域的风险与行为主体的不作为或过度作为密切相关，然而教育风险的行为主体往往是多元的，也并不简单地指教育行政、教师、学生等直接教育相关者，它可能是不同社会组织及不同阶层人员的集合。例如，随着城市外来务工人员的逐渐增多，各地虽然以教育机会平等的方式为外来务工人员子女入学提供机会，然而在入读学校的资源设置上却附加了一系列的限定条件，外来务工人员子女往往只能入读相对薄弱或偏远的学校，一些地区更是将最优质的教育资源配置在昂贵的民办教育上，久而久之，教育阶层逐渐"板结化""凝滞化"，学生流动阻塞形成的教育堰塞湖正日益成为突出的教育风险外壳。从表象上看，这种教育堰塞湖的形成似乎是教育行政的施政偏差，然而其中包含着复杂的社会因素，人民日益增长的优质教育需求与教育资源不平衡不充分之间的矛盾还将长期存在。

教育风险除源自教育系统内行为主体制造的"原发型"风险外，还有与其他自然因素、社会因素密切相关的"关联型"教育风险以及由教育系统外因素引发的"诱发型"风险，教育预警系统很难对"关联型"和"诱发型"风险做出准确的预测，即便是"原发型"教育风险在很多情况下也并不是一个单位、一个部门或少数几个人所能防范和化解的，这就需要建立教育风险防控协同机制。要让教育风险防控协同机制真正发挥好的作用，应着力解决以下四个问题：（1）完善各类风险信息共享机制。教育从来不是孤立的，教育与社会其他领域总是交织在一起，社会风险可能转化为教育风险，教育风险也可能转化为社会风险，这就需要完善各类风险信息的共享机制，及时了解各类风险的存在状态。比如，香港的修例风波，从表象上看是一个社会风险引发的群体事件，实则却与教育风险有着密不可分的关系，是香港国民教育长期缺失的风险点逐渐累积、演化的结果。（2）建立协商与决策机制。多元主体的协同关键在于建构起成熟的协商和决策机制，和谁协商、如何协商、怎样决策、如何保证决策的效率和科学性，这些都需要进行制度的规范。（3）行动协调机制。对每一项风险防控由哪个部门牵头，哪些部门配合，行动中临时出现的问题应依据什么原则进行临机处置做出明确的规定。（4）激励约束机制，风险的防范是一个系统性工程，需要有严格的激励和约束机制，形成具体的责任清单和量化考评办法。改革是应对风险的必由之路。对教育改革发展过程中必须承担的风险要做到应容尽容，对于因改革方式方法不妥不当等造成的风险要应纠尽纠。要对风险责任明确细化，该负的责任一律要有追责，不该负的责任要有明确免责条款，使得各方行为主体既不畏手畏脚，又不为所欲为。

5. 风险防控责任机制

当前教育风险呈现多发、频发的态势，在这些教育风险中，因人为因素引发的风险增加，分析近些年教育领域发生的一些典型事件，绝大多数都是人为因素引起。教育风险治理主体不仅成为风险参与者、承载者、治理者，甚至也成为风险的制造者。从教育风险成因来看，风险责任机制缺失是导致初始漏洞形成的主要原因。

风险责任机制因何缺失，大致包括以下三个方面的原因：（1）风险本身的不可预知性。风险是一种可能性，这种可能性并不是所有人都可以预知和感知，这就导致风险的发生具有一定的偶然性，如果风险不演化为危机，自然也难以追究相应的责任，因此无法对未发生后果的风险进行责任预判。（2）风险责任的难确定性。由于风险本身的不确定性，风险产生的原因也较为复杂，风险演变成危机造成的危害程度难以预估和预测，这就使风险责任的认定存在较高的难度，往往难以准确到具体对象。（3）风险责任的法律手段尚不充分。风险防控在法律上存在着空白及灰色地带，有的很难从法律层面进行追责，也就是风险责任的追究缺乏法律遵循。

建立教育风险防控责任机制，应回答好三个问题：（1）由谁负责。明确教育风险防控的责任主体，尤其要确定第一责任人、主要责任人，为每一个可能的教育风险找到责任主体。（2）负什么责。不但要明确责任主体，还要明确每一责任主体的具体责任，在种类上确定如领导责任、主要责任、次要责任等，将风险防控与每个人的工作范围结合起来，将风险防控作为分内之事，作为个人工作的一部分，将风险防控责任机制演变为一种工作责任机制。（3）责任谁来分担。风险防控并不是一个人或少数几个人的事，应建立起人人负责、各负其责的责任分担机制，层层压实风险责任，真正做到守土有责、守土尽责。既要明确负责什么，也要明确不负什么责，规定了不负什么责，才能更好负起要负的责，以防庸政懒政现象的普遍出现。

6. 风险防范化解策略

无论是教育系统内的"原发型"风险，还是"关联型"和"诱发型"风险，无论是达到教育预警系统阈值的风险还是难以预警的其他各类风险，都需要进行及时响应和化解。防范化解教育风险应走好减存量、控增量、防变量三步棋。（1）减存量。关注风险点、减少风险源，减少危机发生的可能与概率。比如，针对当前普遍存在的择校热问题隐藏的教育风险，有的地方采用集团化办学、城乡教师交流、标准化校园建设、一校一品等措施来促进教育资源均衡、降低择校率，这是减存量的一种做法。（2）控增量。不仅在于防止风险源增加，更在于防止风险源的风险系数升高。比如，当前一些职业院校的专业设置及招生存在着片面追求热门的现象，导致学生毕业后就业困难，教育主管部门对明显供过于求的热门专业招生采取限制的政策，这是控增量的一种做法。（3）防变量。防变量并非不要变量，而是对变量进行严格的审视研判和谨慎的风险评估。鉴于新形势下风险多元多样多变，必须更加注意防变量。比如，教育新政策的出台和调整就是一个风险变量，尤其是较为敏感的高考方案的变动、本科招生指标的调整、高考科目等的改变，会触及考生及家长的切身利益，改革带来的教育风险系数比较大，应科学评估，有效防范。

教育风险演变为教育危机与其长期累积得不到及时化解直接相关，教育事件的发生看似偶然，却隐藏着教育问题的必然。这些教育事件恰恰反映了长期以来学校教育重智育、重学业轻心理健康教育、轻道德价值观教育的热点难点问题，反映了学校对学生心理关怀的不足，对学生价值观和道德品质教育的弱化，正是这些教育问题的长期存在，导致风险不断累积，直至危机事件爆发。

纵观当下的教育风险治理，人们的教育安全防范意识依旧淡薄，在风险治理过程中缺乏快速周密的预警机制、应急决策系统的协调性不够、处理能力有待提高、预案启动时间不够明确等，再加上在教育风险治理中的投入不足和存在的普遍浪费使得教育风险治理机制难以得到高效率的运行，教育领域 风险的应急处理、科学处理能力急待提高。

（三）教育风险治理的法制建设

我国教育风险治理法制包含两个方面的含义，一是指教育领域法律运行状况的各个环节和要素所组成的一个系统；二是指教育领域所有书面法律文件所组成的整体。我国教育风险治理法制建设自然也包括两个方面，一是教育风险治理的法制供给，二是教育风险治理过程中的法律运行。

从教育风险治理的法律供给来看，主要包括两个方面，一是国家一些普适性的法律供给，如《中华人民共和国安全生产法》《中华人民共和国食品卫生法》《中华人民共和国消防法》《中华人民共和国劳动法》《中华人民共和国突发事件应对法》《国务院关于特大安全事故行政责任追究的规定》等国家专项、国务院部门应急预案等约80项。二是出台了一些教育领域的专项法律、法规、政策意见，如《中小学幼儿园安全管理办法》提出要构建学校安全工作保障体系、健全学校安全预警机制等。《中小学幼儿园应急疏散演练指南》明确应对突发事件的组织体系、预防预警、应急处置、事后恢复、保障措施、奖惩等内容，并就幼儿园及中小学校开展应急演练的次数与时间等提出具体要求。《学生伤害事故处理办法》明确了学生伤害事故中的责任分担、事故处理方式、损害赔偿、责任处理等。此外，还有诸如《中小学校园环境管理的暂行规定》《中小学健康教育指导纲要》《中小学幼儿园应急疏散演练指南》等。

从教育风险治理过程中的法律运行来看，已经出台的教育风险治理的法律法规、政策意见对各级各类学校的风险应对和治理产生了积极的作用，成为学校防范和化解各类风险的基本遵循，尤其是一些操作性较强的政策指导类文件更是为学校的教育安全发挥了重要作用，表现最为显著的就是在疫情期间的新冠病毒防控操作手册，正是基于这套严密的新冠病毒防控操作手册，广大学校经受住了新冠肺炎疫情的严峻考验，保证了学校的教育安全。

纵观我国教育风险治理的法制建设，虽然取得了显著的成就，初步形成了教育风险治理的法制框架，但由于教育风险种类的多样性、特殊性和复杂性，教育风险依然呈现逐年递增的趋势，教育风险演变为教育危机的案例也频频出现，教育风险治理的法制建设依然任重道远。客观认识我国教育风险法制状况，剖析存在的主要问题，对不断完善我国教育风险治理的法制体系具有现实意义。

我国教育风险治理的法制建设的系统性有待完善。主要表现在以下两个方面：（1）缺乏系统的顶层设计，我国教育风险治理的法制建设缺乏一种全景的观照，正因为缺乏一种全景的观照，所以并没有法律法规、政策文件出台的详细规划，也没有对已出台的法律法规、政策文件进行修订或调整的制度设计，缺乏法制建设的"路线图"，也缺乏相关的"维修"规则，政策文件的出台以应景性、应急性居多，很多是在教育风险或教育危机已经形成后才出台，政策文件的出台缺乏前瞻性。加强教育风险治理法制建设的顶层设计就是要系统梳理教育领域可能存在的风险点，形成关于教育风险的"全息图谱"，按照轻重缓急制定好政策规划。（2）存在一定的法制"真空"。教育风险治理法制建设包括通用的法律法规和教育领域专有的法律法规和政策条例，以中小学校园欺凌现象为例，中小学生校园欺凌问题的处理可以适用于《治安处罚法》《民法通则》《未成年人保护法》等，这些法律法规中有关于校园欺凌的一些规定，这些是通用性的法律法规，教育部门也出台了《加强中小学欺凌综合治理方案》的通知，有的省市也出台了相关的政策文件，如《海南省加强中小学生欺凌综合治理实施方案》《海南省中小学生欺凌综合治理工作协调会议议事规则》等，应该说已经形成了一套法律制度体系，但我们细细分析这些法律和政策，可以发现这些法律和政策基本上都是针对出现校园欺凌后的处理，对如何预防校园欺凌缺少政策与文件观照，而教育安全风险治理的基本要义在于预防，这就需要进一步加强预防性风险的法律和政策制定。(3) 学校是教育风险点的关键场域,当前中小学校安全工作还存在相关制度不完善、不配套,预防风险、处理事故的机制不健全、意识和能力不强等问题,中小学校正成为教育风险爆发的重要源头。

我国教育风险治理法制建设的协调性有待加强。教育风险治理往往涉及多个相关主体,如政府、家庭、社会、学校等,教育风险点的形成也往往是多重因素叠加的结果,教育风险治理不能单靠某一个部门,也不能依赖单一主体的法律和规章,如果只是单一主体出台相关的政策或文件,往往只能对某一部门有约束力,难以形成治理合力,这就要求在出台政策文件时要加强相关主体之间的协调,如可以教育行政部门牵头,联合其他部门一起出台相关的政策与文件。比如,《加强中小学欺凌综合治理方案》就是由教育部联合中央综治办、最高人民法院、最高人民检察院、公安部、民政部、司法部、人力资源和社会保障部、共青团中央、全国妇联、中国残联11个部委联合印发,方案明确了每个部委的职责分工和工作要求,有助于发挥政策文件的协同效应,促进部门协作、上下联动、形成合力,确保中小学生欺凌防治工作落到实处。

我国教育风险治理法制建设的实效性有待提升。教育风险治理法制建设的实效性关键在于如何将法制意识、法制教育融入课程和课堂,使安全教育常态化:(1) 落实总体国家安全观,推动安全教育纳入国民教育体系,将安全教育内容纳入国家、地方和校本三级课程管理体系,融入中小学德育、体育与健康、地理、生物、化学等课程内容。结合学生年龄特点和认知规律,在相关课程标准中进一步明确安全教育的具体要求,着力提升安全教育的针对性与实效性。在中小学阶段,指导学生了解日常生活有关安全的常识,培养学生具备基本的安全防范意识、知识和自救互救能力等。(2) 推动安全教育进课堂,要明确学校责任主体,推动学校采取丰富多样的方式开展安全教育,提高学生及家长的安全防范意识和能力。一是结合安全案例进行主题教育活动,通过班会、思政课、团队活动等进行,如针对校园欺凌的典型案例进行讨论。二是结合具体的节日开展活动,如全国中小学生安全教育日、"5·12"防灾减灾日、"11·9"消防日、"12·2"全国安全交通日等,开展一些主题鲜明、形式多样的安全教育活动。(3) 建设一些中小学安全教育基地，如防震减灾科普馆、民防教育体验馆等，引导中小学生开展安全教育体验。

第二节 教育风险的治理主体

教育风险治理不同于一般的社会风险治理，教育领域是一个人员高度聚集的场域，且是未成年人聚集的场域，其风险治理的复杂性会更大，如处理不当，产生的负面影响也更大；教育风险治理的主体，也可能是教育风险的制造者，这同样为教育风险治理增添了难度。教育风险治理的主体一般包括各级政府（主要指各级教育行政部门）、各级各类学校、家庭、社会等。

一 教育行政部门

各级教育行政部门不仅要贯彻执行党和国家的教育方针、政策和法律法规，更是地方教育政策的制定者。不仅要推动地方教育体制机制改革，更要指导各级各类学校的布局调整。各级教育行政部门肩负着重要的教育行政决策、管理、指导和评估等职责，这些职责也是主体性的一个表征。

（一）教育行政面临的主要风险

从教育行政的主要内容看，其对教育的管理主要体现在制度层面、内容层面和方法层面，在其管理的每个层面都面临着相应的安全风险，这些安全风险可能是显性的，也可能是隐性的，有的可能立即显现，有的可能会有一定的潜伏期。

从制度层面来看，主要包括教育行政的体制、机制以及学校教育的制度等。以学校教育制度为例，如国家在高中阶段教育中确立普通高中教育和中等职业教育两种类型教育，并且要求普职比大体相当，然而随着"普高热"高烧不退，普职之间的比例越来越大，目前在全国范围的平均值已达6∶4，有的地方已经达到7∶3，甚者是8∶2。普职比的失调会引发系列教育风险甚至是社会风险，一是导致大量职业学校面临"饥饿"甚至是生存危机，职业学校大量资源闲置，设施设备得不到及时更新，师生人心涣散。二是普通高中优质资源短缺，引发择校热、民办学校热，产生了一些"航空母舰"式的超级校。三是职业学校的生源减少直接导致社会急需的技术技能型人才严重短缺，"技工荒"愈演愈烈，职业学校已经成为区域营商环境的基础性工程。

我国实现垂直型的教育管理体制——"教育部——各省、直辖市、自治区教育厅——地级市教育局——县市区教育局"，各级各类学校分别隶属于不同的教育行政管辖，有省属、市属、县属或乡镇属，存在着管理上的混乱，如有一些县市的重点中学，其行政级别为处级，而县教育局仅为正科级，县重点中学凌驾于县教育局之上，影响县市教育局对重点中学的权威管理，自然也就影响了对重点中学教育教学应该发挥的指导作用。教育体制的不顺会导致普通高中优质资源配置不均，进而产生一系列乱象，假民办、校中校等不断出现，权力寻租现象不同程度存在，人民群众呼声强烈，如不加以重视并逐步解决，会导致教育风险的不断累积。

从内容层面看，主要涉及课程、人事、财务和设施管理等。每个方面都风险重重，人们更为关注人事、财务和设施管理方面的风险，往往会忽略课程方面的风险。在课程风险方面，当前国家对中小学语文、历史、思政等有关意识形态的教材实现统编，贯彻国家意志，对其他课程都开发了相应的《课程标准》，对地方教材也采用审核制，这些做法有效降低了在课程内容、课程价值取向方面可能存在的风险，但对学校开发的校本教材、一些师本教材，存在明显的管理漏洞。这些校本教材在课程内容、课程价值取向、课程涉及案例等方面是否存在消极的因素缺乏审查机制。比如，在中华优秀传统文化进校园、进课堂的过程中，对于什么是中华优秀传统文化、哪些优秀传统文化适合进校园等方面并没有形成一致意见，以至在编写中华优秀传统文化校本教材时，存在按教师个人喜好、个人独立完成、教材内容拼凑、缺乏监督检查等现象，导致一些有封建愚忠、狭隘民族主义等思想的内容进入校本教材，对学生的人生观、价值观产生消极影响，而这种消极影响往往是长期的，其风险不可低估。

从方法层面看，教育行政工作者主要通过立法与执法、规划、督导、评估等手段，来推动教育事业朝着预定的目标发展与前进。这种对教育政策、法律法规、规划、评估等的运用如果行使得当，自然会推动教育事业发展，而一旦有瑕疵、纰漏，不严谨、不规范就会引发大的教育风险。这就需要教育行政部门在教育政策、规划、评估方案等出台前要进行广泛的意见征询，要经过严密的专家论证，要进行相应的试点，以保证科学性和可操作性等。以教育政策为例，由于区域行政区划调整、精简机构等的需要，很多地方都不同程度对乡镇、村庄进行了合并，加上城镇化进程的推进，一些地区在教育规划中，对乡村中小学校进行合并，使中小学校向城镇集中，在乡镇形成一镇一校的局面，这固然有助于教育资源的集约化，却增加了广大农村中小学生，尤其对偏远乡镇中小学生的上学负担和风险。教育政策的出台一定是便民、利民、为民的，不能单纯从经济效益、办学效益等方面来考虑。

(二) 教育行政部门的风险治理

提升教育风险防控能力。对风险社会带来的挑战，各级教育行政在应对教育风险时，应将重心放在自身风险治理能力和健全责任机制上。在风险治理能力方面，一是要加强学习，尤其是学习马克思主义思想及其风险理论，深刻领悟和把握马克思主义哲学智慧，善于运用马克思主义哲学来分析教育风险、解决教育风险，全面提升防范化解教育风险的能力和水平。二是要加强实践锻炼，在风险处理中学会如何应对风险。在遇到教育风险时，善于运用之前的成功经验，第一时间研究部署、制定切实可行的预案，问计于民、集思广益，坚持专家论证，坚持先行先试，在利弊权衡中保持战略定力，化险为夷、转危为机。

落实教育风险主体责任。教育风险都是人为造成的，人是教育风险产生的主体。对于教育行政而言，由于决策体制的不同，有的决策可能是由单一个体草率做出，更多的决策可能是由领导集体或专家团队权衡利弊得失后做出的。每一个教育决策都意味着带来教育风险，这就需要强化教育行政的决策责任。一是落实责任分担机制。将风险主体责任层层分解，按照"谁主管、谁负责"的原则，做到人人有责，人人尽责，各负其责；二是抓实责任过程管理。通过约谈、听取汇报、个别指导、工作检查等方式，对责任落实在工作过程中，风险治理从根本上说是一种提前防范和过程防范，只有严实过程，才能将风险遏制于萌芽之中；三是强化责任追究。要建立问责机制，没有问责，责任就落实不下去。

通过问责，强化责任担当，通过问责，长按风险警钟，对风险主体责任落实不到位的主体进行责任追究和处理，既追究当事人的责任，又倒查追究相关领导的责任。

完善教育风险治理体系。教育行政对教育风险治理肩负着重要使命，教育风险治理体系在很大程度上有赖于教育行政的顶层或宏观设计。第一，完善风险治理的制度体系建设，制定完善教育风险分级管控和隐患排查治理的通用标准规范，绘制教育领域"红橙黄蓝"四色安全风险空间分布图，建立完善教育风险公告制度等。第二，规范教育风险处理流程、制定教育风险处理预案，教育风险虽然具有突发性、不可预知性等特点，但教育风险处理也应遵循风险处理的一般流程，包括从风险识别、风险评估到风险防范的全过程，教育行政应指导各类学校制订翔实、可行的风险应急预案。第三，做好教育风险的常态化督查机制，教育行政在督促各类学校自查的基础上，建立常态化的教育风险督查机制，全面检查学校风险管理体系及其运行。

二　各级各类学校

各级各类学校是教育风险产生的重要场域，是教育风险治理的重心，也是教育风险治理的主体。

（一）学校面临的教育风险

学校面临的教育风险种类繁多、成因复杂，既有长期累积的风险，也有突发性的风险，既有学校自身引发的风险，也有外界诱发的风险，我们根据学校所承担的职责将学校教育风险划分为以下几个大类：教育教学中的风险，组织管理中的风险，考核评价中的风险等。

教育教学中的风险。教育教学是学校的中心工作，在教育教学中发生的或由教育教学引发的风险成为教育风险的重要来源。主要包括以下几个方面：一是教学场所本身的问题，如校舍本身质量不合格、操场有毒物质超标、教室甲醛超标等；二是教学过程中的问题，如教师带有歧视、污辱性、消极性的言行，师生之间的冲突，教学过程中的意外等；三是由教育教学引发的问题。比如，由于在教育教学中片面追求升学率，教师采用"题海战术""疲劳战术"等，导致学生学习负担过重，加剧了学生的身心负担，导致有心理问题的学生明显增多，引发一系列的突发事件，受到社会的广泛关注。近些年，不断增加的学生意外伤亡事件，很多与教师教育教学中的不当言行、学生沉重的课业负担直接或间接相关。课业负担过重也使学生的运动量减少，近视率上升，体质不断弱化，这种潜在的教育风险应引起人们的高度重视。

组织管理中的风险。管理自然包括人、财、物的管理，每一方面都存在相应的风险。人的管理方面，如何摆脱封闭、半封闭、开放式管理方式的束缚，建立一种平等、和谐的师生、生生关系，避免因校园欺凌、师生关系恶化、干群关系紧张等而导致系列教育风险的产生。财的管理方面，如何防范资金使用中的风险，堵塞资金使用中的漏洞，避免"嘉兴为学生购置平板电脑"等事件的重演。设施设备的风险，包括如房屋、消防、实验室、实训室、校内外实训场所、应急设施等。以实验室安全为例，近年来，媒体报道了多起因实验室原因导致人员伤亡的事件，如2018年12月26日北京交通大学一实验室由于堆放了大量的易燃易爆化学品而发生爆炸，造成3名实验学生死亡事件等。

考核评价中的风险。考核评价包括对教师和学生两个方面，直接关乎师生切身利益，对教育教学起"指挥棒"作用。在对教师的考核评价中，近些年因教师绩效考核不公或缺乏透明度等而引发的群体性上访事件屡有发生，导致干群关系紧张；在对学生的考核评价中，由于评价手段的单一，以及过度关注分数评价，导致部分学生产生过重的心理压力，中学生心理问题学生明显增加，为学校教育带来诸多隐患，需要切实转变考核评价方式，建立起多元多维的考核评价体系。

(二) 学校教育风险的治理

提高教育风险防范意识。学校领导应坚决贯彻教育行政相关要求，系统排查学校风险隐患，采取切实有效措施，保障师生生命健康安全；广大教师应确立安全第一理念，采用正确的方式方法，密切师生关系，紧绷风险防范之弦，加强对学生的心理健康教育和各类安全教育，形成时刻注意保护未成年学生安全的习惯；广大中小学生应增强安全防范意识，学习一些自救、互助技能，加强个人安全防护。

建立校园风险应急预案。一是建立健全组织机构，确定每个成员的安全工作职责，明确各自分工，落实承包制和责任分解制，作好指挥调度及协调配合，形成齐抓共管的机制。二是对学校可能的风险进行逐一排查，形成风险清单，并对风险清单进行分类分级管理。三是明确各类风险处置的基本流程，通过多次模拟演练让每个人了解风险发生时的应对举措，确保风险发生时能紧张有序地进行风险处置。

推进风险教育走进校园。一是课程标准中增加对风险教育的相关要求。将风险认知与决策能力作为学生必须具备的基本素养，作为课程教学目标的组成部分，并给出相应的实施建议，这是解决当下风险教育缺失的溯源之策；二是学科课程教材中渗透风险教育相关内容。教材是教学的载体，风险教育不是空洞、虚无的存在，需要坚实的载体依附或形式依托，唯如此才能使风险教育的内容与形式珠联璧合；三是学校主题活动中体现。通过开展丰富多彩的主题教育实践活动，让学生在模拟情境中面对风险、体验风险，提高风险认知与决策能力，加强防范与应对危机的意识与能力。

强化风险的全流程管理。构建安全稳定的工作体系，注重风险的全流程管理，进行全方位的风险排查，全面把握每一个可能的风险，实现从"遇见"到"预见"。以学校食堂风险治理为例，作为一个重要的教育风险点，很多学校为了避免风险，将食堂外包给相关企业，但这并不意味着风险的消失，这就需要做好三级防范：一是需要通过风险评估来选择合格的单位，否则会问题频发。二是严格风险管理，强化对食堂员工上岗前检查和工作过程检查，尤其要做好食品存样工作。三是要标准化应对风险，科学应对出现的问题。

三　家庭

家庭在教育中有着重要的作用，不仅在于家庭是孩子的第一所学校，父母是孩子的第一任老师，父母的学识水平、人生观、价值观都对学生有着深刻的影响，更在于良好的家庭教育是造就孩子成才的必要条件，家庭教育的好与坏将直接影响孩子的一生。正因为家庭对孩子的巨大影响，家庭教育带来的风险其影响更大，也更具破坏性。

（一）家庭带来的教育风险

价值观念带来的风险。不同的家庭有不同的价值观，家庭对孩子可能发展影响到的价值观主要包括人生价值观和职业价值观，是一个人对事情对错、事物好坏的评判标准，这种价值观对学生具有深远的影响。

比如，有的家庭父母信仰某种宗教，有些父母严重不认同某些职业工种，并会在日常生活、言行中表露出来，孩子长期在这种价值观的浸润下，自然会影响其价值观的形成。这就导致学校的价值观教育与家庭的价值观浸润产生矛盾，引发孩子个人兴趣与专业选择之间的矛盾，引发学生的价值观冲突，这种家庭教育导致的价值观冲突往往成为滋生孩子不良发展可能性的重要风险点。

家庭氛围带来的风险。家庭氛围是家庭成员之间的关系及其所营造出的交往情境和氛围，对孩子的精神和心理都起着非常重要的作用，很大程度上决定着儿童的心理品质及人格发展。家庭氛围客观地存在于每个家庭之中，表现在家庭成员是否健全、家庭环境是否和谐融洽、父母的教育方式、亲子沟通、家庭成员重大变故等，如果一个家庭长时间处于争吵之中，甚至存在家庭暴力，会对孩子的心灵、性格产生重大而长远的影响，很多的教育风险正是恶劣的家庭氛围所引发的。这种家庭氛围也表现在父母的教育方式上，如果是专制型、高标准型、粗暴型的教育方式会导致孩子长期处于一种紧张和压力之中，会影响亲子之间的正常沟通，容易引发一些极端的家庭教育风险。此外，一些如单亲家庭、离异家庭等对孩子的消极影响较大，出现家庭风险的概率也较大。

生活方式带来的风险。父母或家庭成员的生活方式对孩子的影响是潜移默化的，这种生活方式包括生活作息、饮食和行为习惯等，如果家庭成员生活作息不规律，有不良嗜好，注重吃喝玩乐，言行粗鲁，自然也会深刻地影响孩子对生活的态度。

此外，家庭成员的心理个性因素，尤其如情绪、性格、行为、意志等非智力因素，也会对孩子产生不良影响。家庭文化建设非常重要，中华文化特质就是家国同构，如果家文化没落，个体生命的意义、价值体系、文化的可持续性都会受到影响。

（二）家庭教育风险的治理

家庭教育风险治理是一个相对艰难的过程，一方面家庭是社会的细胞，数量繁多、情境复杂多样，家庭成员文化、科学素养参差不齐，价值观念、生活方式、教育方式等各不相同，家庭教育风险存在着较大的随机性、偶然性，难以准确的防范；另一方面家庭教育与学校教育不同，缺乏有效的制约因素，在相对狭窄、封闭的家庭空间里，家庭成员主观的意志、行为占主导地位，这就使家庭教育风险的产生具有隐蔽性和突发性，难以找到有效的风险防范载体。

建立家庭信息全息数据库。学校应建立起包含学生家庭信息的全息数据库，主要包括家庭基本信息（如家庭人口组成与结构、父母教育理念及受教育程度、家长职业类别、物质条件等）、家庭氛围（如家庭关系亲密度、家庭教养方式等）、亲子关系（如亲子时间、亲子活动等）、父母的教育观念（如宗教信仰、教育方式、教育态度等）等，从而对每个家庭情况有一个相对全面的了解，通过对影响孩子健康生长发育的家庭因素进行研究并早期筛查，便于确定重点观察对象，确定可能发生认知、心理和行为问题的高危儿童，缩小风险源范围，制订相应的干预计划，从而保证孩子们不仅可以正常的生长发育，其身心也得到健康的发展。

建立制度化的家校沟通平台。家校合作共育的关键在于建立制度化的家校沟通平台，这种平台不能仅限于网络上的社交媒体，微信、QQ、电话等不能替代面对面的交流。一是成立相应机构，在学校、班级中建立家长委员会，定期召开家校沙龙，进行理念宣讲和方法推介，努力变消极的家庭教育为积极的家庭教育；二是建立家长学校，通过线上线下多种形式对家长进行系统的培训、指导，不断提升家长的教育素养，不断端正家长的思想观念，不断改进家长的教育方法；三是建立信息反馈机制，及时沟通、交流孩子在家校的情况，形成教育合力。

此外，应进一步加强家庭教育方面的法制化进程，推动家庭教育立法，规范家长的教育行为，明确家长的权利和义务，进一步保护孩子的合法权益。

四　社会

随着我国经济的快速发展，社会转型不断加快，各种矛盾交会引发的社会风险日渐增多。这些社会风险具有普遍性和难测性，不仅因为社会风险是普遍存在的，更在于这些社会风险难以准确预估，也就难以做出精准研判。这些社会风险具有人为性与感知性，充满了主观色彩，大致又可分为人为风险、社会化自然风险和制度化风险等。这些社会风险还具有广泛性和分享性的特点，影响范围广、程度深，在短时间内可以迅速地蔓延、扩散。

（一）社会引发的教育风险

学校和家庭本身就是社会的重要组成部分，社会风险自然也会由社会领域传导到教育领域，社会风险主要包括国家政策调整的风险、社会舆论的风险、社会不稳定风险、社会经济转型的风险等，这些社会风险会不同程度地引发教育风险。

国家政策调整引发的风险。国家会根据经济社会发展情况对政策做出相应的调整，这种调整自然也会直接、间接地波及教育，除直接的教育政策调整外，其他的政策调整也会给教育带来深刻影响。比如，随着老龄化社会的到来，适龄劳动人口不断减少，国家势必调整相应的人口政策，逐渐放宽原来的计划生育政策，随着"三孩"时代的到来，可能导致学龄儿童增加，这时如果教育资源尤其是优质教育资源不能满足有效供给，就会加剧人民群众日益增长的教育需求与教育资源不充分、不均衡的矛盾，引发教育风险。摩根索在《国家间政治》一书中的表述，"一个国家，如果没有足够多的人口来创造和利用国家力量的物质基础，就不可能跻身世界一流国家。但在另一方面，大量的人口也可能对国家力量产生极端负面的影响……它们只好把本可用来发展国力的稀缺资源用作解决温饱问题。它们的人口固然众多，却非但不是发展国家力量的财富，反而变为了发展的障碍"。人口新国情新特征带来局部区域人口增长差异性明显，城镇化提升超出预期，高流动性迁徙中国特征更加显著，由一个政策牵动社会变化带来的教育风险治理挑战不容忽视。

社会舆论引发的风险。身处自媒体时代的当下，社会舆论、网络舆情正深刻影响着教育。以香港修例风波为例，特区政府根据现实情况对《逃犯条例》进行修订，这本应是一个正常的完善法律的行为，经媒体的片面报道和网络的非理性传播后，演变为一场持久的、连串的暴力事件，给香港的经济社会发展和人民的正常生活造成了难以弥补的伤害。在这场修例风波中，教育不仅没有置身事外，反而身陷其中，成为连串暴力事件的重灾区。

社会不稳定因素引发的风险。随着经济社会的发展，社会转型的加快，社会存在各种思潮，价值观多元，社会不稳定因素增多，如贫富差距的拉大、环境条件的恶化、民生福利制度的不健全、官员的廉政廉洁问题、不良信息的网络传播等。比如，国家明文规定"教师工资待遇不低于公务员平均水平"，然而一些地区却迟迟不执行这一政策，甚至教师工资待遇与公务员的工资福利水平还呈现扩大趋势，导致一些地区的教师不满，引发群体性上访事件。

社会经济转型引发的风险。随着经济的快速发展，产业的加速转型，各项改革全面推进，一些社会弱势群体如农业劳动者、外来务工人员、城乡无业失业和半失业者等在经济上变得更为弱势，在政治上话语权越发缺失，难以参与到社会事务管理中，如果弱势群体的地位不能得到相应的改善、经济水平不能得到相应的提高，他们的风险承受力就会变得更加脆弱。根据"短板效应"理论，一个社会的稳定与否并不取决于经济发展的增长速度和社会财富总量增加的状况，而是最终取决于社会底层群体的风险承受力和生活改善状况。这些群体对经济下行、生活水平下降的承受能力最为敏感脆弱。在教育方面，这部分弱势群体由于经济等方面的原因，往往无力享受优质教育资源，一旦区域教育资源明显失衡，极易触发弱势群体的敏感神经，引发教育的群体性事件。

（二）社会教育风险的治理

充分把握政策调整缓冲期。一是在政策调整时应留下一定的政策缓冲期，比如延迟退休政策自然会对每个教师产生影响，关乎每个教师的切身利益，这就需要在延迟退休政策出台时预留一定的政策缓冲期；二是充分利用政策调整的缓冲期，比如"三孩"政策的出台，对教育的影响如从幼儿园算起应该在3—4年之后，教育部门应充分利用这一"窗口期"对教育资源配置做出科学、合理安排，从而有效化解政策调整可能引发的教育风险。

营造公平的受教育环境。充分关照弱势群体子女受教育的需求，消除歧视性、排他性的教育条款，坚持义务教育公益、普惠的教育原则，规范民办学校办学行为，营造公平的受教育环境，不仅让每个学生都享有公平的受教育机会，更要让每个学生都享有公平的教育资源，大力推动城乡教育均衡、东中西部教育均衡。完善教育救助制度，不让一个孩子因贫困而辍学。

营造教师安心从教的社会环境。切实落实中小学教师"国家特殊公职人员"的法律地位，建立起教师安心从教的薪酬制度、职务职级晋升制度和各项保障制度，强化教师立德树人根本任务，把好教师入职关、师德关、能力关，锻造一支高素质的教师队伍。在出台《教师专业标准》的基础上，进一步规范教师言行红线，尤其要规范教师在社交媒体、网络平台上的言论，将学校打造成社会文明的高地，将教师打造成社会文明的典范。

教育风险的治理主体并不是单一的，而是呈现教育行政、学校、家庭、社会等多元主体共同治理的形态。在多元治理中，往往以教育行政为主导，以各级各类学校为主体，充分发挥社区社群、家庭等的协同作用，形成一个利益共享、风险共担、功能互补、有机联系的治理共同体。多元治理并不是多头治理，而是各负其责、各安其位、相互协作，共同致力于维护良好的教育秩序。

第三节　教育风险的治理过程

教育风险治理过程一般包括以下几个过程：一是教育风险的信息收集。明确教育风险信息的来源，也就是教育风险信息的收集渠道，没有信息收集就无法对风险进行研判，要精准地研判教育风险，必须及时、全面、充分的完成教育风险的信息收集。如发生风险信息收集遗漏、偏差，就会对教育风险研判产生重大负面影响，使对教育风险的判断失真。二是教育风险的来源识别。所谓教育风险来源识别，就是明确教育风险的具体产生根源，这些风险因素是因何产生的，也就是对收集的风险进行来源确认。三是教育风险的评估研判。在对风险信息收集和来源识别后，需要对风险作出精准的评估和评判，主要是对当前风险所处的阶段、发生的可能性、发生的可能严重程度及现有的风险防范能力等做出科学的评估，在此基础上对风险作出准确的判断。四是教育风险的过程管理。为保证对风险能够进行准确评估和科学决策，还需要通过强化过程管理使得风险过程管控科学化、规范化。

一 教育风险的信息收集

教育风险具有不确定性，有一些是不可预测的不确定性，还有一些是可预测的不确定性。我们需要防范的主要是后者。鉴于大部分教育风险的可识别性和可预测性，如前面第三章所述教育重要风险点，都需要专业人员凭已有经验去研究发现相关问题所在，即先要对风险源进行识别研究。如果不加强研究，教育风险的大量存在便会模糊人们的认知，无处不在、无时不在的教育风险麻木了人们的敏感神经，人们反而视教育风险为常态，或视而不见、熟视无睹，或简单罗列、敷衍了事，这也正是教育领域"灰犀牛事件"频发的重要原因。

教育风险信息的收集可以有多条线索，比如以场所、条块等为轴进行收集，但更为主要的是以行动主体为轴，应紧紧围绕教育风险的行为相关性特点，以行为主体的日常行为或日常工作为收集主线，采用逐级风险模块架构进行分类汇总。比如，对于作为行为主体之一的学生，在教育风险信息收集时，以学生的日常活动为基本线索，以时间为序进行逐一排查，从学生可能的活动场所宿舍、校园、教室、操场、餐厅、卫生间等形成若干风险模块，在每一风险模块中再根据学生的活动特点和行为逐一梳理风险点，如宿舍风险模块，摸排宿舍建筑物风险、水电风险、床铺风险、宿舍欺凌风险、宿舍内（间）的学生交往风险、宿舍管理风险等若干风险子模块。在水电风险子模块中，进一步摸排用电风险和用水风险，用电风险中包括插座风险、功率用电器风险、手机用电风险、照明灯爆管风险等。在用水风险中，包括洗浴时滑倒风险、水温高可能引发的烫伤风险、水温低可能引发的感冒风险、洗浴资源不足可能引发的学生矛盾风险等，从而形成一个完整的、系统的风险清单。当然，在教育系统内部风险中，校园公共安全方面的一些教育风险点通常容易识别，在关乎教育重大政策调整，以及影响到国家安全及社会稳定等方面的教育风险点，就需要以教育专业研究为前提，没有专业力量介入，没有充分的风险来源判断，就难有全面的信息收集，许多风险导致的教育危机恰恰因为缺乏足够的专业研究，在对风险源信息的判断上出现偏差所致。只有在信息充分收集的基础上，进一步对风险清单进行分析研判，才能厘清各类风险源的轻重缓急。

在教育风险信息收集时，应把握四个原则：（1）坚持客观性，以行为主体可能的行为为指向加强研究，以可能的事实风险为依据，不主观臆断和任性选择；（2）注重关键性，教育风险点本身是客观存在的，教育风险点的信息收集不仅要排查出风险点，更为关键的是及时有效地排查出可能影响风险点"突变"的基本因子；（3）关注耦合性，教育领域的风险点从表象上看是单独存在的，然而各风险点之间往往呈现一定的耦合性，这种耦合性与风险的行为主体有关，在教育风险收集时，要充分考虑行为主体的行为相关性；（4）保持动态性，教育风险的收集并不是一次性的、一劳永逸的，应建立动态性的风险点排查机制。

二 教育风险的来源识别

教育风险识别包括感知风险和分析风险两个环节。感知风险即了解客观存在的各种风险，只有通过感知风险，才能进一步在此基础上进行分析，寻找导致风险事故发生的条件因素，为拟订风险处理方案，进行风险管理决策服务。

感知风险建立在风险信息收集的基础上，风险信息收集是对有可能产生的风险进行全部的、完整的吸纳。风险感知是对收集的风险信息，根据过往经验直观感知风险是否真实存在或存在的可能性，这是一种直觉研判。比如，对于校园建筑物，其风险信息包括建筑物本身、建筑物内的人或物三个方面，就建筑物本身而言，主要包括地质情况、火灾、漏电、结构损坏、雷击、倒塌等；就建筑物内物品，情况比较复杂，如各类电器的使用风险，各类物品的潜在风险，如各类实验器材、实验制剂等；就人员风险而言，逃生通道、消防通道、急救绿色通道等，但相关责任人根据经验和直觉能感知到的风险可能是高空掉物，因为建筑物本身是新建的，且通过严格的监理，不可能发生雷击、结构损坏、倒塌等，只可能发生高空中的一些物件掉落，如大型广告牌因强风而掉落等。

教育风险中有一些为重大风险，比如教育改革发展重大政策调整，教育发展规划的制定和调整，中小学布局调整与撤并，重大教育资金安排，招生考试、教育收费政策的重大调整，其他与群众切身利益密切相关的事项等教育重大决策，一旦出事故，影响面广，严重性高，必须加强防范。教育发展规划事关国家长远，风险极大但不是很紧迫，容易被熟视无睹；而考试招生学区等调整变化容易引起群体性突发事件，它能否被社会环境、人文条件所接纳，接纳程度如何，当地政府、组织、社会团体、群众支持的程度如何，项目与当地社会—经济发展的相互影响等方面都是重要的风险源。教育重大决策风险识别的重点是研究排查出相关的风险源，风险识别带有一定程度的价值判断，既有客观性，也具有主观性，而风险源是不带有价值导向的客观存在，即一些或隐或现的问题所在。调研显示，教育风险源的分类，以及危机与风险的边界都相对模糊。许多严重的群体性事件都是由小群体事件累积而来，如果能对小群体事件及时开好药，就能治好病，防微杜渐。

认识与排查出教育决策风险源成为制定防范预案的前提。科学和专业的力量对风险识别至关重要，依靠调查、识别、测评来确认教育重大决策的风险源。群体事件的发生，通常涉及结构诱因、结构压力、触发因素、信念传播、社会控制能力与行动动员等要素，预防通常包括对结构诱因和压力的消减，以及集体行动形成初期的控制等，直接与管理条件相关。教育风险与危机边界的模糊性要求，需要加强风险的结构化识别与风险链识别。教育风险点的排查不仅要排查出风险点，更为关键的是及时有效地排查出可能影响风险点"突变"的基本因子。在风险客观存在的状况下，突发事件既是触发因子，也可能成为风险的一种削弱方式，它起到了社会学冲突主义所谓的"安全阀"或"减震器"的作用。

风险具有复杂性，因此我们要对其各种风险点逐一识别。一般可从以下三个方面进行结构化展开：确定风险类型、风险特征及风险发生阶段。教育风险链由风险因素、风险孕育环境和风险承受体三个子系统构成。风险因素之间内在链接方式不同，分为"串发风险链"和"并发风险链"。风险孕育环境和风险承受体，决定着教育风险因素如何相互作用，并最终诱发危机。风险因子的传递，会促进风险的各种孕育条件都成为演化为"邻避"风险的可能，引发社会不稳定。风险孕育环境决定了风险类型，教育领域封闭决策环境，导致了决策的高度随意性，加上教育资源的高度竞争性、终身利益的高度相关性、承受体的高焦虑环境，这些都成为风险形成的关键因素，它影响着风险链的危机形成过程。风险孕育环境特征具有不稳定性和相互关联性，不同环境之间能够相互作用，造成风险累积叠加，增强危机的严重性。同时，我们通过对比教育决策的系列风险因素可能造成的危害程度，以及当地现有防范与应急处置能力，可以判断出可以应对的有哪些风险，暂时无法解决的风险又有哪些，做好排查、识别与确诊工作。

三　教育风险的评估研判

将风险评估的理念和方法引入教育领域，有助于教育风险防范。成功的防范必须能够发现真正导致危机的教育风险，包括已客观存在的问题及其"病根"，从而解决问题，化解矛盾，堵塞漏洞。因此需要对风险发生的可能性与后果的严重性进行双重指标的评估，主要包括三个方面的内容：一是风险存在和发生的时间分析，也就是确定风险大约什么时候会发生；二是进一步分析和评价风险因素发生的概率，也就是确定风险究竟多大程度上会发生；三是风险的影响和损失分析，也就是一旦风险发生，究竟会造成多大的影响或损失。做到应评尽评、查防并重。风险评估可以采用定量分析与定性分析相结合，定量分析是对各风险因素客观的进行风险估算，定性分析是主观建构风险水平。不仅要评估风险高低等级即严重性与紧急性程度，也要对该风险评估本身对于决策承受体的正面影响力进行评估；需要权衡决策收益与决策风险；还要评估公众意见被采纳程度、决策回应的程度、决策指向的影响程度，以及公众认知、态度、参与能力的改变程度；全面排查，逐一列出风险等级；采用消除、减少、预防、延缓等办法来分别处理风险评估结果。

按照风险链的框架，教育风险的研判应该着重考虑时间要素（即各类风险发生的阶段）、影响程度（后果的严重性）、概率要素（发生的可能性）以及现有的风险防范能力等四大评估指标。

（一）时间要素

风险的演化可分为不同的阶段，有潜伏阶段、萌芽阶段、爆发阶段、扩散阶段、缓解阶段、平复阶段等，每一阶段都有较为明显的特征，根据特征明确当下的风险处于风险演化的哪个阶段，以便有针对性地制定防控措施。

（二）影响程度

对可能发生的风险，预测可能导致的直接损失和间接损失，判定风险的等级、强度，风险防范应综合考虑风险等级和风险概率，对于等级高、危害大且易发生的风险重点防范并及时预警。

表7-1　　　　　　　　　教育风险性质与等级

风险名称	风险性质	风险等级
xxx	内生	重大风险
	外生	较大风险
	主观	一般风险
	客观	低风险

教育风险的研判通常需要有专业人士与行政人员、实践人员三方共同进行舆情会商，对信息进行真假判断核查，凭经验初步研判，表明态度及作出行动响应。教育风险除了与决策程序有关，还与观念立场密不可分，关联情境、知识及价值观念。因此，我们还需建立教育风险链的主观模型。这种主观模型应当遵守以下原则，保证评估要有利于促进对价值分歧的弥合、社会矛盾的化解、公共信任修复的作用力。然后针对导致风险的主观性评估，进行风险等级研判。通过设计量表进行问卷调研，主要是对教育有关利益群体进行调研，特别是针对直接影响到的利益群体，收集资料、获得所需数据。此处，不用过多考虑单个风险点与叠加作用的区别，只需测量利益相关者对教育整体风险感知的水平，以求得调研对象主观风险感知的完整性。利益相关者对整体风险水平（R_2）的表达见公式 $R_2 = PI \times A \times S \times Cm$。其中，PI 代表利益相关者对风险感知的综合指数，A 代表利益相关者的态度，S 代表被感知到的风险可能引发的抵制行动的激烈程度，Cm 代表风险沟通的状况。[1] 通过以上主客观评估模型相结合，可以确定风险等级，然后向社会及时公布等级评估的相应目录与标准，增加信息反馈与舆论监督引导，赢得社会

---

[1] 张乐、童星：《社会稳定风险评估之评估：过程与效果的综合指标》，《南京大学学报》（哲学·人文科学·社会科学）2016年第5期。

理解支持，争取社会信任。

（三）概率要素

在对风险信息分析的基础上，对风险的性质、风险的严重性和级别进行分析，做出相应的判断，初步确定是什么性质的风险，大体的风险等级（需要确立风险等级标准）和发生的概率等。

表7-2　　　　　　　　　　教育风险等级与概率

风险名称	风险等级	风险概率
xxx	重大风险	极易发生
	较大风险	易发生
	一般风险	一般
	低风险	不易发生

通常采取定量和定性相结合的方式进行风险研判，一方面加强定量分析增加客观性，另一方面考虑文化和社会心理这些教育风险的形成因素，突出教育风险的定性分析。客观模型是指客观估算风险发生的概率和严重性程度。获取某一教育风险概率可用以下方法：利用数据资料计算理论的或先验的概率、利用已有文献资料了解之前这种事件发生的概率、由专家基于人们对风险事件发生概率的主观认识来打分获取。但是，我国几乎没有这些长期积累的教育风险数据库支撑，相关风险发生的概率及严重程度只能由专家进行经验判断。教育重大决策风险客观分析所能获取的数据信息资源还相当薄弱，必须由实践经验丰富的专业人员来完成，他们要有敏锐的异常发现，在风险分析和应对能力对比的基础上，能够提出适合新情况的应急对策，实施阻断风险链的举措，来加强应急管理环节。

（四）防范能力

现有风险防范能力是风险研断的重要组成部分，教育风险的精准研判不仅在于精准地评估风险，还在于对风险精准评估后是否有能力进行科学有效的风险防范，如果明知有重大教育风险却没有能力防范，其风险评估的意义和价值也会打折，只有明确现有的风险防范能力，明确优势和不足，才能补短板、强内功，不断提高风险防范的能力和水平。现有风险防范能力我们可以从以下几个维度来加以判断：（1）人力。是否有一支专业化、组织能力强、经验丰富的教育风险治理队伍，做到"招之即来、来之能战、战之必胜"。（2）财力。是否有相应的财力来支撑教育风险防范，是否有教育风险的相关预算，是否有相关的应急基金等。（3）物力。是否有足够的风险物资储备，物资的调配是否能做到迅速而及时等。（4）制度。是否有一套较为成熟的风险治理制度和风险应急预案，以有效应对教育风险的发生。

风险的生成与演化既有必然性也有偶然性，是一个多重因素综合作用的结果，需要加以细致的分析。比如，从风险的内外部因素来分析，在内部因素方面，可以思考风险发生的场所在哪，风险发生会涉及哪些行为主体，风险发生时的环境条件是怎样的。在风险可能发生的场域，我们可以考虑场域中哪些因素与风险发生有关，比如场所的物理因素和时空因素，为什么有的校园欺凌都在相对封闭的小环境内发生，就是因为封闭的小环境具有隐蔽性和不易察觉性，不易被其他人发现。比如场所的人为因素，风险可能发生的现场有哪些人员存在，这些人员会有哪些行为会触发风险，场所的周边还有哪些值得注意的因素，等等。再比如涉及主体，也就是风险发生可能会涉及的人员，这就包括受损主体、影响主体、决策主体和获益主体等，我们需要对每一个人员图谱进行详细分析，尤其对受损主体和决策主体。

根据中央要求，重大决策出台前、过程中与执行后都要进行决策风险评估。评估集中考查决策的合法性、合理性、安全性和可行性。通常的评估流程，包括确定评估对象，召开评估专门会议做出分析和预测，制定预案与落实措施，撰写评估报告与逐级上报，最后审查报告。对以上五个环节应当进行过程跟踪，以了解风险预测与风险防范举措的一致性程度；另外，在评估技术上研发"教育重大决策风评信息化管理系统"，研究构建一个新型的、面向教育决策者和公众参与者，可度量、可模拟、可监控、可校正、可反馈的精细化教育决策风险评估综合系统。使得风险评估工作可以在线督察、研判与报备；完善教育风险评估机制建构，促进评估政策的体系化和法制化，出台《重大决策教育风险分析和评估实施办法》；促进评估参与主体的多元化，推进第三方评估，加强评估内容的条目化和具体化，明确规定教育领域所有重大决策都要进行风险评估。建立评估指标体系，编制印发《教育重大决策风险评估报告编制指南》，促进评估方法的科学化。

四 教育风险的过程应对

南京大学童星指出，对风险的意识和认知水平决定了人们能否接受风险。在精准研判和科学决策的基础上，为使风险决策更好地转化为风险治理行为，需要在把握风险发生发展规律的基础上，强化教育风险的过程应对。教育风险的过程应对主要应把握好以下三个方面。

（一）强化专业支撑

高水平的专家队伍是教育风险过程应对的智力保障，风险治理是一个高度复杂性、易变性的过程，风险的演变受多重因素的综合影响，因此风险的过程应对伴随着系列高风险的过程决策，风险的决策应对绝不是一次性的，而是贯穿风险治理的全过程，为了保证风险应对的科学性、合理性，使教育风险能得到及时化解，需要建立高水平的专家队伍。

一是加强决策咨询人才的培养。进行决策咨询人才库建设，设立决策咨询人才培养专项，培养配置一批集学历、阅历、经历三位一体的能咨善询的"常备军"。吴康宁教授指出，许多教育学的理论工作者并不适合进行教育决策咨询研究，他们习惯于想当然的理论思维，缺少决策相关的复杂问题意识、真切的实践感知与政策研究能力。教育决策咨询研究要从重难点与热点问题出发，从实践需求出发；要有能力拿出新办法、指出新路径、提出新战略。要有职业平台方便取得大样本的实际调查。能够对政策出台前与实施中提供切实可行的政策风险识别与预案主张，并且能熟悉于使用决策者和公众都容易读懂的日常话语而非理论学术话语[①]。

二是建立保障与规范约束机制。一方面要建立专家参与咨询的保障机制，另一方面要明确专家的权责。以保证专家介入，并且保证他们能够客观、尽责、中立地发挥专业能力。专家参与教育决策前要有认真充分的调研准备，配合教育行政部门结合利益相关者的背景和需求开展持

---

① 吴康宁：《教育改革需要什么样的国家智库》，《中国高等教育》2014年第6期。

续、充分的互动，包括对其进行实地调查、访谈和定期会议讨论，最终形成融合各主要利益相关者的需求、观点及其对政策发展的建议；建议和方案被采用后，应对所决策产生的后果进行绩效评价；规范和约束专家与利益集团、行政机关的关系，以保证专家意见的公正和平衡；制定保密条款，强化保密机制；高层次专家库的人员实行旋转门动态进出，能者进，庸者出。

三是促进科研机构职能转型。社会转型期的教育改革难度不断加大，比历史上任何时期都更需要有教育科研对教育决策的支撑。我国现有已经形成的各级教育科研网络体系中，省级教科院所在落实国家政策、规划各地教育改革发展、服务各地教育决策方面的作用至关重要。省级教育研究机构转型教育智库，是落实中央关于推进中国智库建设重大战略部署的必然要求，也是最现实、最可行的教育决策风险防范的路径选择。[①] 面对新的形势，教科研机构加快实现向智库转型，是其生存发展的必由之路！国家之大，区域差异显著，因此省级教科研机构上要落实国家政策，下要规划全省教育发展，承上启下，应当成为各省教育行政最依赖的教育智库。这就要明确要求转变工作重心，减少大量对下级学校的评估指导等活动，减少各种日常事务性工作，工作重点要以决策咨询为服务重点，且以此引领学术研究，发挥好教育政策风险防范的"风向标""加油站"作用，也体现出与市县一线教科研机构职能定位的应有不同。要主动关注热点、重难点问题，关注教育战略性问题，科学规划，积极储备，促进成果转化应用，扩大科研成果的社会影响力，为教育重大决策提供科学依据、帮助公众理解教育政策、对教育中长期规划发展问题提出教育风险"预警"、对教育风险防范提出解决方案。

四是深化政府部门"放管服"改革。鉴于我国"政事不分"与"管办分离"的经验教训，要强调风险评估主体的独立性和超脱性。第一，赋能省级教科院所。明确其作为省教育行政部门的教育决策辅助机构，明确规定其教育政策风险调研、评估、检查等职责，且给予相应经费保障、清晰权责边界。第二，完善省教育信息中心的基础数据库，提

---

① 刘国瑞、王少媛：《推进省级教育研究机构向教育智库转型的若干思考》，《现代教育管理》2014 年第 4 期。

供教育数据信息共享平台,为研究、评估等开放提供数据信息;第三,要在省教育媒体加强教育政策风险点的关注,加强舆情信息的引导性、过程性发布,通过信息的充分沟通增加社会各界对教育的信心,当好"宣传队"和"守夜人",广泛凝聚共识,增加社会信任,提升关键多数对教育的容忍度。

(二)坚持流程管理

教育风险的治理关键在于治理过程的科学化、规范化,这就需要将治理过程转化为治理流程,以类似企业生产流水线的方式,让风险治理主体在风险治理时有条不紊、有章可循。

一是编制教育风险"操作手册",类似于企业的"生产说明书",对教育风险进行流程化管理,使风险的每一步骤、每一阶段都有相应的"操作手册"。"操作手册"不仅明确风险不同阶段每一风险治理主体应做些什么、应如何做、应做到什么程度,而且明确不同风险治理主体可以应用的资源、所应担负的责任。教育风险治理的流程化不仅可以避免风险防控"半悬空中",避免风险演化过程中治理主体可能出现的盲目性、盲动性,使风险可防可控,真正实现教育风险从"遇见"到"预见",而且可以通过"标准化的动作""标准化的应对"。相对科学地防范和化解教育风险。当然,这种风险的流程管理也要避免陷入"机械化"的窠臼。

二是列出教育风险"作业标准","操作手册"是教育风险治理的基本遵循,但只有"操作手册"还不够,"操作手册"只是规定了教育风险治理的基本流程和步骤,但每一步骤应达到什么标准,必须加以明确,也就是要列出教育风险每一操作步骤的"作业标准"。"作业标准"是保证每一风险治理步骤不留隐患的重要基础,也是风险治理规范化、标准化的基本要求,我们既要避免教育风险治理过程的随意性,也要避免教育风险治理方式的随意性,"作业标准"是教育风险治理的"质量认证标准"。

三是强化"流程配套",将风险治理过程转变为风险治理流程,离不开相应的"配套设施",这种配套大致包括以下几个方面:(1)严格的流程监管。就是在风险治理的每一环节都有相应的监管,这种过程监管自然也包括阶段性的风险治理效果验收。只有搭建保障基础,严格监督环节，形成闭环管理，才能确保治理过程不走偏。（2）顶层的统筹协商。多元治理主体在风险治理过程中虽然有明确的分工，承担各自的职责，但也容易形成各自为政、"自扫门前雪"的状况，这对教育风险的综合防控造成障碍，需要成立一个权威的风险应对决策协调机构，便于协调多元主体的治理行为，形成整体合力。（3）细致的流程服务。在风险治理过程中，涉及一些突发情况、遭遇一些未明问题，治理主体会因各种原因陷入治理困境，因此建立全过程的服务网络至为重要，这种流程服务既是"脚手架"，为治理主体的风险治理"保驾护航"，又是"引领员"，不断指引治理主体攻坚克难、奋勇向前。

（三）做好过程反馈

首先是适时反馈、不断优化。风险治理是在效果难以准确预见的情况下采取的"探路"之举，过程中必然会出现一系列问题，需要及时地加以纠正，这就需要建立一种过程性的数据收集、分析、反馈机制。一是风险数据的采集，围绕风险生成和演化的过程，从方法选用、资源配置、过程管理、多元协同等方面进行数据采集，在数据采集时可多作一些数据比较研究，尤其是不同风险治理方式方法和效果的比较等；二是将采集的数据导入相应的分析软件，如 SPSS 等，通过横向和纵向对比、常模和目标对比等，形成系列对比数据，得出相应的结论；三是根据数据分析得出反馈意见，进而实现对风险治理过程的不断优化。

其次是全面评估，保证成效。如何判断风险治理取得了预期的成效，如何判断风险治理所采用的方式方法的科学合理性，这就需要建立纵向对比、持续追踪和横向对照、全面评估机制。这种横向对照、全面评估机制，就是将风险治理过程与标准风险治理模型进行横向比较，通过方差分析，借以评估两者的差异和变化，因此在教育风险治理时，我们应该形成一个标准的教育风险治理模型，实际的治理进展和治理效果与标准教育风险治理模型进行适时对照，从而保证教育风险治理的良好效果。

第四节　教育风险的治理机制

通过建立教育风险预警机制、决策机制、防控协同机制和责任机制等，形成有效制衡的风险治理机制，全面防范教育风险。

一 教育风险预警机制

（一）划定教育风险预警等级

教育风险预警是在对教育风险系列数据进行全面分析后，对风险走势给出预测，根据预测的风险严重程度和紧急程度，确定各项教育风险的频度和强度，决定是否需要预警，采用什么级别的预警。参考国务院《特别重大、重大突发公共事件分级标准》和《国家突发公共事件响应分级标准》，预警信号的级别依据教育风险可能造成的危害程度、紧急程度和发展态势一般划分为五级：Ⅴ级（较轻）、Ⅳ级（一般）、Ⅲ级（较重）、Ⅱ级（严重）、Ⅰ级（特别严重），依次用蓝色、绿色、黄色、橙色和红色表示，对极易发生的重大风险和较大风险确定为Ⅰ级，对易发生的重大风险和较大风险确定为Ⅱ级，对一般发生的重大风险和较大风险确定为Ⅲ级，对极易发生的一般风险和低风险确定为Ⅳ级，对不易发生的重大风险和较大风险确定为Ⅴ级，对一般风险和低风险的易发生、一般发生和不易发生概率则由各单位自行确定相应的风险预案。

表7-3　　　　　　　　　　教育风险预警层级

风险概率	风险等级	预警级别	预警领号
极易发生	重大风险	Ⅰ	红色
	较大风险		
易发生	重大风险	Ⅱ	橙色
	较大风险		
一般发生	重大风险	Ⅲ	黄色
	较大风险		
极易发生	一般风险	Ⅳ	绿色
	低风险		
不易发生	重大风险	Ⅴ	蓝色
	较大风险		

（二）确定风险响应等级标准

应急响应等级按照突发事件发生的紧急程度、发展态势和可能造成的危害程度分为一级、二级、三级、四级和五级响应，Ⅰ级（特别严重）、Ⅱ级（严重）、Ⅲ级（较重）、Ⅳ级（一般）和Ⅴ级（较轻），一级响应为最高级别响应。划分风险响应等级标准可以从风险可能造成的人员伤亡、财产损失、影响范围等，参考《国家自然灾害救助应急预案》，明确各等级标准的主要内容、应急响应的主体、应急响应的动员、应急响应的资源调配等，并根据风险的演化及时调整风险等级和风险响应等级。比如，2020年起发生的新型冠状病毒肺炎疫情，根据疫情的发展情况，国家发布高风险地区、中风险地区和低风险地区名单，并进行适时的调整，自2020年1月25日，广东、湖南、浙江、湖北等26个省、市、自治区启动重大突发公共卫生事件一级响应，由于国家采取了果断的响应措施，我国新冠肺炎疫情逐步趋缓，风险响应等级不断变更，区域的风险等级也不断变更，形成了一个动态的风险应急响应机制。

（三）完善教育风险预警流程

不断完善并细化教育风险的预警流程，是教育风险治理的重要内容。建立教育风险数据库和教育风险预警系统，设置相应的预警阈值，当风险数据达到相应等级的预警阈值后，就发出相应等级的教育风险预警，在系统或有关部门发出教育风险预警信号后，根据风险预警等级启动相应层级的应急响应，确定风险治理的主体，风险治理主体根据风险等级和响应等级调配相应的人力和物力以防范和化解风险，通过制订翔实的风险治理方案，明确主体职责范围、任务分工、防范要求等，采用各种方式开展教育风险治理，使教育风险化解或降至风险阈值之下。

以中小学廉政风险预警处理为例：（1）廉政风险信息收集，主要来自以下几个方面，一是从各类信访举报、效能投诉、纠风部门等形成的各类信访报告中收集，二是从审计部门对领导干部开展的任内、离任责任审计中收集，三是从公安、检察等查办的案件中收集，四是从各类通报、内参中收集。（2）将这些信息输入系统中，结合每个教师（主要是学校领导）主管（或分管）的工作特点确立相应的风险预警阈值，一旦达到阈值并发出预警（也可没达到阈值，但在风险高发的关键时间

```
┌─────────────────────────┐
│ 教育风险信息收集达到阈值 │
└─────────────────────────┘
            ⇩
┌─────────────────────────┐
│ 系统或有关部门发出教育风险预警 │
└─────────────────────────┘
            ⇩
┌─────────────────────────┐
│ 根据风险预警等级启动相应层级响应 │
└─────────────────────────┘
            ⇩
┌─────────────────────────┐
│ 主体治理主体组织处理和落实 │
└─────────────────────────┘
            ⇩
┌─────────────────────────┐
│   制订风险治理方案      │
└─────────────────────────┘
            ⇩
┌─────────────────────────┐
│     教育风险治理        │
└─────────────────────────┘
            ⇩
┌─────────────────────────┐
│     教育风险化解        │
└─────────────────────────┘
```

图 7-1　教育风险预警过程

段）。比如，对党务政务不规范、不及时公开的，进行蓝色预警，对投诉问题不在规定时间内办理的给予黄色预警，对领导个人民主测评得分在 80 分以下的，或有违纪违法问题举报或投诉的进行红色预警。(3) 制订风险治理方案。治理主体通过一些方式对风险预警进行处理，如述职述廉和个人重大事项报告，民主生活会、组织谈心谈话、个人和工作事项公开、群众民主监督等。(4) 教育风险治理。如对红色预警的责任人，发放红色预警告知书，要求按照规定进行自查自纠，进行诫勉谈话，限期提交整改报告，对提交的整改报告进行审查等，以判断廉政风险是否化解。

二　教育风险决策机制

由于教育风险主体的多元化，教育风险治理往往是多元主体共治，这就需要建立一种教育风险主体的协商交流机制，使多元主体形成一个风险治理共同体。这种协商交流机制就是教育风险各主体之间互通信息、互谈看法、互享经验，大家平等交流，可以对共同的问题，也可以针对各自的问题。以校园欺凌为例，需要学校、家庭、社会深入的交流沟通，一方面学校应利用协商机制，通过与家长和社区的沟通，了解学生的性格倾向性，如有没有暴力倾向、平时有没有欺凌行为等，借以评估学生校园欺凌的可能性。另一方面，当校园发生欺凌现象时，学校也应和家庭、社区等进行协商沟通，寻求妥善的处理办法，防止风险的蔓延和扩大。

建立教育风险决策机制就是要解决"谁来决策""如何决策"的问题，使教育风险决策有规可循、有技可撑、有案可查，寻求教育风险处理最优化。(1) 建立教育风险决策的咨询机构和决策机构。比如，针对某一教育政策出台可能遇到的风险，教育行政在深入调研的基础上，应广泛征求教育智库的意见和建议，教育智库其实就是教育风险决策的咨询机构，当前教育智库还处在起步阶段，各地的教育智库还不健全，因此应大力加强教育智库建设，为教育风险决策提供重要咨询服务。成立教育风险决策核心团队，由于教育风险涉及多元主体，在风险决策时应广泛吸收各主体的意见和建议，在具体决策时应坚持民主集中制原则，既避免独断专行也避免议而不决。(2) 确立教育风险决策的基本流程（图7-2）。首先针对存在的教育风险，进行充分的风险评估准备，主要包括各类信息、数据的收集、分类、整理。在此基础上，对照风险评估指标体系，对风险发生可能性进行计算，得出相关的风险系数，针对风险系数进行多元主体间的风险协商，确定风险系数是否可以接受，如认为该风险系数可以接受，则保持已有的安全措施，如认为该风险系数不可接受，则制订多套风险处理方案，并在民主集中制的基础上，决策选择某一种风险处理方案，通过实施该风险处理方案后评估剩余风险的可接受程度，如剩余风险可以接受，则转入常规的风险管理，如剩余风险仍不可接受，则再次制订多套风险处理方案并选择实施。(3) 形成教育风险决策的反馈机制。在教育风险决策后，要形成一套教育风险决策效果的反馈机制，全面评估风险决策的效果，为今后的教育风险决策提供参考和遵循。

三　风险防控协同机制

教育领域的风险与行为主体的不作为或过度作为密切相关，然而教育风险的行为主体往往并非单一，也并不简单地指教育行政、教师、学生等直接教育相关者，反而可能是不同社会组织及不同阶层的人员集合。例如，随着城市外来务工人员的逐渐增多，各地虽然以教

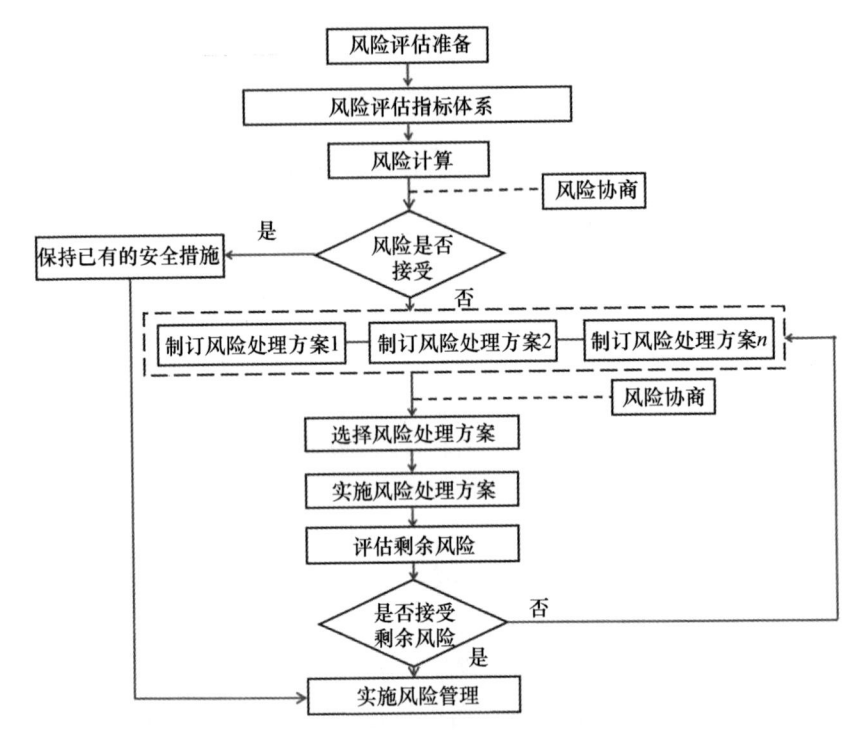

图 7-2　教育风险决策机制

育机会平等的方式为外来务工人员子女入学提供机会，然而在入读学校的资源设置上却附加了一系列的限定条件，外来务工人员子女往往只能入读相对薄弱或偏远的学校，一些地区更是将最优质的教育资源配置在昂贵的民办教育上，久而久之，教育阶层逐渐"板结化""凝滞化"，学生流动阻塞形成的教育堰塞湖正日益成为突出的教育风险外壳。从表象上看，这种教育堰塞湖的形成似乎是教育行政的施政偏差，然而其中包含着复杂的社会因素，因此教育领域的风险防控并不是教育行政部门、学校等某一主体所能完全解决的，需要多方主体的共同参与、协同防控。

教育风险除源自教育系统内行为主体制造的"原发型"风险外，还有与其他自然因素、社会因素密切相关的"关联型"教育风险以及由教育系统外因素引发的"诱发型"风险，教育预警系统很难对"关联型"和"诱发型"风险做出准确的预测，即便是"原发型"教育风险在很多情况下也并不是一个单位、一个部门或少数几个人所能防范和化解的，这就需要建立教育风险防控协同机制。要让教育风险防控协同机制真正发挥好的作用，应着力解决以下四个问题：（1）完善各类风险信息共享机制。教育从来不是孤立的，教育风险与社会风险总是交织在一起，社会风险可能转化为教育风险，教育风险也可能转化为社会风险，这就需要完善各类风险信息的共享机制，及时了解各类风险的存在状态。比如，香港的修例风波，从表象上看是一个社会风险引发的群体事件，实则却与教育风险有着密不可分的关系，是香港国民教育长期缺失的风险点逐渐累积、演化的结果。（2）建立协商与决策机制。多元主体的协同关键在于建构起成熟的协商和决策机制，和谁协商、如何协商、怎样决策、如何保证决策的效率和科学性，这些都需要进行制度的规范。（3）建立行动协调机制。对每一项风险防控由哪个部门牵头，哪些部门配合，行动中临时出现的问题应依据什么原则进行临机处置做出明确的规定。比如，最近暴发的新型冠状肺炎病毒疫情，就需要在各级党委、政府的坚强领导下，教育部门和其他部门通力合作，全力配合做好疫情防控。（4）激励约束机制。风险的防范是一个系统性的工程，需要有严格的激励和约束机制，形成具体的责任清单和量化考评办法，既防止不作为，也防止乱作为。

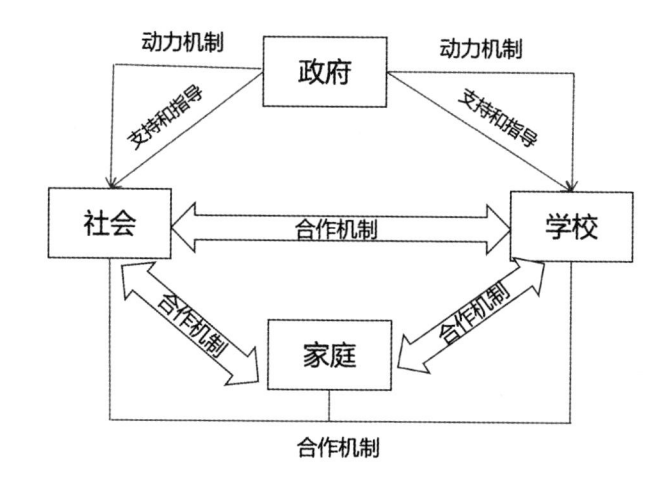

图 7-3　教育风险防控协同机制

四　风险防控责任机制

强化教育风险防控的责任是教育风险治理的重要内容，建立教育风险防控责任机制是教育风险防控机制得以顺畅运行的保障。风险责任机制缺失是教育风险得以萌芽并不断发展的重要原因。"蝴蝶效应"准确描述了风险的发生规律，在这个效应中，因初始的微小风险导致一般风险进一步演变为重大风险，或重大风险进一步演变为重大危机，只有建立横向到边、纵向到底的防控责任网络，才能防风险于未萌。

建立健全决策失误责任追究制度，建立容错纠错机制以及其他配套制度，形成人人负责、人人担责、纠错容错的局面。加强决策前与决策过程中的调研论证机制，推进评估前置程序，从决策酝酿的充分性、决策程序的合规性、决策意见记录的完整性，来精心设计安排，确立审议关键，规范决策程序。

风险治理应从细微处强化风险防控责任。这就需要为每个主体、每位个人制定好岗位责任清单，静态的确认和动态的修正每个主体和个人的岗位职责、可能遇到的风险点、应该采取的防控措施和所应承担的责任。真正形成人人有责、个个担责、各负其责的局面，既明确责任边界又要求合作协同。以中小学校的风险防控为例，应明确每一岗位的职责，为学校中包括校长、副校长、各中层管理岗位、教师、职工等在内的每个人确定明确的职责，罗列每一岗位可能存在的风险点，应采取怎样的措施来防控这些风险点，对履行岗位职责不力、风险防控不当的应追究怎样的责任等做出明确规定，这样既可规范每个人的言行边界，防止乱作为，也可明确每个人的职责边界，防止不作为。

强化风险防控的责任意识。一是要明确风险的责任边界，避免出现风险责任漏洞，做到事事有人管，每一风险点都有责任人。二是建立协同防控机制。风险防控责任向来不是按照制度和规则的边界发生发展的，风险越来越呈现出综合、交叉的态势，风险的责任边界也变得模糊起来，这就需要建立一个协同防控机制，让每一风险责任主体都形成责任意识。三是应关注责任主体的风险意识，能敏锐地发现各种可能的风险，这就需要对责任主体进行风险意识的养成训练，既让责任主体了解已有的风险清单，也要让责任主体了解可能的风险清单，更要让责任主体了解风险从未萌到启萌的细微变化，避免唯责任的风险防控观，从而提高风险防控责任机制建设的有效性。

表7-4　　　　　　　　　　学校风险防控责任

岗位	岗位职责	风险点	防控措施	责任追究
校长	全面贯彻落实党的教育方针，坚持社会主义办学方向，全面组织实施素质教育主持学校全面工作……	干部任用、教师的评职、评优，学期的基本建设项目，各类收费等……	严格按照《廉政准则》规范自己的行为。将民主集中制原则贯彻于决策的每一过程，严格执行"三重一大"制度。自觉接受民主监督和上级部门审查……	依据中共中央、国务院印发的《关于实行党风廉政建设责任制的规定》和《中国共产党纪律处分条例》，中办、国办《关于实行党政领导干部问责的暂行规定》等进行责任追究
……	……	……	……	……

注重风险防控的能力建设。风险责任主体除有敏锐的风险防控意识外，更应有防范和化解风险的能力，能采用适当的方法来防范和化解风险。风险防控能力的形成并不是天然具有的，一是在防范、化解风险的一线实践中逐渐积累的，处在风险防控第一现场的主体在长期的实践中会逐渐洞察风险的微小变化，并且能采用相应的措施防范和化解教育风险；二是在风险文化的不断熏染下逐渐形成的，进一步加强全社会的风险文化建设，建设符合中国特色社会主义新时代发展要求的、人人负责、群众参与的风险文化，增强全社会的风险防控责任意识，形成抗冲击能力强的韧性社会结构，自然会提高风险主体应对各类风险的能力；三是在不断的学习与借鉴中逐渐掌握的，当前各行各业的风险呈现高发态势，热点问题频发，群体事件高发，在教育领域内也是热点不断，如疫后综合征问题、高价学区房引发的系列问题、教师收入保障机制问题、高校思想政治教育问题，等等。这些教育风险问题的产生和化解对

处理教育领域其他风险具有启迪和借鉴意义。与此同时，风险责任主体应自觉学习风险社会理论、集合风险理论等有关风险的知识，不断提升自己的风险防控能力。

第五节 教育风险的防化策略

对现实存在的教育风险，如何加以有效的防范和化解，避免使教育风险演变为教育危机，其基本的策略包括规避风险、预防风险、自留风险和转移风险等。

一 规避风险

规避风险是指主动避开损失发生的可能性，规避风险具有简单易行、全面彻底的优点，能将风险的概率降低到零。规避风险策略它适用于那些损失发生概率高且损失程度大的风险。虽然规避风险能从根本上消除隐患，但这种策略具有很大的局限性，其局限性表现在并不是所有的风险都可以规避或应该进行规避。

规避风险策略不可不用也不可滥用，在什么情况下适合采用规避风险策略，这是我们首先要明确的问题。一般只有在以下情况下才会采用规避风险策略：（1）事情意义不明显但风险明显时，就不值得冒此风险，可采用规避风险策略。例如，学校为了形成特色，彰显教学改革的成果，复制、移植其他学校的教学改革模式，这种教学改革模式是否适合本校校情和学生学情，没有进行充分的风险评估，这种教学改革模式究竟会取得多大的成效也没有进行科学的求证，在这种情况下可以采用风险规避策略，放弃这种外来的、未经本土实践的教学改革模式。在这方面，教育领域有太多教训可以吸取，职业教育曾照搬德国的双元制、新加坡的教学工厂，基础教育曾仿照国外的产业化改革，最后均因"水土不服"而失败。（2）实现同样的目标，存在风险更低的其他方案，可采用风险规避策略。比如，师生就餐、饮食安全风险是学校必须面对的重大课题，涉及原料采购、加工过程、从业人员安全等各个方面，学校在师生就餐、饮食安全方面虽投入大量的精力，但食品安全问题仍频繁出现。为了解决这一问题，可采用风险规避策略，将学校食堂托管给具有较高资质的经营实体，约定好职权利，变单一的学校监管为学校、社会、政府执法部门联合监管。（3）在责任主体无能力消除或转移风险时，为了避免风险产生的负面影响，应采用风险规避策略。比如，学校的宿舍楼年久失修，存在安全风险，而学校暂时缺乏维修资金，无法消除安全隐患，这时应避免使用该宿舍楼。（4）在责任主体无能力承担该风险或承担风险得不到足够的补偿时可采用规避风险策略。比如，当前很多中小学校都在加强智慧校园建设，并且追求智慧校园建设的高大上，但智慧校园建设需要大量的资金投入，且需要专业的人员进行维护和管理，如果学校缺乏足够的资金和专业的人员，可以先建设功能够用的数字校园，规避高端的智慧校园建设可能带来的信息安全、网络安全等风险。

当前，在一些中小学校存在着滥用规避风险策略的误区。比如，在进行理化实验时存在着一定的安全风险，于是一些学校为了规避风险，就以教师演示实验取代了学生的分组实验。为了避免学生集体外出可能发生的各类安全风险，很多学校取消了校外的活动，如春游、秋游、野炊、校外实践活动等，更有甚者，有的学校为了避免体育课中可能出现的安全风险，一是严格压缩甚至取消体育课，二是对体育课的内容进行严格的规定，取消了足球、篮球、铅球等有运动风险的项目。有的学校为了做好新冠肺炎疫情防控，采用全封闭管理，严禁学生外出，等等。应用风险规避策略，我们切不可因噎废食，只有准确把握其内涵，合理采用才是应然的风险防控取向。

二 预防风险

预防风险是指在风险事故发生前为了消除或减少可能引起的损失而采取的风险措施处理，其目的在于通过消除或减少风险因子降低风险发生的概率。教育风险虽然种类繁多，但都有一定的成因和规律，有针对性地采取各种预防措施就会起到控制风险发生的作用。预防风险通常分为防损和减损两类。防损是指通过对风险因素的分析，采取预防措施，以防止损失的发生。减损则是尽量减少风险造成的损失。

预防风险策略在教育领域得到了较为普遍地采用，是教育风险防范的主要策略,"防风险于未萌"是风险治理的重要原则,在教育领域应用预防风险策略时应把握以下几点:(1)预防风险策略是针对事实存在的风险而采取的提前防范措施,这种提前防范措施具有必要性。例如,很多中小学校要求在放学和上学时由家长接送孩子,以防范学生在上学和放学途中可能遇到的安全风险,这种提前防范措施是必要的,如不采取这一措施,学生上学和放学途中的安全就难以得到有效保证。(2)预防风险策略针对可能存在的风险而采取的防范措施,这种防范措施具有前瞻性。例如,为了防范可能的极端雨雪低温天气,学校提前在道路上铺设防滑垫,防止学生因雨雪冰冻而滑倒摔伤。(3)预防风险策略并不是避免风险事件的发生,而是通过采取防范措施,尽可能地降低损失或防止类似事情再次发生。例如,嘉兴教育局为学生购买平板电脑事件,事情已经发生,恶劣影响已经造成,这时就应该采取防范措施,一方面是危机处理,另一方面是从源头上查找风险的原因,建立长效防控机制,避免类似事件再次发生。

在采用预防风险策略时,也要避免陷入一些误区,一是应防止预防风险策略扩大化。比如,在体育课上,为了防止学生在投掷铅球时可能存在的风险,可以采取一系列的风险防范措施,如距离的限制、采用相应的隔离措施等,但不宜因为投掷铅球有风险,为防范可能的风险,将投掷铅球运动项目取消或用其他的运动项目来代替。二是应防止预防风险策略异化。比如,由于小学下午三点半放学,而很多家长往往要五点半左右才下班,这样学生就存在2个小时的无人监管的"空窗期",为了避免学生一个人长时间在家可能存在的安全风险,很多学校采用"延时服务"破解"三点半"难题,这应该是一种有效的风险防范策略,但一些学校将这个"延时服务"变成了继续上课,等于将放学时间延长到五点半,这就违背了风险防范的初衷。

三 自留风险

自留风险又称为保留风险,是指由行为主体自己承担风险损失后果的风险管理方式。这种手段有时是无意识的、被动的,由于事先不曾有意识地采取有效措施,只好由自己承受风险后果,但也可以主动自留风险,即有意识、有计划地将若干风险留给自己。风险自留不改变项目风险的客观性质，既不改变项目风险的发生概率，也不改变项目风险潜在损失的严重性。

自留风险是有条件的，并不是所有的风险都适合自留，最优风险自留决策的基本原则是把相对较小、可以合理预期的损失自留。在教育风险防控中采用自留风险一般在以下几种情境下：一是风险可控、不会造成损失的教育风险，也就是虽然教育风险存在，但这种教育风险处在可控范围内，因此不采取措施，保留这种风险存在。比如，一些民办学校建有室内游泳池，游泳池内有浅水区和深水区，学生在学习或练习游泳时可能存在风险，但在学校现有的防范措施下这种风险完全可控，不必采取特殊的防范措施，保留这种风险的存在；二是风险可控，风险可能会造成损失，造成的损失较小，影响较小，因此容忍这种风险的存在。比如，一些学校开展野外拓展项目，这些野外拓展项目都带有一定的风险，学生通过自己动手寻找木柴、生火做饭、跋山涉水、野外拉练等，可能造成学生意外受伤等，但这些风险造成的损失较小、影响较小，所以应容忍这种风险的存在。

要避免自留风险策略采用陷入误区，一是将可能有较大风险的项目自留。比如，有的区域教育资源分配不均衡，导致择校现象严重，学区房价疯长，如果教育行政对此不采取措施，而是自留这一重大教育风险，就可能酿成无法挽回的后果。二是将可能造成重大损失的项目自留，这一重大损失可能是经济层面的，也可能是社会层面的。比如，随着"普高热"的"高烧"不退，有的职业学校招生面临困境，为了摆脱困境，有的职业学校在招生过程中采用了一些明显违规的措施。如果职业学校自留这种招生举措，会给职业学校留下巨大的隐患，可能会对职业学校的办学声誉造成重大负面影响。

四 转移风险

风险转移，是指通过契约，将让渡人的风险转移给受让人承担的行为。通过风险转移可大大降低责任主体的风险程度，风险转移是不承担风险，将风险转移至第三方，但并不降低风险严重程度，只是从一方转移到另一方。风险转移的主要形式是合同和保险。保险转移比如通过让学生购买意外伤害保险，将由学校或学生承担的风险转移给保险公司。

合同转移比如在职业学校的学生顶岗实习期间，学校通过与企业签订培养合同，将部分学生管理风险转移给企业。

在教育领域采用风险转移策略时，应把握以下几点：（1）风险转移策略只是一种风险主体间的责任转移，风险的性质、概率、危害等并没有变化，因此风险转移策略在教育风险防范中采用并不普遍。(2) 风险转移的常见形式是合同与保险，尤其是合同在中小学校的风险防控中有着较为广泛的运用，比如为避免食堂运行所带来的系列风险，可以通过合同的形式将食堂经营托管给有相应资质的企业承担，这就将食堂所附带的风险以合同的形式转移给了托管的企业。但这种风险转移是有条件的，不是绝对的，这种托管不等于学校对食堂可能存在的风险不担任何责任，学校依然负有相应的监管职责。（3）风险转移策略不应成为教育主体的一种责任推卸，比如学校不可能将学生的安全管理职责转移给社会、家长或其他主体，更不可能通过合同的形式将学生在学校内的安全风险转移给其他机构，使学生在学校内发生的安全事故与学校无关。再比如，学校不可能转移资金使用中的风险，只能为了避免资金使用存在的风险，委托某会计师事务所定期对学校的资金使用情况进行审计，这并不是将资金使用的风险转移给会计师事务所，而是通过会计师事务所来评估可能存在的资金使用风险。

第八章

治理能力困境与突破

德国社会学家乌尔里希·贝克提到，我们生活在一个风险社会，在这个社会中，对个人安全和健康以及集体安全的关注已经上升到社会和政治议程的首位。风险社会中最直接的一种表现是危机的频繁出现。危机不仅能够对社会基本的价值观念、组织机构和利益结构等造成一定的冲击，它的不可预测性对任何一个国家或地方政府抑或是各个领域而言都是一项重大挑战。习近平总书记在党的十九大报告中指出，要坚决打好防范化解重大风险的攻坚战。近年来，教育领域中的危机事件呈现上升趋势，面对危机，教育领导者如何"在时间压力以及充满不确定性的条件下做出关键决策，采取有效行动来应对"，如何提升教育治理能力以有效确保现存教育秩序的有序化，这些都是当前不可回避的现实问题。

党的十九届四中全会审议通过的《中共中央关于坚持和完善中国特色社会主义制度、推进国家治理体系和治理能力现代化若干重大问题的决定》指出，坚持和完善中国特色社会主义制度、推进国家治理体系和治理能力现代化，是全党的一项重大战略任务。必须在党中央统一领导下进行，科学谋划、精心组织、远近结合、整体推进。回顾历史，新中国成立70年来，我们党根据不断变化的时空环境，与时俱进地探索国家治理体系和治理能力问题并取得重大成果，实现了政治稳定、经济发展、社会和谐、民族团结。实践证明，不断提升国家治理体系和治理能力现代化水平，是充分发挥社会主义制度优越性的有力支撑。同样，从中国的制度优势出发，集中力量提升治理能力。

本书在前面的章节中，采用案例分析与质性描述的研究方法，提炼出了四种不同的教育风险治理模式。对于非首发性教育风险，采用嫁接模式进行治理，并注重治理经验积累、比较借鉴与转化应用。对于内生性教育风险，应采用靶向模式进行锚定风险爆发点并精准治理；而外源型教育风险则应使用溯源模式，追溯外部诱变量及其影响程度，采用替代性补偿与外部反馈达成教育系统新的平衡。对于关联型教育风险，复杂综合一些，应采用融合模式进行先有经验的转化应用、内部源头的靶向突破以及外部诱因的解析代偿。也围绕教育风险治理体系的建构进行了系统研究，提出了教育风险治理的基本逻辑和基本原则，剖析了教育风险治理的基本要素，就不同风险治理主体（教育行政部门、各级各类学校、家庭、社会）的风险承载与治理进行了分类研究，阐述了教育风险治理过程每一环节的运行保障，就教育风险治理的预警机制、决策机制、协同机制、责任机制进行了详细阐述。当然这一切还都有赖于我们治理能力的提升。

一 教育风险防范：提升治理能力的当务之急

从本体论上看，风险及其特性迫切需求教育治理能力的提升。风险是一个人们用来描述他们认为异常、不稳定和潜在、深远、负面影响的情况或时代的词汇。教育风险是指在教育实践以及改革过程中，由社会、政治等各个领域及教育系统内部各种不确定性因素对教育整体良性运行和协调发展造成损害性影响的一种可能性。从类型学角度看，教育风险有诸多分类方式，比如从安全视角划分的"教育质量不高导致的国家安全风险、由教育不均衡等造成的社会安全风险、由校园欺凌与学生心理问题及生命安全等引发的公共安全风险等"。不论是何种划分方式，教育风险都呈现出高度威胁性、高度不确定性、高度复杂性等特征。第一，教育风险具有延展性。教育风险体现在它对社会核心价值观、组织机构、个人等的威胁上，使原本安定有序的状态变得紧张，这种威胁通常会伴随着时间上的紧迫感，继而引发时间压缩（time compression）。时间压缩是教育风险的关键性因素，对于真实存在的风险，必须尽快解决。第二，教育风险具有高度不确定性。教育风险诱因太多，其不确定性既由危机发生的原因引起，又由危机引发的潜在后果触发。即当一些危机事件发生，人们很难探寻其根源与发生机理，也很难预测其最终对教育各方面产生何种影响时，就很难采取恰当的措施对此进行补救。第三，教育风险具有高度复杂性，能够超越时空限制。一方面，风险的强度与范围是难以控制的，它没有国界之限，比如校园欺凌问题或疫情下的教学技术与质量问题，这些都是在全球范围内进行扩散并延伸的；另一方面，风险并不局限于特定的教育领域，它能够从一个领域延伸到另一个领域，比如威胁人身安全的疫情危机随着时间的推进，在影响了教育领域的同时，也可能会引发经济危机。可见，风险的本质特征决定了风险的演变周期，直接通过危机出现、危机变异、危机消失这一变化规律影响教育进程，并削弱教育风险治理能力。可以说，教育风险是"对熟悉的象征性框架的情节性破坏"，在性质和范围上具有独特性，考验着教育领域的韧性与复原力，并暴露出国家和公共机构的弱点。因而，风险对教育领域提出了巨大挑战，这就需要教育领域努力提高其风险治理能力。

从方法论上看，高校应成为教育风险治理的专业领导主体。频发的风险事件是对国家治理能力提出的重大挑战。随着公共管理史上由传统官僚行政模式向新公共管理模式继而向新公共服务模式的转向，我国公共治理愈加强调多元主体、民主化、参与式、互动式治理。因而在风险治理的方法论上，已有文献也显示：对特定类型危机事件的处理中，有一种趋势是淡化政府的作用。当然，这并不是要否认国家和政府在风险治理中的角色和作用。基于新公共管理模式和新公共服务模式的合理内核，进行系统性整合而成的新公共治理理论要求多元化的公共治理主体依据权力与责任形成互动伙伴关系，并最终建立一个公共行动体系。这就迫使我们思考，在教育风险中，哪些是风险事件中的利益相关者，谁更应担负起风险治理的责任？

高校作为现代社会治理体系的重要组成部分，在风险治理中应肩负起专业担当责任。正如克里斯托弗·胡德（Christopher Hood）所指出的，当灾难发生时，公众普遍的反应是"有更加有效的协调，更优质的运作程序，更有远见的计划，更明确的权力分配，更多专业人士或管理人员的参与"。[①] 虽然企业、教育内部、社区、媒体等在教育风险中都

---

① ［英］克里斯托弗·胡德：《国家的艺术：文化修辞与公共管理》，彭勃等译，上海人民出版社 2004 年版。

发挥着一定作用，但当危机事件威胁着公众安全时，公众在寄希望于国家或政府能够做出响应和部署的同时，更希望有专业人士或管理人员的参与。比如，在此次公共卫生安全方面，高校、研究机构发挥科研攻关、疾病防控等方面的专长，在国家公共卫生安全体系中呈现出不可比拟的优势。其次，关注人的本质属性并培育个体的公共理性是高校内涵提升的必然要求，也是高校内涵式发展的基本规约与责任。比如在此次疫情风险防控中，高校在组织动员、引导心理救援等方面发挥了公共教育的责任。最后，在教育风险中高校承担着自我治理的责任。教育风险治理为高校决策能力的展现提供契机。风险时刻处于不可预测的状态中，它的发展无疑会干扰教育组织的正常运行，这就需要高校迅速做出决策，计划有效的管理方案，以保证各项事务的平衡。尽管在教育风险治理过程中需要不同部门的协调，但高校仍处于一个健全的治理机制的核心地位，它们在风险治理中应当发挥突出作用。

　　从价值论上看，教育风险治理是一项动态的政治活动。教育风险治理通常被视为一种"高度控制性、政治化的活动"。教育行政部门在风险治理中要发挥其所处的关键作用。这是由于，在危机发生时，危机会引起公众对教育机构治理能力的关注，进而导致教育面临合法性的问题。即教育领域对危机事件及其影响的解释可能会进一步演化为对教育合法性的关切与讨论，这是现代社会风险治理所带来的戏剧性的一面。但是，风险治理不仅是教育领域进行决策的舞台，也是教育领域进行权力关系重组的契机。这具体表现在以下几点：第一，从对象与结果上看，教育风险涉及教育主体、教育客体、教育环境、组织架构、制度运行等多个方面，它们会扰乱广泛的教育运行进程。因而教育风险是动态和混乱的过程，而不是线性时间尺度上有序排列的离散事件。这就需要教育领域采取行动，将风险治理上升到政治高度上。第二，从范围上看，教育风险可能在不同组织层面、区域之间进行传播、流转，它并不只存在于单一层面中，也可能寄生于多个层面之间。教育风险的这种溢出效应会影响国家发展，继而引发全球混乱，因而教育风险治理应该看作是一种需要高度控制性的活动。第三，从性质上看，教育风险的胁迫性与高度不确定性要求教育部门必须做出关键决策。而风险治理本身就是由教育内外部的各个利益相关者进行操纵的，这就不可否认教育行政部门在风险治理中所处的关键地位、权力优势与承担的特殊责任。

二 风险治理困境：过程性遮蔽与结构性混乱

如何破解风险社会中教育治理能力困境呢？教育风险治理是指教育相关部门获取教育风险指标、评估潜在的教育风险可能性与严重性程度，并采取和应用必要的措施，在危机状态下试图以合理的成本经历最小损失的过程。教育风险治理的动态过程包括发现、诊断、决策、应用程序、反馈、补救和学习。总的来说，教育风险治理至少包括三个主要阶段，即风险之前的治理、风险之中的治理和风险之后的治理。而在教育风险治理的三个阶段中又充斥着四类变量，即风险类型、风险机制、风险系统和风险利益相关者。这些因素的复杂性无疑阻滞了教育风险治理的进程，通常呈现两个方面的显著不足：治理的过程性遮蔽与结构性混乱。

一是教育风险治理阶段中的过程性遮蔽。首先，就教育风险治理的阶段来说，风险之前的治理主要是围绕风险进行预测、感知，寻找风险的机遇挑战与发生机制。风险之前的治理不同于一般的管理问题，虽然这是教育风险中教育部门占据主导位置时期，但在高度冲突与动态的风险情况下，教育部门需要感知正在发生的危机、确定危机的性质并寻找有效应对的预备方案，以表现出高等科研院校的专业权威性。此阶段，教育风险治理的重点并不是试图找到摆脱风险的方法，而是在风险出现之前就避免风险爆发所带来的损害或将风险状态转化为有利于组织的因素。但事实是，由于风险包含一种去教育合法化的因素，这就对那些被视为负有责任的个人、团体、机构的知识、地位、权力提出了挑战，这种挑战是一种政治化的象征，不仅质疑教育部门的教育行政领导力，也挑战了现存教育行政制度的弊端，因而"风险也被视为正在进行的制度合法化、去合法化和再合法化的动态过程中的波动力量"。这就可能导致教育部门在风险来临之前不敢识别或宣扬风险类型，回避与被动对待，无法在风险之初就防患于未然。

其次，在教育风险之中的治理，教育部门快速有效地建立风险机制以应对任何威胁教育生存和良性发展的风险因素是非常重要的。因而，教育部门必须迅速、有效且全面的决策，建立风险防范机制，不仅稳定社会公众的恐慌情绪,还要有效解决风险转化为危机的诱发点,制定行动方略。这是一种有计划、系统化的、以合理的方式应用于消除教育风险转化的过程性的活动,这种系统性和全程性使得教育部门应用决策并根据实践结果调整决策,进而做出新的决策。但是风险事件的紧迫性影响了教育进行风险治理决策的行动,一方面,对风险进行快速决策本身就是不可取的。这不仅由风险发展和终止的类型模式决定,也由决策议程的时间、流程决定。在阐述风险发展和终止模式的类型时,T. 哈特和博因(T. Hart, Boin)提出,风险可以从两个基本维度来区分[1]:(1)发展的速度(快/瞬间对慢/蔓延)和(2)终止的速度(快/突然对慢/渐进)。由此产生的四种风险是快速爆发式风险(瞬间发展/突然终止)、宣泄式风险(缓慢发展/突然终止)、长期发展式风险(瞬间发展/逐渐终止)和缓慢爆发式风险(缓慢发展/逐渐终止)。这就导致在教育风险治理中期对风险的发展进程进行识别存有较大难度。同时,在教育风险治理中,教育部门需要通过正式磋商、审议、问责等一系列复杂的程序进行风险治理,并将风险中的专业信息以公众熟悉或常规化的方式传递给公众,这种耗时的工作方式有可能会导致风险事件的失控,使教育面临一定的风险,并加剧风险的恶化。另一方面,风险事件和迅速开展新活动的需要使得基于日常任务预先规划的行政协调变得困难。在风险治理方式和风险结果都不明确的情况下,对风险事件进行紧急应变,敏感的管理策略离不开各利益相关者之间的协调。但是,风险的范围、复杂性与政治重要性增加了教育部门协调各利益相关者行动的风险,因为教育部门不仅要对风险事件本身负责,还要采取有效措施保护学生、教师、机构运行等各方面的损失,以兼顾到各个群体的利益。任何偏离了这种标准化的行为都会增加社会公众的恐慌,为社会安全带来隐患。

再者,教育风险之后的治理又被称为预活动阶段,这被认为是下一个前摄或前摄阶段之前的前摄阶段。此阶段主要是检查、回顾、总结过

---

[1] T. Hart, A Boin, Between Crisis and Normalcy: The Long Shadow of Ost-orisis Politics. In U Risenthal, A Boin, L K Comport, (eds.) Managing Crisis: Threats, Dilemmas, Opportumtitres. Springfield, Il: Charles C. Thonas, 2001, pp. 28 –46.

去的这一风险事件中的做法、经验和教训,以便改进应对未来教育风险的治理机制——不仅为预防未来教育风险建立危机早期预警信号,还要建立适当的风险预警机制。可见,风险之后治理的价值在于把风险的可能性和它所构成的风险转化为机会,重新制定战略并找到合理有效的解决办法。对于教育部门来说,最大的挑战就发生在教育风险治理中、当即时反应行动逐渐减少或进入有序模式之后。这主要表现在风险不断演变的性质敦促高等科研院校应将风险变为一种持续研究的专题。在某种意义上来说,教育风险治理一般被理解为教育部门处理困境的一种特殊方式,而非一项必备的能力。如何增强教育部门对风险的敏感性、降低公共教育机构的脆弱性或提高教育部门的风险治理能力都应该是教育部门日益关注的突出问题。

二是教育风险治理中各方利益者的结构性混乱。戴顿、博恩等人(Dayton,Boin,et al)[1]认为,教育风险治理可能会因未能制定出适当的风险研究框架而使研究进程受阻,这不仅部分归因于风险本身的性质,也部分原因是由教育风险治理中结构不良所致,这种结构不良是由风险治理中各方利益相关者的混乱、无序甚至是冲突造成的。[2] 拉塞尔·埃克夫(Russell Ackoff)用"混乱"(mess)一词描述教育风险治理中各方利益者的状态。他认为,混乱是一个高度互动(即强耦合)的问题系统,它是各种问题相互作用、各个利益相关者交互作用的产物。教育风险治理是一个结构不良的烂摊子,一系列高度活动的问题与利益群体,使治理形成一个结构不良的局面。教育风险治理若形成一个结构良好的局面,就需要各利益相关者,无论是受影响的学生、教师、公众等群体,还是影响群体的组织、机构等,都能够在教育风险治理中就所发生的事情达成广泛且一致性的认识。

首先,各利益相关者通常根据自身的价值观和利益需求等,对教育风险和风险治理进行不同释义。风险利益相关者是指那些影响风险和受

---

[1] B W Dayton, A Boin, II Mitroff, et al. Managing Crises in the Twenty-First Century, Internotional Studies Review, 2004, (1), p. 175.

[2] B W Dayton, A Boin, II Mitroff, et al. Managing Crises in the Twenty-First Century, Internotional Studies Review, 2004, (1), p. 175.

风险影响的无数个人、组织和机构。利益相关者可以包括学生、教师、媒体、公众、教育管理人员、工会、政府机构等。这些利益相关者对教育风险进行的假设或认知是不同的，因而我们不能期望任何两个利益相关者会以完全相同的认知方式在风险中共同行事。可以说，对于教育风险事件，谁应负责以及需要做什么等方面的分歧是导致教育风险治理结构不良的一个原因。也正因为利益相关者之间的差异，让教育风险治理中协调统一化的行为主体——教育部门，能够更加深入了解风险的本质。利益相关者不同意的事情往往比他们同意的问题更重要，因此，需要了解不同利益相关者对问题表述的差异。

其次，教育风险治理在很大程度上是一场信息和沟通危机。所谓的信息和沟通危机主要表现为教育风险治理中各方利益相关者的沟通不畅。囿于教育风险在不同背景、情境下变化的动态性，在当今高速和全球大众传播的时代，教育风险需要及时且全面的公共信息和传播活动。在教育风险治理之前、之中和之后需要以不同的形式进行沟通，因此教育风险治理中进行信息沟通必须考虑其所针对的受众的知识经验、背景等方面。学者皮尔逊和米特洛夫（Pearson, Mitroff）认为，决定脆弱性危机的是利益相关者之间的沟通，他们进一步认为，教育风险治理中沟通不畅会倾向于忽视表明危机或潜在弱点的信号，并且在某些情况下，会阻挡警告信号的传递。[1] 如果教育部门没有向公众传达教育风险的现状、治理的流程、对学生的影响等各方面的信息，也未能及时且权威的做到这些，这就相当于打开了公众和媒体质疑、指控以及谣言的潘多拉魔盒，极易引发公众的不满、恐慌与暴动。可见，教育风险治理应注重其在现代媒体中的能见度以及开放度。

最后，教育风险治理涉及跨职能、跨部门、跨领域之间的高度协作，这就要求建立一种综合性的组织。在涉及对公共机构产生直接威胁的风险事件中，行政决策必然应该发挥重要作用。在高度不确定性与复杂性的危机情境中，教育部门必须联合其他部门比如信访、政法部门、宣传部门等做出联动反应。治理更加复杂、混乱的教育风险需要不同的

---

[1] U Rosenthal, A Kouzmin, Crises And Crisis Mangement: Toward Comprehensive Government Decicion Making, *Journal of Public Administration Reseerrch and Theory*, 1997, (2), pp. 277–304.

知识、技能和准备，以不同于常规应急治理流程中运用一致的知识、能力进行治理，这包括大胆的政治决策、集中而又灵活的组织指挥结构以及领导能力，以应对随着动态变化而不断发展的教育风险。但是，这又会出现一个问题，即各参与机构内部可能会产生异质性和对抗性的功能失调效应。并且综合性组织之间就教育风险治理达成的是一种基本的共识，这种共识并不是稳定的，这与获得利益和资源的更大自由度相关联。基于此，罗森塔尔、库兹明（Rosenthal，Kouzmin，）提出，在没有既定程序、权威或通常已知的沟通渠道的情况下，集合并关联各机构的职能进行教育风险治理，这种治理过程被称为并发策略，这是一种用于缩短从政策制定到实施时间与流程的手段，也是缓解各方利益机构之间冲突的策略[1]。然而，由于不充分的计划和频繁的变化，这可能会产生一些并发性的问题。

三　治理能力突破：教育风险行动路径与策略

那么，如何突破风险社会中教育治理能力困境呢？从政治——行政的视角来看教育风险和风险应对，如何管理风险社会中的非常规教育事件变得日益重要，甚至也更加紧迫。从行政决策者和处理风险状况的高校等教育机构角度来看，风险不仅关系到公共机构的合法性，它还具有推动教育变革的巨大潜力。通过破坏现有政策、机构的合法性与真实性，以及威胁利益相关者获得的安全与回报，教育风险为改革提供了机会之窗。可见，教育风险不仅影响全球组织，还影响其利益攸关方和整个教育环境，它对许多战略基础假设提出挑战，并引导管理者积极地修正他们的行为。可见，教育风险治理是一项更加专业化、以技能为中心的职能，必须在教育治理中占有重要位置。因而，需要重视教育风险和教育风险治理，从认识论与实践论上重新认识教育风险治理，提升教育风险的治理能力。

再认教育风险，建立立体化风险应对网络。无论是在政治象征意义上，还是在操作意义上，教育风险治理是工业化和后工业化社会的一个

---

[1] C M Pearson, I I Mitroff, From Prone To Crisis Prepared: A Frame-work For Crisis Management, Academy of Management Executive, 1993, (1), pp. 48-59.

关键特征，也是维护社会秩序的工具，更是造就高校专业权威复原力的重要因素。复原力指的是一个组织学会韧性与反弹的能力。因而，真正有效的教育风险治理不能从一个单一的教育风险治理中心以线性的、逐步的方式进行治理，而应该是形成一个多组织治理、跨辖区协调、多中心的立体化风险治理网络。但是，在政治——战略层面，我们不能否定传统上集中管理、进行决策的一元化的权力管理结构，毕竟强有力的中心决策在风险治理中发挥着重要作用，且能够有效地应对突发情况。而且组织和行政设计、能力建设和公共管理程序往往是通过治理的官僚结构或危机和紧急情况管理过程中的反官僚手段来发展的，但它需要连贯和支持性的政治和政策来使其发挥作用。同时我们也要注意，治理应该在权力共享的环境中进行，即实行灵活的分权管理。

　　首先，建立明确采取决定性行动并控制应急反应的行政层级。潜在参与教育风险治理的行政层级是多元化的，当教育风险局限于教育本身时，教育各个层级有必要进行干预且监测。如果教育风险上升到国家层面，那么教育风险治理要遵循中央政府优先的原则，不同教育层级进行有效的风险评估，综合自身情况，为中央政府决策服务，提供早期风险应对经验，最终保证集体遵循一致性的、应对风险的总体方向。

　　其次，赋权给各级教育行政部门。尽管在风险迫切的情况下，下级教育部门的决策功能可能会面临权力被削弱的局面，但仍应该在集中权力进行风险应对的同时建立并授权风险治理中心。在教育风险治理的操作层面会出现一些动态的、紧急的、特殊性的情况，这些问题同时出现在风险治理网络中的不同位置和节点，这就要求教育部门赋权给各层级利益相关群体，在紧急情况面前，各级利益群体有足够的权力采取他们认为有必要的行动进行风险决策与管理。也就是说，教育风险治理需要具有灵活性、应急性、复杂性与非常规性的特征。

　　最后，教育风险应对网络行为者进行有效协调。从心理学角度来看，通过分享关于教育风险的原因、后果和应对策略的信息，可以扭转人们对风险的恐惧并促进个人信念的重建；从社会政治角度来看，风险信息共享可能会带来新的价值观和信念，从而扭转风险造成的社会秩序的崩溃；从技术结构角度来看，传播风险信息可以帮助利益相关者更好地理解、准备和应对技术的潜在危险。一般而言，教育风险治理中的人际关系应该被理解为"政治行为者（政府和非政府）、大众媒体（记者和新闻组织）和公民（其本身是各种个人、团体和亚文化的多元集合体）之间的三角关系"，这种关系决定了教育风险治理离不开三者之间的有效沟通与协调。从本质上来说，这种协调行为是一种政治活动，即为了在组织内部和组织之间建立有序的互动，必须做出并实施关于权力、责任、行为规则和分工的微妙抉择。当教育风险治理中各个分任务比较复杂且开放透明时，就需要三者之间进行信息的流动。三角关系中的每一个组成部分都要发送、接收并感知关于当前风险的信息，每一个都受到信息处理和现实应对的各种限制。此外，每个参与者都面临着一系列特定的行为激励，这些激励来自其在制度环境中的地位和作用。其中，风险促使公民强烈要求知道发生了什么，并确定他们能做些什么来保护自己的利益，在教育风险中，人们期望政府或教育部门能够减少不确定性，能够对正在发生的事情、发生的原因以及需要做的事情提供权威的解释。政府或教育部门在风险治理中不仅扮演着决策者的角色，还要维持教育的稳定有序，能够公开、公正、透明的行事。政府或教育部门和公民之间的大部分交流是通过中介交流进行的，因而大众媒体在教育风险治理中是发现、传递和化解风险的关键力量，他们能够为公众建立一个强有力的教育风险治理图像和情景框架。要注意的是，正式和非正式的信息交流都应该在一个规则和程序的框架内体现出来，该框架是关于教育风险将如何进行治理的一种标准化的操作程序。

　　应对教育风险，建立应急预案后备团队。教育风险治理通常被认为是政府关注的专属领域，教育风险治理所呈现出的多层次、多角色化的典型特征呼吁专业危机管理团队的出现。一些学校对风险准备不足，不仅在政治手段上，还是在最基本的操作层面上，因而必须从组织的其他部分或外部机构帮助下得到加强。有研究表明，在许多教育风险中，如果没有中介组织的帮助，政府官员及其机构几乎没有机会去处理这些情况。在紧急风险应对阶段，专业组织可以弥补官方机构治理的不足。为了使学校等教育机构在教育风险应对的决策合法化并付诸实施，风险决策者往往需要专业的危机管理团队支持，甚至是将一些私营公司的资源基础转化为公共机构可用资源的重要补充。应急预案后备团队应该由风险治理领域的专家组成，成员间形成一种合作应对风险状态的趋势。教育风险治理所需的战略问题由风险治理小组负责，并建立一个非常规风险控制中心的紧急信息中心。一些国家的高校创建了卓越中心，例如瑞典国防学院的危机研究中心、莱顿大学危机研究中心、特拉华大学灾难研究中心，这些中心拥有自己在风险治理方面的出版物、教学计划和风险治理经验的记录。同时，这些中心还可以联合起来形成风险治理联盟。

应急预案后备团队作为产生有效决策和协调过程的制度安排的设计者、推动者和守护者，其职能主要表现为团队中各成员通过沟通、交流、合作提出创造性的解决方案，不仅在风险前建立一种危机预警方案，进行风险评估，还需要建立教育风险数据库——为未来教育风险的应急、规划和培训提供潜在的数据库，以备教育风险治理中的相关人员能够吸取教训，提升教育风险应对能力。此外，应急预案后备团队还应将教育风险方面的内容反馈到组织实践、政策和法律之中。可见，应急预案后备团队不仅要在教育风险产生的反馈流中实现主导影响，使其进入预先存在的政策网络和公共组织，还要在教育风险之前具备预见性意识和创新性思维。应急预案的专业性要求很高，我国清华、北大、南大等11所高校以公共管理一级学科作为支撑，增设目录外二级学科"应急管理"，2020年起陆续开始招收硕博生。根据"国务院学位委员会教育部关于设置'交叉学科'门类、'集成电路科学与工程'和'国家安全学'一级学科的通知学位（〔2020〕30号）"通知，南京大学等九家单位首批获得国家安全学一级学科博士授权点。为推动稳评事业发展，中国稳评工作专委会等由高校相关专业权威专家新近牵头成立，风险评估的制度化、标准化、法治化、科学化、智能化水平将得到进一步提升。

防范教育风险，开展风险治理专业培训。在民主的政治治理体系中，高校不仅要尽可能积极地塑造公众对教育风险的理解，还要有目的地朝着一系列理想的教育风险治理而努力，这就要求高校进行战略性和非线性的思维方式，通过开展教育风险治理方面的专业培训提升自身的治理能力和公民应对危机的理智行为，因而，不论是开展正式的或非正式的，定期的或连续的，教育的或培训的项目，需要进行专门知识、技能方面的培训。而规划和减灾、应对、组织、协调、协同监督、反应系统动态、恢复和振兴等具体领域的专门教育和培训，以及具有地方灵活性的风险治理结构的关键要素，是应急管理系统的基本要求。为了弥合研究领域和资源匮乏的从业者之间的差距，教育风险治理方面的培训应该分为三个层次。第一，进行教育风险概念和知识方面的培训。不仅要为政府部门、组织机构提供教育风险领域最新的知识，也要将学习对象扩展至公众之中。社会公众对教育风险往往呈现出一种病态性的认识，可以说，这种病态性的认识是恶化了而非抑制了风险。高校应联合家庭、社区、政府，在应急服务系统中负起专业、机构和道德责任来教育公众。同时培训还要将教育风险领域的知识范围扩大，让人们更好地了解知识以指导今后的行动。第二，进行技能或操作方面的培训，其目的是让教育风险治理参与者能够将所学到的具体的技术技能、知识应用于危机操作程序之中。这就需要高校开发一些教育风险治理理论和应用性的专业课程，为未来应急治理和教育风险治理能力建设提供助力。第三，提供教育风险领导力方面的培训。培训需要着重于"综合应急和风险治理领导能力"和复杂管理系统方面的能力建设，此外还需要在组织领导、政治技能、沟通能力和复杂管理发展等方面进行高级教育和培训。[①]

总之，我国当前国家层面已开始加强教育风险研究，但仍处于起步阶段，教育风险的基础数据库尚不完备，教育主体重视程度普遍还不高，系统防范机制尚未真正建立。需要国家层面指导与督促教育行政部门建构教育风险评估机制、系统预警机制与应急处置机制；要督查各级各类学校推进教育风险防控体系建设，以及推进风险教育进学校课程内容的试点工作。由"中国之制"走向"中国之治"，把推动制度优势转化为治理效能作为重要取向，彰显中国特色社会主义制度优势。中国特色社会主义制度契合中国国情、具有独特优势，能最大限度整合资源、集中力量办大事、聚焦最大公约数、形成最大同心圆，从而为提升教育治理效能奠定坚实基础。

[①] 倪娟：《教育领域风险点：类型、后果、成因与防范》，《教育发展研究》2020年第9期。

后　记

育见未来：为中国教育风险研究探路

　　长期以来，我们研究团队关注于教育中的现实问题，从学科教育教学到课程教学改革，从课程改革到学校管理，从名师培养到校园文化，我们组成了一个个专题研究小组逐一攻关，将论文写在中国教育教学改革发展的大地上，取得了一大批研究成果。随着时代的发展和人民对教育高质量发展的更高期盼，教育问题更加多元，内外矛盾高度交织。作为教育科研人员，我们的职责当然要着眼解决教育的重点、难点与热点问题，我们更有使命让教育尽可能避免重大问题的发生发展，及时防范教育的负面发展，我们应该为教育决策提供更为科学及时的支撑，我们需要对可能出现的教育问题做出更为精准的预见预判，这就要求我们的研究更加具有前瞻性和预见性，我们不能只关注已存在的客观现实，也应关注未来的可能存在，尤其要关注各种未来可能的负面存在，并且研究尽可能降低、消除或转化这些未来可能的负面存在，这远比解决一个个已然的现实问题更具挑战性，因为这将使我们的研究方向发生"哥白尼式的"转变，我们将面对一个"陌生"甚至是"虚幻"的研究世界，我们要将这一"陌生"的研究世界变得可识别、可操作，我们要将这一"虚幻"的研究世界变成一个真实性的客观存在。

　　从分析现实问题到防患未然问题，从减少损失到遏制可能，这是一种教育研究方向的重大转变，这种转变对我们研究人员是一个巨大的挑战，需要我们主动走出教育研究的"舒适区"，直面自己"开创"的教育风险研究新方向，这要求我们生就一双"透视眼"，这种"透视"表现在三个方面：（1）透过现象看清本质。风险是一种可能性的利害关系状态，并不等于风险的完全不可预测，有些不确定性是可以预测的，对风险可能性的把握关键在于对风险源的深刻认识，即对风险相关问题及内在矛盾的揭示，只有透过事物或现象的表面，才能看清事物和现象的本质，而本质往往隐藏在事物变化或演进的趋势中。（2）透过繁杂看清要素。任何事物或现象都是由相应的要素构成的，这些要素有的是显性的，有的则是隐性的，我们不能只看到事物纷繁的表象，或者只看到事物显性的要素，而要通过对表象的梳理，完成要素的建构分析，在对要素的分解中实现表象的结构化。（3）透过偶然看到必然。风险是一种可能性存在，这种可能性具有偶然的成分，可能发生也可能不发生，我们应该从这种偶然中找到风险的"触发器"或"关键诱因"，而不是任由风险"自然"发展，这就需要我们深入剖析风险因子，努力寻找到风险演变的"触发器"，将这种风险的可能性转变为我们期望方向的确定性。从研究教育问题到研究教育风险，还需要我们研究人员生就一双"远视眼"，这种"远视"同样表现在三个方面：（1）以未来审视当下。把握教育发展的潮流和趋势，尤其是信息革命给教育带来的可能变化，能站在教育发展的未来看当下，如果我们只是"近视"地看待当下，局限于当下问题的解决，那我们很可能会落入"世俗"或"流程"的枷锁中，只有以未来的眼光看待当下，我们才能把握事物和现象的可能演变，并且使这种可能性向符合未来潮流的方向发展。（2）以理想观照现实。我们每个人并不是"先知先觉"者，我们不具备"未卜先知"的能力，我们往往只能"遇见"教育问题、教育事件，却难以"预见"教育问题、教育事件，然而我们清醒地知道，当教育风险演变为教育危机时，就已经错过了最佳的"治疗期"，对教育问题、教育事件只是"遇见"是远远不够的，我们需要具备生就一双"预见"的"远视眼"，在教育高质量发展的征程上，我们既要不忘教育初心，更要怀揣教育理想，用理想的教育来观照当下的教育现实，把握教育现象的风云变幻。（3）从整体把握局部。要深入贯彻落实习近平总书记关于总体国家安全观的重要论述，从国家安全、社会稳定、公共安全的整体视域，把教育领域风险点归类，研究其不同特征，以防范负向可能性，系统提升教育风险治理能力，这也是教育现代化治理能力的重要体现。在国家总体安全观视域下，预见教育的各种负面可能性。

中国特色社会主义制度最契合中国国情、具有独特优势，我们要把推动制度优势转化为教育治理效能作为重要取向。在这方面，我们团队付出了艰辛的努力，为国家教育安全作了先行探索。

2019年，我们承担了国家社科基金教育学重点课题"教育领域风险点特征与防范机制研究"，很多专家都说我们"胆子太大""敢于吃螃蟹"。因为这实在是一个宏大复杂的课题，不仅在于研究的是一种"可能性存在"，更在于这种"可能性"无处不在，我们不可能穷尽教育的风险点，我们也不可能精准地预测每一风险点的走势，更不可能对每一风险点做出精准的研判。同样地，教育领域风险研究也较为"空白"，"空白"到连基本的概念体系都未建立，已有的研究大都将社会领域的风险"移植"到教育领域每个点上，殊不知，教育领域风险有很多社会风险无法涵盖的自身特点。这就需要我们从建构基本的概念体系做起，建立起整套的教育风险理论框架，这对我们来说具有极大的挑战性，好在前期我们已经开始了这方面的研究转型，我们已经积累了教育风险研究的一些成熟的做法，我们团队成员中也会集了风险研究的众多专家、学者，我们已经建立了风险研究的顾问专家库，这就使我们有信心和决心将这一重点项目做细做实、做出成效，为教育风险治理提供中国方案和中国路径。特别致谢在研究过程中给予无私帮助和无穷力量的研究团队、专家指导团，感谢崔志珏、王学、余秀兰、张海波、韩自强、王澍、丁奕然、张雅慧、侯浩翔、任红艳、邓育红、潘志松、张熙、孟献华等课题研究核心成员，所有领导、专家、亲人和朋友的陪伴与支持。在这里一并表示衷心感谢！

为中国的教育风险研究探路，这是我们赋予自己的神圣使命，我们不仅要建立教育风险研究理论框架，我们更要建立教育风险防控的操作体系，为教育领域风险治理提供基本遵循，为此课题组不仅高度重视理论研究，提高研究的学术品位，更重视调查研究、案例研究和实证研究，在吸收借鉴国内外风险研究已有成果的基础上，我们对教育风险治理体系进行了系统建构，形成了教育风险治理研究的中国话语体系。本着"研必期于用"的原则，我们在教育领域重要风险点的防范机制研究上重点攻关，对于非首发性教育风险，对于原发型教育风险、外部诱发型教育风险与综合复杂的关联型教育风险等不同类型，分别提炼出教育风险防范的"嫁接模式""靶向模式""溯源模式""融合模式"，提出了教育风险治理的基本原则，探索出教育风险治理的预警机制、决策机制、协同防控机制和责任机制，提出了规避风险、预防风险、自留风险、转移风险等教育风险防化的基本策略，就教育领域的重要风险点分国家安全、社会稳定、公共安全、综合影响四个视角以具体案例的方式进行分类研究，探析其风险发生的相关问题及内在矛盾根源。为了掌握更多的第一手资料与信息，让研究接受更多专家和基层一线教育教学实践的严格检验，一年多时间，我们共组织了近20次学术研讨会、专家咨询会及成果发布会，充分发挥咨政建言作用，及时转化应用已有的研究成果。

为中国的教育风险研究探路，这是我们应有的教育追求。鲁迅先生曾说，世上本没有路，走的人多了，也便成了路。然而在教育风险的研究之路上，走得人还不多，我们作为先行者，需要披荆斩棘，奋力开辟一条通达远方的路，哪怕只是一条小道。我们需要用自己的"语言"回答什么是教育风险和教育风险点，有哪些类型的教育风险点，如何识别和防范这些教育风险点，有哪些"支架"来帮助人们识别和防范教育风险点。这些教育风险治理的系列问题是我们必须"探"出来的，同时我们还要对当下可能出现的教育风险作出预测和预判，提出相应的政策建议，一年多来，我们共提交省级以上决策咨询报告17份，其中有国家级领导肯定性批示、省部级领导批示，被国家相关课标组修订采纳，被省人大、省智库采纳多份，我们以自己的实际行动完成了向"教育智库"的转型，这些政策建言、调研报告等为教育行政的科学决策和政策制订提供了重要参考，减少了教育决策和教育政策可能引发的教育风险。

为中国的教育风险研究探路，这是一条只有起点没有终点的艰难行程。唯其艰难才需我们坚定前行，《教育风险治理通论》只是我们对教育风险系统研究的开始。风险与机遇总是相生相伴，风险虽然是一种负面发展的可能性，我们现在将风险置入负面清单中，但不可否认的是风险也是一种资源，我们如何有效地利用好风险资源，不仅要化险为夷，更要转危为机，将一个个教育风险转变为教育高质量发展的一个个机遇，我们不仅应该防范教育风险，我们更应该引导教育风险向教育机遇演变，我们需要形成一套引导风险演变的机制和策略，如果教育风险有一部分或一大部分能转变为教育机遇，我们的风险治理将会达到一个更高的水平。教育风险研究，我们永远在路上，我们要进一步推进风险态、风险锚、风险靶点等的研究，我们并不寻求"闻达于诸侯"，我们只希望通过我们开辟的这条"小道"，让更多的人沿着这条道前行，使教育风险研究之道越来越宽，进一步推进教育现代化治理能力与治理体系建设，为我国教育事业的高质量发展提供更为科学有效的治理保障。